독학사

2단계

경영학과

6과목 벼락치기

인적자원관리 | 마케팅원론 | 조직행동론 | 경영정보론 | 마케팅조사 | 회계원리

SD에듀

(주)시대고시기획

머리말

학위를 얻는 데 시간과 장소는 더 이상 제약이 되지 않습니다. 대입 전형을 거치지 않아도 '학점은행제'를 통해 학사학위를 취득할 수 있기 때문입니다. 그중 독학학위제도는 고등학교 졸업자이거나 이와 동등 이상의 학력을 가지고 있는 사람들에게 효율적인 학점 인정 및 학사학위 취득의 기회를 줍니다.

본 도서는 독학사 전공 중 경영학과 학위를 목표로 하는 분들을 위하여 집필된 것으로 전공기초과정의 경영학과 2단계 과정을 다루고 있습니다. 경영학과 2단계 중 인적자원관리 · 마케팅원론 · 조직행동론 · 경영정보론 · 마케팅조사 · 회계원리의 최종 마무리 점검용으로 본 도서를 활용해 보시길 추천드립니다.

독학사 시험에 응시하는 수험생들이 단기간에 효과적인 학습을 할 수 있도록 과목별로 다음과 같이 구성하였습니다.

01 기출복원문제
기출복원문제를 수록하여 최근 시험경향을 파악하고 이에 맞춰 공부할 수 있도록 하였습니다.
→ 기출복원문제 해설 무료 동영상 강의 제공

02 빨리보는 간단한 키워드
핵심적인 이론만을 꼼꼼하게 정리하여 수록한 '빨리보는 간단한 키워드'로 전반적인 내용을 한눈에 파악할 수 있습니다.
→ '빨리보는 간단한 키워드' 무료 동영상 강의 제공

03 최종모의고사
최신 출제 유형을 반영한 '최종모의고사'로 자신의 실력을 점검해 볼 수 있습니다. 실제 시험에 임하듯이 시간을 재고 풀어본다면 시험장에서의 실수를 줄일 수 있을 것입니다.

시간 대비 학습의 효율성을 높이기 위해 이론 부분을 최대한 압축하려고 노력하였습니다. 문제들이 실제 기출 유형에 맞지 않아 시험 대비에 만족하지 못하는 수험생들이 많은데, 본 도서는 그러한 문제점을 보완하여 수험생들에게 시험에 대한 확신을 주고, 단기간에 고득점을 획득할 수 있도록 노력하였습니다. 끝으로 본 도서로 독학학위 취득의 꿈을 이루고자 하는 수험생들이 반드시 합격하기를 바랍니다.

편저자 드림

BDES

독학학위제 소개

독학학위제란?

「독학에 의한 학위취득에 관한 법률」에 의거하여 국가에서 시행하는 시험에 합격한 사람에게 학사학위를
수여하는 제도

- ☑ 고등학교 졸업 이상의 학력을 가진 사람이면 누구나 응시 가능
- ☑ 대학교를 다니지 않아도 스스로 공부해서 학위취득 가능
- ☑ 일과 학습의 병행이 가능하여 시간과 비용 최소화
- ☑ 언제, 어디서나 학습이 가능한 평생학습시대의 자아실현을 위한 제도
- ☑ 학위취득시험은 4개의 과정(교양, 전공기초, 전공심화, 학위취득 종합시험)으로 이루어져 있으며 각 과정별
  시험을 모두 거쳐 학위취득 종합시험에 합격하면 학사학위 취득

독학학위제 전공 분야 (11개 전공)

국어 국문학 · 영어 영문학 · 심리학 · 경영학 · 컴퓨터 공학 · 간호학

법학 · 행정학 · 가정학 · 유아 교육학 · 정보 통신학

※ 유아교육학 및 정보통신학 전공: 3, 4과정만 개설
  (정보통신학의 경우 3과정은 2025년까지, 4과정은 2026년까지만 응시 가능하며, 이후 폐지)
※ 간호학 전공: 4과정만 개설
※ 중어중문학, 수학, 농학 전공: 폐지 전공으로 기존에 해당 전공 학적 보유자에 한하여 2025년까지 응시 가능

※ SD에듀는 현재 4개 학과(심리학과, 경영학과, 컴퓨터공학과, 간호학과) 개설 완료
※ 2개 학과(국어국문학과, 영어영문학과) 개설 진행 중

독학학위제 시험안내

과정별 응시자격

단계	과정	응시자격	과정(과목) 시험 면제 요건
1	교양	고등학교 졸업 이상 학력 소지자	• 대학(교)에서 각 학년 수료 및 일정 학점 취득 • 학점은행제 일정 학점 인정 • 국가기술자격법에 따른 자격 취득 • 교육부령에 따른 각종 시험 합격 • 면제지정기관 이수 등
2	전공기초		
3	전공심화		

4	학위취득	• 1~3과정 합격 및 면제
		• 대학에서 동일 전공으로 3년 이상 수료
		  (3년제의 경우 졸업) 또는 105학점 이상 취득
		• 학점은행제 동일 전공 105학점 이상 인정
		  (전공 28학점 포함) ➔ 22.1.1. 시행
		• 외국에서 15년 이상의 학교교육과정 수료
			없음(반드시 응시)

응시방법 및 응시료

• 접수 방법: 온라인으로만 가능
• 제출 서류: 응시자격 증빙서류 등 자세한 내용은 홈페이지 참조
• 응시료: 20,700원

독학학위제 시험 범위

• 시험 과목별 평가영역 범위에서 대학 전공자에게 요구되는 수준으로 출제
• 시험 범위 및 예시문항은 독학학위제 홈페이지(bdes.nile.or.kr) ➔ 학습정보 ➔ 과목별 평가영역에서 확인

문항 수 및 배점

과정	일반 과목			예외 과목		
	객관식	주관식	합계	객관식	주관식	합계
교양, 전공기초 (1~2과정)	40문항×2.5점 =100점	–	40문항 100점	25문항×4점 =100점	–	25문항 100점
전공심화, 학위취득 (3~4과정)	24문항×2.5점 =60점	4문항×10점 =40점	28문항 100점	15문항×4점 =60점	5문항×8점 =40점	20문항 100점

※ 2017년도부터 교양과정 인정시험 및 전공기초과정 인정시험은 객관식 문항으로만 출제

합격 기준

■ 1~3과정(교양, 전공기초, 전공심화) 시험

단계	과정	합격 기준	유의 사항
1	교양	매 과목 60점 이상 득점을 합격으로 하고, 과목 합격 인정(합격 여부만 결정)	5과목 합격
2	전공기초		6과목 이상 합격
3	전공심화		

■ 4과정(학위취득) 시험: 총점 합격제 또는 과목별 합격제 선택

구분	합격 기준	유의 사항
총점 합격제	• 총점(600점)의 60% 이상 득점(360점) • 과목 낙제 없음	• 6과목 모두 신규 응시 • 기존 합격 과목 불인정
과목별 합격제	• 매 과목 100점 만점으로 하여 전 과목(교양 2, 전공 4) 60점 이상 득점	• 기존 합격 과목 재응시 불가 • 1과목이라도 60점 미만 득점하면 불합격

시험 일정

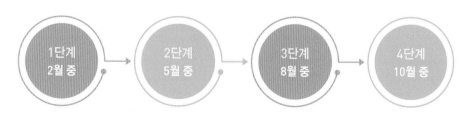

■ 경영학과 2단계 시험 과목 및 시간표

구분(교시별)	시간	시험 과목명
1교시	09:00~10:40(100분)	회계원리, 인적자원관리
2교시	11:10~12:50(100분)	마케팅원론, 조직행동론
중식 12:50~13:40(50분)		
3교시	14:00~15:40(100분)	경영정보론, 마케팅조사
4교시	16:10~17:50(100분)	생산운영관리, 원가관리회계

※ 시험 일정 및 세부사항은 반드시 독학학위제 홈페이지(bdes.nile.or.kr)를 통해 확인하시기 바랍니다.
※ SD에듀에서 개설된 과목은 빨간색으로 표시하였습니다.

독학학위제 과정

1단계 교양과정 01

대학의 교양과정을 이수한 사람이 일반적으로 갖추어야 할 학력 수준 평가

02 2단계 전공기초

각 전공영역의 학문을 연구하기 위하여 각 학문 계열에서 공통적으로 필요한 지식과 기술 평가

3단계 전공심화 03

각 전공영역에서의 보다 심화된 전문지식과 기술 평가

04 4단계 학위취득

학위를 취득한 사람이 일반적으로 갖추어야 할 소양 및 전문지식과 기술을 종합적으로 평가

DIRECTION
독학학위제 출제방향

국가평생교육진흥원에서 고시한 과목별 평가영역에 준거하여 출제하되, 특정한 영역이나 분야가 지나치게 중시되거나 경시되지 않도록 한다.

교양과정 인정시험 및 전공기초과정 인정시험의 시험 방법은 객관식(4지택1형)으로 한다.

단편적 지식의 암기로 풀 수 있는 문항의 출제는 지양하고, 이해력·적용력·분석력 등 폭넓고 고차원적인 능력을 측정하는 문항을 위주로 한다.

독학자들의 취업 비율이 높은 점을 감안하여, 과목의 특성상 가능한 경우에는 학문적이고 이론적인 문항 뿐만 아니라 실무적인 문항도 출제한다.

교양과정 인정시험(1과정)은 대학 교양교재에서 공통적으로 다루고 있는 기본적이고 핵심적인 내용을 출제 하되, 교양과정 범위를 넘는 전문적이거나 지엽적인 내용의 출제는 지양한다.

이설(異說)이 많은 내용의 출제는 지양하고 보편적이고 정설화된 내용에 근거하여 출제하며, 그럴 수 없는 경우에는 해당 학자의 성명이나 학파를 명시한다.

전공기초과정 인정시험(2과정)은 각 전공영역의 학문을 연구하기 위하여 각 학문 계열에서 공통적으로 필요한 지식과 기술을 평가한다.

전공심화과정 인정시험(3과정)은 각 전공영역에 관하여 보다 심화된 전문적인 지식과 기술을 평가한다.

학위취득 종합시험(4과정)은 시험의 최종 과정으로서 학위를 취득한 자가 일반적으로 갖추어야 할 소양 및 전문지식과 기술을 종합적으로 평가한다.

전공심화과정 인정시험 및 학위취득 종합시험의 시험 방법은 객관식(4지택1형)과 주관식(80자 내외의 서술형)으로 하되, 과목의 특성에 따라 다소 융통성 있게 출제한다.

독학학위제 단계별 학습법

1단계 핵심이론 파악!

시행처인 국가평생교육진흥원에서 공개한 평가영역에 기반을 두어 효율적으로 구성된 기본서의 '핵심이론'을 학습합니다. 단원별로 정리된 '핵심이론'을 통해 주요 개념을 파악하는 데 집중합니다. 처음부터 모든 내용을 다 암기하려고 하기보다는 우선 전반적인 내용을 파악하며 이해하는 것이 중요합니다.

2단계 시험 경향 및 문제 유형 파악!

독학사 시험 문제는 지금까지 출제된 유형에서 크게 벗어나지 않는 범위에서 비슷한 유형으로 줄곧 출제되고 있습니다. '기출복원문제'를 풀어 보며 문제의 유형과 출제 의도를 파악하는 데 집중하도록 합니다.

3단계 최종모의고사로 실전 연습!

최신 출제 유형을 반영한 '최종모의고사'를 실제 시험에 임하듯이 시간을 재고 풀어 보며, 미리 실전 연습을 합니다. 평가영역 전범위에서 출제된 모의고사 문제를 풀어 본 후, 부족하게 알고 있는 내용 위주로 보완학습을 진행합니다.

4단계 복습을 통한 마무리!

기본서의 '핵심이론'을 압축하여 정리한 '빨리보는 간단한 키워드'를 통해 주요 내용을 다시 한번 체크합니다. 이론을 학습하면서, 혹은 문제를 풀어 보면서 헷갈리거나 이해하기 어려운 부분은 미리 체크해 두고, 시험 전에 반복학습을 통해 확실하게 익히는 것이 중요합니다.

COMMENT

합격수기

> 저는 학사편입 제도를 이용하기 위해 2~4단계를 순차로 응시했고 한 번에 합격했습니다.
> 아슬아슬한 점수라서 부끄럽지만 독학사는 자료가 부족해서 부족하나마 후기를 쓰는 것이 도움이 될까 하여
> 제 합격전략을 정리하여 알려 드립니다.

#1. 교재와 전공서적을 가까이에!

학사학위 취득은 본래 4년을 기본으로 합니다. 독학사는 이를 1년으로 단축하는 것을 목표로 하는 시험
이라 실제 시험도 변별력을 높이는 몇 문제를 제외한다면 기본이 되는 중요한 이론 위주로 출제됩니다.
SD에듀의 독학사 시리즈 역시 이에 맞추어 중요한 내용이 일목요연하게 압축ㆍ정리되어 있습니다. 빠르게
훑어보기 좋지만 내가 목표로 한 전공에 대해 자세히 알고 싶다면 전공서적과 함께 공부하는 것이 좋습니다.
교재와 전공서적을 함께 보면서 교재에 전공서적 내용을 정리하여 단권화하면 시험이 임박했을 때 교재
한 권으로도 자신 있게 시험을 치를 수 있습니다.

#2. 시간확인은 필수!

쉬운 문제는 금방 넘어가지만 지문이 길거나 어렵고 헷갈리는 문제도 있고, OMR 카드에 마킹까지 해야
하니 실제로 주어진 시간은 더 짧습니다. 1번에 어려운 문제가 있다고 해서 시간을 많이 허비하면 쉽게
풀 수 있는 마지막 문제들을 놓칠 수 있습니다. 문제 푸는 속도도 느려지니 집중력도 떨어집니다. 그래서
어차피 배점은 같으니 아는 문제를 최대한 많이 맞히는 것을 목표로 했습니다.
① 어려운 문제는 빠르게 넘기면서 문제를 끝까지 다 풀고 ② 확실한 답부터 우선 마킹한 후 ③ 다시 시험
지로 돌아가 건너뛴 문제들을 다시 풀었습니다. 확실히 시간을 재고 문제를 많이 풀어봐야 실전에 도움이
되는 것 같습니다.

#3. 문제풀이의 반복!

여느 시험과 마찬가지로 문제는 많이 풀어볼수록 좋습니다. 이론을 공부한 후 실전예상문제를 풀다보니
부족한 부분이 어딘지 확인할 수 있었고, 공부한 이론이 시험에 어떤 식으로 출제될지 예상할 수 있었습니다.
그렇게 부족한 부분을 보충해가며 문제 유형을 파악하면 이론을 복습할 때도 어떤 부분을 중점적으로
암기해야 할지 알 수 있습니다. 이론 공부가 어느 정도 마무리되었을 때 시계를 준비하고 최종모의고사를
풀었습니다. 실제 시험 시간을 생각하면서 예행연습을 하니 시험 당일에는 덜 긴장할 수 있었습니다.

학위취득을 위해 오늘도 열심히 학습하시는 동지 여러분에게도 합격의 영광이 있으시길 기원하면서 이만 줄입니다.

PREVIEW

이 책의 구성과 특징

기출복원문제

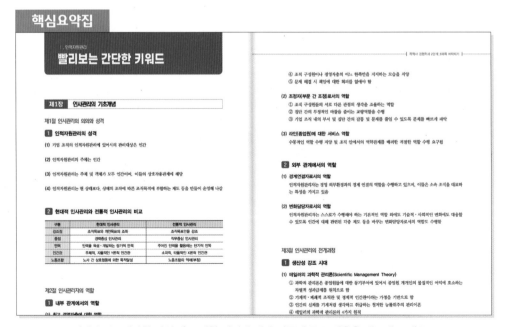

'기출복원문제'를 풀어 보면서 독학사 경영학과 2단계 시험의 기출 유형과 경향을 파악해 보세요.

핵심요약집

'빨리보는 간단한 키워드'로 시험 직전에 해당 과목의 중요 내용을 체크해 보세요.

합격의 공식 | Formula of pass

최종모의고사

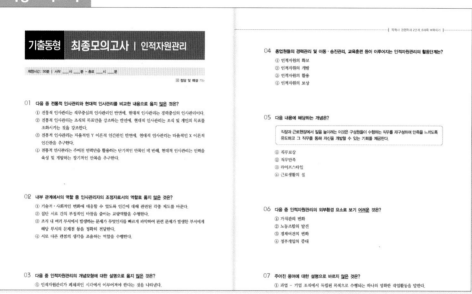

'최종모의고사'를 실제 시험처럼 시간을 정해 놓고 풀어 보세요.

정답 및 해설

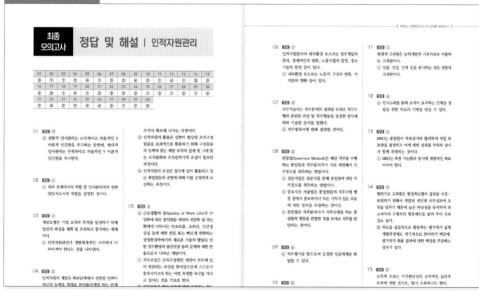

'정답 및 해설'을 확인하고 자신의 약점을 점검해 보세요.

기출복원문제

출/제/유/형/완/벽/파/악/

홀륭한 가정만한 학교가 없고, 덕이 있는 부모만한 스승은 없다.

– 마하트마 간디 –

기출복원문제

▶ 온라인(www.sdedu.co.kr)을 통해 기출문제 무료 동영상 강의를 만나 보세요.

※ 본 문제는 다년간 독학사 경영학과 2단계 시험에서 출제된 기출문제를 복원한 것입니다. 문제의 난이도와 수험경향 파악용으로 사용하시길 권고드립니다. 본 기출복원문제에 대한 무단복제 및 전제를 금하며 저작권은 SD에듀에 있음을 알려드립니다.

01 다음 내용에서 괄호 안에 들어갈 인적자원관리 이론이 올바르게 짝지어진 것은?

> • (㉠)은 시간 및 동작연구를 통해 표준과업을 측정하고 관리함에 따라 생산성을 높이는 데 큰 공헌을 하였으며, 작업성과에 차등을 두어 차별적 성과급제를 도입했다. 그러나 인간의 신체를 기계화하는 철저한 능률 위주의 이론으로 비인간화라는 비판을 받게 되었다.
> • (㉡)은 3S(간소화, 표준화, 전문화)와 컨베이어 시스템을 통해 대량생산을 가능하게 했으며, 경영의 합리화를 추구하였다. 저가격 및 고임금의 원칙을 추구했으며, 기업을 영리조직이 아닌 사회의 봉사기간으로 파악한 이론에 해당한다.

	㉠	㉡
①	과학적 관리론	포드 시스템
②	행동과학론	과학적 관리론
③	포드 시스템	인간관계론
④	행동과학론	포드 시스템

01 • 행동과학론 : 조직의 공식적·비공식적 측면을 모두 고려하여 인간의 활동을 과학적으로 분석하고 객관적으로 연구하고 측정하며, 생산성 및 인간성을 동시에 추구하고자 한 이론이다.
 • 인간관계론 : 호손 실험을 통해 인간의 심리적 요소의 중요성이 생산성 향상에 주요한 역할을 담당한다는 것을 증명한 이론이다.

02 인적자원관리의 전개과정 중 생산성 및 인간성을 동시에 추구하는 시대에 해당하는 주요이론은 무엇인가?

① 메이요의 인간관계론(Human Relations Approach)
② 행동과학론(Behavioral Science)
③ 테일러의 과학적 관리론(Scientific Management Theory)
④ 포드 시스템(Ford System)

02 행동과학론(Behavioral Science)은 인간과 노동력, 성과와 만족이 별개의 성격이 되면 안 되고 서로 조화를 이루어야 한다는 관점에서 시작한 이론으로, 생산성과 인간성을 동시에 추구하는 시대에 해당하는 이론이다.

정답 01 ① 02 ②

03 ① 인적자원관리의 이념이란 경영자가 인간을 다루는 기본적인 사고방식을 의미한다.
② 유지목표(maintenance goal)란 인적자원관리의 기본 목표 중 과업 그 자체의 달성에 초점을 두는 것보다는 조직의 과업과는 별도로 조직 자체의 유지 또는 인간적 측면에 관계된 목표를 의미한다.
③ 생산성 목표(productivity goal)란 과업목표(task goal)라고도 불리며, 종업원의 만족도 등과 같이 인간적인 측면보다는 과업 그 자체를 달성하기 위한 조직의 목표를 의미한다.

03 다음 내용에서 괄호 안에 들어갈 가장 적절한 용어는?

> 산업화에 따른 종업원들의 작업의 전문화 및 단순화에서 나타나는 단조로움·소외감·인간성 상실 등에 대한 반응 또는 빠르게 변화하는 경영환경 아래에서의 새로운 기술의 발달로 인한 업무환경의 불건전성 등의 문제에 대한 반응으로 나타난 개념이다. 이는 기업 조직에서 인적자원관리자가 (　　)을/를 충족시켜 줌으로써, 기업조직의 목표와 구성원인 개개인의 목표를 함께 추구하게 된다.

① 인적자원관리의 이념
② 유지목표(maintenance goal)
③ 생산성 목표(productivity goal)
④ 근로생활의 질(QWL ; Quality of Work Life)

04 ㉣의 설명은 직무기술서(Job Description)에 대한 것이다. 직무명세서(Job Specification)는 각 직무수행에 필요한 종업원들의 행동·기능·능력·지식 등을 일정한 양식에 기록한 문서를 의미하며, 특히 인적요건에 초점을 둔다.

04 직무분석에서의 기초개념을 설명한 표에서 괄호 안에 들어갈 용어가 적절하지 않은 것은?

용어	설명
(㉠)	• 독립된 특정한 목표를 위해 수행되는 하나의 명확한 작업 활동을 말함 • 직무분석에서의 최소단위
(㉡)	특정 시점에서 특정 조직의 한 종업원에게 부여된 하나 또는 그 이상의 과업의 집단
(㉢)	• 작업의 종류와 수준이 동일하거나 유사한 직위들의 집단 • 직책이나 직업상의 맡은바 임무
(㉣)	직무분석을 통해 얻어진 직무에 관한 자료를 가지고, 관련된 과업 및 직무정보들을 일정한 양식에 따라 기술한 문서

① ㉠ - 과업(Task)
② ㉡ - 직위(Position)
③ ㉢ - 직무(Job)
④ ㉣ - 직무명세서(Job Specification)

정답　03 ④　04 ④

05 다음 중 직무평가의 방법과 그 설명이 바르게 연결된 것은?

① 서열법(Ranking Method) : 직무평가 방법 중 가장 비용이 저렴하고 절차가 간단한 방법으로, 각 직무의 상대적 가치들을 전체적이면서 포괄적으로 파악한 후에 순위를 정하는 방법이다.

② 분류법(Job Classification Method) : 각 직무를 숙련, 책임, 노력, 직무조건 등의 여러 평가요소별로 나누어 중요도에 따라 각 요소들에 점수(가중치)를 부여한 후에 각 요소에 부여한 점수를 합산해서 해당 직무에 대한 가치를 평가하는 방법이다.

③ 점수법(Point Rating Method) : 해당 조직에서 가장 핵심이 되는 기준직무를 선정하고 각 직무의 평가요소를 기준직무의 평가요소와 비교해서 그 직무의 상대적 가치를 결정하는 방법이다.

④ 요소비교법(Factor Comparison Method) : 서열법을 좀 더 발전시킨 것으로 일정한 기준에 따라 직무의 등급을 사전에 미리 결정해 놓고, 각 직무를 적절히 평가하여 해당 등급에 기입하는 방법을 말하며 등급법이라고도 불린다.

06 다음 내용에 해당하는 직무분석의 방법은 무엇인가?

> 직무분석자가 직무수행을 하는 작업자의 행동을 직접 관찰하여 직무내용과 과업, 수행방법과 작업 조건 등 직무에 관해 필요한 자료를 기재하는 방법이다. 장점은 가장 간단하여 사용하기가 쉽다는 것이며, 특히 육체적 활동과 같이 관찰이 가능한 직무에 적용하기가 좋다.

① 면접법(Interview Method)
② 중요사건 기록법(Critical Incidents Method)
③ 관찰법(Observation Method)
④ 워크 샘플링법(Work Sampling Method)

---

05 ② 점수법(Point Rating Method)에 대한 설명이다.
③ 요소비교법(Factor Comparison Method)에 대한 설명이다.
④ 분류법(Job Classification Method)에 대한 설명이다.

06 제시문은 직무분석의 방법 중 관찰법(Observation Method)에 해당하는 내용이다.
① 면접법(Interview Method) : 직무분석자와 직무를 수행하는 작업자가 서로 대면하는 직접 면접을 통해 직무정보를 취득하는 방법으로 직무에 대한 정확한 정보획득이 가능하다는 것이 장점에 해당한다.
② 중요사건 기록법(Critical Incidents Method) : 작업자들의 직무수행 행동 중에 중요하거나 가치가 있는 부분에 대한 정보를 수집하는 것을 말하며, 장점은 직무행동과 성과 간의 관계를 직접적으로 파악하는 것이 가능하다는 점을 들 수 있다. 단점은 수집된 직무행동을 평가 및 분류하는 데 많은 시간과 노력이 들어간다는 것이다.
④ 워크 샘플링법(Work Sampling Method) : 관찰법의 방법을 좀 더 세련되게 만든 것으로, 종업원의 전체 작업과정이 진행되는 동안에 무작위로 많이 관찰함으로써 직무행동에 대한 정보를 취득하는 것을 말한다.

정답 05 ① 06 ③

07 ② 직무분석은 직무에 대한 연구에 해당하는 분야로, 인사고과의 기능에 해당하지 않는다.
이외에 인사고과의 기능으로는 종업원들의 공정한 처우결정을 위한 자료가 된다는 점을 들 수 있다.

07 다음 중 인사고과의 기능에 해당하지 <u>않는</u> 것은?

① 종업원들의 능력개발을 위한 자료가 된다.
② 종업원들의 직무분석를 위한 자료가 된다.
③ 종업원들의 업적향상을 위한 자료가 된다.
④ 조직이 요구하는 인재상 정립을 위한 자료가 된다.

08 MBO 방식을 활용할 경우 목표 설정의 곤란, 목표 이외 사항의 경시 가능성, 장기 목표의 경시 가능성 등의 문제점이 발생할 수 있다.

08 목표에 의한 관리방식(MBO)에 대한 설명으로 옳지 <u>않은</u> 것은?

① 상사와의 협의에 의해 목표가 수립되며, 지속적인 피드백이 가능한 목표를 기반으로 조직의 성과와 더불어 종업원 개인의 만족도를 동시에 향상시키는 현대적 경영관리 기법이다.
② 조직의 종업원이 주체적이면서도 도전감을 갖도록 할 수 있다.
③ 상·하급자 간의 상호 참여적이면서 구체적인 공동 목표의 설정에 의해 모티베이션이 증진된다.
④ 장기 목표에 대해서도 설정이 가능하여 효과적이다.

09 ① 현혹효과(Halo Effect)에 대한 설명이다.
② 대비오류에 대한 설명이다.
③ 시간적 오류(최근화 경향, 근접오류)에 대한 설명이다.

09 인사고과 실시상의 오류에 관한 설명으로 옳은 것은?

① 피고과자에 대한 호의적 또는 비호의적인 인상이 다른 평가 부분까지 영향을 미치는 효과로 인해 오류가 발생하는 것은 논리적 오류에 해당한다.
② 고과자가 피고과자를 평가할 때 자신이 가진 특성과 비교하여 고과하는 경우 발생하는 오류는 상동적 태도에 해당한다.
③ 피고과자의 과거 실적보다는 최근의 실적과 태도로 평가하게 되는 오류는 현혹효과이다.
④ 종업원에 대한 근무성적평정 등에 있어서 평정 결과의 분포가 우수한 쪽으로 집중되는 경향과 관련한 오류는 관대화 경향이다.

정답 07 ② 08 ④ 09 ④

10 상관관계적 오류에 대한 다음 내용에서 괄호 안에 들어갈 용어를 순서대로 나열한 것은?

> • (㉠) : 근무성적 및 평정 등에 있어 평정결과의 분포가 우수한 등급 쪽으로 편중되는 경향을 보이는 오류를 말한다.
> • (㉡) : 근무성적 및 평정 등에 있어 평정결과의 분포가 낮은 등급 쪽으로 편중되는 경향을 보이는 오류를 말한다.
> • (㉢) : 근무성적 및 평정 등에 있어 평정결과의 분포가 가운데 등급 쪽으로 집중되는 경향을 보이는 오류를 말한다.

	㉠	㉡	㉢
①	관대화 경향	혹독화 경향	중심화 경향
②	관대화 경향	혹독화 경향	논리적 오류
③	혹독화 경향	관대화 경향	중심화 경향
④	혹독화 경향	관대화 경향	규칙적 오류

11 인사고과 시 오류를 줄이기 위한 고려사항으로 옳지 <u>않은</u> 것은?

① 고과대상과 해당 목적에 맞는 평가요소를 선정해야 한다.
② 고과 시에 평가자가 적절해야 한다(적격자이어야 한다).
③ 고과방법은 주관적이면서 비교가 불가능해야 한다.
④ 평가과정 중에 합리성을 유지해야 한다(심리적인 편향을 방지해야 한다).

12 다음 중 직무기술서에 포함되는 내용이 <u>아닌</u> 것은?

① 직무에 따른 활동과 절차
② 종업원들의 행동이나 기능, 능력, 지식
③ 감독의 범위와 성격
④ 실제 수행되는 과업 및 사용에 필요로 하는 각종 원재료 및 기계

10 • 논리적 오류 : 평가자가 논리적인 관계가 있다고 착각하는 특성들 간에 비슷한 점수들을 주는 것을 말한다.
• 규칙적 오류 : 가치판단상의 규칙적인 심리적 오류에 의한 것으로, 항시오류라고도 하는데 어떠한 고과자는 타 고과자와 달리 좋은 고과를 하거나 또는 이와는 정반대의 고과를 나타내는 경우를 의미한다.

11 고과방법은 객관적이면서 비교가 가능해야 한다.

12 종업원들의 행동이나 기능·능력·지식은 직무기술서가 아닌 직무명세서(Job Specification)에 포함되는 내용이다. 직무명세서는 특히 인적 요건에 초점을 둔다.

정답 10 ① 11 ③ 12 ②

13 ② 회귀분석에 대한 설명이다.
③ 시계열분석에 대한 설명이다.
④ 거시적 방법(하향적 인력계획)에 대한 설명이다.

13 인적자원의 수요예측기법에 대한 설명으로 옳은 것은?

① 미시적 방법은 상향식 인력계획이라고도 하는데, 기업조직의 인력수요계획에 있어서 각 직무와 작업에 필요로 하는 인력을 예측하는 것을 말한다.

② 시계열분석은 기업조직의 인적자원에 대한 수요량 및 매출액 · 서비스 · 생산량 · 예산 등과 같은 여러 변수들과의 관계를 고려해서 이들을 함수관계로 나타내 분석하는 것이다.

③ 비율분석은 기업의 과거 인력수요의 흐름을 기반으로 해서 인력예측을 수행하는 것으로, 추세변동 · 계절적 변동 · 순환변동 · 불규칙변동 등이 있다.

④ 회귀분석은 하향적 인력계획이라고 하는데, 이는 기업조직 전체의 인력예측을 통해서 총원을 정하고, 이를 다시 여러 부서별로 인력을 분할하는 것을 말한다.

14 제시문은 마코프 체인법(Markov Chain Method)에 대한 설명이다.
① 승진 도표(Replacement Chart)는 구성원 개인의 상이한 직무에 대한 적합성을 기록한 것으로서 현재 인원의 상태를 능력 면에서 자세히 파악해 놓은 것을 말한다.
② 인력 재고표(Skills Inventory)는 개개인의 능력평가표를 의미한다.
④ 거시적 방법(하향적 인력계획)은 수요예측방법에 해당한다.

14 다음 내용과 관련 있는 인적자원 공급예측 방법은 무엇인가?

내부인력예측의 한 방법으로서, 시간의 흐름에 따른 각 종업원들의 직무이동확률을 알아보기 위해서 개발된 것인데, 이는 내부노동시장의 안정적 조건하에서 승진 · 이동 · 퇴사의 일정 비율을 적용하여, 미래 각 기간에 걸친 직급별 현 인원의 변동을 예측하는 OR기법이다.

① 승진 도표(Replacement Chart)
② 인력 재고표(Skills Inventory)
③ 마코프 체인법(Markov Chain Method)
④ 거시적 방법(하향적 인력계획)

정답 13 ① 14 ③

15 다음 중 사내 모집의 장점에 해당하지 <u>않는</u> 것은?

① 비용이 저렴하다.
② 종업원들에게 새로운 능력이나 기술 등을 기대할 수 있다.
③ 조직구성원들의 정확한 정보를 바탕으로 적임자를 발견할 수 있다.
④ 종업원들의 사기를 상승시키는 효과를 가져온다.

16 다음 중 면접의 종류에 대한 설명으로 옳은 것은?

① 미리 준비된 질문 항목에 따라 질문하는 방식은 비정형적 면접이다.
② 다수의 면접자가 한 명의 피면접자를 평가하는 방식은 집단 면접에 해당된다.
③ 특정 문제에 대한 토론을 통해 지원자의 태도 등을 파악하는 방식은 패널 면접이다.
④ 면접자가 의도적으로 공격적인 태도를 취하거나 극한 상황을 제시함으로써 피면접자에게 불안감 등을 주는 방식은 스트레스 면접이다.

17 합리적 선발도구의 조건에서 타당성을 측정하는 방법에 대한 설명으로 옳지 <u>않은</u> 것은?

① 동시 타당성 : 선발도구의 내용이 측정하고자 하는 취지를 얼마나 반영하고 있는지를 나타내는 것을 말한다.
② 예측 타당성 : 종업원들의 선발시험의 결과를 예측치로 하고, 직무수행의 결과를 기준치로 삼아 예측치와 기준치를 비교함으로써, 선발시험의 타당성 여부를 결정하는 방법을 의미한다.
③ 구성 타당성 : 측정도구가 실제로 무엇을 측정했는지 또는 측정도구가 측정하고자 하는 대상을 실제로 적절하게 측정했는지를 나타내는 것을 말한다.
④ 기준관련 타당성 : 선발도구를 통해 얻어진 예측치와 직무성과와 같은 기준치의 관련성을 말한다.

15 사내 모집의 경우 기존 구성원들에게서 새로운 능력이나 기술 등을 기대하기 힘들다는 단점을 가지고 있다.

16 ① 정형적 면접에 대한 설명이다.
② 패널 면접에 대한 설명이다.
③ 집단 면접에 대한 설명이다.

17 ①은 내용 타당성에 대한 설명이다. 동시 타당성은 현재 근무 중인 종업원들을 대상으로 시험을 실시해서 그들의 시험점수와 직무성의 상관관계를 분석하여 나온 정도에 따라 시험의 타당성 여부를 측정하는 것을 말한다.

정답 15 ② 16 ④ 17 ①

18 ① 실력주의에 대한 설명이다.
　　③ 균형주의에 대한 설명이다.
　　④ 인재육성주의에 대한 설명이다.

18 다음 중 배치의 원칙에 대한 설명으로 옳은 것은?

① 인재육성주의 : 종업원들에게 그들의 실력을 발휘하도록 할 수 있는 영역을 제공하며, 해당 업무에 대해 정확하게 평가하고, 그렇게 평가된 종업원들의 실력 및 이루어 낸 업적들에 대해 그들이 만족할 수 있는 대우를 하는 것을 말한다.

② 적재적소주의 : 개인이 가지고 있는 능력·성격 등 여러 가지 면을 고려하여 그 개인에게 맞는 최적의 직위에 배치되도록 하여 최고의 능력을 발휘하게끔 해주는 것을 의미한다.

③ 실력주의 : 직장에서 전체 실력의 증진과 더불어 사기를 상승시키는 것으로, 구성원 전체와 각 개인의 조화를 충분히 고려하는 것이라 할 수 있다.

④ 균형주의 : 인력을 소모시키면서 사용치 않고 인력을 성장시키면서 사용한다는 내용으로, 이것은 경력관리에 있어 후에 경력의 자각 및 자기관리와 연관된다.

19 개인의 경력목표를 설정하고 이를 달성하기 위한 경력계획을 수립하여 조직의 욕구와 개인의 욕구가 합치될 수 있도록 각 개인의 경력을 개발하는 일련의 활동이 경력관리에서 이루어진다.

19 경력 및 경력관리에 대한 설명으로 옳지 않은 것은?

① 경력이란 종업원이 기업에서 장기적으로 경험하고 쌓아온 여러 종류의 직무활동을 의미한다.

② 경력관리는 조직구성원 개개인의 경력을 데이터화하여 조직 내 적정배치 및 인력개발의 기초로 활용하고자 하는 것을 의미한다.

③ 개인의 경력목표를 설정하고 이를 달성하기 위한 경력계획을 수립하여 조직의 욕구만이 달성될 수 있도록 해야 한다.

④ 직무순환을 통한 직접경험과 교육훈련을 통한 간접경험이 모두 경력에 해당된다.

정답 18 ② 19 ③

20 경력관리의 기본적 체계에 대한 설명으로 옳은 것은?

① 경력목표 : 구성원 개개인의 목표 및 욕구와 조직의 목표 및 욕구가 합치될 수 있도록 각 개인의 경력을 개발하고 지원해주는 활동을 말한다.

② 경력경로 : 조직구성원의 경력목표를 달성하기 위해 구성원이 헤쳐 나가야 할 직무와 그 동안에 수행해야 할 교육 프로그램을 설정하고 이러한 경력목표가 현실화될 수 있도록 활동으로 옮기는 것을 의미한다.

③ 경력계획 : 구성원 개개인이 경력상 도달하고 싶은 미래의 직위를 말한다.

④ 경력개발 : 개인이 경력을 쌓는 과정에서 수행하게 되는 여러 직무들의 배열을 의미한다.

21 다음 내용에 해당하는 경력개발의 단계는 무엇인가?

> 선택한 직업분야에서 정착하려고 노력하며, 후에는 하나의 직업에 정착하는 단계라 할 수 있다. 또한, 구성원이 조직체에서 성과를 올리고 업적을 축적하여 승진하면서 경력발전을 달성하고 조직체의 경력자로서 조직체에 몰입하는 단계이다.

① 탐색단계

② 확립단계

③ 유지단계

④ 쇠퇴단계

20 ① 경력목표는 구성원 개개인이 경력상 도달하고 싶은 미래의 직위를 말한다.

③ 경력계획은 설정된 경력목표를 달성하기 위한 경력경로를 구체적으로 선택해나가는 과정을 의미한다.

④ 경력개발은 구성원 개인이 경력목표를 설정하고, 달성하기 위한 경력계획을 수립하여, 기업 조직의 요구와 개인의 요구가 합치될 수 있도록 각 개인의 경력을 개발하고 지원해주는 활동을 의미한다.

21 ① 탐색단계 : 조직구성원이 자기 자신을 인식하고, 교육과 경험을 통해서 여러 가지를 실험해 보며 자기 자신에게 적합한 직업을 선정하려고 노력하는 단계

③ 유지단계 : 자기 자신을 반성하며 경력경로의 재조정을 고려하고, 경우에 따라서는 심리적인 충격을 받기도 하는 단계

④ 쇠퇴단계 : 퇴직과 더불어 조직구성원이 자기 자신의 경력에 대해서 만족하고 새로운 생활에 접어드는 단계

정답 20 ② 21 ②

22 제시문은 직무순환(Job Rotation)에 대한 설명이다.

① 역직승진 : 조직구조의 편성과 운영원리에 따라 기업 조직의 특성에 맞는 역할 및 직책 다시 말해 역직에 의한 승진제도를 의미한다.

② 대용승진 : 인사정체가 심할 경우 발생할 수 있는 사기저하를 막기 위해 직위의 상징에 따른 형식적인 승진을 하게 되는 것을 말한다.

③ OC승진 : 승진대상자들에 비해 해당 직위가 부족한 경우에, 조직의 변화를 통해서 직위계층을 늘려서 승진의 기회를 부여하는 방식을 말한다.

22 다음 내용에 해당하는 용어는 무엇인가?

> • 조직이 단순하게 배치를 바꾸는 것이 아니라, 기업이 필요로 하는 시점에 필요한 직무를 계획적으로 체험시키는 인사관리상의 구조를 말한다.
> • 업무 자체의 내용을 변화시키기보다 직군이 다른 업무로의 로테이션, 즉 동종의 직군 안에서 다른 직무로의 로테이션 또는 같은 직군 안에서 다른 곳으로의 로테이션을 말한다.

① 역직승진

② 대용승진

③ OC승진

④ 직무순환(Job Rotation)

23 ① 속인 기준으로는 신분자격승진과 직능자격승진이 있다.

③ 조직변화승진(OC승진)에 대한 내용이다.

④ 직위승진에 대한 내용이다.

23 다음 중 승진의 종류에 대한 설명으로 옳은 것은?

① 속인 기준으로는 역직승진과 직위승진이 해당된다.

② 직능자격승진은 종업원이 가진 보유 지식, 능력, 태도 등의 잠재능력을 평가하여 자격제도상의 상위자격으로 승진시키는 것을 의미하며, 연공주의와 능력주의를 절충한 형태이다.

③ 승진대상자에 비해 승진할 직위가 부족한 경우 조직변화를 통해 조직계층 자체를 늘려 조직구성원에게 승진기회를 확대해 주는 승진제도는 역직승진이다.

④ 직무주의적 능력주의에 따라 직무를 분석한 후, 그에 맞게 확립된 직계제도에 따라 직무 적격자를 선정하여 승진시키는 제도는 대용승진이다.

24 ①·②·④ 사외교육훈련(OFF JT)의 장점에 대한 내용이다.

24 사내교육훈련(OJT)의 장점에 대한 설명으로 옳은 것은?

① 다수의 종업원들에게 교육이 가능하다.

② 전문가에게 교육을 받을 수 있다.

③ 실무 위주의 훈련이 가능하다.

④ 현재의 업무와는 별개로 예정된 계획에 따라 실시가 가능하다.

정답 ⟨ 22 ④ 23 ② 24 ③ ⟩

25 교육 기법에 따른 분류에 대한 설명으로 옳지 <u>않은</u> 것은?

① 액션러닝 : 일정한 장소에서 교육자와 피교육자가 일대일로 훈련하는 방식으로, 수련의 또는 수련공들의 교육 시에 많이 사용된다.

② 역할연기법 : 롤플레잉 기법이라고도 불리며, 다른 직위에 해당하는 구성원들의 특정 역할을 연기해보면서 각각의 입장을 이해하도록 하는 방법을 의미한다.

③ 감수성훈련 : 주로 관리자훈련의 기법으로 사용되며, 나와 타인의 감정을 이해함으로써 집단을 받아들이도록 하는 훈련기법에 해당한다.

④ 그리드훈련 : 관리자 격자훈련이라고도 불리며, 생산에 대한 관심과 인간에 대한 관심을 모두 극대화할 수 있는 가장 이상적 리더인 9.9형을 전개하는 교육훈련 방법을 말한다.

26 맥그리거의 XY 이론 중 Y론적 인간관의 특징에 해당하는 것은 무엇인가?

① 인간은 근본적으로 일하기를 꺼려한다.

② 지시받기를 원하고, 책임에 대해 회피하고자 하는 경향을 보인다.

③ 조직구성원에 대한 통제 및 철저한 감독이 필요하다.

④ 조직의 목표에 동의를 하면 동기부여를 스스로 하여 자기통제 및 자기지시를 발휘한다.

---

25 ①은 도제훈련에 대한 내용이다. 액션러닝은 교육 참가자들이 소규모 집단을 구성하여 팀워크를 바탕으로 경영상 실제문제를 정해진 시점까지 해결하도록 하는 혁신적인 교육기법으로 교육훈련의 제3의 물결이라고도 불린다.

26 ① · ② · ③ X론적 인간관에 해당되는 내용이다.

정답 25 ① 26 ④

27 직무설계의 요소는 크게 3가지로 나누며, 조직적·환경적·행위적 요소로 구분한다. 제시문에 나열된 하위개념들은 각각 ㉠ 조직적 요소, ㉡ 환경적 요소, ㉢ 행위적 요소에 해당한다.

27 직무설계의 요소에 따른 하위개념들에 대한 설명에서 괄호 안의 들어갈 용어를 순서대로 바르게 나열한 것은?

> • (㉠) : 기계적 접근법, 작업흐름, 인간공학, 작업관행
> • (㉡) : 종업원의 능력과 수급, 사회적 기대
> • (㉢) : 과업정체성, 피드백, 과업중요성, 기능다양성, 자율성

	㉠	㉡	㉢
①	조직적 요소	개인적 요소	행위적 요소
②	개인적 요소	환경적 요소	행위적 요소
③	조직적 요소	행위적 요소	개인적 요소
④	조직적 요소	환경적 요소	행위적 요소

28 조직문화는 순기능뿐만 아니라 역기능도 가지고 있으며, 역기능은 다음과 같다.
- 조직구성원들의 환경변화에 따른 적응문제의 발생과 새로운 조직가치 등의 개발이 요구될 시에 내부적으로 대립하게 되는 저항의 문제가 있다.
- 종업원 개개인의 문화와 회사 조직 간 문화의 충돌이 우려된다.
- 타 조직 간의 인수 합병 시에 두 조직문화 간의 갈등으로 인한 충돌이 우려된다.

28 다음 중 조직문화에 대한 설명으로 옳지 <u>않은</u> 것은?

① 조직문화는 일반적으로 조직구성원 간에 공유되고 전수되는 가치관과 신념 및 규범으로서 조직구성원의 행동 형성에 영향을 미치는 요소라고 정의된다.

② 강한 조직문화는 타 조직이 감히 모방할 수 없는 조직 고유의 역량으로서 지속적인 경쟁우위를 가질 수 있는 원천이 된다.

③ 조직문화에 역기능은 없고, 순기능만을 가진다.

④ 조직문화에 의해 조직구성원들에게 공통의 의사결정 기준을 제공하게 되므로, 내부적인 단합과 결속이 유도될 수 있다.

정답 27 ④ 28 ③

29 다음 중 성과급제에 대한 설명으로 옳지 <u>않은</u> 것은?

① 종업원에게 합리성 및 공정함을 제공하고, 종업원들의 작업능률을 꾀할 수 있다.

② 종업원의 직무성과의 양이나 질에 관계없이 실제 노동에 종사한 시간에 따라 임금을 지급하는 제도를 말한다.

③ 종업원 작업성과에 따라 임금을 지급해서 종업원들의 노동률을 자극하려는 제도를 말한다.

④ 작업량 위주의 방식으로 흘러가서, 제품의 품질 저하가 나타날 수 있다.

30 다음 내용에 해당하는 카페테리아식 복리후생제도의 종류는 무엇인가?

> 종업원 개개인에게 주어진 복리후생의 예산 범위 내에서 종업들 각자가 자유롭게 복리후생의 항목들 중에서 선택하도록 하는 제도를 말한다.

① 선택적 지출 계좌형

② 핵심 추가 선택형

③ 모듈형

④ 홀리스틱 복리후생

---

29 ②는 시간급제에 대한 설명이다.

30 ② 핵심 추가 선택형 : 복리후생에 대한 핵심항목들을 기업이 제공하고, 추가된 항목들에 대해서 각 종업원들에게 선택권을 부여하는 것을 말한다.

③ 모듈형 : 기업 조직이 몇 개의 복리후생 내용들을 모듈화시켜서 이를 종업원들에게 제공한 후에, 각 종업원들이 자신들에게 제일 적합한 모듈을 선택하도록 하는 것을 말한다.

④ 홀리스틱 복리후생 : 종업원들이 전인적 인간으로서 균형된 삶을 추구할 수 있도록 지원하는 제도로, 조직·개인·가정의 삼위일체를 통한 삶의 질 향상을 강조하고 있는 제도이다.

정답 29 ② 30 ①

31 제시문은 스톡옵션(Stock Option)에 대한 내용이다.
① 종업원지주제도(Employee Stock Ownership Plans ; ESOPs) : 근로자들이 자기회사의 주식을 소유함으로써 자본의 출자자로서 기업경영에 참여하는 제도를 말한다.
② 성과배분참가 : 기업이 생산성 향상에 의해 얻어진 성과를 배분하는 제도를 말한다.
③ 노사협의제 : 노동자 및 사용자 대표가 서로 간의 분쟁을 피하기 위해 일상적인 대화로써 협의점을 찾고자 설치한 제도를 말한다.

31 다음 내용에 해당하는 경영참가 방식은 무엇인가?

> 기업이 경영자 및 종업원에게 장래의 자사 주식을 사전에 약정된 가격으로 일정수량을 일정기간 내에 매입할 수 있도록 권리를 주는 제도를 말한다.

① 종업원지주제도(Employee Stock Ownership Plans ; ESOPs)
② 성과배분참가
③ 노사협의제
④ 스톡옵션(Stock Option)

32 ② 사기조사(Morale Survey)에 대한 내용이다.
③ 종업원 상담제도(Employee Counselling)에 대한 내용이다.
④ 사기조사 중 통계적 방법에 대한 내용이다. 고충처리제도는 기업에서 근로조건이나 대우에 대해 종업원이 갖는 불평이나 불만사항 등을 접수하여 처리하는 제도이다.

32 다음 중 인간관계 관리제도의 종류와 그 설명이 올바르게 연결된 것은?

① 제안제도(Suggestion System) : 기업 조직체의 운영이나 작업의 수행에 필요한 여러 가지 개선안이나 아이디어 등을 일반 종업원들로 하여금 제안하도록 하는 제도이다.
② 종업원 상담제도(Employee Counselling) : 사기의 상태나 사기를 저해할 수 있는 요소들을 밝혀가는 과정을 의미한다.
③ 사기조사(Morale Survey) : 조직 내에서 종업원이 문제를 스스로 해결할 수 있도록 도움을 줄 목적으로 종업원과 함께 문제를 토론해서 해결해 나가는 것을 말한다.
④ 고충처리제도 : 종업원의 직무활동과 성과를 기록하여 계속적으로 그려지는 추세와 갑작스런 변화에 주의하여 종업원들의 근로의욕 및 태도 등을 파악하는 방법에 해당하며 다양한 지표를 가지고 조사한다.

정답 31 ④ 32 ①

33 숍(Shop) 시스템 중 근로자 채용 시 비조합원도 자유롭게 고용할 수 있으나, 일단 고용된 노동자는 일정기간 내에 노동조합에 반드시 가입하여야 하며, 만약 가입을 거부하거나 제명될 시 기업으로부터 해고를 당하게 되는 제도는 무엇인가?

① 에이전시 숍(Agency Shop)

② 유니언 숍(Union Shop)

③ 메인터넌스 숍(Maintenance Shop)

④ 프리퍼렌셜 숍(Preferential Shop)

34 노동쟁의의 유형에 대한 표에서 괄호 안에 들어갈 용어를 순서대로 나열한 것은?

유형	해당 내용
(㉠)	노동조합 안에서의 통일적 의사결정에 따라 근로계약상 노동자가 사용자에게 제공해야 할 의무가 있는 근로의 제공을 거부하는 쟁의 수단을 의미한다.
(㉡)	노동조합이 형식적으로는 노동력을 제공하지만 의도적으로 불성실하게 노동을 제공함으로써 작업능률을 저하시키는 행위를 의미한다.
(㉢)	노조의 쟁의행위를 효과적으로 수행하기 위한 것으로, 이는 비조합원들의 사업장 출입을 저지하고, 이들이 파업에 동조하도록 호소하여 사용자에게 더 큰 타격을 주기 위해 활용되는 것을 말한다.

	㉠	㉡	㉢
①	파업	태업	피켓팅
②	태업	파업	피켓팅
③	피켓팅	태업	파업
④	파업	준법투쟁	피켓팅

33 ① 대리기관 숍 제도라고도 불리며, 조합원이 아니더라도 채용된 모든 종업원들이 노동조합에 일정액의 조합비를 납부하도록 하는 제도이다.

③ 조합원 유지 숍 제도라고도 하며, 노동조합에 가입된 이후 일정기간 동안 조합원 자격을 유지해야 하는 제도이다.

④ 특혜 숍 제도라고도 하며, 종업원 채용 시 조합원들에게 채용에 대한 우선권을 부여하는 제도이다.

34 각각 ㉠ 파업(Strike), ㉡ 태업, ㉢ 피켓팅(Piketting)에 대한 설명이다. 준법투쟁은 노동조합이 법령·단체협약·취업규칙 등의 내용을 정확하게 이행한다는 명분하에 업무의 능률 및 실적을 떨어뜨려 자신들의 주장을 받아들이도록 사용자에게 압력을 가하는 집단행동을 의미한다.

정답 (33 ② 34 ①)

35 ①·② 성과배분참가에 해당한다.
　　④ 의사결정참가에 해당한다.

35 경영참가제도의 종류 중 자본참가에 해당하는 제도는 무엇인가?

① 생산성 이득배분(Gain Sharing)
② 이윤분배제도(Profit Sharing)
③ 종업원지주제도(Employee Stock Ownership Plans ; ESOPs)
④ 노사협의제(Join Consultation Committees)

36 ①·② 실사의 기준(Standards of Field Work)에 해당한다.
　　④ 보고기준(Standards of Reporting)에 해당한다.

36 인적자원감사기준 중 '일반기준(General Standards)'에 대한 설명에 해당하는 것은?

① 감사는 시기적절하게 계획이 짜여져야 한다.
② 존재하고 있는 내부통제에 대한 적절한 연구 및 평가는 반드시 있어야 한다.
③ 감사자들은 자신들의 정신자세에 있어 독립적인 자세를 가져야 한다.
④ 문제점 개선을 위한 뚜렷한 목표의 제시가 되어야 한다.

37 ① A 감사(Administration)에 대한 설명이다.
　　③·④ C 감사(Contribution)에 대한 설명이다.

37 ABC 감사에 대한 내용 중 'B 감사(Budget)'에 대한 설명으로 옳은 것은?

① 인적자원정책의 경영 측면(내용)을 대상으로 실시되는 감사를 의미한다.
② 인적자원정책의 경제 측면(비용)을 대상으로 실시되는 예산 감사를 의미한다.
③ 인적자원관리의 효과를 대상으로 하는 감사를 말한다.
④ 인적자원과 관련한 제반 정책들의 실제효과를 대상으로 조사하고, 이를 종합하여 새로운 정책을 수립하는 데 있어 유용한 자료를 제공한다.

정답 35 ③　36 ③　37 ②

38 다음 내용에서 괄호 안에 들어갈 인적자원관리 이론은 무엇인가?

> (   )을 통해 경영이나 조직에 대한 안목이 폐쇄체계에서 개방체계로 바뀌게 되었으며, 조직에서의 복잡한 개념을 하위 시스템으로 구분하여 보다 쉽게 이해할 수 있도록 하였다.

① 인간관계론
② 과학적 관리론
③ 행동과학론
④ 시스템이론

38 ① 인간관계론 : 기업 조직구성원들의 심리적·사회적인 욕구와 기업조직 내의 비공식집단 등을 중요시하며, 기업 조직의 목표 및 조직구성원들의 목표 간 균형의 유지를 지향하는 민주적이면서 참여적인 관리 방식을 추구하는 이론이다.
② 과학적 관리론 : 과학 및 과학적 방법을 활용한 합리화와 능률성의 극대화를 기반으로 하는 관리법이다.
③ 행동과학론 : 조직의 공식적·비공식적 측면을 모두 고려하여 인간의 활동을 과학적으로 분석하며 객관적으로 연구하고 측정하여 생산성 및 인간성을 동시에 추구하고자 한 이론이다.

39 전략적 인적자원 스태프의 역할 중 종업원 옹호자로서의 역할에 대한 설명으로 옳은 것은?

① 종업원들에게 발생하는 각종 문제들을 이해하고 해결해 나가며, 종업원들의 조직에 대한 사기를 높이고 그들에게 조직몰입을 하도록 해 줌으로써 결국엔 해당 조직의 성과에 기여하게 하는 것을 말한다.
② 경영 관리자와 종업원들을 위해 필요로 하는 각종 서비스 및 지원을 하는 역할을 수행할 수 있도록 하는 것을 말한다.
③ 인적자원 스태프가 조직 내 각종 변화를 일으키고, 종업원들의 능력을 개발시키는 역할을 담당한다.
④ 인적자원 스태프가 조직의 전략과정에 참여함으로써 인적자원관리를 기업의 경영전략과 맞물리게 하는 활동을 한다.

39 ② 행정전문가로서의 역할에 대한 설명이다.
③ 변화담당자로서의 역할에 대한 설명이다.
④ 전략적 동반자로서의 역할에 대한 설명이다.

정답 38 ④   39 ①

40 ① 인적자원관리기법 : 종업원들이 기업 조직의 인사 정책을 변화시키거나 이를 분석 가능하도록 하는 연구방법을 의미한다.
③ 인간관계기법 : 조직 내 종업원들의 인간관계를 향상시키고자, 집단 또는 개개인 간의 상호작용을 통해 문제를 효율적으로 처리할 수 있는 능력을 키우는 데 그 목적이 있다.
④ 기술 구조적 기법 : 조직의 생산성·효율성 등을 높이기 위한 기술 구조적인 개입을 의미한다.

40 다음 내용에 해당하는 전략적 인적자원관리에 의한 조직변화 기법은 무엇인가?

> 기업 조직 내 구조 및 전략, 문화 등의 내부 환경과 조직 외부환경과의 적합성을 이루기 위한 조직개발 프로그램을 의미한다.

① 인적자원관리기법
② 전략적 기법
③ 인간관계기법
④ 기술 구조적 기법

기출복원문제

▶ 온라인(www.sdedu.co.kr)을 통해 기출문제 무료 동영상 강의를 만나 보세요.

※ 본 문제는 다년간 독학사 경영학과 2단계 시험에서 출제된 기출문제를 복원한 것입니다. 문제의 난이도와 수험경향 파악용으로 사용하시길 권고드립니다. 본 기출복원문제에 대한 무단복제 및 전제를 금하며 저작권은 SD에듀에 있음을 알려드립니다.

01 다음 중 마케팅에 대한 설명으로 옳지 <u>않은</u> 것은?

① 영리를 목적으로 하는 기업에 한정되어 적용된다.

② 개인의 니즈 및 조직의 목표를 충족시킨다.

③ 시장에서 교환이 일어나게 한다.

④ 유·무형의 제품 및 서비스가 마케팅의 대상에 포함된다.

01 마케팅은 영리를 목적으로 하는 기업뿐만 아니라 비영리조직까지 적용되고 있다.

02 다음 중 A가 한 행동을 설명하는 용어로 적절한 것은?

> A는 옷핀이 필요해 편의점에 방문했다. B사와 C사의 제품이 있었지만 별다른 고민 없이 맨 앞에 진열되어 있는 B사의 제품을 구매했다.

① 부조화 감소행동

② 복잡한 구매행동

③ 고관여 구매행동

④ 저관여 구매행동

02 특정 제품이나 서비스 간 차이에 대해 소비자가 중요하지 않다고 생각하거나 관심이 낮은 경우 저관여 구매행동을 보인다.

정답 (01 ① 02 ④)

03 상품의 적절한 사용상황을 설정함으로써 타제품과 차별적 인식을 제공하는 방법이다.

03 다음 광고 문구에 해당하는 포지셔닝 유형은?

> 운전하면서 졸릴 때 이 껌을 씹으면 좋습니다.

① 사용자에 의한 포지셔닝
② 사용상황에 의한 포지셔닝
③ 경쟁에 의한 포지셔닝
④ 속성에 의한 포지셔닝

04 서비스의 기본적 특성에는 무형성, 비분리성, 이질성, 소멸성이 있다. 무형성은 소비자가 서비스를 이용하기 전에는 오감을 통해 느낄 수 없다는 특성을 의미한다.

04 서비스의 특성 중 다음 설명에 해당하는 것은?

> 서비스는 추상적이며 제품을 구매하기 전에는 오감을 통해 느낄 수 없기 때문에 품질을 평가하기 어렵다.

① 무형성(Intangibility)
② 비분리성(Inseparability)
③ 이질성(Heterogeneity)
④ 소멸성(Perishability)

05 신제품 개발과정 중 아이디어 선별(평가) 단계에서 신제품 아이디어를 채택하거나 탈락시킨다.

05 신제품 개발과정에서 기업의 목적에 맞지 않거나 개발할 수 없는 아이디어가 사라지는 순서와 단계가 올바르게 짝지어진 것은?

> 아이디어 창출 - (ㄱ) - 제품개념 개발 및 테스트 - 마케팅 전략 개발 - (ㄴ) - 제품 개발 - 시험마케팅 - 상업화

① (ㄱ) - 사업성 분석
② (ㄱ) - 아이디어 선별(평가)
③ (ㄴ) - 사업성 분석
④ (ㄴ) - 아이디어 선별(평가)

정답 03 ② 04 ① 05 ②

06 다음 설명에 해당하는 제품수명주기 단계는?

> 이 단계는 매출과 이익이 감소하는 시기로 제품이 개량품에 의해 대체되거나 제품라인으로부터 삭제되는 시기이다.

① 도입 단계
② 성장 단계
③ 성숙 단계
④ 쇠퇴 단계

07 〈보기〉에서 제품가격 결정 시 고려해야 할 외부요인을 모두 고른 것은?

> ─ 보기 ─
> ㄱ. 원가
> ㄴ. 가격에 대한 소비자 태도
> ㄷ. 시장의 유형
> ㄹ. 경쟁자

① ㄱ, ㄹ
② ㄱ, ㄴ, ㄷ
③ ㄴ, ㄹ
④ ㄴ, ㄷ, ㄹ

08 다음 내용에서 괄호 안에 공통으로 들어갈 말로 알맞은 것은?

> 메시지를 보내는 발신인은 자신이 전달하고자 하는 것들을 문자나 그림 또는 언어 등으로 상징화하는 (   )의 과정을 거쳐야 한다. 수신인은 발신인이 전달한 (   )된 내용을 해독해야 한다.

① 피드백
② 부호화
③ 매개화
④ 조합

---

06 제품수명주기
- 도입 단계(도입기) : 제품이 처음으로 출시되는 단계로서 제품에 대한 인지도와 수용도가 낮음
- 성장 단계(성장기) : 제품이 시장에 수용되어 정착되는 단계로 실질적인 이익이 창출됨
- 성숙 단계(성숙기) : 대부분의 잠재 소비자가 신제품을 사용하게 됨으로써 판매성장률은 둔화되기 시작함
- 쇠퇴 단계(쇠퇴기) : 제품이 개량품에 의해 대체되거나 제품라인으로부터 삭제되는 시기

07 가격 결정 시 고려 요인
- 내부요인 : 마케팅목표, 마케팅 믹스전략, 원가, 조직
- 외부요인 : 시장과 수요(시장의 유형, 가격에 대한 소비자 태도, 가격과 수요), 경쟁자, 기타환경요인(정부의 규제 및 인플레이션, 이자율 등)

08 마케팅 커뮤니케이션 과정의 구성요소 중 부호화는 전달하고자 하는 것들을 문자나 그림 또는 언어 등으로 상징화하는 과정을 말한다.

정답 06 ④ 07 ④ 08 ②

09 광고는 장기적으로 제품이나 서비스의 구매이유를 제공하는 반면, 판매촉진은 바로 지금 구매할 이유를 제공한다.

09 자사의 제품이나 서비스의 판매를 위해 단기적인 동기부여 수단을 사용하는 방법을 총망라한 용어는?

① 광고
② 인적판매
③ PR(Public Relations)
④ 판매촉진

10 인적판매는 1인당 접촉비용, 판매원 교육비 등으로 인해 비용이 비싸다는 단점이 있다.

10 인적판매에 대한 설명으로 옳지 <u>않은</u> 것은?

① 판매원과 고객의 직접적인 대면관계를 통해 이루어지는 촉진활동이다.
② 인적판매의 내부판매는 도·소매점포에서 판매사원이 잠재구매자에게 판매활동을 하는 것이다.
③ 비용이 적게 든다는 장점이 있다.
④ 판매원에 따라 효과의 차이가 크기 때문에 비용 대비 효과를 고려해야 한다.

11 고객니즈 충족 실패는 구매자와 연관된 요소이다.

11 다음 중 신제품 실패요소 중 자사의 조직과 연관된 요소가 <u>아닌</u> 것은?

① 부서 간 협업 부족
② 기술적 역량 부족
③ 고객니즈 충족 실패
④ 최고경영층의 지원부족

정답 09 ④ 10 ③ 11 ③

12 다음 설명에 해당하는 자료 수집 방법은?

> 전문가들에게 반복적인 질문을 통해 받은 피드백과 의견을
> 발전시켜 미래 예측치를 수렴하는 방법

① 델파이기법
② 우편질문법
③ 전화면접법
④ 대인면접법

13 기업사명에 대한 설명으로 옳지 <u>않은</u> 것은?

① 정의 – 기업이 생각하는 모든 가치를 드러낸다.
② 기능적 효과 – 조직목표의 일관성을 평가하는 기준을 제공한다.
③ 기능적 효과 – 조직의 정체성을 제공하는 역할을 한다.
④ 특징 – 조직 내 종업원들의 동기를 유발할 수 있어야 한다.

14 산업재 마케팅 믹스에 대한 설명으로 옳지 <u>않은</u> 것은?

① 상품의 품질과 기술의 중요성이 크다.
② 가격이 경쟁 입찰 및 협상으로 결정된다.
③ 판매촉진에 광고가 큰 비중을 차지한다.
④ 짧고 직접적인 유통경로를 가지고 있다.

12 델파이기법은 각 분야의 전문가가 가지고 있는 지식을 종합해서 미래를 예측하는 방법으로, 면밀하게 계획된 익명의 반복적 질문지 조사를 실시한다.

13 기업사명에 기업이 생각하는 모든 가치를 드러낼 수 없으며 최우선시하는 가치를 드러내야 한다.

14 판매촉진에 광고가 큰 비중을 차지하는 것은 소비재 마케팅 믹스이다. 산업재 마케팅 믹스의 판매촉진은 인적판매가 큰 비중을 차지한다.

정답 12 ① 13 ① 14 ③

15 메시지 전달 방법
- 이성적 소구 : 제품의 질, 경제성, 가치, 성능에 대한 내용을 담고 있다.
- 감성적 소구 : 구매를 유도할 수 있는 부정적 또는 긍정적 감정들을 유발한다.
- 도덕적 소구 : 청중들로 하여금 어떻게 하는 것이 옳은지를 생각하게 한다.

15 다음 중 메시지 방법과 설명이 올바르게 연결된 것은?

① 이성적 소구 – 제품의 질, 경제성, 가치, 성능에 대한 내용을 담고 있다.
② 감성적 소구 – 청중들로 하여금 어떻게 하는 것이 옳은지를 생각하게 한다.
③ 감성적 소구 – 청중에게 제품의 구매가 얻고자 하는 편익 등을 제공한다는 내용의 메시지를 사용한다.
④ 도덕적 소구 – 구매를 유도할 수 있는 부정적 또는 긍정적 감정들을 유발한다.

16 마케팅 믹스의 4P는 제품(Product), 가격(Price), 촉진(Promotion), 유통(Place)이다.

16 〈보기〉에서 마케팅 믹스를 구성하는 4P를 모두 고른 것은?

┌ 보기 ┐
ㄱ. 포지셔닝(Positioning)　　ㄴ. 제품(Product)
ㄷ. 가격(Price)　　　　　　　ㄹ. 사람(Person)
ㅁ. 촉진(Promotion)　　　　 ㅂ. 성과(Performance)
ㅅ. 과정(Process)　　　　　 ㅇ. 유통(Place)
└─────────────────────────────┘

① ㄱ, ㄴ, ㄷ, ㅁ
② ㄱ, ㅁ, ㅂ, ㅇ
③ ㄴ, ㄷ, ㅁ, ㅇ
④ ㄴ, ㄹ, ㅂ, ㅅ

정답 15 ① 16 ③

17 촉진믹스 전략에 대한 설명으로 옳지 <u>않은</u> 것은?

① 광고활동(Advertising) : 특정한 광고주가 상품 또는 서비스를 촉진하기 위해 비용을 지불하고 비인적 매체를 통해 촉진한다.

② 인적판매활동(Personal Selling) : 한 명 또는 그 이상의 잠재소비자들과 직접 만나면서 커뮤니케이션을 통해 판매를 실현한다.

③ 판매촉진활동(Sales Promotion) : 소비자들에게 기업의 서비스 또는 제품의 판매 및 구매를 촉진시키기 위한 실질적인 수단이다.

④ 홍보활동(PR) : 좋은 기업이미지를 만들고, 비호감적인 소문 및 사건 등을 처리 및 제거함으로써 우호적인 관계를 조성하는 방법으로 많은 비용이 든다.

17 PR은 많은 비용을 들이지 않고도 활용할 수 있는 매우 효율적인 수단이다.

18 푸시 전략과 풀 전략을 비교한 다음 표에서 설명이 옳지 <u>않은</u> 것은?

구분	푸시 전략(Push Strategy)	풀 전략(Pull Strategy)
① <u>전략</u>	제조업자는 도매상에게, 도매상은 소매상에게, 소매상은 소비자에게 제품을 판매하는 전략	소비자들이 스스로 제품을 찾게 만드는 전략
② <u>방법</u>	점포판매, 판매자의 영업	광고, 홍보
③ <u>브랜드 충성도</u>	브랜드 충성도가 낮은 경우	브랜드 충성도가 높은 경우
④ <u>적합한 상품</u>	관여도가 높은 상품	관여도가 낮은 상품

18 푸시 전략은 충동구매가 잦은 상품에 적합한 전략이며, 풀 전략은 관여도가 높은 상품에 적합한 전략이다.

정답 17 ④   18 ④

19 시장점유율을 지향하는 것은 MASS 마케팅의 특징이다. CRM 마케팅은 고객점유율을 지향한다.

19 CRM 마케팅에 대한 설명으로 옳지 <u>않은</u> 것은?

① 개별고객과의 관계를 중요시한다.

② 시장점유율을 지향한다.

③ 고객가치를 높이는 것을 기반으로 한다.

④ 고객과의 지속적인 관계를 유지하는 것에 목표를 둔다.

20 전수조사보다 표본조사가 더 세밀한 조사가 가능하기 때문에 더 많이 활용되고 있다.

20 표본설계에 대한 설명으로 옳지 <u>않은</u> 것은?

① 통계조사 시 모집단 전부를 조사하는 방법을 전수조사라고 한다.

② 집단의 일부를 조사함으로써 집단 전체의 특성을 추정하는 방법을 표본조사라 한다.

③ 표본조사보다 전수조사가 더 세밀한 조사가 가능하다.

④ 시간 및 비용을 절약할 수 있는 표본조사가 전수조사보다 많이 활용되고 있다.

21 제시문은 AIO분석에 대한 내용이며 활동(Activity), 관심(Interest), 의견(Opinion)을 기준으로 세분화하여 분석하는 것이다.

21 다음 설명이 가리키는 분석방법에 대한 분석 기준이 <u>아닌</u> 것은?

> 나이나 성별, 소득, 직업 등 동일한 인구통계적 집단 내 속한 사람들도 서로 상이한 정신심리적 특성을 가지고 있을 수 있다는 정신심리적 특성을 기초로 시장을 나누는 것을 말한다.

① 활동

② 언어

③ 의견

④ 관심

정답 (19 ② 20 ③ 21 ②)

22 BCG 매트릭스의 유용성과 한계에 대한 설명으로 옳지 <u>않은</u> 것은?

① BCG 매트릭스는 두 개의 축으로 상황을 평가하고 전략을 제시하기 때문에 마케팅 관리자가 시장상황을 이해하기 어렵다.
② 마케팅 관리자는 BCG 매트릭스상에서 사업부의 현재 위치뿐 아니라 시간에 따른 위치변동까지 함께 고려해야 한다.
③ 두 개의 축인 구성요인이 지나치게 단순해서 포괄적이고 정확한 평가가 불가능하다.
④ BCG 매트릭스의 단점을 보완해주는 방법으로 GE 매트릭스가 있다.

23 BCG 매트릭스의 사업 유형 중 캐시카우(Cash Cow)에 대한 설명으로 옳지 <u>않은</u> 것은?

① 시장성장률은 낮지만 높은 상대적 시장점유율을 유지한다.
② 많은 이익을 창출한다.
③ 제품수명주기에서 성숙기에 속한다.
④ 신규 자금의 투입이 많이 필요하다.

24 마케팅 조사과정을 〈보기〉에서 순서대로 나열한 것은?

> 보기
> (ㄱ) 마케팅 조사의 설계
> (ㄴ) 자료의 수집과 분석
> (ㄷ) 조사문제의 정의와 조사목적의 결정
> (ㄹ) 보고서 작성

① (ㄱ) - (ㄴ) - (ㄷ) - (ㄹ)
② (ㄱ) - (ㄴ) - (ㄹ) - (ㄷ)
③ (ㄷ) - (ㄱ) - (ㄴ) - (ㄹ)
④ (ㄷ) - (ㄴ) - (ㄱ) - (ㄹ)

22 BCG 매트릭스는 단순한 두 개의 축으로 상황을 평가하고 전략을 제시하기 때문에 마케팅 관리자가 시장상황을 이해하기 쉽다.

23 캐시카우는 시장성장률이 둔화하므로 신규 자금의 투입이 필요 없다.

24 마케팅 조사과정은 '조사문제의 정의와 조사목적의 결정 → 마케팅 조사의 설계 → 자료의 수집과 분석 → 보고서 작성' 순으로 진행된다.

정답 22① 23④ 24③

25 가격차별화는 기업의 동일한 제품에 대하여 시간적·지리적으로 서로 다른 시장에서 각각 다른 가격을 책정하는 것을 의미한다.

25 다음에 제시된 예시들이 공통적으로 해당되는 전략으로 옳은 것은?

> • 뮤지컬 관람 시 맨 앞좌석 프리미엄 가격
> • 영화관의 조조할인
> • 숙박업소의 비수기 할인

① 가격계열화
② 가격차별화
③ 할증가격
④ 수요가격

26 수요의 가격탄력성은 시장에서 제품 가격의 변화에 따른 수요의 반응을 의미한다. 가격의 작은 변화에도 수요가 민감한 반응을 보인다면 가격탄력성이 있는 것이다.

26 수요의 가격탄력성의 의미는 무엇인가?

① 수요에 따른 판매량의 변화
② 제품을 대량으로 구입할 경우 제품의 가격 할인
③ 제품 가격 변화에 따른 수요의 반응
④ 자사 제품 가격 변화에 따른 경쟁사 제품의 가격 변화

27 확장제품은 제품에 부가되어 제품의 가치를 발휘하게 하는 부가적인 요소로 배송서비스, 설치서비스, 신용/보증서비스, AS 등이 있다.

27 제품개념에서 확장제품(Augmented Product)에 해당하는 것들로 묶인 것은?

① 제품사양, 디자인
② 제품품질, 배송서비스
③ 디자인, 설치서비스
④ 배송서비스, AS

정답 25 ② 26 ③ 27 ④

28 설문지 개발 시 주의할 점이 아닌 것은?

① 조사목적에 적합한 질문 형식을 결정해야 한다.

② 적절한 설문 용어와 순서를 결정해야 한다.

③ 빠른 조사를 위해 가능하면 하나의 항목에 2가지 질문을 한다.

④ 응답자에게 지나칠 정도의 자세한 질문은 금지해야 한다.

28 하나의 항목에 2가지 질문이 있는 경우 응답자에게 혼란을 주고 제대로 된 응답을 얻지 못할 수 있다. 따라서 하나의 항목에 2가지 질문은 금지해야 한다.

29 다음 사례는 제품믹스의 어떤 개념과 관련이 있는가?

> A사는 세탁세제를 분말 세제, 액체 세제(100ml), 액체 세제(500ml), 캡슐 세제 등 다양한 형태와 용량으로 출시했다.

① 제품계열

② 제품믹스의 폭(Width)

③ 제품믹스의 깊이(Depth)

④ 제품믹스의 길이(Length)

29 제품믹스의 깊이는 각 제품계열 안에 있는 품목 수로서 제품의 용량, 형태 등을 다르게 하여 고객의 니즈를 충족시킬 수 있는 다양한 품목을 판매하는 것과 관련된다.

30 다음 중 인터넷 마케팅의 장점이 <u>아닌</u> 것은?

① 시공간의 한계 극복

② 잠재고객의 세분화 가능

③ 고객과의 일대일 상호작용 가능

④ 제품가격 예측가능성이 높음

30 인터넷 마케팅은 제품가격 예측가능성이 낮다. 인터넷 마케팅의 장점은 다음과 같다.
- 시공간 한계 극복
- 잠재고객 세분화 가능
- 일대일 상호작용 가능
- 멀티미디어 활동 가능
- 광고 효과 즉시 모니터링 가능

정답 (28 ③   29 ③   30 ④)

31
- 브랜드 자산 – 제품이 브랜드를 지 님으로써 발생되는 바람직한 마케 팅 효과
- 브랜드 연상 – 브랜드에 대해 떠오 르는 것과 연계되는 모든 것
- 브랜드 충성도 – 어떤 브랜드에 대 한 지속적인 선호와 만족, 반복적 인 사용

31 브랜드 관련 용어와 설명이 알맞게 짝지어진 것은?

① 브랜드 자산 – 브랜드를 구축하기 위해 필요한 비용

② 브랜드 연상 – 어떤 브랜드에 대한 지속적인 선호와 만족, 반 복적인 사용

③ 브랜드 충성도 – 브랜드에 대해 떠오르는 것과 연계되는 모 든 것

④ 브랜드 인지도 – 잠재구매자가 어떤 제품군에 속한 특정 브랜 드를 재인식 또는 상기할 수 있는 능력

32 초기 고가격 전략은 시장 진입 초기 가격을 높게 정한 후에 점차적으로 하락시키는 전략으로, 컴퓨터 등 하 이테크 제품에서 고소득층을 목표고 객으로 정했을 때 효과적으로 사용 된다.

32 다음 중 초기 고가격 전략이 가능한 경우는?

① 중·저소득층을 목표고객으로 정했을 때

② 고소득층을 목표고객으로 정했을 때

③ 남성을 목표고객으로 정했을 때

④ 여성을 목표고객으로 정했을 때

33 중간상이 생산자에게 적정 이윤을 보장하지는 못한다.

33 유통경로에서 중간상의 역할로 옳지 않은 것은?

① 생산자와 소비자의 시간 불일치를 해결해준다.

② 생산자와 소비자의 장소 불일치를 해결해준다.

③ 생산자에게 적정 이윤을 보장한다.

④ 생산자의 재고 부담을 줄여준다.

34 기술적으로 복잡한 제품일 경우 유 통경로가 짧아진다.

34 유통경로가 길어지는 경우에 대한 설명으로 옳지 않은 것은?

① 구매빈도가 낮은 경우

② 기술적으로 복잡한 제품일 경우

③ 생산자의 수가 많은 경우

④ 생산자가 지리적으로 흩어져 있는 경우

정답 31 ④ 32 ② 33 ③ 34 ②

35 다음 내용과 관련된 유통경로가 창출하는 효용성은?

> 대량으로 생산되는 상품의 수량을 요구되는 적절한 수량으로 분배함으로써 창출되는 효용

① 시간 효용
② 장소 효용
③ 정보 효용
④ 형태 효용

36 다음 내용과 관련된 신제품의 유형에 해당하는 것은?

> 제품수정, 제품추가, 제품 재포지셔닝을 통하여 제품범주를 넓힌 제품

① 혁신제품
② 모방제품
③ 확장제품
④ 소비재

37 다음 중 광고의 예산설정을 위해 고려해야 할 요인이 <u>아닌</u> 것은?

① 제품수명주기상의 단계
② 시장점유율
③ 판매원 고용비용
④ 제품의 차별성

35 유통경로가 창출하는 효용성
- 시간 효용 : 소비자가 원하는 시간에 제품이나 서비스를 제공함으로써 발생되는 효용
- 장소 효용 : 소비자가 원하는 장소에서 제품이나 서비스를 제공함으로써 발생되는 효용
- 소유 효용 : 유통경로를 통하여 최종소비자가 제품이나 서비스를 소비할 수 있도록 함으로써 발생되는 효용
- 형태 효용 : 대량으로 생산되는 상품의 수량을 요구되는 적절한 수량으로 분배함으로써 창출되는 효용

36
- 혁신제품 : 소비자와 기업에게 모두 새로운 신제품
- 모방제품 : 소비자에게는 이미 알려진 제품이지만 기업에서는 처음 생산하는 제품
- 소비재 : 개인이 최종적으로 사용하거나 소비하는 것을 목적으로 구매하는 제품

37 광고의 예산설정을 위한 고려요인은 다음과 같다.
- 제품수명주기상의 단계 : 주기별 효과적인 광고 예산 규모 상이
- 경쟁 : 경쟁 정도와 광고 예산 비례
- 시장점유율 : 시장점유율 제고 및 경쟁 시 높은 수준의 예산 규모 필요
- 광고빈도 : 반복 및 횟수에 따른 예산 규모 차이
- 제품의 차별성 : 상표 간 제품차이 강조를 위한 예산 투입 필요

정답 (35 ④ 36 ③ 37 ③)

38 마케팅개념의 변천과정은 '생산개념 → 제품개념 → 판매개념 → 마케팅개념 → 사회적 마케팅개념' 순이다.

38 다음 중 마케팅개념의 변천과정에 대한 설명으로 옳지 <u>않은</u> 것은?

① 마케팅개념의 변천과정은 '생산개념 → 판매개념 → 제품개념 → 마케팅개념 → 사회적 마케팅개념' 순이다.

② 제품개념은 소비자가 가장 우수한 품질이나 효용을 가진 제품을 선호한다는 개념이다.

③ 판매개념은 소비자가 경쟁회사 제품보다 자사의 제품을 더 구매하도록 설득해야 한다는 개념이다.

④ 마케팅개념은 고객욕구를 충족시키는 데 초점을 둔다.

39 마케팅 로지스틱스는 소비자와 기업 모두에게 비용절감 효과를 주기 때문에 기업의 이윤을 보장하면서 고객 욕구를 충족시킨다.

39 마케팅 로지스틱스에 대한 설명으로 옳지 <u>않은</u> 것은?

① 원산지에서 소비지점까지 제품 및 서비스, 관련 정보의 흐름을 계획·집행·통제하는 것이다.

② 주요기능으로는 재고관리, 수송, 창고관리, 로지스틱스 정보관리 등이 있다.

③ 마케팅 로지스틱스를 통해 기업은 소비자에게 더 나은 서비스와 저렴한 가격을 제공하는 것이 가능하다.

④ 마케팅 로지스틱스를 통해 기업은 이윤을 줄이더라도 고객 욕구를 충족하여 고객 만족도를 높인다.

40 내적 탐색을 하면서 기존에 알고 있는 상표들 중 떠오르는 상표군을 상기상표군이라고 한다. 고려상표군은 대안평가를 하기 위해 최종적으로 고려되는 상표군으로, 상기상표군에 외적 탐색을 통해 발견된 상품을 더한 것이다.

40 소비자 정보처리과정에 대한 설명으로 옳지 <u>않은</u> 것은?

① 소비자가 정보에 노출되어 주의를 기울이고 내용을 이해하며 태도를 형성하는 일련의 과정이다.

② 우연적 노출은 소비자가 의도하지 않은 상태에서 정보에 노출되는 것이다.

③ 태도는 어떠한 대상에 대한 일관성 있는 호의적 또는 비호의적인 반응을 의미한다.

④ 내적 탐색을 하면서 기존에 알고 있는 상표들 중 떠오르는 상표군을 고려상표군이라고 한다.

정답 38 ① 39 ④ 40 ④

기출복원문제

▶ 온라인(www.sdedu.co.kr)을 통해 기출문제 무료 동영상 강의를 만나 보세요.

01 스트레스에 대한 설명으로 틀린 것은?

① 일반적으로 개인의 반응으로서 환경의 압력 또는 긴장과 불안에 의해 야기되는 심리적 불안정 상태를 의미한다.

② 적절한 스트레스는 심리적, 창의적, 새로운 환경에서 순기능을 가져올 수 있다.

③ 스트레스 유발 요인으로는 힘든 선택, 힘든 업무, 복잡한 인간관계, 압박감, 욕구좌절, 갈등, 고립 등이 있다.

④ 가정 등 개인적 생활요인은 스트레스의 원인이 될 수 없다.

01 직무 스트레스의 원인으로는 환경적 요인, 조직·집단·직무차원의 조직적 요인, 가족·친구·삶의 질·종교 문제와 같은 개인적인 요인 등을 들 수 있다. 즉, 개인적 생활요인도 스트레스의 원인이 될 수 있다.

02 신뢰의 발전 단계에 관한 르위키와 벙커의 견해에 따르면 다음 설명은 어느 단계에 해당하는가?

> 쌍방의 목표·가치·규범 등이 일치하는 것으로 확인되어 서로를 대신할 수 있고 상대방이 나를 대변해 줄 것으로 믿게 되는 단계

① 동일화의 신뢰

② 타산적 신뢰

③ 지식기반 신뢰

④ 조직에 대한 신뢰

02 르위키와 벙커의 견해에 따르면 신뢰는 일반적으로 '타산적(계산적) 신뢰 → 지식기반 신뢰 → 동일화의 신뢰' 단계의 과정을 거쳐 발전하는 경향이 강하다고 한다. 제시문은 동일화의 신뢰에 대한 내용이며, 동일화의 신뢰는 상대방의 가치·신념·비전 등에 대해 내재적 수용이 높아지는 신뢰이다.

정답 01 ④ 02 ①

03 학습조직은 창의성, 지식 공유, 실천을 통한 학습이라는 3가지 요소로 특징지을 수 있다.

03 다음 중 학습조직의 특징에 해당되지 <u>않는</u> 것은?

① 창의성
② 멘토링
③ 지식 공유
④ 실천을 통한 학습

04 변혁적 리더십이란 개인 간의 영향력 행사과정이며, 사회적 체계변화와 조직혁신을 위한 과정이다. 카리스마적 리더십은 변혁적 리더십의 구성요인이다.

04 다음 중 변혁적 리더십 이론과 거리가 <u>먼</u> 것은?

① 개인 간의 영향력 행사과정
② 사회적 체계변화와 조직혁신 과정
③ 카리스마적 리더십
④ 자율적 리더십

05 개인행동 수준의 리더십 개발 훈련기법에는 강의, 사례 연구, 역할 연기, 감수성 훈련, 행동 모형화 등이 있다.

05 다음 중 개인행동 수준의 리더십 개발 훈련기법에 해당하지 <u>않는</u> 것은?

① 리더십 이론과 기술에 대한 강의
② 개별적 배려 훈련
③ 역할 연기
④ 감수성 훈련

06 베버의 관료제의 특징으로는 법규의 지배, 계층적 조직, 문서주의, 임무수행의 비정의성 및 공사의 구별, 관료의 전문화, 관료의 전임화, 고용관계의 자유 계약성 등이 있다.

06 다음 중 베버의 관료제의 특징이 <u>아닌</u> 것은?

① 공정의 표준화
② 관료의 전임화
③ 관료의 전문화
④ 계층적 조직

정답 (03 ② 04 ④ 05 ② 06 ①)

07 다음 중 테일러의 과학적 관리론에서의 주요 내용과 일치하지 **않는** 것은?

① 통합시스템의 직능체계
② 시간과 동작연구에 의한 과업관리
③ 차별적 성과급제
④ 전문화에 입각한 체계적 직무 설계

07 데일러의 과학적 관리론의 주요 내용은 전문화에 입각한 체계적 직무 설계, 생산 공정의 표준화, 시간과 동작연구에 의한 과업관리, 차별적 성과급제, 조직구조 개편 등이다.

08 인간관계론은 인간에 대한 인식 결여라는 테일러 과학적 관리론의 한계를 지적하면서 이에 대한 대안으로 제시된 인간중심의 경영조직이론이다. 인간관계론의 대표자인 하버드대학교의 메이요 교수가 주장한 내용으로 옳은 것은?

① 기술적, 영업적 활동을 통해 생산과 제조 및 가공에 필요한 활동을 적극 지원한다.
② 사회·경제적인 측면에서 주로 적용되는 개념으로 조직의 성과와 팀웍을 이루는 핵심 요인이다.
③ 조직구성원 각자의 몫을 분명히 하여 모두가 맡은 업무에 전문가가 되도록 장려한다.
④ 인간관계나 심리적 요인의 효율적 관리가 조직 구성원의 능률성과 생산성을 좌우하는 핵심 요인이다.

08 메이요 교수는 호손공장 실험을 통해 다른 요인보다 관리자의 인간적인 대우나 구성원 간의 친밀한 관계와 분위기 등과 같은 사회·심리적 요인이 생산성 증진에 더욱 중요한 작용을 하였다는 것을 발견하였다.

09 매슬로우는 인간의 욕구를 5단계로 구분하였다. 욕구 5단계 중 최상위단계는 무엇인가?

① 안전·안정의 욕구단계
② 존경 욕구단계
③ 소속감의 욕구단계
④ 자아실현 욕구단계

09 매슬로우는 인간의 욕구를 5단계로 구분하여 하위단계 욕구가 충족되어야 다음 단계의 상위욕구로 이동할 수 있으며, 최종적으로 최고차원 욕구인 자아실현 욕구에 도달한다고 하였다.

정답 07 ① 08 ④ 09 ④

10 델파이법은 우선 한 문제에 대해서 몇몇 전문가들의 독립적인 의견을 우편으로 수집하고 의견들을 요약해서 전문가들에게 다시 배부한 다음 일반적인 합의가 이루어질 때까지 서로의 아이디어에 대해서 논평하도록 하는 방법이다.

10 델파이법(Delphi method)에 대한 설명으로 옳은 것은?

① 로크가 주장한 이론으로 경영조직에서 종업원들을 공정하게 대우하여야 한다는 주장이다.

② '전문가들의 의견수립, 중재, 타협'의 순으로 반복적인 피드백을 통한 하향식 의견도출방법으로 문제를 해결하는 기법이다.

③ 조직 구성원들에게 요구되는 사항을 자발적으로 행하는 친사회적 행동 유발에 긍정적 영향을 미치는 것이다.

④ 종업원에게 부여되는 책임 및 학습의 정도, 작업의 조건을 매년 개선해주는 정책이다.

11 직무성과 평가 시 발생 가능한 오류에는 논리오차, 상동효과, 후광효과, 항상오차, 대비효과, 유사효과 등이 있다.

11 직무성과 평가 시 발생 가능한 오류에 해당하지 <u>않는</u> 것은?

① 후광효과

② 상동효과

③ 대비효과

④ 분석효과

12 조직몰입의 3가지 차원(유형) : 정서적 몰입, 지속적 몰입, 규범적 몰입

12 다음 중 조직몰입의 3가지 차원에 해당하지 <u>않는</u> 것은?

① 직무적 몰입

② 정서적 몰입

③ 규범적 몰입

④ 지속적 몰입

정답 (10 ② 11 ④ 12 ①)

13 조직몰입의 관리 방안에 관한 설명으로 옳지 <u>않은</u> 것은?

① 조직목표에 대한 조직 구성원들의 이해를 촉진시켜 목표를 공유할 수 있게 해야 한다.

② 개인적 의무가 있는 목표를 성취할 수 있도록 기회를 제공한다.

③ 경영자는 조직 구성원들의 복지후생에 진심으로 관심을 갖고 실행하는 노력을 기울여야 한다.

④ 가급적 조직 구성원들이 보다 많은 규제와 규칙을 준수하도록 직무를 수정한다.

13 가급적 조직 구성원들이 보다 많은 자율성과 책임감을 갖도록 직무를 수정한다.

14 조직차원에서 직무만족이 중요한 이유와 거리가 <u>먼</u> 것은?

① 성과에 영향을 준다.

② 원만한 인간관계를 유지한다.

③ 이직률을 감소시킨다.

④ 가치관에 큰 영향을 준다.

14 조직차원에서 직무만족이 중요한 이유
• 성과에 영향을 줌
• 원만한 인간관계 유지에 영향
• 결근율·이직률 감소
• 회사 홍보에 기여

15 허츠버그의 2요인이론에서 다음 내용과 관련 있는 요인은?

> 작업자로 하여금 직무만족을 느끼게 하고, 작업자의 동기부여를 유발하는 직무내용과 관련된 요인들로서 '직무 자체, 성취감, 책임감, 안정감, 성장과 발전, 도전감' 등이 있다.

① 위생요인

② 동기요인

③ 성취요인

④ 긍정요인

15 제시문의 내용은 허츠버그의 2요인 이론에서 동기요인에 대한 설명이다. 동기요인의 특성은 이 요인이 충족되지 않아도 불만이 생기지는 않지만 이 요인이 충족되면 만족의 향상을 가져와 적극적인 동기부여를 유도한다는 것이다.

정답 (13 ④   14 ④   15 ②)

16 Big 5 성격요소는 안정성, 외향성, 개방성, 원만성, 성실성으로 구분된다.

16 5가지 성격 특성 요소(Big Five personality traits : 성격의 5요인설)는 폴 코스타 주니어(Paul Costa Jr.)와 로버트 맥크레(Robert McCrae)에 의해서 집대성된 모델이다. 다음 중 Big 5 성격 특성 요소에 해당되지 <u>않는</u> 것은?

① 개방성
② 안정성
③ 외향성
④ 성취성

17 교육훈련과 학습의 원리에는 결과에 대한 피드백, 훈련의 전이, 강화 등이 있다.

17 교육훈련이란 기업 조직이 기반이 되어 조직에서 필요로 하는 지식이나 기술 등을 담당자를 통해 피교육자에게 습득하게 하는 조직의 활동을 의미한다. 다음 중 교육훈련과 학습의 원리에 해당하지 <u>않는</u> 것은?

① 결과에 대한 피드백
② 훈련의 전이
③ 강화
④ 반복

18 제시문은 로빈슨이 제시한 팀의 유형 중 기능 융합팀에 대한 설명이다. 기능 융합팀은 조직 내 다양한 영역의 사람들이 모이게 되어 다양한 정보교환, 복합적인 작업의 조정, 새로운 아이디어 창출, 문제점 해결에 효과적이다.

18 로빈슨이 제시한 팀의 유형에서 다음 내용과 관련 있는 것은?

특별한 직무를 수행하기 위해 서로 다른 다양한 부서에서 정예 멤버들을 차출하여 구성하는 팀의 유형으로 다른 영역에 있는 유사한 직급의 사람들이 공동으로 과업을 성취한다.

① 문제 해결팀
② 자가 경영 직무팀
③ 기능 융합팀
④ 가상팀

정답 16 ④ 17 ④ 18 ③

19 민츠버그의 조직 구분에서 다음 내용과 관련이 깊은 것은?

> • 기능에 따라 조직이 형성된다.
> • 이 조직의 예는 병원, 대학 등으로 의사나 교수 등이 핵심 업무층을 담당한다.

① 기계적 관료제
② 전문적 관료제
③ 사업부제 조직구조
④ 애드호크라시

20 다음 중 리더와 리더십에 관한 설명으로 옳지 <u>않은</u> 것은?

① 리더십은 목표 지향적 활동으로 목표 및 미래 지향적 비전을 제시할 수 있는 안목과 능력이 중요하다.
② 리더는 공식·비공식 조직을 막론하고 어떤 조직에나 모두 존재한다.
③ 리더십은 리더와 추종자 그리고 환경 변수 간의 상호관계에 초점을 둔다.
④ 리더의 유형은 고정성이며, 상황에 따라 불변성과 신축성을 보인다.

21 다음 내용은 조직행동 및 문화 변화의 과정 중 어느 단계와 관련이 있는가?

> 변화에 대한 고정적 태도는 이를 강화시키는 가치의식과 사고방식 때문이므로 구성원의 고정된 관점과 가치의식을 변화시키는 단계이다.

① 변화의 필요성 인식
② 해빙
③ 변화 주입
④ 재동결

19 민츠버그는 기본적인 조직형태를 단순조직, 기계적 관료제, 전문적 관료제, 사업부제 조직구조, 애드호크라시 유형으로 구분하며, 제시문은 전문적 관료제의 특징이다.

20 리더의 유형은 비고정성이며, 상황에 따라 가변성과 신축성을 보인다.

21 제시문은 조직행동 및 문화 변화의 과정 중 해빙에 관한 내용이다. 해빙 단계에서는 구성원으로 하여금 폐쇄적인 관점, 불신적 태도, 안일한 과업행동을 제고하도록 하면서 개방적이고 신뢰적인 대인관계, 성취 지향적인 과업행동의 만족감 등 새로운 관점과 가치관을 수용할 수 있는 의식구조로 변화시킨다.

정답 19 ② 20 ④ 21 ②

22 융은 잠재의식 속의 기능들을 해방시키기 위한 실제적 기법 중 하나로, 인간의 내면 속의 감각적 기능을 깨우기 위해 자연과 자주 접촉하는 것을 제안한다.

22 융의 성격 이론에 대한 설명으로 옳지 <u>않은</u> 것은?

① 사람들이 외부에 대하여 적응하는 방식에 따라 사람을 외향형과 내향형으로 분류하는 유형론을 제시하였다.

② 성격 기본 구성요소를 자아, 개인적 무의식, 집단적 무의식으로 본다.

③ 잠재의식 속의 기능들을 해방시키기 위한 기법으로 인간의 내면 속의 직관적 기능을 깨우기 위해 자연과 주기적으로 접촉하는 것을 제안한다.

④ 융이 주장하는 건강한 성격은 노출하기 어려운 쉐도우를 적절히 표현할 길을 찾고 지나치게 도덕적이고 이상적인 모습을 추구하지 않으며 양성성을 적절히 발휘해 나가는 것이다.

23 오건(Organ) 교수의 주장에 따르면 조직시민행동은 예의, 이타주의, 성실성, 시민 덕목, 스포츠맨십으로 구분할 수 있다.

23 오건(Organ) 교수가 주장하는 조직시민행동의 5가지 구분에 해당하지 <u>않는</u> 것은?

① 스포츠맨십
② 이타주의
③ 성실성
④ 보상 체계

24 팀제 조직은 조직의 일부만이 팀으로 운영되는 것이 아니라 조직 전체 혹은 조직의 상당 부분이 유기적으로 연계된 팀에 의해서 운영된다.

24 다음 내용에서 괄호 안에 공통으로 들어갈 용어로 적절한 것은?

팀제 조직에서 팀 조직이란 팀을 중심으로 (   ) 보완적인 기능을 가진 소수의 사람들이 공동의 목표 달성을 위해 공동의 접근방법을 가지고 신축성 있게 (   ) 작용하면서, (   ) 책임을 공유하고 결과에 대해 공동 책임을 지는 자율권을 가진 조직 단위이다.

① 능력
② 접촉
③ 상호
④ 협력

정답 22 ③ 23 ④ 24 ③

25 다음 중 조직행동론에 대한 설명으로 옳은 것은?

① 조직행동론의 네 가지 의존적 변수는 생산성, 결근여부, 이직, 조직 리더십 등이다.

② 조직행동론은 조직이란 테두리 내에서 사람들이 어떻게 행동하는가를 분석·연구하는 학문이다.

③ 조직행동론은 단체, 집단, 조직 전체 차원의 세 가지 분석 수준에 초점을 둔다.

④ 조직행동론의 주요 목적은 단체와 개인의 인간행동에 대하여 이해하고 연구하는 데 있다.

25 ① 조직행동론의 네 가지 의존적 변수는 생산성, 결근여부, 이직, 직업만족도 등이다.
③ 조직행동론은 개인, 집단, 조직 전체 차원의 세 가지 분석 수준에 초점을 둔다.
④ 조직행동론의 주요 목적은 조직과 조직 내의 인간행동에 대하여 이해하고 연구하는 데 있다.

26 다음 내용에서 괄호 안에 들어갈 알맞은 말은 무엇인가?

> 사이먼은 조직을 제한된 ( )을 갖는 작업자와 경영자의 의사결정 시스템이라고 하며 개인목표와 조직목표의 조화를 강조하였다.

① 합리성

② 의사결정

③ 상호 협동

④ 명확성

26 사이먼은 조직관리의 핵심을 의사결정으로 보았으며, 자신이 주장하는 의사결정을 제한된 합리성을 갖는 관리인 모델로 설명하고 있다. 즉, 인간을 제한된 합리성을 갖는 관리인으로 인식한 것이다.

27 리더십 이론 중 다음 내용과 가장 관련이 깊은 것은?

> 구성원들이 자발적으로 리더십을 발휘하도록 능력을 개발해 주고, 그 행동의 결과도 책임질 수 있는 리더십으로써 리더가 먼저 셀프 리더로서 행동모범을 보임으로써 부하의 대리학습을 촉진하는 역할을 한다.

① 셀프 리더십

② 카리스마적 리더십

③ 변혁적 리더십

④ 슈퍼 리더십

27 슈퍼 리더십(리더 중심 개념)은 구성원들을 스스로 파악하여 행동에 옮기고, 그 결과도 책임질 수 있는 셀프 리더로 만드는 리더십이다.

정답 25 ② 26 ① 27 ④

III. 조직행동론 **43**

28 단순하고 반복적인 직무일수록 공식화의 정도가 높고, 고도로 전문화된 업무일수록 공식화의 정도가 낮다.

28 조직구조의 구성요소 중 공식화(직무 표준화 정도)에 대한 설명으로 옳지 <u>않은</u> 것은?

① 조직 내의 직무가 문서화·비문서화된 규제를 통해 특정화되어 문서화된 정도를 말한다.

② 단순하고 반복적인 직무일수록 공식화의 정도가 낮고, 고도로 전문화된 업무일수록 공식화의 정도가 높다.

③ 생산부서의 직무는 마케팅이나 연구개발의 직무보다도 공식화의 정도가 높다.

④ 공식화는 조직외부의 고객을 공평하게 처우하기 위해, 조직성과의 효율성 향상을 위해, 조직의 활동을 조정하기 위해 필요하다.

29 팀 구축법은 레빈(K. Lewin)이 주장한 조직변화 과정의 모형/태도의 변화 과정인 '해빙-변화-재동결'의 단계를 거쳐 이루어진다.

29 팀 구축법과 관련한 다음 내용에서 괄호 안에 들어갈 용어로 옳은 것은?

> 팀 구축법은 레빈(K. Lewin)이 주장한 조직변화 과정의 모형/태도의 변화 과정인 (   )의 단계를 거쳐 이루어진다.

① 해빙-재동결-변화

② 변화-재동결-해빙

③ 해빙-변화-재동결

④ 변화-해빙-재동결

30 제시문은 탄력적 작업일정 계획에 대한 설명이다. 탄력적 작업일정 계획은 탄력적 근무 시간제 또는 Flexible Work Schedule라고도 한다. 탄력적 작업일정 계획을 위해서 기업은 융통성 있는 작업계획을 구상해야 한다. 즉, 고급인력 보호 및 자기계발 기회 부여를 위하여 Flex-time제, 안식년제도 등의 근무시간 자유제를 도입·활용할 필요가 있다.

30 다음 내용은 조직수준의 직무 스트레스 관리 방안 중 무엇에 해당하는가?

> 작업환경과 관련하여 개인의 통제력과 재량권을 강화시켜줌으로써 해소되지 않은 스트레스를 감소시킬 수 있는 방법이다.

① 탄력적 작업일정 계획

② 직무 재설계

③ 참여적 관리

④ 경력 개발

정답 28 ② 29 ③ 30 ①

31 다음 중 동기부여가 개인의 내부에만 국한된 것이 아니라 환경 혹은 타인과의 접촉·관계에 의해서도 발생한다고 주장하는 이론은?

① 강화이론
② 인지평가이론
③ 상호작용이론
④ 목표설정이론

31 상호작용이론에 의하면 인간을 동기화시키는 가치는 인간의 내부 욕구에서 나오는 것이 아니라 외부와의 상호작용 과정에서 나오는 것이다.

32 성과-보상의 결속관계 강화를 위한 보상관리의 원칙 중에서 '보상이 자주 주어질수록 유용성이 더 커진다.'는 원칙은 무엇인가?

① 수시성의 원칙
② 가시성의 원칙
③ 저비용의 원칙
④ 유통성의 원칙

32 성과-보상의 결속관계 강화를 위한 보상관리의 원칙에는 중요성의 원칙, 융통성의 원칙, 가시성의 원칙, 저비용의 원칙이 있다. '보상이 자주 주어질수록 유용성이 더 커진다.'는 내용은 수시성의 원칙에 해당된다.

33 임파워먼트의 특징에 대한 설명으로 틀린 것은?

① 구성원들로 하여금 자신의 일이 회사의 성패를 좌우한다는 강한 사명의식을 갖도록 한다.
② 우수인력의 확보·양성에 초점을 두며 업무수행 기량을 향상시키는 데 초점을 둔다.
③ 담당직무에 대한 의사 결정권을 갖게 하여 직무에 대한 통제감을 높인다.
④ 리더가 고객에 대한 서비스를 향상시키고 환경변화에 신속히 대응할 수 있도록 한다.

33 임파워먼트의 특징 중 하나는 리더가 아닌 구성원들이 고객에 대한 서비스를 향상시키고 환경변화에 신속히 대응할 수 있도록 한다는 것이다.

정답 31 ③ 32 ① 33 ④

34 윤리경영의 특성 중 하나는 응용윤리이다. 응용윤리란 도덕적 고려 사항을 실제로 적용하는 것을 의미한다.

34 다음 중 윤리경영의 특성에 대한 설명으로 옳지 않은 것은?

① 경영활동의 옳고 그름에 대한 판단이다.
② 경영활동의 규범을 제시해 준다.
③ 경영의사결정의 도덕적 가치기준이다.
④ 경영윤리이다.

35 학습조직이 필요한 이유는 변화에 적응하려는 급속도의 고객변화, 불확실한 경영환경 하의 문제 해결 능력 필요, 지속 가능한 경쟁력 확보 등이다. ④는 윤리경영의 중요성에 대한 내용이다.

35 다음 중 학습조직의 필요성에 해당하지 않는 것은?

① 급속도의 고객변화
② 불확실한 경영환경 하의 문제 해결 능력 필요
③ 지속 가능한 경쟁력 확보
④ 조직 구성원의 행동규범을 제시

36 프로이트는 기본적으로 인간의 행위란 어떤 원인에 의해 야기되는 것인데 그러한 원인을 우리가 인식하지 못한다고 하며, 인간의 행위가 무의식에 의해서 지배된다고 하였다(숨겨진 동기와 무의식적 소망에 의해서 지배된다고 가정).

36 다음 내용에서 괄호 안에 들어갈 알맞은 말은?

> 정신역동(정신분석) 이론에서 프로이트는 인간의 행위가 (   )에 의해서 지배된다고 하였다.

① 무의식
② 양심
③ 자아
④ 초자아

37 로저스가 제시한 훌륭한 삶의 과정이 공통적으로 갖는 다섯 가지 특징은 다음과 같다.
• 체험에 대한 개방적 태도
• 매 순간 충실한 삶
• 실존적 상황에서 자신을 신뢰
• 자유로움
• 창조성

37 로저스가 말하는 훌륭한 삶의 과정이 공통적으로 갖는 특징에 해당하지 않는 것은?

① 체험에 대해 개방적이다.
② 매 순간 충실하게 산다.
③ 자유로움이다.
④ 윤리적이다.

정답 34 ④ 35 ④ 36 ① 37 ④

38 성격변수의 종류와 관련된 다음 내용에서 괄호 안에 들어갈 알맞은 말은?

> 마키아벨리의 (   )에서 유래되었으며, 자신의 목표를 달성하기 위해 다른 사람을 이용하거나 조작하려는 경향과 관련된 성격 특성이다.

① 로마사
② 오딧세이
③ 행복론
④ 군주론

39 다음 중 경력관리의 목적에 해당하지 <u>않는</u> 것은?

① 종업원 직무능력 및 자질 향상
② 중간 관리자 섭외
③ 후계자 확보
④ 이직 방지

40 다음 내용과 같이 리더의 특성 요인(리더십에 영향을 주는 특성 요인)을 주장한 학자는 누구인가?

> • 지능적
> • 사회적 성숙과 여유
> • 강한 내적동기 및 성취욕
> • 원만한 인간관계

① 스톡딜(R. M. Stogdill)
② 블레이크(R. R. Blake)
③ 데이비스(K. Davis)
④ 머튼(J. S. Mouton)

---

38 『군주론』은 이탈리아의 외교관이자 정치철학자인 니콜로 마키아벨리가 저술한 16세기의 정치학 저술이다.

39 경력관리의 목적
• 종업원의 직무능력 및 자질 향상
• 후계자 확보
• 이직 방지
• 종업원의 성취동기 유발

40 데이비스(K. Davis)는 리더의 특성 요인으로 지능적·사회적 성숙과 여유, 강한 내적동기 및 성취욕, 원만한 인간관계 등을 제시했다.

정답 38 ④   39 ②   40 ③

기출복원문제

▶ 온라인(www.sdedu.co.kr)을 통해 기출문제 무료 동영상 강의를 만나 보세요.

※ 본 문제는 다년간 독학사 경영학과 2단계 시험에서 출제된 기출문제를 복원한 것입니다. 문제의 난이도와 수험경향 파악용으로 사용하시길 권고드립니다. 본 기출복원문제에 대한 무단복제 및 전제를 금하며 저작권이 SD에듀에 있음을 알려드립니다.

---

01 의미 있는 형태로 전달되는 것은 정보이다.

01 다음에서 설명하는 개념으로 알맞은 것은?

> 어떠한 사물이나 상태와 관련된 것으로 수신자에게 의미 있는 형태로 전달되는 것

① 지식
② 데이터
③ 정보
④ 지혜

---

02 2차 자료는 기존에 이미 발간된 자료이다.

02 2차 자료에 대한 설명으로 옳지 않은 것은?

① 자료수집에 있어 시간과 비용, 인력이 적게 든다.
② 조사목적에 적합한 정확도, 신뢰도, 타당도 평가가 1차 자료보다 어렵다.
③ 현재의 조사목적에 도움을 주기 위해서 새롭게 조사해야 한다.
④ 기존에 기록된 자료인 논문, 간행물, 통계 등을 2차 자료로 활용할 수 있다.

---

03 완전성은 중요한 정보가 충분히 내포되었는지를 판단하며, 신뢰성은 원천자료와 수집방법을 알아야 하고, 정보는 너무 복잡해져서는 안 된다.

03 다음 중 정보와 데이터의 특성에 대한 설명으로 옳은 것은?

① 정확성 – 데이터의 의미를 명확하게 하고 왜곡이 없어야 한다.
② 완전성 – 데이터의 수집 과정에서 오류가 없어야 한다.
③ 신뢰성 – 신뢰할 수 있는 정보가 되려면 그 원천자료와 수집방법 관련 지식을 배제해야 한다.
④ 단순성 – 정보는 다양한 내용을 담아야 하기 때문에 복잡해질 수밖에 없다.

정답 01 ③ 02 ③ 03 ①

04 시스템의 구성요소를 설명한 것으로 옳은 것은?

① 입력 – 어떠한 시간 내에 들어온 에너지의 양이나 정보, 신호 등을 의미한다.

② 출력 – 일정한 입력이 기계적으로 처리되어 재입력된다.

③ 처리 – 일정한 결과를 얻어서 사용자에게 보여주는 단계이다.

④ 주기억장치 – 출력을 위해 사용하는 장치이다.

> **04** 출력은 사용자에게 보여주는 단계이며, 처리는 일정한 결과를 얻기 위해 진행 중인 과정이다.

05 상호작용의 관계에 있는 각 부분으로 이루어진 것으로 기업 경영 목적을 달성하기 위해 컨트롤 매커니즘을 가지는 것은?

① 경영시스템

② 확률적 시스템

③ 확정적 시스템

④ 제조시스템

> **05** 기업의 경영 목적을 달성하기 위한 컨트롤 매커니즘을 제공하는 것은 경영시스템, 또는 경영정보시스템이다.

06 관리활동에 필요한 정보를 제공해주는 시스템으로, 기업의 경우 거래자료처리시스템을 통해 기초자료를 확보하고, 이를 활용하기 위한 시도로 등장한 것은?

① DSS

② GDSS

③ IRS

④ SIS

> **06** 관리활동을 위한 정보를 제공하는 것은 IRS(정보보고시스템)이다.

정답 04 ① 05 ① 06 ③

07 실무층이 일상업무를 통해 정보를 수집 · 처리하는 것은 거래처리시스템(TPS)이다.

07 경영정보시스템 중 실무층이 사용하는 시스템으로 일상업무를 통해 정보를 수집 · 처리하는 것은?

① DSS
② SIS
③ MSS
④ TPS

08 실시간으로 처리하는 방식은 온라인 처리방식이다.

08 다음 중 기업의 경영을 위한 정보시스템에 대한 설명으로 옳지 **않은** 것은?

① 거래처리시스템은 일상적이고 반복적인 거래의 처리를 위해 지속적인 갱신노력이 요구된다.
② 거래처리시스템은 거래데이터 발생 시 실시간으로 처리하는 방식인 일괄처리방식을 적용한다.
③ 기업 조직의 하부에서 이루어지는 각종 거래처리 업무를 통제하는 것을 운영통제시스템이라고 한다.
④ 관리통제시스템은 중간관리층의 의사결정을 위하여 기업의 내부와 외부 데이터를 사용한다.

09 이 시스템은 전략계획시스템으로 기업의 최고관리자층에서 내부와 외부 데이터를 활용하도록 지원한다.

09 기업 조직의 목표와 장기적 전략 수립을 위해 사용하는 정보시스템에 대한 설명으로 가장 옳은 것은?

① 내부 데이터 위주로 활용된다.
② 실무진과 하위 경영층의 의사결정과 실무를 지원한다.
③ 기업 조직의 내부 능력을 평가하고 예측하는 모형을 구현한다.
④ 거래처리의 성과와 비교해서 나타나는 문제점을 발견하고 업무 수행규칙을 결정한다.

정답 07 ④ 08 ② 09 ③

10 생산정보시스템의 유형 중 제품의 설계로부터 제품이 소비자에게 전달되기까지 제조 기업의 모든 활동을 기획, 관리하고 통제하는 시스템은 무엇인가?

① CIM
② CAM
③ ERP
④ MRP

11 MRP가 완제품의 조립에 필요한 자재, 부품의 주문량, 주문시점에 관한 정보를 얻고 총 소요량과 실 소요량을 결정하기 위해 근거로 사용하는 것은?

① 제품 설계정보
② 주 생산일정계획
③ 재고수준
④ 생산 소요시간

12 다음 중 재무정보시스템의 하위시스템이 <u>아닌</u> 것은?

① 재무계획시스템
② 자본예산수립시스템
③ 총 계정원장시스템
④ 현금·유가증권관리시스템

13 찰스 베비지는 자동으로 계산하는 기계를 고안한 사람이다.

13 컴퓨터의 발전과 역사 중 다음 설명과 관련된 사항이 <u>아닌</u> 것은?

> 계산기의 개념에서 벗어나 프로그램 내장 방식에 기반한 프로세스 수행으로 컴퓨터의 역할이 확장되었다.

① 폰 노이만
② 찰스 베비지
③ EDSAC
④ 프로그램 명령어의 순서에 따른 실행

14 집적회로(IC)는 3세대이다.

14 컴퓨터 산업의 2세대에 진입하면서 나타난 특성에 대한 설명으로 옳지 <u>않은</u> 것은?

① 트랜지스터가 등장하였고, 많은 트랜지스터를 하나로 집적한 회로의 개발로 성능이 개선되었다.
② 이전 세대보다 속도와 크기, 비용 면에서 급격한 개선이 이루어졌다.
③ 상업적 사용이 더욱 확산되었다.
④ 벨 연구소와 IBM의 기여도가 높았던 시기이다.

15 4세대는 고밀도 집적회로와 초고밀도 집적회로의 시대이며, OS의 활용과 다중처리이론의 발달은 3세대부터이다.

15 컴퓨터 산업의 4세대를 3세대와 구분 짓는 특성으로 옳은 것은?

① 가장 큰 차이는 집적회로 내에 구현된 전자회로 소자의 집적도이다.
② 마이크로 프로그래밍 기법의 사용이 4세대부터 시작되었다.
③ 네트워크의 발전과 함께 OS의 활용도 시작되었다.
④ 네트워크를 통한 분산처리와 함께 다중처리 등의 이론이 발달하였다.

정답 13 ② 14 ① 15 ①

16 컴퓨터 시스템의 구성요소에 대한 설명으로 옳지 <u>않은</u> 것은?

① 연산장치는 숫자를 활용한 산수연산과 참, 거짓을 판단하는 논리연산을 함께 실행할 수 있다.

② 일반적으로 중앙처리장치는 연산처리, 비교처리, 데이터 전송 등의 조작의 수행과 함께 데이터를 기억하는 역할도 수행한다.

③ 하나 이상의 주변장치를 제어하기 위하여 프로그램 명령을 분석, 해독하고 장치에 지령하는 역할을 하는 것이 제어장치이다.

④ 주기억장치는 프로그램이 실행될 때 보조기억장치로부터 자료를 이동시켜 실행시킬 수 있다.

17 정보의 판독 기록에서 많은 시간이 소요되지만, 가격 대비 대용량 정보의 저장에 적합하여 초기 컴퓨터의 보조기억장치로 널리 사용되었던 기억장치는?

① 자기디스크
② 플로피디스크
③ 플래시메모리
④ 자기테이프

18 컴퓨터 시스템에서 사용하는 소프트웨어 중 다음 설명에 해당하는 것은?

> 시스템 소프트웨어 중의 하나로 컴퓨터 자원을 효율적으로 관리할 수 있도록 편의를 제공하고 컴퓨터를 작동시키며 응용 프로그램을 실행시킬 수 있도록 중간자적인 역할을 담당한다.

① 운영체제　　② 컴파일러
③ 개발툴　　　④ 감시 프로그램

16 데이터를 기억하는 역할은 주기억장치와 보조기억장치이다.

17 초기의 컴퓨터 보조기억장치로 가장 널리 사용되었던 장치는 자기테이프이다.

18 중간자적인 역할을 담당하고 컴퓨터를 운영할 수 있도록 하는 프로그램은 운영체제이다.

정답 16 ② 17 ④ 18 ①

19 2세대 언어인 어셈블리어에 대한 설명이다.

19 컴퓨터 개발 언어의 세대 구분과 관련하여 다음 설명에 해당하는 것은?

> 직전 세대에 비해 사람들이 이해하기 쉬워졌으며, 프로그램의 수행시간이 빠르고 주기억장치의 효율적 사용이 가능한 언어이다. 특정한 번역 프로그램에 의해 기계어로 번역되어야 실행이 가능하며, 모든 컴퓨터 명령어와 개별 레코드의 쉬운 조작이 가능해진 2세대 언어이다.

① 어셈블리어
② C언어
③ BASIC
④ PYTHON

20 3세대 고급언어부터 나타난 개념 중 상속은 기존 클래스의 자료나 기능을 전달받아 새로운 클래스를 형성하는 것이다.

20 다음 중 3세대 고급언어와 관련된 설명으로 옳지 않은 것은?

① 기억, 판단, 행위능력을 갖는 기본단위를 객체라고 한다.
② 하나 이상의 유사한 객체들을 묶어 추상화한 것을 클래스라고 한다.
③ 기존 클래스의 자료나 기능을 전달받아서 새로운 클래스를 형성하는 것을 모듈이라고 한다.
④ 컴파일러나 인터프리터를 통해 기계어로 번역된다.

21 시스템의 구성을 정의하는 단계는 5단계 SDLC에서 설계단계이다.

21 5단계의 시스템 개발 수명주기에서 각 시스템의 부분과 그들 간의 인터페이스, 선정된 H/W 등을 활용해서 시스템 구성 방식을 정의하는 단계는?

① 시스템 조사
② 시스템 구현
③ 시스템 유지보수
④ 시스템 설계

정답 (19① 20③ 21④)

22 시스템 개발의 세부 단계에서 잠재적인 사용자 및 최종 사용자의 요구, 비용, 이익 등을 고려하여 실현가능성을 결정하고 타당성을 검토하는 단계는?

① 분석
② 구현
③ 구성
④ 예비조사

23 시스템 개발을 위한 요구사항의 분석 작업의 결과물로 소프트웨어의 성능과 기능에 대하여 기술하고 평가, 검토하기 위한 문서는?

① 시스템 사양서
② 요구분석 명세서
③ 예비타당성 보고서
④ 개발완료 보고서

24 시스템 설계를 위해 활용되는 기법 중 하나로, 어떠한 명칭 또는 개념에 대응하는 체계적인 부호·약호를 의미하는 이것에 대한 설명으로 옳지 <u>않은</u> 것은?

① 정보의 표현 방법을 표준화하고 단순화한다.
② 취급이 쉬워야 한다.
③ 다른 사람들이 알 수 없도록 복잡한 암호화가 필요하다.
④ 체계성이 있어야 한다.

정답 22 ④ 23 ② 24 ③

25 하나의 문자를 표현하는 단위는 바이트이다.

25 자료 구성의 단위와 설명이 잘못 짝지어진 것은?

① 바이트 – 8비트가 1바이트이다.

② 비트 – 자료표현의 최소 단위로 하나의 문자를 표현하는 단위이다.

③ 니블 – 16진수 1자리를 표현할 수 있다.

④ 워드 – 컴퓨터가 한 번에 처리 가능한 명령 단위이다.

26 데이터 파일의 처리에 있어 중심이 되는 파일은 마스터 파일이다.

26 데이터 파일의 처리와 관련하여 데이터 처리의 중심이 되는 파일은?

① 작업 파일

② 마스터 파일

③ 프로그램 파일

④ 보고서 파일

27 파일처리방식으로 자료를 관리할 경우 응용 프로그램에서 활용한 자료의 형태, 구조에 대한 정의와 사용제한의 표준이 어렵다.

27 파일처리방식의 자료관리가 가지는 문제점에 대한 설명으로 옳지 않은 것은?

① 자료가 여러 파일에 분산되어 있을 경우 문제가 발생할 수 있다.

② 자료 및 프로그램 간의 상호 종속성이 상당히 강하다.

③ 응용 프로그램에서 자료의 형태 및 구조에 대한 정의와 사용제한의 표준이 용이하다.

④ 자료의 일관성, 무결성과 관련하여 문제가 발생할 수 있다.

정답 25 ② 26 ② 27 ③

28 데이터베이스의 개념을 바르게 설명한 것은?

① 데이터베이스는 자료의 중복을 허용한다.

② 각 데이터들은 상호 독립적인 관계에 의해서 구성된다.

③ 사용자들이 각각 소유 및 유지하며 공유 및 공동 소유하지 않는다.

④ 다수의 응용 시스템을 사용하기 위해 통합 운영한다.

28 데이터베이스는 공동으로 소유 및 유지하는 것을 기본으로 한다.

29 의사결정지원시스템에 대한 설명으로 옳지 <u>않은</u> 것은?

① 매우 구조적인 문제 위주로 대응한다.

② 데이터 및 모델의 타당성을 용이하게 검토할 수 있다.

③ 비구조적인 문제에 대해서 언제나 유용한 것은 아니다.

④ 결과를 맹신한 의사결정은 문제가 발생할 수 있다.

29 의사결정지원시스템은 주로 반구조적이거나 비구조적인 문제의 해결을 목적으로 한다.

30 다음 중 의사결정지원시스템의 구성에서 요구되는 특성이 <u>아닌</u> 것은?

① 대화식의 정보처리

② 믿을 수 있는 단일 데이터 원천 활용

③ 그래픽 활용 결과 출력

④ 환경의 변화에 맞는 유연한 설계

30 의사결정지원시스템의 데이터 원천은 여러 가지를 두고 활용하는 것을 권장한다.

31 다음 중 의사결정지원시스템의 유형이 <u>다른</u> 하나는 무엇인가?

① 모의실험모형

② 분석정보시스템

③ 자료열람시스템

④ 자료분석시스템

31 모의실험모형은 모형중심의 의사결정지원시스템이며, 나머지는 자료중심의 의사결정지원시스템이다.

정답 28 ④ 29 ① 30 ② 31 ①

32 GDSS(집단의사결정시스템)는 일반과 특정 문제 모두에 대응할 수 있어야 한다.

32 GDSS의 핵심 특징이 <u>아닌</u> 것은?

① 사용이 쉬워야 한다.
② 긍정적인 그룹형태와 부정적인 그룹형태에의 대응을 모두 고려한다.
③ 그룹의 규모에 따라서 효과가 달라질 수 있다.
④ 특정 문제보다는 일반적 문제 위주로 해답을 제공한다.

33 Expert System(전문가시스템)에 대한 설명에 해당한다.

33 다음 내용을 특징으로 가지고 있는 정보시스템은 무엇인가?

> • 전문가의 노하우와 지식을 반영한다.
> • 전문가 수준의 추론과 판단을 구현하도록 한다.
> • 최근에는 인공지능과의 결합도 강조한다.

① Expert System
② Strategic Information System
③ Management Information System
④ TPS

34 ①은 버스(Bus)형, ②·③·④는 링(Ring)형에 대한 설명이다.

34 컴퓨터통신망의 유형에 대한 설명 중 그 설명 대상이 <u>다른</u> 하나는 무엇인가?

① 회선의 끝에는 종단장치가 필요하다.
② 이웃한 것들끼리만 원 모양을 형성한다.
③ 양방향 통신이 가능하다.
④ 전체적인 통신량이 증가하고, LAN에서 많이 채택한다.

정답 32 ④ 33 ① 34 ①

35 네트워크를 통한 데이터 전송방식 중 자료를 일정한 작은 단위로 구분하여 전송하는 방식에 대한 설명으로 옳지 <u>않은</u> 것은?

① 빠른 응답시간이 요구되는 응용에 활용할 수 있다.

② 회선 이용 효율에서 장점이 있다.

③ 트래픽 용량이 큰 경우에 유리하다.

④ 실시간 처리에 부적합하다.

35 문제 속 제시된 설명은 패킷방식으로 실시간 처리에 사용되고 있다. 실시간 처리에 부적합한 방식은 메시지교환방식이다.

36 다음 중 인터넷의 기능과 그에 대한 설명이 바르게 짝지어진 것은?

① 신속성 – 사용자들이 필요로 하는 정보를 빠르고 정확하게 주고받을 수 있으나 비용이 크다.

② 개방성 – 인터넷은 개방형으로 설계되어 있어서 폐쇄형 특성을 지향하는 사내 LAN과는 통합이 어렵다.

③ 정부성 – 인터넷은 통신 회사 등의 소유주가 운영하고 있다.

④ 상호작용성 – 컴퓨터 기종이나 지리적 위치 등과 관계없이 쌍방향 송신과 수신이 가능하다.

36 인터넷은 다양한 기종 및 위치에서 쌍방향 데이터의 송신과 수신이 가능하다.

37 전자상거래의 첫 등장 사례로 일컬어지는 정보전달 서비스에 대한 설명으로 옳지 <u>않은</u> 것은?

① 초기에는 전자문서교환으로 컴퓨터를 통해서 표준화된 문서를 교환하는 방식이었다.

② 상품의 수주와 발주 상의 착오를 줄이고 효율화하는 장점을 가지고 있다.

③ CALS는 EDI 이전에 제시된 방식으로 현재는 전자적인 수단에 의한 신속한 광속상거래의 개념으로 발전하였다.

④ 국내 기업뿐 아니라 국제무역에서도 생산성을 높일 수 있었다.

37 CALS는 EDI 이후에 확장된 서비스 방식이다.

정답 35 ④ 36 ④ 37 ③

38 ④는 CRM에 대한 설명이다.

38 다음 중 공급사슬망 관리에 대한 설명으로 옳지 <u>않은</u> 것은?

① 수요자가 원하는 제품을 원하는 시간과 장소에 제공하는 것을 의미한다.

② 원재료 공급업체에서 출발해서 최종 소비자에게로 제품이 전달되는 모든 과정이다.

③ 제품의 흐름이 원활하면서도 효율적으로 수행될 수 있게 한다.

④ 기존 고객의 성향 및 욕구를 미리 파악해서 분석하는 기법이다.

39 패킷 필터링은 IP와 Port Address만을 단순 검색하여 통제하는 방식으로 보안 성능이 취약하다.

39 다음 설명에 해당하는 방화벽 기술은 무엇인가?

> OSI 7계층 구조의 전송계층과 네트워크계층에서 동작하며, 지나가는 패킷의 헤더 내 IP와 Port Address만을 단순 검색한다. 사용자 인터페이스 및 로깅 기능이 취약하고 관리가 불편하다. 최근에는 이러한 문제를 보완하기 위하여 Application Gateway와의 혼합 방식이 채택되고 있기도 하다.

① 서킷 게이트웨이

② 애플리케이션 게이트웨이

③ 패킷 필터링

④ 하이브리드

40 입력 통제는 애플리케이션 통제(응용 통제) 방식이며, 나머지는 일반적 통제 방식이다.

40 정보시스템의 통제 방식에 대한 설명 중 그 설명 대상이 <u>다른</u> 하나는 무엇인가?

① 컴퓨터 시설 및 자원 보호를 위한 물리적 통제

② 데이터의 입력 시 데이터가 정확성, 완전성, 일관성을 유지하게 하는 입력 통제

③ 사용자가 불법적으로 컴퓨터 시스템에 접근하는 것을 제한한 접근 통제

④ 통신 네트워크상에서의 데이터 보호를 위한 네트워크 통제

정답 (38 ④ 39 ③ 40 ②)

기출복원문제

▶ 온라인(www.sdedu.co.kr)을 통해 기출문제 무료 동영상 강의를 만나 보세요.

※ 본 문제는 다년간 독학사 경영학과 2단계 시험에서 출제된 기출문제를 복원한 것입니다. 문제의 난이도와 수험경향 파악용으로 사용하시길 권고드립니다. 본 기출복원문제에 대한 무단복제 및 전제를 금하며 저작권은 SD에듀에 있음을 알려드립니다.

01 다음 중 신디케이트 조사와 일반 마케팅 조사와의 차이점에 해당하는 것은?

① 마케팅 조사 프로젝트를 더 빠른 기간 내에 끝낼 수 있다.
② 복수의 다양한 회사가 전문기관에 의뢰하여 진행될 수 있다.
③ 더 정확한 자료를 제공받을 수 있다.
④ 2차 자료 활용에 더욱 적합한 조사 방법이다.

01 신디케이트 조사란 기업고객들에게 판매하기 위하여 조사기관이 주기적으로 자료를 수집하는 것이다. 신디케이트 조사라고 해서 프로젝트를 더 빠른 기간 내에 끝내거나, 더 정확한 자료를 제공받거나 2차 자료 활용에 더욱 적합하다는 것은 아니다. 제3자에 의한 주기적인 조사라는 것이 일반 마케팅 조사와의 큰 차이점이다.

02 다음 중 2차 자료에 해당하지 <u>않는</u> 것은?

① 재무제표 및 손익계산서
② 인구총주택조사 결과
③ 무역협회 사례 및 보고서
④ 조사 목적을 기술하도록 설계된 질문지

02 조사 목적을 기술하도록 설계된 질문지는 1차 자료에 해당한다.

03 다음 중 조사대상의 생활방식, 행동양식, 심미적인 가치관 등의 자료를 얻는 데 가장 적합한 조사 방법론은?

① 서베이법
② 전문가 의견조사
③ 패널조사
④ 종단조사

03 서베이법은 인구 통계적 특성, 행동의 동기, 태도 및 의견 등의 광범위한 정보의 수집이 가능하다.

정답 01 ② 02 ④ 03 ①

04 ③은 마케팅 현상의 원인이 무엇인지 밝혀내는 인과조사에 적합한 질문이다.
탐색조사는 주로 문제를 규명하는 것이 목적이며, ①·②·④는 탐색조사를 통해 답을 구할 수 있다.

05 자료분석방법에 대한 한계점은 조사제안서가 아니라 조사보고서에 해당하는 항목이다. 또한, 한계점은 학술적 논문보고서에는 포함되는 것이 관례이지만, 실무적인 조사보고서에는 포함되지 않기도 한다.

06 ① 서열척도에 해당한다.
② 비율척도에 해당한다.
③ 등간척도에 해당한다.

04 다음 중 탐색조사를 통해 답을 구할 수 <u>없는</u> 질문은 무엇인가?

① 소비자가 특정 제품으로부터 기대하는 것은 무엇인가?
② 고객이 우리의 서비스에 대해 얼마나 만족/불만족했는가?
③ 영업사원의 숫자에 따라 회사의 수익이 얼마나 달라질 수 있는가?
④ 소비자는 우리 제품 대신 어떤 제품을 사려고 하는가?

05 다음 중 조사제안서에 포함되어야 할 항목에 대한 설명으로 옳지 <u>않은</u> 것은?

① 조사제안서에는 자료분석방법이 포함되어야 한다.
② 조사제안서에는 조사의 범위와 자료수집방법이 포함되어야 한다.
③ 조사제안서에는 소요비용(예산) 및 일정이 포함되어야 한다.
④ 조사제안서에는 자료분석방법에 대한 한계점이 포함되어야 한다.

06 다음 중 명목척도에 대하여 옳게 설명한 것은?

① 명목척도를 사용하여 조사자는 조사대상의 서열을 배열할 수 있다.
② 절대 '0'이 존재하며 의미를 가진다.
③ 하나의 조사대상이 다른 조사대상에 대해서 몇 배나 크기가 큰지 혹은 작은지를 잘 설명할 수 있다.
④ 상호배반적인 범주에 할당되며, 범주 간 관계가 꼭 정의될 필요는 없다.

정답 04 ③ 05 ④ 06 ④

07 다음 중 등간척도에 대한 설명으로 옳은 것은?

① 절대 '0'점이 존재하며, 의미를 가진다.

② 평균, 상관분석, 분산, 회귀분석 등의 통계분석이 불가능하다.

③ 조화평균, 기하평균과 같은 통계량은 계산이 불가능하다.

④ '+', '−', '×', '÷'의 수학계산이 가능하다.

07 ① 비율척도에 대한 설명이다.
② 등간척도는 평균, 상관분석, 분산, 회귀분석 등의 통계분석이 가능하다.
④ 등간척도는 '×', '÷'의 수학계산이 불가능하다.

08 다음 중 의미차별화 척도에 대한 설명으로 옳은 것은?

① 서로 상반되는 제품의 이미지를 비교하기 위해 사용될 수 있다.

② 대가 되는 형용사적 표현을 설계하기가 쉽다는 장점이 있다.

③ 탐색조사 없이도 척도를 개발할 수 있다는 장점이 있다.

④ 집단평균이 계산될 필요 없이 사용될 수 있다.

08 ② 대가 되는 형용사적 표현을 설계하기가 어렵다.
③ 탐색조사 없이도 개발할 수 있는 척도는 없다.
④ 보통 등간척도로 간주되고, 집단평균은 계산 후 사용되어야 한다.

09 다음 중 타당성과 신뢰성에 대한 설명으로 옳은 것은?

① 예측 타당성은 높은 상관관계와 관련이 없다.

② 신뢰성은 반복적으로 측정했을 시에 일관성 있는 결과를 보여주는 정도를 말한다.

③ 판별 타당성은 서로 다른 개념을 측정했을 때 얻어진 측정값들 간에는 상관관계가 높아야 한다는 것을 말한다.

④ 수렴 타당성을 위해 크론바흐 알파를 사용한다.

09 ① 높은 예측 타당성은 높은 상관관계를 갖는 경우이다.
③ 판별 타당성은 서로 다른 개념을 측정했을 때 얻어진 측정값들 간에는 상관관계가 낮아야 한다는 것을 말한다.
④ 신뢰성을 위해 크론바흐 알파를 사용한다.

정답 07 ③ 08 ① 09 ②

10 제시된 질문은 히스토그램(혹은 밀도도표) 등을 이용하여 분포의 시각화로 표현하는 것이 가장 적합하다.

10 조사보고서는 자료특성에 따라 수량, 비율, 분포, 지리공간 자료를 시각화하여 정보를 효율적으로 전달할 수 있다. 다음의 마케팅 질문을 가장 효과적으로 표현할 수 있는 시각화 방법은 무엇인가?

> 어떤 집단이 제품을 가장 많이 구매하는가?

① 수량의 시각화
② 비율의 시각화
③ 분포의 시각화
④ 지리공간 시각화

11 ②의 예시는 자료수집방법 결정 단계에 해당한다. 조사설계 단계에서도 자료수집방법을 고려하지만, 설문지(직접)작성은 조사설계 단계 혹은 자료수집방법 결정 단계에서 진행되지 않고, 시행 단계에서 진행된다.

11 다음 중 마케팅 조사의 단계와 예시설명의 연결이 적절하지 <u>않은</u> 것은?

① 문제정의 : "A사는 최근 자사 제품의 판매 저조로 매출하락에 직면하게 된다. 매출하락의 원인을 살펴보기로 하였다."
② 조사설계 : "1차 자료를 수집하기 위해 서베이를 진행하기로 하고, 설문지를 작성하였다."
③ 표본설계 : "단순무작위 표본추출법을 활용하여, 200명의 표본을 추출하였다."
④ 분석 및 활용 : "판별분석을 이용하여, 제품구매자를 세 그룹으로 세분화하였다."

12 ① 개방형 질문에 비해 응답하기 쉽다.
② 질문지 작성을 위해서는 탐색조사가 필요하다.
④ 개방형 질문에 비해 도표화와 분석이 쉽다.

12 다음 중 고정형 질문에 대한 설명으로 적절한 것은?

① 개방형 질문에 비해 응답하기 어렵다.
② 조사자가 탐색조사를 미리 할 필요가 없다.
③ 조사대상의 응답으로부터 응답자들을 직접적으로 비교할 수 있다.
④ 개방형 질문에 비해 도표화와 분석이 어렵다.

정답 10 ③ 11 ② 12 ③

13 다음 중 개방형 질문에 대한 설명으로 적절한 것은?

① 개방형 질문은 창의적인 응답을 얻을 수 없다.

② 연구조사의 후기 단계 또는 인과조사에 많이 사용된다.

③ 고정형 질문에 비해 시간이 많이 절약된다.

④ 보고서 작성 시 직접적인 인용이 가능하다.

14 A는 앱서비스의 사용자를 분석하기 위해 소비자 모집단을 복수의 대량사용자군과 소량사용자군으로 나누었다. 이 집단에서 수에 비례하여 표본의 수를 할당하고 각 집단에서 무작위 추출법으로 표본을 추출하였다. A가 사용한 표본추출법은 무엇인가?

① 단순임의 표본추출법

② 층화임의 표본추출법

③ 집락 표본추출법

④ 체계적 표본추출법

15 다음 사례에서 A가 사용한 표본추출법은 무엇인가?

> • A는 ○○구에 사는 인구 전체를 대상으로 삶의 질과 생활만족도를 조사하고 있다.
> • A는 ○○구의 모집단을 대표할 수 있을 만큼 다양한 특성을 지닌 집단으로 구성하고, 각 집단 내에서 무작위로 10명을 추출하여 면접과 설문을 진행하려 한다.

① 단순임의 표본추출법

② 층화임의 표본추출법

③ 집락 표본추출법

④ 체계적 표본추출법

13 ① 개방형 질문은 창의적인 응답을 얻어낼 수 있다.
② 연구조사의 초기 단계 또는 탐색적인 연구에서 많이 사용된다.
③ 고정형 질문에 비해 조사시간이 많이 든다.

14 계층별무작위 표본추출법은 층화임의 표본추출법(Stratified Sampling)이라고도 하며, 모집단을 구성하고 있는 집단에서 집단의 구성요소의 수에 비례해서 표본의 수를 할당하여 각 집단에서 단순무작위 추출법으로 추출하는 방법이다.

15 군집 표본추출법은 집락 표본추출법(Cluster Sampling)이라고도 하며, 모집단을 대표할 수 있을 만큼 다양한 특성을 지닌 집단(군집)들로 구성되어 있을 시에 군집을 무작위로 몇 개 추출해서 선택된 군집 내에서 무작위로 표본을 추출하는 방법이다.

정답 13 ④   14 ②   15 ③

16 ④는 면접법의 장점에 해당한다.

16 다음 중 인터넷 조사의 장점이 <u>아닌</u> 것은?

① 질문지를 신속하게 전달할 수 있다.
② 우편질문법보다 비용 및 노력이 절감된다.
③ 잠재적 응답자에게 광범위하게 도달할 수 있다.
④ 다른 방법에 비해 개별적 상황에 대해 빠르게 대처하거나 적응할 수 있다.

17 확률 표본추출법에는 단순무작위 표본추출법(단순임의 표본추출법), 계층별무작위 표본추출법(층화임의 표본추출법), 군집 표본추출법(집락 표본추출법), 체계적 표본추출법(계통 표본추출법) 등이 있다.

17 다음 중 확률 표본추출법에 해당하는 방법만 나열된 것은?

① 층화임의 표본추출법, 할당 표본추출법, 체계적 표본추출법
② 할당 표본추출법, 편의 표본추출법, 체계적 표본추출법
③ 층화임의 표본추출법, 군집 표본추출법, 체계적 표본추출법
④ 층화임의 표본추출법, 편의 표본추출법, 군집 표본추출법

18 빅데이터는 전통적인 기법으로 분석하기 어려운 복잡하고 매우 큰 규모의 자료를 의미한다. 빅데이터는 양(volume), 속도(velocity), 다양성(variety)의 3대 요소로 정의된다.

18 최근 마케팅 조사에서는 빅데이터를 많이 활용하고 있다. 다음 중 빅데이터의 3대 요소가 <u>아닌</u> 것은?

① 양(volume)
② 속도(velocity)
③ 다양성(variety)
④ 타당성(validity)

19 확률 표본추출에 비해 비확률 표본추출에 드는 비용이 더 낮다.

19 확률 표본추출과 비확률 표본추출을 비교했을 때, 비확률 표본추출에 해당하는 설명으로 옳지 <u>않은</u> 것은?

① 표본이 모집단에 비해 대표성이 더 낮다.
② 표본추출 오류계산이 불가능하다.
③ 표본을 추출하는 비용이 더 높다.
④ 표본추출기법에 높은 수준이 요구되지 않는다.

정답 16 ④ 17 ③ 18 ④ 19 ③

20 다음 중 표본에 이상치(outlier)가 존재할 때, 자료의 중심성을 가장 잘 표현하는 값은 무엇인가?

① 범위값

② 중앙값

③ 평균값

④ 최빈값

21 다음 중 성격이 <u>다른</u> 통계값은?

① 중앙값

② 분산

③ 평균값

④ 최빈값

22 다음 중 보통 음의 상관관계를 가지는 독립변수와 종속변수는?

	독립변수	종속변수
①	광고	매출
②	만족도	수익
③	판매점포수	매출
④	가격	매출

20 표본에 이상치(outlier)가 존재할 때, 자료의 중심성을 가장 잘 표현하는 값은 중앙값(median)이다.

21 분산은 자료의 산포도를 표현하며, 다른 통계값은 자료의 중심화 경향을 표현한다.

22 가격과 매출의 관계는 보통 음의 상관관계를 갖는다.

정답 20 ② 21 ② 22 ④

23 제시된 자료에서 앱광고비용과 매출은 양의 상관관계이다.

23 다음과 같이 앱광고비용과 판매량을 수치화한 자료에서 나타나는 상관관계는 어떠한 그래프와 가장 유사한가?

앱광고비용	판매량
8,000	100,000
8,200	120,000
6,700	70,000
9,000	150,000

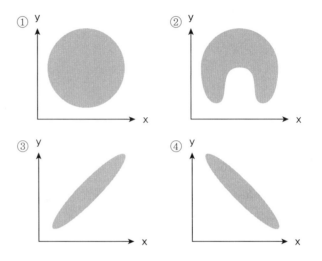

24 회귀분석은 독립변수와 종속변수 간의 상관관계를 확인하기 위해 실시한다.
②는 요인분석, ③은 군집분석, ④는 판별분석에 해당하는 설명이다.

24 다음 중 회귀분석에 대한 설명으로 옳은 것은?

① 회귀분석은 독립변수와 종속변수 간의 상관관계를 확인하기 위해 실시한다.
② 회귀분석은 불필요한 변수를 제거하기 위해 실시한다.
③ 회귀분석은 유사한 것을 묶어서 군집화하려는 경우에 실시한다.
④ 회귀분석은 서로가 구분되는지 그 이유를 찾기 위해 활용한다.

정답 23 ③ 24 ①

25 다음 중 성격이 다른 다변량 분석기법은?

① 다중회귀분석

② 요인분석

③ 군집분석

④ 판별분석

25 회귀분석은 상관관계를 확인하고 수치예측을 위해 활용한다.
요인분석, 군집분석, 판별분석은 각 집단의 분류를 위해 시행하며 분류 예측을 위해 활용한다.

26 다음 내용과 같은 특징을 가지는 다변량 분석기법은 무엇인가?

- 비슷한 특성을 가진 집단을 확인하기 위해 시도하는 통계적 분석방법이다.
- 데이터 간 유사도를 정의하고, 그 유사도에 가까운 것부터 순서대로 합쳐가는 방식이다.
- 종속변수가 없어도 분류가 가능한 분류기법이다.

① 다중회귀분석

② 요인분석

③ 군집분석

④ 판별분석

26 제시된 특징은 군집분석에 대한 내용이다. 군집분석은 비슷한 특성을 가진 집단을 확인하기 위해 시도하는 통계적 분석방법이며, 목적은 많은 수의 관측개체를 몇몇의 그룹(군집)으로 나눔으로써 대상집단을 이해하고 군집을 효율적으로 활용하는 데 있다. 또한 군집분석은 모든 개체들 간의 거리 또는 (비)유사성을 계산해서 군집화한다.

27 회귀분석을 통해 다음과 같은 회귀계수를 결과로 얻었다. 이에 대한 설명으로 옳은 것은?

Y = 100 + 50X	• Y = 추정판매액 • X = 투자한 광고비용

① 투자한 광고비용이 2일 때, 실제판매액은 200이다.

② 투자한 광고비용이 2일 때, 추정판매액은 250이다.

③ 투자한 광고비용이 3일 때, 실제판매액은 250이다.

④ 투자한 광고비용이 3일 때, 추정판매액은 250이다.

27 투자한 광고비용이 2일 때 추정판매액은 200이며, 실제판매액은 모른다.
투자한 광고비용이 3일 때 추정판매액은 250이며, 실제판매액은 모른다.

정답 25 ① 26 ③ 27 ④

28 주택가격예측, 프로모션예측 및 원인분석, 시계열분석 분야에는 회귀분석이 활용된다.
지각도를 활용한 경쟁관계 분석은 다차원척도법을 활용할 수 있다.

28 다음 중 회귀분석을 활용한 사례가 <u>아닌</u> 것은?

① A앱은 서울/부산 지역 아파트 실거래가를 예측하는 모델을 개발하였다.
② B미디어는 각 매체별 광고비용과 실제 매출액을 이용하여, 매체별 광고효과를 비교하였다.
③ C사는 지각도를 활용하여 자사제품과 경쟁사제품의 경쟁관계를 분석하였다.
④ D사는 월별 매출액 증가의 원인을 분석하였다.

29 가설은 조사 문제를 단순하게 재정의하는 것이 아니라, 검증이 가능한 행태로 재정의하는 것이다.

29 다음 중 가설에 대한 설명으로 옳지 <u>않은</u> 것은?

① 귀무가설과 대립가설이 있다.
② 가설은 명확하게 설정한다.
③ 조사 문제를 단순하게 재정의하는 것이다.
④ 가설에 따라 표본으로부터 필요한 통계량이 다르다.

30 분산분석(Analysis of Variance ; ANOVA)은 두 집단 이상의 평균 간의 차이를 검증하는 것으로 T-검정을 일반화한 분석 방법을 말한다. 또한 종속변수의 개별 관측치와 이들 관측치의 평균값 사이의 변동을 해당 원인에 따라 몇 가지로 나누어 분석하는 방법이다.

30 다음 중 집단 간(2 혹은 그 이상)의 차이를 분석하는 데 사용되는 분석방법은?

① 분산분석
② 요인분석
③ 군집분석
④ 컨조인트분석

31 문제는 판별분석에 대한 내용이다. 판별분석(Discriminant Analysis)은 사전에 정의된 집단들을 가장 잘 판별할 수 있도록 2개 이상 독립변수들의 선형결합(판별함수)을 도출한다.

31 미리 정의된 둘 또는 그 이상의 군집이 어떠한 측면에서 서로가 구분되는지 그 이유를 찾기 위해 활용되는 다변량 분석방법은?

① 군집분석
② 요인분석
③ 판별분석
④ 컨조인트분석

정답 (28 ③ 29 ③ 30 ① 31 ③)

32 다음과 같은 질문에서 활용된 척도와 질문형식으로 옳은 것은?

> 현재 시청하고 계신 벽걸이형 TV에 대한 당신의 만족도는 어떤가요?
>
> ① — ② — ③ — ④ — ⑤
> 매우 불만족   약간 불만족   보통   약간 만족   매우 만족

① 어의차이 척도를 활용한 개방형 질문
② 등급 척도를 활용한 고정형 질문
③ 스타펠 척도를 활용한 고정형 질문
④ 리커트 척도를 활용한 개방형 질문

32 제시된 질문은 등급 척도를 활용한 고정형 질문의 예시이다.

33 다음 중 요인분석 기법에 대한 설명으로 옳지 <u>않은</u> 것은?

① 측정도구에 대한 타당성을 검증하기 위해 사용된다.
② 확인적 요인분석은 자료의 기본구조가 알려져 있지 않을 경우 많이 활용된다.
③ 불필요한 변수를 제거하거나 차원을 축소하기에 적합하다.
④ 모집단을 추정하지 않는다.

33 요인분석은 탐색적 요인분석과 확인적 요인분석으로 나뉜다. 이 중 탐색적 요인분석은 자료의 기본구조가 알려져 있지 않을 경우 많이 활용된다.

34 다음 내용과 같은 특성을 가진 다변량 분석기법은 무엇인가?

> • 포지셔닝을 위한 인지맵을 그리는 데 주로 사용되는 다변량 분석기법이다.
> • 유사성·비유사성 값을 활용하여 개체들을 2차원 공간상에 표현하는 분석방법이다.
> • 시장세분화, 신제품 개발 등의 광범위한 마케팅 문제에 유용하게 활용된다.

① 다차원척도법   ② 컨조인트분석
③ 군집분석   ④ 판별분석

34 제시된 특성에 해당하는 것은 다차원척도법이다. 다차원척도법은 특정 연구대상들에 대한 사람들의 주관적인 또는 각종 지표 등과 같이 객관적인 근접성의 정도를 보여주는 데이터를 분석하며, 이러한 데이터 안에 감추어져 있는 구조를 발견하는 것이다. 또한 다차원척도법은 소비자들이 특정 대상들을 어떻게 생각하는지, 그렇게 판단하는 기준은 무엇인지를 알아내는 데 유용하다.

정답 32 ② 33 ② 34 ①

35 컨조인트분석을 활용하여 시장세분화, 제품의 최적속성 결정, 제품디자인, 신제품개발 등이 가능하다. 경쟁제품 분석이 가능한 것은 다차원척도법이다.

36 분산분석에서 표본의 크기는 서로 다를 수 있다.

37 위의 회귀분석식에서 추정계수는 β_0와 β_1이다.

35 다음 중 컨조인트분석의 주요 활용 분야에 해당하지 <u>않는</u> 것은?

① 시장세분화
② 제품의 최적속성 결정
③ 경쟁제품 분석
④ 신제품개발

36 다음 중 분산분석을 위한 기본 가정으로 옳지 <u>않은</u> 것은?

① 표본은 서로 독립적이다.
② 모집단은 정규분포를 따른다.
③ 표본의 크기는 서로 같다.
④ 모집단의 분산은 모두 같다.

37 통상적으로 활용되는 회귀분석 모델은 다음과 같다. 이에 대한 설명으로 옳지 <u>않은</u> 것은?

$$Y_i = \beta_0 + \beta_1 X_i + \varepsilon_i$$

① 위의 회귀분석 식에는 하나의 독립변수와 하나의 종속변수가 포함되어 있다.
② 회귀분석식의 추정계수는 X_i, Y_i이다.
③ ε는 우연적 오차로 해당평균은 0이며, 분산은 '0'으로 가정한다.
④ β는 상관관계를 반영한다.

정답 35 ③ 36 ③ 37 ②

38 자료수집방법의 종류에 대한 설명으로 옳은 것은?

① 우편질문법은 보통 회수율이 높고, 광범위한 지역의 조사가 가능하다.

② 전화면접법은 상세한 정보의 획득이 가능하고, 민감하거나 사적인 질문도 가능하다.

③ 면접법은 다량의 표본을 획득하기에 적합한 방법이다.

④ 질문지법은 조사를 표준화함으로써 측정의 오류를 최소화할 수 있다.

39 브랜드 매니저가 신제품 출시에 맞춰 제품가격을 설정하기 위해서 제품가격이 신제품 판매에 미치는 영향을 조사하려고 할 때, 가장 적합한 조사 방법은?

① 인과조사

② 기술조사

③ 탐색조사

④ 문헌조사

40 다음에 제시된 질문은 메트릭 척도법 중 어느 것을 활용하였는가?

> A라면의 맛은 상당히 좋다.
> 〈전혀 동의하지 않음〉 1 2 3 4 5 〈매우 동의함〉

① 연속형 평가척도

② 리커트 척도

③ 의미차별화 척도

④ 스타펠 척도

---

38 ① 우편질문법은 보통 회수율이 낮다.
② 전화면접법은 상세한 정보의 획득이 곤란하고, 민감하거나 사적인 질문을 할 수 없다.
③ 면접법은 다량의 표본을 획득하기에 적합하지 않다.

39 인과조사는 마케팅 현상의 원인이 무엇인지 밝혀내기 위한 조사이다. 제품가격이 신제품 판매에 미치는 영향을 조사하는 것은 인과조사의 예시이다.

40 제시된 질문은 리커트 척도의 예시이다. 리커트 척도는 서술형의 질문에 대해 찬·반의 정도를 표시하게 하는 방법을 말한다. 통상적으로 20~30개의 서술형 문항을 활용하고, 긍정적 문항 및 부정적 문항을 포함하고 있다. 또한 3점·5점·7점·11점·13점 척도 등을 활용하며, 이 중에서 5점 척도가 가장 많이 활용되고 있다.

정답 38 ④ 39 ① 40 ②

기출복원문제

▶ 온라인(www.sdedu.co.kr)을 통해 기출문제 무료 동영상 강의를 만나 보세요.

※ 본 문제는 다년간 독학사 경영학과 2단계 시험에서 출제된 기출문제를 복원한 것입니다. 문제의 난이도와 수험경향 파악용으로 사용하시길 권고드립니다. 본 기출복원문제에 대한 무단복제 및 전제를 금하며 저작권은 SD에듀에 있음을 알려드립니다.

01 기업의 내부이해관계자인 경영자에게 유용한 정보를 제공하는 것을 주된 목적으로 하는 것은 관리회계이다. 이와 반대로 기업의 외부이해관계자인 투자자 등에게 유용한 정보를 제공하는 것을 주된 목적으로 하는 것이 재무회계이다.

01 다음 중 재무회계에 대한 설명으로 옳지 않은 것은?

① 주주나 채권자 등 기업실체에 대한 다양한 이해관계자를 위한 회계이다.

② 기업의 내부이해관계자인 경영자에게 유용한 정보를 제공하는 것을 주된 목적으로 한다.

③ 특정시점 또는 특정기간에 대한 정보를 제공한다.

④ 재무제표는 기업의 재무상태와 재무성과를 체계적으로 표현하는 보고서이다.

02 재무제표는 기업의 재무상태와 재무성과를 체계적으로 표현하는 보고서로, 전체 재무제표 중 기말 재무상태표, 기간 포괄손익계산서, 기간 자본변동표, 기간 현금흐름표 등의 내용을 포함시켜야 한다. 즉, 재무상태표는 일정시점 기준이지만 포괄손익계산서·현금흐름표·자본변동표는 일정기간 기준으로 보고해야 한다.

02 재무제표 중 일정 회계기간을 대상으로 하는 것이 아닌 것은?

① 재무상태표

② 포괄손익계산서

③ 현금흐름표

④ 자본변동표

03 자산은 1년을 기준으로 유동자산과 비유동자산으로 구분한다.

03 다음 중 재무상태표에 대한 설명으로 옳지 않은 것은?

① 자산은 1년을 기준으로 유동자산과 기타비유동자산으로 구분한다.

② 유동자산에 해당하는 것은 현금및현금성자산, 재고자산 등이 있다.

③ 유동부채에 해당하는 것은 단기차입금, 유동성장기부채 등이 있다.

④ 자본금은 크게 보통주자본금과 우선주자본금으로 구분한다.

정답 01 ② 02 ① 03 ①

04 다음 중 회계정보이용자에 따른 회계의 분류에 속하지 <u>않는</u> 것은?

① 재무회계
② 관리회계
③ 세무회계
④ 사무회계

05 다음 중 차변과 대변에 기록하는 요소가 옳게 짝지어진 것은?

<table>
<tr><td></td><td>차변</td><td>대변</td></tr>
<tr><td>①</td><td>자산의 증가</td><td>부채의 감소</td></tr>
<tr><td>②</td><td>부채의 증가</td><td>자산의 증가</td></tr>
<tr><td>③</td><td>자산의 증가</td><td>수익의 발생</td></tr>
<tr><td>④</td><td>비용의 발생</td><td>자산의 증가</td></tr>
</table>

»»🔍

[거래의 8요소]

04 일반적으로 회계는 기업의 회계정보를 이용하는 회계정보이용자가 누구인가에 따라 재무회계, 관리회계, 세무회계 등으로 구분하고 있다.

05 [문제 하단의 그림 참고]

정답 (04 ④   05 ③)

06 빌려준 돈에 대한 이자를 받는 경우 '(차) 현금 ××× (대) 이자수익 ×××'이므로 수익계정인 이자수익은 대변에 기입해야 한다.

[분개의 법칙]

① 자산의 증가는 차변, 자산의 감소는 대변
② 부채의 증가는 대변, 부채의 감소는 차변
③ 자본의 증가는 대변, 자본의 감소는 차변
④ 비용의 발생은 차변, 비용의 소멸은 대변
⑤ 수익의 발생은 대변, 수익의 소멸은 차변

07 당기 비용으로 ₩360,000을 인식했기 때문에 결산정리분개 시 차기분에 해당하는 ₩120,000(월 ₩30,000 × 차기분 4개월)을 선급비용으로 처리한다.

08 유형자산의 처분은 결산 사항이 아닌 기중 거래에 해당한다.

---

06 다음 중 차변에 기입해야 할 계정에 해당하지 <u>않는</u> 것은?

① 상품을 외상으로 매입하는 경우 상품 계정
② 빌려준 돈에 대한 이자를 현금으로 받는 경우 이자수익 계정
③ 차입한 돈에 대한 원금을 현금으로 상환하는 경우 차입금 계정
④ 직원 교육용 교재 구입비를 현금으로 지급한 경우 도서인쇄비 계정

07 다음은 (주)슬금비패션의 임차료와 관련된 자료이다. 기말에 (주)슬금비패션이 수행할 결산정리분개로 옳은 것은?(단, 월할상각을 가정한다)

> 20X1년 5월 1일 사무실을 임차하고 1년분 임차료 360,000원을 현금으로 지급한 후 비용으로 처리하였다.

	차변		대변	
①	미수수익	240,000	임차료	240,000
②	선급비용	240,000	임차료	240,000
③	선급비용	120,000	임차료	120,000
④	미수수익	120,000	임차료	120,000

08 다음 중 결산정리사항의 수정분개에 해당하지 <u>않는</u> 것은?

① 유형자산의 처분
② 법인세비용의 추산
③ 퇴직급여충당부채의 설정
④ 감가상각비 계상

정답 06 ② 07 ③ 08 ①

09 재고자산감모손실에 대한 설명으로 옳지 <u>않은</u> 것은?

① 재고자산감모손실이란 상품을 보관하는 과정에서 파손, 마모, 도난, 분실 등으로 인하여 기말에 상품재고장에 기록된 장부상의 재고수량보다 적은 경우에 발생하는 손실을 말한다.

② 정상적으로 발생한 감모손실은 매출원가에 가산한다.

③ 정상적으로 발생한 감모손실은 매출원가에서 차감한다.

④ 비정상적으로 발생한 감모손실은 영업외비용으로 처리한다.

09 정상적으로 발생한 감모손실은 매출원가에 가산한다.

10 시산표에 대한 설명으로 옳은 것은?

① 시산표는 차변의 합계금액과 대변의 합계금액이 항상 일치해야 한다.

② 시산표의 차변에는 부채·자본·수익계정이 나타난다.

③ 시산표의 대변에는 자산·비용계정이 나타난다.

④ 시산표를 작성하더라도 회계기록의 오류는 검증할 수 없다.

10 ②·③ 시산표를 작성하면 자산·비용계정은 시산표의 차변에, 부채·자본·수익계정은 대변에 나타나게 된다.

④ 시산표는 대차평균의 원리를 이용하여 회계기록에 오류가 있는지의 여부를 검증하기 위하여 작성하는 표이다.

11 다음 중 유형자산에 해당하는 것은?

① 판매목적의 화물차

② 영업부에서 사용 중인 승용차

③ 투자목적의 토지

④ 투자목적의 건물

11 판매목적의 차량은 재고자산에 해당하며, 투자목적의 토지와 건물은 투자자산에 해당한다.

정답 09 ③ 10 ① 11 ②

12 무형자산으로 인식되기 위해서는 자산으로부터 발생하는 미래경제적효익이 기업에 유입될 가능성이 높아야 하며, 자산의 원가를 신뢰성 있게 측정할 수 있어야 한다. 따라서 연구단계에서 지출한 연구비 ₩400,000과 개발단계에서 지출한 금액 중 자산인식요건을 충족하지 못한 경상개발비 ₩100,000 즉, ₩500,000은 당기 비용으로 처리하고, 개발단계에서 지출한 금액 중 자산인식요건을 충족한 ₩400,000은 무형자산(개발비)으로 인식한다.

13 영업권은 무형자산의 종류에 속한다.

14 기중에 소모품 구입액을 자산계정으로 처리한 경우, 기말에 사용분을 비용으로 처리한다.

---

12 다음은 (주)시유제약의 지출관련 내역이다. 이 중 무형자산으로 인식해야 할 금액은 얼마인가?

> • 연구단계에서 지출한 금액은 ₩400,000이다.
> • 제품 개발단계에서 지출한 금액은 ₩500,000이다. 이 중 ₩100,000은 자산인식요건을 충족시키지 못하였다.

① ₩100,000
② ₩400,000
③ ₩500,000
④ ₩900,000

13 유·무형자산에 대한 설명으로 옳지 <u>않은</u> 것은?

① 재화의 생산이나 판매, 용역의 제공, 타인에 대한 임대 또는 관리활동에 장기간 사용할 목적으로 보유하는 자산을 의미한다.
② 토지와 건설중인 자산 등과 같은 특수한 자산을 제외하고는 감가상각을 통해 비용으로 인식하는 과정을 거친다.
③ 감가상각방법으로 정액법, 정률법, 생산량비례법 등을 사용할 수 있다.
④ 유형자산의 종류로는 물리적 실체는 없지만 식별 가능한 비화폐성자산과 사업결합으로 인해 발생하는 영업권이 있다.

14 (주)새벽전자는 기중에 소모품 ₩1,000,000을 구매하고 자산으로 처리하였다. 결산 시 미사용분이 ₩100,000으로 확인된 경우 소모품비에 대한 회계처리로 옳은 것은?

	차변		대변	
①	소모품비	900,000	소모품	900,000
②	소모품	100,000	소모품비	100,000
③	소모품비	100,000	소모품	100,000
④	소모품	900,000	소모품비	900,000

정답 (12 ② 13 ④ 14 ①)

15 다음 중 충당부채에 대한 설명으로 옳은 것은?

① 충당부채를 인식하기 위해서는 과거에 사건이나 거래가 발생하여야 하며 현재 의무는 고려하지 않는다.

② 충당부채의 명목금액과 현재가치의 차이가 중요한 경우에는 의무 이행을 위해 지출될 예상액의 명목금액으로 평가한다.

③ 충당부채를 발생시킨 사건과 밀접한 자산의 처분차익이 예상되는 경우에는 동 처분차익은 충당부채 인식에 고려하지 않는다.

④ 충당부채로 인식하는 금액은 현재 의무의 이행에 소요되는 지출에 대한 보고기간 말 현재 회계담당자의 판단에 의한 추정치여야 한다.

16 기말 결산 시 받을어음 잔액 ₩20,000,000에 대하여 1%의 대손을 예상한 경우, 대손충당금 설정(보충법)에 대한 회계처리로 옳은 것은?(단, 대손충당금 잔액은 ₩100,000이다)

	차변		대변	
①	대손상각비	100,000	대손충당금	100,000
②	대손상각비	200,000	대손충당금	200,000
③	대손충당금	100,000	대손충당금환입	100,000
④	대손충당금	200,000	대손충당금환입	200,000

17 다음 중 한국채택국제회계기준의 특징에 대한 설명으로 옳지 <u>않은</u> 것은?

① 원칙중심

② 개별재무제표중심

③ 연결재무제표중심

④ 공정가치평가중심

15 ① 충당부채를 인식하기 위해서는 과거에 사건이나 거래가 발생하여 현재 의무가 존재해야 한다.
② 충당부채의 명목금액과 현재가치의 차이가 중요한 경우에는 의무 이행을 위해 지출될 예상액의 현재가치로 평가한다.
④ 충당부채로 인식하는 금액은 현재 의무의 이행에 소요되는 지출에 대한 보고기간 말 현재 최선의 추정치여야 한다.

16 대손충당금 설정액 = 매출채권잔액 × 대손설정률 − 대손충당금 잔액
따라서, 당기 추가설정액은 ₩20,000,000 × 1% − ₩100,000 = ₩100,000이다.

17 한국채택국제회계기준은 원칙중심, 연결재무제표중심, 공정가치평가중심 기준을 따르고 있다.

정답 15 ③ 16 ① 17 ②

18
- 매출총이익 : ₩95,000,000(매출액) − ₩83,500,000(매출원가) = ₩11,500,000
- 영업이익 : ₩11,500,000(매출총이익) − ₩7,000,000(판매비와 관리비) = ₩4,500,000
- 당기순이익 : ₩4,500,000(영업이익) + ₩400,000(영업외수익) − ₩350,000(영업외비용) = ₩4,550,000

19
① 재고자산은 정상적인 영업과정에서 판매를 위해 보유하거나 생산과정에 있는 자산 및 생산 또는 서비스 제공과정에 투입될 원재료나 소모품의 형태로 존재하는 자산을 의미한다.
② 재고자산의 시가가 취득원가보다 하락하여 발생한 평가손실은 매출원가에 가산한다.
④ 재고자산의 시가가 취득원가보다 하락한 경우에는 저가법을 사용하여 재고자산의 장부금액을 결정한다. 이와 반대로 시가가 취득원가보다 상승한 경우에는 재고자산평가이익을 계상하지 않는다.

20
계속기록법과 실지재고조사법은 재고자산의 수량을 결정하는 방법이며, 가격을 결정하는 방법으로는 평균법(총평균법, 이동평균법)과 선입선출법 등이 있다.

정답 (18 ② 19 ③ 20 ①)

18 포괄손익계산서 자료가 다음과 같을 때 당기순이익을 계산하면 얼마인가?

• 매출액	₩95,000,000
• 매출원가	₩83,500,000
• 급여	₩5,000,000
• 임차료	₩1,200,000
• 감가상각비	₩800,000
• 이자비용	₩350,000
• 이자수익	₩300,000
• 유형자산처분이익	₩100,000

① ₩4,500,000
② ₩4,550,000
③ ₩7,000,000
④ ₩11,500,000

19 다음 중 재고자산에 관한 설명으로 옳은 것은?

① 재고자산은 비정상적인 영업과정에서 보유하거나 소모품의 형태로 존재하는 자산을 의미한다.
② 재고자산의 시가가 취득원가보다 하락하여 발생한 평가손실은 영업외비용으로 처리한다.
③ 비정상적인 재고자산감모손실은 영업외비용으로 처리한다.
④ 기말재고자산의 시가가 취득원가보다 상승한 경우 공정가치법에 의해 재고자산평가이익을 계상한다.

20 다음 중 재고자산의 단가결정방법에 해당하지 않는 것은?

① 계속기록법
② 선입선출법
③ 이동평균법
④ 총평균법

21 실지재고조사법하의 회계처리에 대한 설명으로 옳지 않은 것은?

① 매출원가를 결정하기 위해서 결산정리분개가 반드시 필요하다.
② 매출 시 재고자산 계정을 대변에 기입한다.
③ 재고자산 구입 시 매입 계정을 차변에 기입한다.
④ 매입환출이 발생하는 시점에 매입 계정을 대변에 기입한다.

22 물가가 상승하고 있을 때 재무상태표에 보고되는 재고자산금액이 시장가격에 가장 근접하는 재고자산평가방법은?

① 선입선출법
② 후입선출법
③ 이동평균법
④ 총평균법

23 다음 중 감가상각 계산의 3요소에 해당하지 않는 것은?

① 취득원가
② 장부금액
③ 잔존가치
④ 내용연수

24 다음 중 감가상각방법의 종류에 해당하지 않는 것은?

① 정액법
② 정률법
③ 이동평균법
④ 연수합계법

25
- 20X1년 : (₩200,000 − ₩10,000) × 4/10 = ₩76,000
- 20X2년 : (₩200,000 − ₩10,000) × 3/10 = ₩57,000

25 다음 자료에서 연수합계법으로 감가상각할 경우 2차 회계연도에 계상될 감가상각비는 얼마인가?

• 취득원가	₩200,000	• 잔존가치	₩10,000
• 내용연수	4년	• 상각률	0.45(가정)

① ₩19,000
② ₩38,000
③ ₩57,000
④ ₩76,000

26 주식 할증발행 시 발생하는 주식발행초과금은 자본잉여금에 해당한다.

26 자본금을 증자하기 위하여 신주 5,000주(주당 액면금액 ₩5,000)를 주당 ₩8,000에 발행하였다면 그 차액은 다음 중 어느 항목에 해당하는가?

① 자본잉여금
② 이익잉여금
③ 자본조정
④ 기타포괄손익누계액

27 자기주식처분이익은 자본잉여금 항목, 자기주식처분손실은 자본조정 항목이다.

27 다음 중 기타포괄손익누계액으로 보고되는 항목이 <u>아닌</u> 것은?

① 재평가잉여금
② 파생상품평가손익
③ 해외산업환산손익
④ 자기주식처분손실

정답 25 ③ 26 ① 27 ④

28 다음 중 이익잉여금에 해당하는 것은?

① 주식발행초과금
② 자기주식처분이익
③ 임의적립금
④ 감자차익

29 회계오류의 유형 중 자동조정오류에 해당하지 <u>않는</u> 것은?

① 손익의 결산정리사항
② 재고자산의 과대 계상
③ 매출액과 매입액의 기간 구분 오류
④ 감가상각비 과소 계상

30 회계추정의 변경이 다음과 같을 때 해당 회계기간의 당기순이익이 증가하게 되는 것은?

① 유형자산의 잔존가치 증가
② 매출채권에 대한 대손예상률을 높게 설정
③ 유형자산의 내용연수 단축
④ 무형자산의 상각기간 단축

31 다음 중 자본화대상차입원가에 해당하지 <u>않는</u> 것은?

① 차입금에 대한 이자
② 차입과 직접 관련하여 발생한 수수료
③ 매출채권 등의 매각에 따른 처분손실
④ 사채발행차금상각(환입)액

정답 28 ③ 29 ④ 30 ① 31 ③

32 자기주식이란 주식회사가 기발행된 주식을 매입 또는 증여에 의하여 재취득한 주식을 의미하며, 자기주식의 취득원가는 취득시점 금액으로 하고 자본조정(자기주식)으로 회계처리한다.

32 (주)신안산은 20X1년 7월 1일 주당 액면금액 ₩5,000인 자기회사 발행주식 100주를 주당 ₩8,000에 취득하였으며 대금은 현금으로 지급하였다. 자기주식 취득과 관련한 회계처리로 옳은 것은?

	차변		대변	
①	자기주식	500,000	현금	500,000
②	자기주식	800,000	현금	800,000
③	현금	500,000	자기주식	500,000
④	현금	800,000	자본금	800,000

33 • 매출원가 : ₩970,000(판매가능액)
  − ₩220,000(기말재고자산)
  = ₩750,000
• 매출총이익 : ₩1,000,000(순매출액) − ₩750,000(매출원가)
  = ₩250,000

33 순매출액이 ₩1,000,000, 기말재고자산이 ₩220,000, 판매가능액이 ₩970,000일 때 매출총이익은 얼마인가?

① ₩220,000

② ₩250,000

③ ₩750,000

④ ₩970,000

34 결산수정분개에서 '(차) 급여(비용) ××× / (대) 미지급비용(부채) ×××' 누락으로 부채와 비용이 과소평가된다.

34 기말에 아직 미지급한 급여가 존재하는데, 만약 결산 시 이를 반영하지 않았을 경우 나타나는 현상은?

① 부채의 과소평가, 비용의 과소평가

② 자산의 과대평가, 비용의 과대평가

③ 자산의 과소평가, 비용의 과대평가

④ 부채의 과대평가, 비용의 과소평가

정답 (32 ② 33 ② 34 ①)

35 다음 자료를 이용하여 매출원가를 계산하면 얼마인가?

• 기초상품재고액	₩120,000
• 기말상품재고액	₩130,000
• 매출액	₩800,000
• 판매비와 관리비	₩100,000
• 영업이익	₩500,000

① ₩120,000

② ₩130,000

③ ₩200,000

④ ₩300,000

36 다음 중 포괄손익계산서의 작성에 대한 설명으로 옳지 <u>않은</u> 것은?

① 포괄손익계산서는 일정기간 동안의 기업의 경영성과를 적정하게 표시하기 위한 재무보고서이다.

② 포괄손익계산서에서 비용을 표시할 때는 기능별로 분류한 것에 한하여 표시하여야 한다.

③ 기타포괄손익항목은 관련 법인세효과를 차감한 순액으로 표시하거나 세전금액으로 표시하고 관련 법인세효과는 단일 금액으로 합산하여 표시하는 방법이 가능하다.

④ 포괄손익계산서는 단일의 포괄손익계산서를 작성하거나 당기순손익을 표시하는 손익계산서와 포괄손익계산서를 포함하는 2개의 보고서로 작성할 수 있다.

37 다음 중 재무활동 현금흐름에서 확인할 수 있는 항목은?

① 사채 상환에 따른 현금 유출

② 매출채권의 증가

③ 재고자산의 감소

④ 매입채무의 증가

35 매출원가 = ₩800,000(매출액) − ₩100,000(판매비와 관리비) − ₩500,000(영업이익) = ₩200,000

36 포괄손익계산서에서 비용을 표시할 때는 성격별 또는 기능별로 표시하는 방법 중에서 선택할 수 있다.

37 현금흐름표는 영업활동으로 인한 현금흐름, 투자활동으로 인한 현금흐름 및 재무활동으로 인한 현금흐름으로 구분하여 표시한다. 매출채권의 증가, 재고자산의 감소, 매입채무의 증가는 영업활동 현금흐름에서 확인할 수 있는 항목이다.

정답 35 ③ 36 ② 37 ①

38 순실현가능가치란 재고자산의 정상적인 영업과정에서의 추정판매금액에서 판매비용의 추정액을 차감한 금액을 말한다.

38 재고자산 평가와 관련된 설명으로 옳지 <u>않은</u> 것은?

① 재고자산은 저가법을 사용하여 평가한다.

② 재고자산평가손실 회계는 '재고자산평가충당금'이라는 계정을 활용한다.

③ 순실현가능가치란 재고자산의 정상적인 영업과정에서의 추정판매금액을 말한다.

④ 현행대체원가란 재고자산을 현재 시점에서 매입하거나 재생산하는데 소용되는 금액을 말한다.

39 장부상 현금 잔액과 실제 현금 잔액의 차이가 발생한 경우 원인을 판명하기 전까지 현금과부족 계정으로 대체하는 회계처리를 한다.

39 다음은 (주)민중의 현금계정 관련 자료이다. 2월 11일 자의 적절한 회계처리 방법으로 옳은 것은?

2/11	장부상 현금 잔액	₩80,000
2/11	실제 현금 잔액	₩100,000
2/11	현금 차이액	₩20,000

① 차이 금액에 대해 메모만 해둔다.

② ₩20,000을 현금과부족으로 대체하는 분개를 수행한다.

③ ₩20,000을 잡손실로 회계처리한다.

④ ₩20,000을 잡이익으로 회계처리한다.

정답 　38 ③　39 ②

40 다음 내용에서 괄호 안에 공통으로 들어갈 용어는 무엇인가?

> (   )는 단식부기의 불완전성을 보완할 수 있는 부기로 자산
> ·부채·자본·수익·비용의 변동을 왼쪽과 오른쪽에 같은
> 금액으로 기입하는 방식이다. 따라서, (   )는 재산의 증감과
> 손익의 발생을 원인별로 기록·계산하여 재무제표를 작성할
> 수 있으므로 완전한 부기라고 할 수 있다.

① 단식부기
② 복식부기
③ 재무회계
④ 관리회계

40 부기는 장부에 기록하는 방법에 따라 단식부기와 복식부기로 구분할 수 있는데, 단식부기의 불완전성을 보완하는 것이 복식부기이다.

정답 40 ②

SD에듀와 함께, 합격을 향해 떠나는 여행

Ⅰ. 인적자원관리

- 빨리보는 간단한 키워드
- 기출동형 최종모의고사
- 최종모의고사 정답 및 해설

교육은 우리 자신의 무지를 점차 발견해 가는 과정이다.

– 윌 듀란트 –

빨리보는 간단한 키워드

제1장	인사관리의 기초개념

제1절 인사관리의 의의와 성격

1 인적자원관리의 성격

(1) 기업 조직의 인적자원관리에 있어서의 관리대상은 인간

(2) 인적자원관리의 주체는 인간

(3) 인적자원관리는 주체 및 객체가 모두 인간이며, 이들의 상호작용관계에 해당

(4) 인적자원관리는 현 상태보다, 상태의 조작에 따른 조직목적에 부합하는 제도 등을 만들어 운영해 나감

2 현대적 인사관리와 전통적 인사관리의 비교

구분	현대적 인사관리	전통적 인사관리
강조점	조직목표와 개인목표의 조화	조직목표만을 강조
중점	경력중심 인사관리	직무중심 인사관리
안목	인력을 육성·개발하는 장기적 안목	주어진 인력을 활용하는 단기적 안목
인간관	주체적, 자율적인 Y론적 인간관	소극적, 타율적인 X론적 인간관
노동조합	노사 간 상호협동에 의한 목적달성	노동조합의 억제(부정)

제2절 인사관리자의 역할

1 내부 관계에서의 역할

(1) 최고 경영자층에 대한 역할
　① 최고 경영자층의 정보원천
　② 최고 경영자층에 실력 있는 인재를 추천하고 공평한 평가 기준 및 신념을 지녀야 함
　③ 최고 경영자층과의 잦은 접촉으로 인한 의견 충돌 감소 및 문제해결자로서의 역할 수행

④ 조직 구성원이나 경영자층의 어느 한쪽만을 지지하는 모습을 지양

⑤ 문제 해결 시 책임에 대한 회피를 없애야 함

(2) 조정자(부문 간 조정)로서의 역할

① 조직 구성원들의 서로 다른 관점의 생각을 조율하는 역할

② 집단 간의 부정적인 마찰을 줄이는 교량역할을 수행

③ 기업 조직 내의 부서 및 집단 간의 갈등 및 문제를 줄일 수 있도록 문제를 빠르게 파악

(3) 라인(종업원)에 대한 서비스 역할

수동적인 역할 수행 지양 및 조직 안에서의 역학관계를 배려한 적절한 역할 수행 요구됨

2 외부 관계에서의 역할

(1) 경계연결자로서의 역할

인적자원관리자는 경영 외부환경과의 경계 연결의 역할을 수행하고 있으며, 이들은 소속 조직을 대표하는 특성을 가지고 있음

(2) 변화담당자로서의 역할

인적자원관리자는 스스로가 수행해야 하는 기본적인 역할 외에도 기술적·사회적인 변화에도 대응할 수 있도록 인간에 대해 관련된 각종 제도 등을 바꾸는 변화담당자로서의 역할도 수행함

제3절 인사관리의 전개과정

1 생산성 강조 시대

(1) 테일러의 과학적 관리론(Scientific Management Theory)

① 과학적 관리론은 종업원들에 대한 동기부여에 있어서 종업원 개개인의 물질적인 이익에 호소하는 차별적 성과급제를 원칙으로 함

② 기계적·폐쇄적 조직관 및 경제적 인간관이라는 가정을 기반으로 함

③ 인간의 신체를 기계처럼 생각하고 취급하는 철저한 능률위주의 관리이론

④ 테일러의 과학적 관리론의 4가지 원칙

　㉠ 주먹구구식 방법을 대체할 수 있는 개개인별 작업요소에 대한 과학을 개발

　㉡ 조직의 종업원들을 과학적으로 선발한 후에 종업원들에게 과학적인 교육 및 훈련, 개발을 시킴

　㉢ 일련의 모든 작업들이 과학적인 원리에 따라 실행될 수 있도록 확인하기 위해서 종업원들과 진심으로 협력

ㄹ 운영자와 종업원 간의 책임을 균등하게 배분하고, 종업원들에게는 높은 임금을 주고, 운영자에게는 많은 이익창출의 효과를 줌으로써 운영자와 노동자 모두에게 번영을 줄 것이라고 주장함

(2) 포드 시스템(Ford System)

① 포드는 1914년 자신이 소유하고 있던 자동차 공장에 컨베이어 시스템(Conveyor System)을 도입하여 대량생산을 통한 원가를 절감함
② 컨베이어 시스템을 도입함으로 인해 대량생산이 가능하였고, 더 나아가 자동차의 원가를 절감하여 그로 인한 판매가격을 인하시킴
③ 포드는 기업을 영리조직이 아닌 사회의 봉사기관으로 보았으며, 경영의 목적을 이윤 극대화가 아닌 사회에 대한 봉사로 봄
④ 경영합리화의 구체적인 방법으로 생산의 표준화와 이동조립법의 실시를 언급함

체크 포인트

테일러와 포드 시스템의 비교

테일러(F. W. Taylor)	포드(H. Ford)
• 테일러리즘 • 과업관리 • 차별적 성과급 도입 – 객관적인 과학적 방법을 사용한 임률 • 표류관리를 대체하는 과학적 관리방법을 도입, 표준화를 의미 • 작업의 과학화와 개별생산관리 • 인간노동의 기계화 시대	• 저가격·고임금의 원칙 • 동시관리 • 작업조직의 철저한 합리화에 의하여 작업의 동시적 진행을 기계적으로 실현하고 관리를 자동적으로 전개 • 컨베이어 시스템, 대량생산 시스템 • 공장 전체로 확대 • 인간의 작업능력에 의해서가 아닌 기계에 의하여 인간의 작업을 좌우

---

2 인간성 중시 시대

(1) 인간관계론(Human Relations Approach)

① 메이요의 호손 실험을 통해 증명
② 종업원의 사회·심리적인 욕구를 충족시킴으로써 기업의 생산성이 상승될 수 있다는 인식을 갖게 하는 계기가 됨
③ 기업 조직 내의 비공식조직이 공식조직에 비해서 생산성 향상에 있어 주요한 역할 수행
④ 물리적 측면의 개선에 의한 효과보다는 종업원들에게 있어 그들이 가지는 심리적인 요소들이 더 중요함을 강조

3 **생산성 및 인간성의 동시 추구 시대(행동과학)**

(1) 인간과 노동력, 성과와 만족 등이 동시적이면서도 서로 조화를 이루어야 한다고 강조

(2) 조직에서 인간의 행위에 영향을 미치는 각종 다양한 요소들의 중요성을 강조한 이론

제4절 인사관리의 연구접근법

1 **인적자원 접근법**

(1) 조직의 종업원들을 미래의 잠재적인 자원으로 파악

(2) 종업원에 대한 지속적인 능력개발과 동기부여 등이 상당히 중요한 요소로 작용

2 **과정 접근법(기능적 접근법)**

(1) 기업 조직에서 인적자원관리의 제반 기능과 조직 내 인력들의 흐름을 기반으로 연구과제를 설정, 분석하는 것

(2) **대표적인 학자** : 플리포

3 **시스템 접근법**

(1) 인적자원관리를 하나의 시스템 관점에서 바라보고, 인적자원관리시스템을 설계하려는 것으로 각각의 하위시스템들을 묶어서 하나의 전체적인 연결을 갖도록 하는 방법

(2) **대표적인 학자** : 피고스와 마이어스, 데슬러

제2장　인사관리의 개념모형

제1절 인사관리 개념모형의 설계

1 개념모형의 의미

기업 조직의 목적을 달성하기 위해, 인적자원에 대한 '확보 → 개발 → 활용 → 보상 → 유지' 등의 일련 과정을
계획 및 조직하고 이를 통제하는 체제를 의미함

2 인적자원관리의 활동

(1) 인적자원의 확보

　　인적자원의 (충원) 계획에 따른 모집이나 선발 및 배치관리

(2) 인적자원의 개발

　　종업원들의 경력관리 및 이동·승진관리, 교육훈련

(3) 인적자원의 활용

　　조직설계 및 직무에 대한 설계

(4) 인적자원의 보상

　　임금 및 복지후생관리

(5) 인적자원의 유지

　　인간관계관리 또는 노사관계관리

3 인적자원관리의 결과

직무만족, 직무성과, 높은 출근율 및 근속기간

제2절 인사관리의 목표와 방침

1 인적자원의 목표

(1) 생산성목표

과업 자체를 달성하기 위한 조직의 목표(전통적인 목표)

(2) 유지목표

과업이 아닌 단지 조직자체의 유지 및 인간적인 면에 관련된 목표

2 근로생활의 질(Quality of Work Life) 충족

구성원들이 수행하는 직무를 재구성하여 만족을 느끼도록 유도하고 그 직무를 통하여 자신을 개발할 수 있는 기회를 제공하려는 데 그 목적이 있음

3 인적자원관리 방침의 기준

(1) 기업 조직의 내·외부의 모든 관점에서 인적자원에 대한 공정성을 평가받아야 함

(2) 미래에 대한 상황을 예측함

(3) 경영철학을 반영함

(4) 갑자기 발생하는 상황에 대해 그에 맞는 대응책을 제시할 정도로 현실성이 있어야 함

(5) 배후의 의도에 대해 종업원들에게 제대로 이해되어야 함

제3절 인사관리의 환경

1 인적자원관리의 내부환경

(1) 노동력 구성의 변화

전문직 및 관리직의 증가, 여성노동인력의 참여 및 증가, 파견직 및 임시직(비정규직)의 증가 등이 해당됨

(2) 가치관의 변화

조직보다는 종업원 개개인을 우선시하는 가치관의 변화가 발생함

(3) 조직규모의 확대

조직규모의 확장에 따른 인적자원관리의 직능분화가 발생함

2 인적자원관리의 외부환경

(1) 정부개입의 증대

기업 조직에 대한 정부의 개입은 종업원들에 대한 각종 내용(채용, 임금인상, 성별 및 학력에 의한 보수의 차이 등)에 걸쳐 영향을 미치게 됨

(2) 경제여건의 변화

해당 국가 경기의 호·불황은 기업 조직의 인적자원관리에 영향을 미치게 됨

(3) 노동조합의 발전

노동조합의 진척에 따라 인사스태프의 충원 및 인적자원관리의 기능분화 및 규정화, 제도화 등의 인적자원관리에 있어 체계적인 정비가 이루어짐

(4) 정보기술의 발전

정보기술의 발달로 인해 인적자원관리의 정보화 및 인력의 효율화가 요구됨

제3장   직무분석과 직무평가

제1절 직무분석

1 직무분석의 개념

직무의 성격, 내용에 연관되는 각종 정보를 수집·분석·종합하는 활동으로 기업조직이 요구하는 일의 내용들을 정리·분석하는 과정을 의미함

2 직무분석의 기초개념

(1) **과업** : 기업 조직에서 독립된 목적으로 수행되는 하나의 명확한 작업 활동

(2) **직위** : 특정 시점에서 특정 조직의 한 개인이 수행하는 하나 또는 그 이상의 의무로서, 특정 개인에게 부여된 모든 과업의 집단

(3) **직무** : 작업의 종류 및 수준이 비슷한 직위들의 집단

(4) **직군** : 유사한 직무들의 집합

3 직무기술서(과업요건에 초점)

직무분석의 결과를 토대로 직무수행과 관련된 과업 및 직무행동을 일정한 양식에 따라 기술한 문서

(1) 직무기술서에 포함되는 내용
① 직무에 대한 명칭
② 직무에 따른 활동과 절차
③ 실제 수행되는 과업 및 사용에 필요로 하는 각종 원재료 및 기계
④ 타 작업자들과의 공식적인 상호작용
⑤ 감독의 범위와 성격
⑥ 종업원들의 작업조건 및 소음도, 조명, 작업 장소, 위험한 조건과 더불어 물리적인 위치
⑦ 종업원들의 고용조건, 작업시간과 임금구조 및 그들의 임금 형태와 부가적인 급부, 공식적인 기업 조직에서의 직무 위치, 승진이나 이동의 기회 등

(2) 직무기술서의 작성 시 주의사항
① 기재되어야 하는 내용과 표현이 간단명료해야 함
② 직무를 정의하기에 앞서, 수행해야 할 일의 성격 및 범위가 정확하게 명시되어야 함
③ 명확하면서도 구체적이어야 함
④ 감독책임을 나타내어야만 함

4 직무명세서(인적요건에 초점)

직무분석의 결과를 토대로 특정한 목적의 관리절차를 구체화하는 데 있어 편리하도록 정리하는 문서로서 각 직무수행에 필요한 종업원들의 행동이나 기능, 능력, 지식 등을 일정한 양식에 기록한 문서를 의미함. 특히 직무명세서는 인적요건에 초점을 둠

5 직무분석의 절차

배경정보 수집 → 대표직위의 선정 → 직무정보의 획득 → 직무기술서 작성 → 직무명세서 작성

(1) 배경정보 수집

예비조사의 단계로서, 기업의 조직도·업무분장표·존재하는 직무기술서와 직무명세서 등과 같은 사용 가능한 배경정보를 수집하는 것을 말함

(2) 대표직위 선정

비용이나 시간 등의 문제로 인해 통상적으로 이를 대신할 수 있는 대표직위를 선정해서 이를 중점적으로 분석해 나가는 것을 의미함

(3) 직무정보 획득

직무정보의 획득 단계를 일반적으로 직무분석이라고 하는데, 이는 각 직무의 성격이나 직무수행에 있어 필요한 각 종업원들의 행동 및 인적 조건 등을 분석하는 단계를 말함

(4) 직무기술서 작성

기존 단계에서 취합한 정보를 토대로 직무기술서를 만드는 단계인데, 여기에서는 각 직무의 주요한 특성 및 각 직무의 효과적인 수행에 필요로 하는 활동 등에 대해 기록한 문서를 의미함

(5) 직무명세서 작성

종업원들에 대해 각 직무수행에 있어 요구되는 인적 자질, 특성 및 지능, 경험 등을 구체적으로 기술한 문서

6 직무분석의 방법

(1) 관찰법(Observation Method)

직무분석자가 직무수행을 하는 종업원의 행동을 관찰한 것을 토대로 직무를 판단

(2) 면접법(Interview Method)

해당 직무를 수행하는 종업원과 직무분석자가 서로 대면해서 직무정보를 취득하는 방법

(3) 질문지법(Questionnaire)

질문지를 통해 종업원에 대한 직무정보를 취득하는 방법

(4) 중요사건 서술법(Critical Incidents Method)

종업원들의 직무수행 행동 중에서 중요하거나 또는 가치가 있는 부분에 대한 정보를 수집

(5) 워크 샘플링법(Work Sampling Method)

관찰법의 방식을 세련되게 만든 것으로서 이는 종업원의 전체 작업과정이 진행되는 동안에 무작위로 많은 관찰을 하여 직무행동에 대한 정보를 취득

(6) 작업기록법

직무수행자인 종업원이 매일매일 작성하는 일종의 업무일지로, 수행하는 해당 직무에 대한 정보를 취득하는 방법

7 직무분석에 있어서의 오류

(1) 직무환경 변화

새로운 공정, 다시 말해 인간과 기계 간 상호작용이 일어나는 공정의 도입과 연관됨

(2) 종업원의 행동변화

보통 기업 조직에서의 종업원 행동에 대한 정보의 취득은 어느 한 시점에서 이루어짐

(3) 반응세트

사람이 예상하거나 또는 왜곡된 방법으로 질문에 대해서 극히 일률적으로 답할 때 발생

(4) 부적절한 표본추출

전통적 방법으로 관련된 여러 과업영역 전체를 조사하지 않거나 또는 직무분석 질문지 같은 개괄적인 방법에서 관련한 과업영역을 확실하게 해 두어야 오류가 줄어듦

제2절 직무평가

1 직무평가의 개념

기업 조직에서 각 직무의 숙련도, 노력, 책임, 작업조건 등을 분석 및 평가하여 다른 직무와 비교한 직무의 상대적 가치를 정하는 체계적인 방법

2 직무평가의 목적

(1) 공정한 임금체계(임금격차)의 확립
기업 조직에서의 직무평가는 종업원 직무의 상대적 가치에 따라서 조직의 합리적이면서도 공정한 임금 시스템을 마련하는 기반을 제공할 뿐만 아니라, 이는 임금과 연관되는 종업원들 간의 갈등을 최소화시킬 수 있으며 직무급 실시에 있어서 초석이 됨

(2) 종업원들의 적재적소 배치를 실현
조직에서 직무의 중요성, 난이도 및 직무의 가치에 따라 종업원의 능력을 기준으로 효과적인 적재적소 배치가 실현가능하게 됨

(3) 핵심역량 강화지표 설계
조직의 직무평가는 직무 그 자체의 가치를 평가하는 것일 뿐, 종업원을 평가하기 위한 것이 아니기에 직무에 국한된 핵심역량지표를 추출하는 데 초점을 두어야 함

(4) 노사 간의 임금협상의 기초
합리적인 직무평가의 결과는 노사 간의 임금교섭을 할 때 협상의 초석이 될 수 있음

(5) 인력개발에 대한 합리성 제고
조직 인력개발의 주요 수단인 경력경로를 설계할 때 기업 안의 각 직무들 간의 중요성 및 난이도 등의 직무가치 정도에 따라 보다 더 효율적인 이동경로를 설계할 수 있음

3 직무평가의 방법

(1) 비량적 방법
① 서열법(Ranking Method)
직무평가의 방법 중에서 가장 간편한 방법으로, 이는 각 직무의 상대적 가치들을 전체적이면서 포괄적으로 파악한 후에 순위를 정하는 방법
② 분류법(Job Classification Method)
미리 규정된 등급 또는 어떠한 부류에 대해 평가하려는 직무를 배정함으로써 직무를 평가하는 방법

(2) 양적 방법
① 점수법(Point Rating Method)
각 직무를 여러 가지 구성요소로 나누어서(숙련도, 책임, 노력, 작업조건 등) 중요도에 따라 각 요소들에 점수를 부여한 후에, 그렇게 각 요소에 부여한 점수를 합산해서 해당 직무에 대한 전체 점수를 산출해서 평가하는 방법

② 요소비교법(Factor Comparison Method)
　　기업 조직 내에서 가장 기준이 되는 기준직무를 선정하고, 그 다음으로 평가자가 평가하고자 하는 직무에 대한 평가요소를 기준직무의 평가요소와 비교해서 그 직무의 상대적 가치를 결정하는 것

4 직무평가 요소

(1) 숙련도(Skill) : 지식, 교육, 경험

(2) 노력(Effort) : 정신적·육체적 노력

(3) 책임(Responsibility) : 설비책임, 감독책임, 자재책임

(4) 직무조건(Job Condition) : 위험도, 작업환경

5 직무평가의 유의점

(1) 인간관계적 측면에서의 유의점
　　직무평가는 유효성에 있어서 기업 조직 종업원의 만족에 대한 영향을 확인함으로써 확정되어야 함

(2) 기술적 측면에서의 유의점
　　직무분석 자료를 토대로 평가요소들을 선정하는 과정에서 판단상의 오류를 범할 수 있고, 점수법은 주어진 가중치와 요소들 간의 비중에 따른 판정상의 오류를 범할 수 있음

(3) 평가계획상 유의점
　　직무평가에 있어서 대상이 많거나 서로 상이할 때 발생할 수 있는 문제점을 말함

(4) 평가위원회의 조직
　　직무평가를 수행함에 있어 평가위원회 조직을 구성하는데, 이에 참여하고자 하는 경영자를 추출하는 과정에서 발생할 수 있는 문제점을 말함

(5) 직무평가 결과 및 노동시장평가의 불일치
　　직무평가에서 가치가 높음에도 불구하고 노동시장의 현 임금이 낮은 경우에는 노동에서 공급이 수요를 초과했을 때이며, 이와는 반대급부로 직무평가에서 가치가 낮음에도 불구하고 노동시장에서 직무의 임금이 높은 것은 수요가 공급을 초과하는 경우에 발생함을 말하는데, 이같이 직무평가의 결과와 직무가 가지는 상대적 가치가 반드시 일치하지 않을 수도 있다는 것을 의미함

(6) 평가빈도

기업 조직에 있어 적당한 직무평가의 빈도선정이 어렵다는 것을 말하는 것으로, 기업이 환경요소들의 변화에 따라 새로운 직무, 직무의 변경, 직무의 소멸 등의 문제점들이 발생할 수 있다는 것을 의미함

제3절 직무분류

1 직무분류의 개념

기업 조직에서 업무 내용이 비슷하거나 또는 조직에서 요구하는 자격요건이 비슷한 직무를 묶어서 체계적인 직무군으로 분류해 나가는 과정

2 직계조직

기업 조직에서의 직무평가에 따른 직무에 대한 상대적 가치를 결정하여 해당직무의 상대적 서열을 결정하며, 해당 직급에 맞는 직무를 담당하여 기업 조직에서의 지위나 임금이 결정되는 제도

3 자격제도

기업 조직의 직무분석을 기반으로 하여 조직 내의 종업원들이 갖추어야 하는 능력에 대한 수준을 각 직급별로 구체화하며, 종업원 개개인을 검사하여 종업원 개인의 조직에서의 지위 및 보수를 지급하는 제도

제4장   인사고과

제1절 인사고과의 의의와 목적

1 인사고과의 개념

인사고과는 기업 조직 내의 종업원들이 가지고 있는 각종 능력, 소질, 장래성, 근무성적 등을 기반으로 해당 조직에 대한 유용성의 관점에서 평가하며, 조직 내 종업원 개개인에 대한 인사상 정보를 추출하여 종업원들이 조직 안에서 가지는 상대적 가치를 결정하는 것

2 전통적 고과관 및 현대적 고과관의 비교 · 구분

구분	전통적 고과관	현대적 고과관
목적	• 과거지향적 • 상벌의 기초자료(통제적 목적)로 이용	미래지향적 고과로서 능력개발의 기초자료(비통제적 목적)로 이용
기준	인물, 인성, 특히 인격을 강조함	• 직책과 목표 강조 • 업적(결과) 중심
강조점	일방적이고 하향적 비밀고과	• 자기고과 기회의 부여 • 고과기준의 공동결정

3 인사고과의 목적

(1) **적정배치**: 인력배치 및 이동

(2) **능력개발**: 종업원 개개인에 대한 성장기회

(3) **공정처우**: 종업원들에게 적정하면서도 공정한 처우 실현

4 인사고과의 기능

(1) 종업원들의 능력개발을 위한 자료로서의 기능

(2) 종업원들의 업적향상을 위한 자료로서의 기능

(3) 종업원들의 공정한 처우결정을 위한 자료로서의 기능

(4) 조직이 요구하는 인재상 정립을 위한 자료로서의 기능

제2절 인사고과의 방법

1 인사고과 시 고려사항

(1) 고과대상과 해당 목적에 맞는 평가요소를 선정해야 함

(2) 고과방법은 객관적이면서 비교가 가능해야 함

(3) 고과 시에 평가자가 적절해야 함(적격자 필요)

(4) 평가과정 중에 합리성을 유지해야 함(심리적인 편향을 방지)

2 고과자에 의한 분류

(1) 자기고과

① 종업원 개인이 자신의 업무성과에 대해 종업원 스스로가 평가하는 방법

② 자기고과는 종업원 자신의 능력개발을 목적으로 하면서, 개인이 가지고 있는 결함에 대한 파악 및 개선에 효과가 있어 종업원 자기 자신의 능력개발에 많은 도움이 됨

③ 관리층의 고과에 보충적 기법으로 쓰이는 방식

(2) 상급자에 의한 고과

① 직속 상사가 하급자를 고과하는 것으로서, 수직적이면서도 하향식 고과에 해당함

② 직속 상사가 하급자를 비교적 잘 알고 있다는 장점이 있으나, 그만큼 고과가 주관적으로 흐르기 쉽다는 단점이 있음

(3) 하급자에 의한 고과

하급자가 상사를 고과하는 방법으로 상향식 고과에 해당함

(4) 동료에 의한 고과

상급자보다는 피고과자의 동료가 훨씬 더 정확히 평가할 수 있다는 견해이기는 하나, 피고과자의 동료들은 친구로서 또는 경쟁자로서 편파적일 수 있다는 문제점이 있음

(5) 외부 전문가에 의한 고과

고과의 객관성을 유지하기 위해 외부의 고과전문가에게 위탁하는 것으로 현장 토의법, 평가센터법 등이 이에 속함

① **현장 토의법(Field Review)**

기업 조직의 인사담당자가 감독자들과 토의하여 정보를 얻어 평가하는 기법으로 구체적 정보를 얻을 수 있으나, 시간과 비용이 많이 소요되고 피고과자의 참여가 전혀 이루어지지 않아 불신감이 생길 수 있다는 단점이 있음

② **평가센터법(Assessment Center ; AC)**

평가를 전문으로 하는 평가센터를 설립하여 피고과자의 직속상사가 아닌 특별히 훈련된 관리자들이 6~12명의 피고과자들을 동시에 합숙·훈련시키면서 여러 가지 평가를 하는 방법으로, 피고과자의 잠재적 능력을 주로 평가한다는 특징이 있음

(6) 다면평가제

상급자 1인에 의해서만이 아닌 하급자, 동료, 피고과자 자신 및 고객 등에 의해서 여러 방면으로 인사고과가 이루어지는 방식

3 인사고과 기법에 따른 분류

(1) 전통적 고과기법

① **서열법(Ranking Method)**
조직의 종업원 근무능력 및 근무성적에 대해서 순위를 매기는 방법, 교대서열법과 쌍대서열법이 있음

② **평정 척도법(Rating Scales, Graphic Rating Scales)**
종업원의 자질을 직무수행의 달성 가능한 정도에 따라 미리 마련된 척도를 근거로 평정자(고과자)가 체크하도록 하는 방법

③ **대조표법(Check List Method)**
평가에 행동기준을 리스트에 설정·배열하여 피고과자의 능력이나 근무상태가 이 항목에 해당되는 경우에 체크하는 방법

(2) 현대적 고과기법

① **목표에 의한 관리방식(Management By Objectives ; MBO)**
종업원이 직속상사와 협의하여 작업 목표량을 결정하고, 이에 대한 성과를 부하와 상사가 함께 측정하고 또 고과하는 방법

목표조건	• 측정 가능함과 동시에 계량적인 목표이어야 한다. • 구체적인 목표 제시가 되어야 한다. • 설정된 목표에 대해 기대되는 결과를 확인할 수 있는 목표이어야 한다. • 현실적이면서 달성 가능한 목표이어야 한다. • 정해진 시간 안에 달성 가능한 목표이어야 한다.
성공조건	• 관리자층의 관심 및 지원, 변화하는 경영환경에 따른 교육으로 집단저항을 줄여야 한다. • 의사소통의 통로 및 종업원들의 태도와 그들의 행위변화에 대한 대책을 마련하여, 올바른 조직문화 형성에 노력을 아끼지 말아야 한다. • 목표에 의한 관리가 제대로 수행될 수 있도록 조직을 분권화하는 등의 조직시스템의 재정비가 뒤따라야 한다.
주의점	• 기업의 경우, 단기적인 목표와 그에 따른 성과에만 급급하여, 기업 조직의 사기 및 분위기나 문화 등이 경영환경에 대응해야만 하는 조직의 장기적 안목에 대한 전략이 약화될 수 있다. • 종업원들끼리의 지나친 경쟁과 리더의 역할갈등으로 인해 집단 저항의 우려가 있다. • 업무에 있어서의 성질 및 특성으로 인해 계량적 또는 개별적인 목표설정이 어려운 과업에 대해서는 도입하기가 힘들다.

② **인적 평정센터법(Human Assessment Center)**
평가를 전문으로 하는 평가센터를 설립하여 피고과자의 직속상사가 아닌 특별히 훈련된 관리자들이 6~12명의 피고과자들을 동시에 합숙, 훈련시키면서 여러 가지 평가를 하는 방법

③ 행위기준 고과법(Behaviorally Anchored Rating Scales ; BARS)

평정 척도법의 결점을 시정·보완하기 위해서 개발된 것이고, 동시에 중요사실 서술법이 발전된 형태로서 직무와 관련된 피고과자의 구체적인 행동을 평가의 기준으로 삼는 고과방법

제3절 평가의 오류와 공정성 확보

1 분포적 오류

고과에 있어 혹독화·관대화·범위제한·중심화 경향 등과 같이 고과자의 고과점수들의 분포가 업무성과의 분포와 다른 경우에 발생하는 것

2 상관관계적 오류

(1) 현혹효과(Halo Effect) 또는 후광효과

고과에 있어 피평가자들에 대한 전체적인 인상 등에 의해 구체적인 성과 차원에 대한 평가가 영향을 받게 되거나 고과에 있어 평가자가 평가 차원 등을 구별하지 않으려는 경향에 의해 발생

(2) 논리적 오류

평가자가 논리적으로 놓고 볼 때 관련이 있다고 생각되는 특성(논리적인 관계가 있다고 착각하는)들 간에 비슷한 점수들을 주는 것

(3) 관대화 경향

종업원에 대한 근무성적평정 등에 있어서 평정 결과의 분포가 우수한 쪽으로 집중되는 경향

(4) 중심화 경향

인사고과의 결과가 고과상에서 중간으로 나타나기 쉬운 경향

(5) 규칙적 오류

가치판단상의 규칙적인 심리적 오류에 의한 오류

(6) 시간적 오류

고과자가 고과를 함에 있어서 쉽게 기억할 수 있는 최근의 실적 또는 능력중심으로 고과하려는 부분에서 생기는 오류

(7) 대비오차

고과자가 스스로 가지고 있는 특성과 비교하여 피고과자를 고과하는 것

(8) 지각적 방어

스스로가 지각할 수 있는 사실들을 집중적으로 조사해 가면서 알고 싶어 하지 않는 것들을 무시해 버리는 경향

(9) 연공오류

피고과자의 학력, 근속연수, 연령 등 연공에 따라 평가하게 되는 오류. 예를 들어, 비슷한 능력을 가진 두 피고과자를 평가할 때 나이가 더 많은 사람에게 더 좋은 평가를 주는 경우가 해당됨

제5장 인적자원의 확보관리

제1절 인력계획

1 인적자원계획의 중요성

(1) 경영계획의 기초에 있어서의 중요성

(2) 임금관리에 있어서의 중요성

(3) 승진·이동 및 훈련계획에 있어서의 중요성

(4) 기타 환경에 따른 중요성

2 인적자원계획의 개념

(1) 주어진 환경의 현재 및 장래의 각 시점에서 기업이 필요로 하는 종류의 인원수를 사전에 예측하고 결정하며, 이에 대한 사내·외의 공급인력을 또한 예측하고 계획하는 것

(2) 인력계획은 확보관리를 위한 것뿐만 아니라 승진이나 이동관리, 훈련계획, 임금계획 등과 밀접한 관련이 있음

3 인적자원계획의 효과

(1) 적정한 수의 인적자원 확보를 통한 노동비용의 감소 및 그에 따른 충원비용의 절감효과가 이루어짐

(2) 적정한 교육훈련계획의 수립이 가능

(3) 새로운 사업기회의 확보능력이 증대됨

(4) 효과적인 인적자원계획으로 인한 종업원의 사기와 만족이 증대됨

(5) 불필요한 노동력의 감소와 증대에 따른 통제가 용이하며, 기업의 전반적인 인적자원 유지전략을 상당히 용이하게 함

4 인적자원의 수립(예측)기법

(1) 기업의 환경분석

외부환경적인 요소와 내부환경적인 요소로 나누어 분석

(2) 인적자원의 수요예측

① **거시적 방법(하향적 인력계획)**

기업조직 전체의 인력예측을 통해서 총원을 정하고, 이를 다시 여러 부서별로 인력을 분할하는 것

② **미시적 방법(상향적 인력계획)**

기업조직의 인력수요계획에 있어서 미시적 계획은 각 직무와 작업에 필요로 하는 인력을 예측하는 것

③ **회귀분석**

기업조직의 인적자원에 대한 수요량 및 매출액, 서비스, 생산량, 예산 등과 같은 여러 변수들과의 관계를 고려해서 이들을 함수관계로 나타내 분석하는 것

④ **시계열분석**

기업의 과거 인력수요의 흐름을 기반으로 해서 인력예측을 수행하는 것으로, 시계열 분석에는 추세 변동, 계절적 변동, 순환변동, 불규칙변동 등이 있음

⑤ **비율분석**

기업조직의 핵심부서 인력을 예측한 후에 스탭 부서의 인력은 핵심부서들에 대한 비율로서 예측하는 것

(3) 인적자원의 공급예측

인력공급계획은 인력수요예측과 인력공급예측을 실시하여 순수 부족 인력을 조직의 내·외부에서 조달하는 계획을 의미함

① 승진 도표(Replacement Chart)

구성원 개인의 상이한 직무에 대한 적합성을 기록한 것으로서 현재 인원의 상태를 능력 면에서 자세히 파악하여 개개인 승진, 이동 시기, 순위, 훈련 등의 조건을 명시해 두고, 이를 확인하여 내부인력의 변화를 예측하는 방법

② 인력 재고표(Skills Inventory)

구성원 개인의 직무적 합성에 대한 정보를 정확하게 찾아내기 위한 장치, 즉 개개인의 능력평가표를 의미함

③ 마코프 체인법(Markov Chain Method)

내부인력예측의 한 방법으로서, 시간의 흐름에 따른 각 종업원들의 직무이동확률을 알아보기 위해서 개발된 것

(4) 인적자원의 수급 불균형 해소

① 인력부족 시 해소 방법

기업 외부에서 신규인력의 투입이나 임시직·아웃소싱 등의 외부 인력공급에 의한 방식

② 인력과잉 시 해소 방법

정리해고 및 조기정년 등의 방식

제2절 모집관리

1 모집의 개념

인적자원계획이 완료된 후에 실시하는 활동으로, 이는 기업에서 선발을 전제로 양질의 인력을 조직적으로 유인해 가는 과정을 의미함

2 모집원

(1) 사내 모집

① 인사부분에서 기능목록 또는 인력배치표를 이용해서 해당 직위에 적합한 인물을 찾아내는 방법에 해당됨

② 공개모집제도 이용의 경우에는 조직이 외부인들에게 신문광고 등을 통해 모집을 알리는 것과 마찬가지로 기업이 사보나 사내게시판을 통해 충원해야 할 직위를 종업원들에게 알려서 관심 있는 사람들이 응모하게 만드는 방법으로 각 종업원에게 균등한 기회를 부여한다는 점에서 긍정적으로 받아들여지고 있는 방식

③ **장점**

비용이 저렴하며, 조직 구성원들의 정확한 정보를 바탕으로 적임자를 발견할 수 있으며, 기존 종업원들의 사기를 상승시키는 효과를 가져 올 수 있음

④ **단점**

기존 구성원들에게서 새로운 능력이나 기술 등을 기대하기가 힘듦

(2) 사외 모집

① 광고로 인한 모집활동
② 직업소개소를 이용한 모집활동
③ 종업원의 추천에 의한 모집활동
④ 교육기관과의 협력에 의한 모집활동

제3절 선발관리

1 선발의 개념

모집활동을 통해 획득한 지원자들을 대상으로 미래에 수행할 직무에 대해 가장 적합한 지원자를 선별하는 과정을 의미함

2 선발도구

(1) 시험

응모자들의 선발정보를 얻는 수단으로, 이는 응모자에 대한 정보를 얻는 중요한 선발도구에 해당함

(2) 면접

두 사람 사이에 어떤 목적을 가지고 행해지는 대화 등의 커뮤니케이션을 의미하며, 그 중요성이 날로 더해가고 있는 추세임

3 면접의 종류

(1) 비지시적 면접

비정형적 면접 또는 비구조적 면접이라고도 하며, 이는 피면접자에게 의사표시에 대한 자유를 주고, 그에 따라 피면접자에 대한 정보를 수집하는 방식

(2) 패널 면접

여러 명의 면접자가 한 명의 피면접자를 상대로 하는 방식

(3) 집단 면접

특정 문제에 대한 토론을 통해 지원자의 태도 등을 파악하는 방식

(4) 스트레스 면접

피면접자에 대해 면접자가 무시하거나 또는 극한 상황을 제시해서 피면접자로 하여금 당황하게 만들도록 하여, 처해진 환경에서 상황을 극복하고, 얼마나 인내심을 발휘하는지를 알아보는 방식

4 합리적 선발도구의 조건

(1) 신뢰성(일관성 유지 여부 확인) 측정방법

① 시험–재시험법

같은 상황에서 같은 대상에 대해서 동일한 선발도구를 시기를 달리하여 두 번 측정해서 그 결과치를 비교하는 방법

② 대체형식방법

신뢰도를 알아보기 위해 만들어진 선발도구와 비슷한 또 하나의 선발도구를 만들어 놓고, 이와 본래의 선발도구를 동일한 대상에게 적용하여 신뢰성을 추측하는 방법

③ 양분법

선발도구의 항목을 임의로 해서 반으로 나누고, 각각의 독립된 두 가지의 척도로 활용하여 신뢰성을 측정하는 방법

(2) 타당성(정확성 검증) 측정방법

① 기준관련 타당성(동시 타당성/예측 타당성)

선발도구를 통해 얻어진 예측치와 직무성과와 같은 기준치의 관련성을 의미함

㉠ 동시 타당성

현재 근무 중인 종업원들을 대상으로 시험을 실시해서 그들의 시험점수와 직무성의 상관관계를 분석하여 나온 정도에 따라 시험의 타당성 여부를 측정하는 것

㉡ 예측 타당성

종업원들의 선발시험의 결과를 예측치로 하고, 직무수행의 결과를 기준치로 삼아 예측치와 기준치를 비교함으로써 선발시험의 타당성 여부를 결정하는 방법

② 내용 타당성

선발도구의 내용이 측정하고자 하는 취지를 얼마나 반영하고 있는지를 나타내는 것을 말함

③ **구성 타당성**

측정도구가 실제로 무엇을 측정했는지 또는 측정도구가 측정하고자 하는 대상을 실제로 적절하게
측정했는지를 나타내는 것을 의미함

(3) 선발비율(SR)

전체 응모자 수에 대한 선발예정 인원수의 비율을 의미하며, 선발비율이 1에 가까울수록(응모자 전원
고용일 때) 기업의 입장에서는 바람직하지 않고, 선발비율이 0에 가까울수록(응모자 전원이 고용되지
않는 경우) 기업의 입장에서는 바람직하다고 할 수 있음

제4절 배치관리

1 배치의 개념

배치란 여러 직무와 여러 개인들의 관계를 잘 연결시켜, 이를 기업 조직의 성과 내지 각 개인의 만족도를 높이
도록 해당 직무에 종업원들을 배속시키는 것

2 배치의 원칙

(1) 실력주의

종업원들에게 그들의 실력을 발휘하도록 할 수 있는 영역을 제공하며, 해당 업무에 대해 정확하게 평가
하고, 그렇게 평가된 종업원들의 실력 및 이루어 낸 업적들에 대해 그들이 만족할 수 있는 대우를 하는
것을 말함

(2) 적재적소주의

기업이 종업원에게 그가 가지고 있는 능력 내지 성격 등에서 그에 맞는 최적의 직위에 배치되어 커다란
능력을 발휘할 것을 기대함을 의미함

(3) 균형주의

직장에서 전체 실력의 증진과 더불어 사기를 상승시킨다는 것으로서, 구성원 전체와 각 개인의 조화를
충분히 고려하는 것을 의미함

(4) 인재육성주의

인력을 소모시키면서 사용치 않고, 인력을 성장시키면서 사용한다는 내용을 담고 있음

| 제6장 | 인적자원의 개발관리 |

제1절 경력관리

1 경력관리의 개념

기업 조직의 목표와 구성원 개개인의 목표가 조화되도록 하는 것

2 경력개발의 개념

어떤 조직에서 개인의 경력목표를 설정하고, 설정된 목표를 달성하기 위해 경력계획을 구상하여, 이를 조직의 욕구와 개인의 욕구가 서로 합치될 수 있도록 하는 각 조직구성원 개인의 경력을 개발하는 것

3 경력관리의 기본적 체계

(1) 경력목표

구성원 개개인이 경력상 도달하고 싶은 미래의 직위

(2) 경력계획

조직 구성원 개개인이 경력목표를 설정하고, 이렇게 설정된 경력목표를 기반으로 목표를 달성하기 위한 경력경로를 구체적으로 선택해 나가는 과정

(3) 경력개발

구성원 개인이 경력목표를 설정하고, 달성하기 위한 경력계획을 수립하여, 기업 조직의 요구와 개인의 요구가 합치될 수 있도록 각 개인의 경력을 개발하고 지원해 주는 활동

4 경력개발의 각 단계

(1) 탐색단계

조직구성원이 자기 자신을 인식하고, 교육과 경험을 통해서 여러 가지를 실험해 보며, 자기 자신에게 적합한 직업을 선정하려고 노력하는 단계

(2) 확립단계

선택한 직업분야에서 정착하려고 노력하며, 후에는 하나의 직업에 정착하는 단계

(3) 유지단계

자기 자신을 반성하며 경력경로의 재조정을 고려하고, 경우에 따라서는 심리적인 충격을 받기도 하는 단계

(4) 쇠퇴단계

퇴직과 더불어 조직구성원이 자기 자신의 경력에 대해서 만족하고 새로운 생활에 접어드는 단계

5 경력관리에 있어서 유의점

(1) 기업 조직의 최고 경영자층의 지원이 필요

(2) 기업 조직의 경력관리 제도는 점차적으로 받아들여져야 함

(3) 기업 조직의 경력관리 업무는 조직도상에서 엄격하게 부여된 권한과 수행하여야 할 책임에 따른 부서에 소속되어 이에 대한 업무의 독립성을 유지시켜야 함

제2절 이동·승진관리

1 이동관리

(1) 수직적 이동

① 승진
직위의 등급이나 계급이 올라가는 것을 의미함
② 강등
직위의 등급이나 계급이 낮아지는 것을 말함

(2) 수평적 이동

① 전환배치
조직 구성원인 종업원의 작업조건이나 책임 및 권한에 있어, 지금까지 해 오던 직무하고는 다른 직무로 이동함을 의미함
② 직무순환
조직 구성원들의 직무영역을 변경하여 여러 방면에서의 경험이나 지식을 쌓게 하기 위한 인재양성 방법

2 직무순환(Job Rotation)

(1) 직무순환의 개념
① 조직이 단순하게 배치를 바꾸는 것이 아니라, 기업이 필요로 하는 시점에 필요한 직무를 계획적으로 체험시키는 인사관리상의 구조를 말함
② 업무 자체의 내용을 변화시키기보다 직군이 다른 업무로의 로테이션, 즉 동종의 직군 안에서 다른 직무로의 로테이션, 또는 같은 직군 안에서 다른 곳으로의 로테이션을 의미함
③ 종업원들의 여러 업무에 대한 능력개발 및 단일직무로 인한 나태함을 줄이기 위한 것에 그 의미가 있음
④ 여러 가지 다양한 업무를 경험함으로써 종업원에게도 어떠한 성장할 수 있는 기회를 제공할 수 있음

(2) 직무순환의 관리상 개념
① 교육훈련 측면으로, 조직에서 관리자의 능력을 배양하기 위한 중요한 사내교육훈련(On the Job Training ; OJT) 교육방법의 하나임
② 동기부여 측면으로, 종업원들의 업무에서 오는 단조로움과 권태감을 제거함
③ 적재적소의 종업원 관리를 하기 위한 측면으로, 1인 다기능 능력을 배양하기 위함
④ 승진을 시키기 전 단계에서 하나의 단계적인 교육훈련방법으로 파악하기 위함
⑤ 부정 방지 측면으로, 종업원의 해당 업무에 의한 장기보직으로 인해 외부 거래선과의 불필요한 유대 또는 기업 조직의 허점을 이용한 부정을 예방하기 위함
⑥ 조직변동에 따른 부서 간의 과부족 인원의 조정 또는 사원 개개인의 사정에 의한 구제를 하기 위함

(3) 직무순환의 장점 및 단점
① 장점
조직의 종업원들은 부서를 옮김으로써 새로운 업무(기술)를 배우게 되며, 노동에 대한 싫증이나 소외감을 덜 느낄 수 있게 됨
② 단점
업무에 있어서 직무에 대한 전문화 수준이 떨어지게 되는 문제점이 발생하며, 직무에 대한 교육을 위해서는 많은 노력과 시간이 필요하게 됨

3 승진관리

종업원의 직위의 등급이나 계급의 상승을 뜻하는 것으로, 이는 수직적 이동의 한 형태

(1) 연공주의와 능력주의

구분	연공주의	능력주의
합리성 여부	비합리적 기준	합리적 기준
사회행동의 가치기준	전통적, 경영가족주의적 사고에 기초	가치적 기준, 합목적적 기준
승진기준	사람 중심(신분 중심)	직무 중심(직무능력 중심)
승진요소	근속연수, 경력, 학력, 연령	직무수행능력, 업적 또는 성과
승진제도	연공승진제도	직계승진제도
장·단점	• 집단중심의 연공질서의 형성 • 적용이 용이 • 승진관리의 안정성 • 객관적 기준 • 종업원의 무사안일 가능성이 있음	• 개인중심의 경쟁질서의 형성 • 적용이 어려움 • 승진관리의 불안정 • 능력평가의 객관성 확보가 어렵고 중요함
급여	연공급	직무급

① 연공주의
종업원의 근속연수, 학력, 경력, 연령 등 전통적 방식에 입각해서 근속기간에 큰 의미를 부여하는 방식으로 가족주의적인 종신고용제나 유교사상 및 집단주의에 기반을 두고 있음

② 능력주의
연공주의와는 반대로 어떠한 근속기간보다는 종업원의 능력, 즉 직무수행능력을 기반으로 그에 따른 기준 및 직무성과에 따른 특성을 중시하는 것을 의미하며, 능력주의는 개인주의적인 단기고용이나 기독교적인 사상 등 서구적인 분위기에 기반을 두고 있음

(2) 승진의 기본원칙

승진은 급여 및 복리후생 등과 함께 전 직원이 관심을 가지는 인사정책이므로 이를 위해 공정성, 적정성, 합리성의 기본원칙을 지녀야 함

(3) 승진의 종류

① 속인(사람)기준
조직 구성원이 수행하는 직무의 내용 및 책임과는 상관없이 구성원 자신의 능력, 속성을 기초로 해서 승진하는 것을 말함

② **속업무(직무)기준**

속인기준과는 반대로 종업원에게 할당된 직무내용 · 책임에 바탕을 둔 승진제도를 의미함

속인기준	신분자격승진	종업원의 근속연수, 근무상황, 경력 등 직무에 관계없는 종업원 개인에 속하는 형식적인 요소들만을 고려해서 운영하는 승진방법
	능력자격승진 (= 직능자격승진)	잠재적으로 직무와 관련된 요소들로서 종업원 개개인이 가지고 있는 지식이나 기능, 태도 등을 평가해서 승진을 결정하는 방법
속업무기준	역직승진	기업 조직은 직무의 곤란성이나 책임의 정도에 따라 결정되는 것이 아니라 조직 구조의 편성과 운영원리에 따라 기업 조직의 특성에 맞는 역할 및 직책, 다시 말해 역직을 두게 됨
	직계승진 (= 직위승진)	기업 조직의 직계승진은 직무주의적 능력주의에 따라 직무를 분석하고 분류하여 직위관리체계를 확립한 후 직무 적격자를 선정하여 승진시키는 방법
기타	대용승진	인사정체가 심할 경우 발생할 수 있는 사기저하를 막기 위해 직위의 상징에 따른 형식적인 승진을 하게 되는 것을 말하며, 대신에 임금이나 복리후생 및 그에 따르는 사회적 신분 등의 혜택은 받게 됨
	OC 승진	경영조직을 변화시켜 승진의 기회를 제공하는 동태적인 승진제도라 할 수 있는데, 승진대상자들에 비해 해당 직위가 부족한 경우에 조직의 변화를 통해서 직위 계층을 늘려서 승진의 기회를 부여하는 방식

제3절 교육훈련관리

1 교육훈련의 의미

교육훈련은 기업 조직이 기반이 되어 조직에서 필요로 하는 지식이나 기술 등을 담당자를 통해 피교육자에게 습득하게 하는 조직의 활동을 의미함

2 훈련, 교육, 개발의 차이점 비교

구분	목표	기대되는 결과
훈련(Skill)	기업 특유의 단기적인 목표	특정적 직무기능의 습득 → 특정 결과
교육(Knowledge)	인간적 · 보편적 · 장기적 목표	보편적 지식의 습득 → 다양한 결과
개발	훈련과 교육의 두 가지를 종합한 성격	

3 교육훈련의 필요성

(1) 조직수준 필요성 : 조직의 비전이나 목표 또는 전략을 수립하기 위함

(2) 직무수준 필요성 : 직무수행에 필요한 기술이나 지식 및 태도 등을 습득하기 위함

(3) 개인수준 필요성 : 현재 직무를 수행하고 있는 구성원을 파악하기 위함

4 교육훈련 프로그램

(1) 대상에 의한 분류

① **신입자 교육훈련**

ㄱ **입직훈련** : 조직에 새로 들어온 신입사원에게 직장의 환경에 적응시키도록 하기 위한 훈련으로, 도입훈련이라고도 불리며 내용으로는 조직 전체에 대한 개괄적 내용, 조직의 일원으로서 지켜야 하는 규칙 등이 해당됨

ㄴ **기초훈련** : 보통 집단적으로 수행되며 내용으로는 해당 조직의 방침 또는 연혁, 조직의 기구, 급여제도 및 업무수행에 대한 방법 등이 있음

ㄷ **실무훈련** : 담당해야 할 직무를 중심으로 하는 실무교육

② **재직자 교육훈련**

ㄱ **일반종업원훈련** : 직무 위주의 훈련(OJT, OFF JT 방식)

ㄴ **감독자훈련** : 생산담당자의 감독자(직장) 위주의 교육훈련

ㄷ **관리자훈련** : 부문관리자 위주의 교육훈련

ㄹ **경영자훈련** : 의사결정에 필요한 식견을 배양하는 위주의 교육훈련

(2) 훈련 장소에 의한 분류

① **사내교육훈련(On the Job Training ; OJT)**

조직에서 종업원이 업무에 대한 기술 및 지식을 현업에 종사하면서 감독자의 지휘하에 훈련받는 현장실무 중심의 교육훈련 방식

② **사외교육훈련(Off the Job Training ; OFF JT)**

종업원들을 일정기간 동안 직무로부터 분리시켜 기업 내 연수원 등의 일정한 장소에 집합시켜 교육훈련을 시키는 방식

구분	사내교육훈련 (On the Job Training ; OJT)	사외교육훈련 (Off the Job Training ; OFF JT)
개념	OJT는 조직에서 종업원이 업무에 대한 기술 및 지식을 현업에 종사하면서 감독자의 지휘하에 훈련받는 현장실무 중심의 교육훈련 방식을 말하며, 이 방식은 실제적이면서도 많이 쓰이는 방식임. 또한, OJT는 전사적 차원의 교육훈련이 아닌 대부분이 각 부서의 장이 주관하여 업무에 관련된 계획 및 집행의 책임을 지는 부서 내 교육훈련을 말함	OFF JT는 종업원들을 일정기간 동안 직무로부터 분리시켜 기업 내 연수원 등의 일정한 장소에 집합시켜 교육훈련을 시키는 방식을 말하며, 교육담당 스탭의 지휘하에 연수원 또는 외부 교육훈련기관에 위탁하여 실시함
장점	• 일을 하면서 훈련을 할 수 있음 • 각 종업원의 습득 및 능력에 맞춰 훈련할 수 있음 • 상사 또는 동료 간의 이해 및 협조정신을 높일 수 있음 • 낮은 비용으로 훈련이 가능함 • 실행 면에서도 OFF JT보다 훨씬 용이함 • 훈련이 추상적이 아닌 실제적임	• 현재의 업무와는 별개로 예정된 계획에 따라 실시가 가능함 • 많은 수의 종업원들의 교육이 가능함 • 전문가가 교육을 실시함 • 종업원들은 현업의 부담에서 벗어나 훈련에만 집중하므로 교육의 효율성이 제고됨
단점	• 다수의 종업원을 훈련하는 데에는 부적절함 • 일과 훈련에 따른 심적 부담이 증가됨 • 교육훈련의 내용 및 수준에 있어서 통일시키기 어려움 • 전문적 지식 및 기능의 교육이 어려움	• 비용이 많이 소요됨 • 직무수행에 있어 필요한 인력이 줄어듦. 즉, 그만큼 남아 있는 인력들의 업무부담이 늘어나는 것을 말함 • 받은 교육에 대한 결과를 현장에서 바로 활용하기가 어려움

(3) 훈련 내용에 의한 분류

① **기능교육** : 주로 기업조직 안에서 이루어지는 교육(OJT)

② **노동교육** : 주로 노동조합에서 이루어지는 교육

③ **교양교육** : 주로 기업 외부의 교육기관에서 이루어지는 교육(OFF JT)

(4) 교육 기법에 따른 분류

① **도제훈련** : 일정한 장소에서 교육자와 피교육자가 일대일로 훈련하는 방식으로, 수련의 또는 수련공들의 교육 시에 많이 사용됨

② **역할연기법** : 롤플레잉 기법이라고도 불리며, 다른 직위에 해당하는 구성원들의 특정 역할을 연기해 보면서 각각의 입장을 이해하도록 하는 방법

③ **감수성훈련** : 주로 관리자훈련의 기법으로 사용되며, 나와 타인의 감정을 이해함으로써 집단을 받아들이도록 하는 훈련기법

④ **브레인스토밍** : 문제해결을 위한 회의식 방법의 하나로서 적절한 소수의 인원이 모여 자유롭게 아이디어를 창출하는 방법

⑤ **그리드훈련** : 관리자 격자훈련이라고도 불리며, 생산에 대한 관심과 인간에 대한 관심을 모두 극대화할 수 있는 가장 이상적 리더인 9.9형을 전개하는 교육훈련 방법

⑥ **액션러닝** : 교육 참가자들이 소규모 집단을 구성하여 팀워크를 바탕으로 경영상 실제문제를 정해진 시점까지 해결하도록 하는 혁신적인 교육기법으로 교육훈련의 제3의 물결이라고도 불림

⑦ **비즈니스게임** : 주로 경영자훈련의 기법으로 사용되며, 컴퓨터 등을 통한 가상의 공간에서 팀 또는 개인들 간에 경쟁을 하는 것을 말함. 게임에서 제시된 기업의 내・외부적 환경에 맞게 경영하여 가장 높은 수익률을 얻는 방법을 찾아내도록 하는 것으로, 피교육자의 의사결정 능력 및 분석력을 높일 수 있는 현대적인 교육기법

⑧ **멘토링** : 신규 교육대상자와 기존 직원들을 개별적으로 관계를 맺어주고, 그들이 서로 개인적 교류를 가질 수 있도록 지원해주는 형식을 통해 조직에 적응할 수 있도록 하는 교육훈련

5 교육훈련 및 개발에 대한 평가단계

(1) 1단계 - 반응

① **내용** : 참가한 구성원들이 훈련을 어떻게 생각하고 있는가?

② **평가방법(예)** : 질문법, 설문조사법

(2) 2단계 - 학습

① **내용** : 참가한 구성원들이 어떤 원칙과 사실 그리고 기술 등을 학습하였는가?

② **평가방법(예)** : 고사법, 시험

(3) 3단계 - 행동

① **내용** : 참가한 구성원들이 교육훈련을 통하여 직무수행상의 어떤 행동변화를 이끌어냈는가?

② **평가방법(예)** : 인사고과법

(4) 4단계 - 결과

① **내용** : 참가한 구성원들이 품질의 개선 및 생산성 증대 그리고 코스트 절감 면에서 어떤 결과를 이끌어냈는가?

② **평가방법(예)** : 현장성과측정법, 경영종합평가법

제7장 인적자원의 활용관리

제1절 활용관리의 기본방향과 배경이론

1 인적자원 활용의 기본방향

(1) 합리적 관점
  ① **거시적 수준** : 조직특성의 재설계(조직설계)
  ② **미시적 수준** : 직무특성의 재설계(직무설계)

(2) **상징적 관점** : 조직분위기(풍토) 및 조직문화의 정립

2 활용관리의 배경이론

(1) 조직의 구성요소
  하나의 공통된 목표를 달성하기 위해 상호작용하는 여러 부분의 집합체를 시스템이라고 정의하며, 이에 따라 조직을 하나의 전체 시스템으로 보고, 분석 가능한 여러 개의 하위시스템으로 구성되었는가를 연구하였음. 시스템이론을 통해 경영이나 조직에 대한 안목이 폐쇄체계에서 개방체계로 바뀌게 되었으며, 조직에서의 복잡한 개념을 하위시스템으로 구분하여 보다 쉽게 이해할 수 있도록 하였음

(2) 시스템의 특징
  ① 모든 시스템은 처해진 환경 속에서 각종 활동을 수행함
  ② 모든 시스템은 여러 가지 하위시스템으로 구성되며, 이러한 하위시스템은 전체 시스템의 구성요소가 되는 역할을 수행함
  ③ 모든 시스템의 하위시스템은 서로 간의 긴밀한 상호관련성을 가지고 있음
  ④ 모든 시스템은 목표를 가지고 있기에 하위시스템은 전체시스템의 목표달성에 기여해야 하고, 더불어 하위시스템의 성과는 곧 전체시스템의 목표달성에 기여한 정도에 따라 평가되어야 함

(3) 하위시스템의 이해
  ① **기업조직의 행위적인 측면**
    기업의 구조나 과정 등의 상황에 의해서 활성화되거나 억제되기도 함
  ② **기업조직의 과정적인 측면**
    조직의 한 구성요소인 인간이 개인이 나타내는 개인행위뿐만 아니라 전체 조직의 목표를 이루기 위해 서로 간 일련의 상호작용을 해야 함

③ 기업조직의 구조적인 측면

구조란 어느 기업 조직에 있어 목표달성에 필요로 하는 각각의 분업화된 활동을 결정 → 이러한 일련의 활동들을 논리적 유형에 따라 집단화시킴 → 이렇게 집단화된 활동에 대해 그에 맞는 직위 및 개개인의 책임 하에 배분되는 것을 의미함

(4) 아지리스의 성숙 · 미성숙이론(Immaturity-maturity Theory)

아지리스는 7가지 변화를 통해 인간의 퍼스낼리티가 미성숙 상태에서 성숙 상태로 발전한다고 주장하였으며, 이론의 핵심은 종업원 개개인의 목표 및 조직의 목표 일치는 기업 조직의 변화를 통해서 달성되어야 한다는 것임

체크 포인트

아지리스의 미성숙 단계에서 성숙 단계로의 의식전환

미성숙 단계	성숙 단계
수동적	능동적
의존적	독립적(자율적)
단순한 행동양식	다양한 행동양식
엉뚱하면서 얕은 관심	깊고 강한 관심
단기적 안목	장기적 안목
종속적 지위	대등, 우월한 지위
자아의식 결여	자아의식, 자기통제

---

3 조직개발(Organization Development ; OD)의 가정

(1) Y 이론적 관점을 취해야 함

(2) 성장 및 발전에 관한 높은 욕구를 드러내야 함

(3) 협력을 통해서 개인이 추구하는 목표와 조직이 추구하는 목표의 달성이 가능하다는 것을 인식해야 함

(4) 조직의 구조는 종업원 개인이나 집단의 욕구를 충족시킬 수 있도록 설계가 가능해야 함

4 조직개발의 조건

(1) 조직의 최고경영자와 더불어 참가자의 적극적인 지지 및 니즈가 있어야 함

(2) 조직개발에 있어 어느 특정부문에서 조직 전체로 확산되어야 함

(3) 조직개발의 결과 변화된 인적자원을 사용하기 위한 구조의 설계가 기반이 되어야만 조직개발의 효용은 유지될 수 있는 것을 인식해야 함

(4) 조직개발의 실행과정에 있어서 참여하는 변화담당자의 권위가 엿보여야 함

5 맥그리거의 X 이론 & Y 이론

X 이론	Y 이론
• 사람은 근본적으로 일(노동)을 하는 것을 꺼려하기 때문에 웬만하면 일하기를 회피하려고 함 • 일(노동)하기를 꺼려하는 인간의 특징으로 인해 기업조직에서는 자체의 목표를 이루기 위해 통제, 강압 또는 벌로 다스려야 함 • 통상적으로 사람은 작업을 수행함에 있어 안전을 중요한 요소로 삼고, 지시(명령)받기를 원하며, 책임에 대해서는 회피하는 경향을 띰	• 사람은 일(노동)에 대해서 쉬거나 또는 여가 등을 즐기는 것과 같이 자연스럽게 받아들임 • X 이론과는 달리 사람을 통제 및 명령으로만 다루는 것이 사람들의 동기를 유발한다는 생각을 하지 않고 사람이 조직의 목표에 동의를 하면 스스로가 자기통제 및 자기지시를 발휘함 • 사람은 책임에 대해 이를 수용하고 감수하려고 함 • Y 이론은 조직에 대한 바람직한 의사결정을 할 수 있는 능력에 대해 구성원들이 이를 지니고 있다고 파악함

제2절 직무설계

1 직무설계의 개념

기업 조직의 목표달성 및 종업원 개개인의 욕구충족의 극대화를 위해서 구조적 또는 인간관계 측면을 고려한 조직구성원들의 직무에 관련되는 활동을 설계하는 과정으로서 종업원의 직무만족과 조직의 생산성 향상을 위한 작업방법을 결정하는 절차

2 직무설계의 목적

(1) 적정하고 공정한 보상을 하기 위한 목적

(2) 안전하며 건전한 작업환경의 조성에 대한 목적

(3) 인간 능력의 이용 및 개발기회를 활용하기 위한 목적

(4) 작업조직의 제도화를 위한 목적

3 직무설계의 요소

(1) 조직적 요소

① **기계적 접근법**

종업원들의 작업시간이 최소화되며 이들의 노력이 극소화되도록 하기 위해 과업을 재조정하는 것을 의미함, 즉 기계적인 접근법은 능률을 강조함

② **작업흐름**

작업이 능률적으로 이루어지기 위해서는 직무 사이에 균형과 순서가 서로 유지되어야 함

③ **인간공학**

직무설계에서 작업과 작업자 사이의 물리적인 관계가 고려되어야 자사의 생산성은 극대화될 수 있다는 측면을 연구함

④ **작업관행**

작업자가 작업을 함에 있어서 그대로 몸에 굳어진 방법을 의미하며, 이는 직무설계의 범위를 제한함

(2) 환경적 요소

① **종업원의 능력과 수급(Employee Abilities and Availability)**

작업능률이라는 것은 작업자들의 능력과 수급이 그에 걸맞게 균형이 되어야 함을 의미함

② **사회적 기대(Social Expectations)**

작업자가 직무설계를 받아들이는지의 여부는 그들의 사회적 기대에 의해 영향을 받으므로 이런 부분에 대해 직무설계 시 고려되어야 함

(3) 행위적 요소

① **과업정체성**

직무가 전체 또는 확인 가능한 부분을 완료하는 정도로서 다시 말해, 눈에 보이는 가시적인 성과가 있는 처음부터 마지막까지 하는가를 의미함

② **피드백**

작업자가 직무를 수행함에 있어 업적에 대한 직·간접적인 정보를 얻을 수 있는 정도를 의미함

③ **과업중요성**

해당 직무가 기업 조직의 내·외의 사람들의 삶 또는 직무에 영향을 미치는 정도를 의미함

④ **기능다양성**

작업자가 직무를 수행함에 있어서 여러 가지 기능 및 재능을 필요로 하는 정도를 의미함

⑤ **자율성**

작업을 수행하는 작업자에게 작업수행 방법의 결정 및 작업일정에 있어서 실질적인 독립성, 자율성, 재량권을 부여하는 정도를 의미함

4 동기부여적 직무설계

(1) 직무확장

① 한 사람이 수행하는 과업의 수 및 다양성을 증대시켜서 직무를 수평적으로 확장하는 것

② 업무의 흐름 중에서 기본 작업의 수를 증가시킴으로써 지루하고 반복적인 직무에 변화를 가져오거나 세분화된 몇 개의 작업을 통합해서 하나의 작업으로 재편성함

③ 단조로움은 줄일 수 있지만, 적극적인 직무몰입을 유발하지는 못함

④ 단점으로는 직원들에게 업무에 대한 책임이나 보상수준에 있어서는 변화가 없는데도 더욱 많은 일을 열심히 하라는 식으로 요구를 받았다고 느낄 수도 있으며 직원들의 불만족으로 흘러갈 수 있음

(2) 직무충실화

① 직원들에게 더 많은 자율성과 책임, 의사결정 권한을 제공하는 것으로 직무 수행을 심화시키기 위한 것

② 충실화된 직무에서 직원들은 다양한 재능 및 능력을 발휘할 수 있으며, 요구되는 과업에 대한 계획과 실행, 또는 평가에 더 많은 통제력의 행사가 가능하게 됨

③ 직무의 대한 만족도를 증대시키고 결근 및 이직률을 떨어뜨리며, 동기부여이론이 덧붙여서 실제적으로는 직무 그 자체가 성취감과 인정감 및 책임감, 발전과 성장에 대한 기회를 제공하도록 재구성됨

④ 직원 개인이 자신의 일이 전체에서 어느 위치에 있는가를 이해하고 그 업무에 적극적인 의미를 부여할 수 있도록 촉진함

(3) 직무순환(교차훈련)

① 직원들을 어느 한 직무에서 다른 직무로 옮겨 배치하는 것을 의미함

② 직원의 기술적인 기초를 넓히기 위해 실행할 수도 있음

③ 직원이 특정 직무에 대해 흥미를 잃었다거나 도전의식을 느끼지 못하기 때문에 실행하는 경우도 있음

5 반관료제 조직관 및 관료제 조직관

(1) 반관료제 조직관

애드호크라시, 유기적 조직, 작업에 있어서 유동성을 보장

(2) 관료제 조직관

기계적 조직, 공식적인 절차 및 규칙에 의해 직무담당자의 행위를 규제

(3) 반관료제 조직관 및 관료제 조직관 비교

반관료제 조직관(애드호크라시, 유기적 조직)	관료제 조직관(기계적 조직)
문제해결능력을 지닌 자기 권력행사	개인적 특성 및 기호 등이 들어오지 않도록 균일화된 강제력 및 제재 등을 적용
사업수행에 대한 절차 및 기준은 상황적응적임	공식적인 절차 및 규칙에 의해 직무담당자의 행위를 규제함
작업에 있어서 유동성을 보장해 줌	각 종업원들의 직무를 명확한 과업으로 세분화함
집단적인 과정을 통해 의사결정이 이루어지도록 함	종업원의 선발 및 승진에 대한 결정에 있어서는 능력이나 자질 및 업적에 근거함
소계층적인 구조를 지향함	명확한 권한계층을 가지는 여러 계층의 구조를 형성함
고객은 내 동료와 같이 취급함	조직 내 종업원들에 대한 경력경로를 만들고, 그들에게 직장에 대한 안정을 확보하게 해 줌
조직 내 모든 커뮤니케이션은 공개함	종업원들의 사적인 관심 및 요구 등을 조직활동과 완전히 분리함

6 근대적 조직관 및 전통적 조직관 비교

구분	근대적 조직관	전통적 조직관
과업의 분화	최적의 과업분화 형태를 지님	극도의 과업분화 형태를 지님
통제방법	자율적 규제시스템에 대한 참여 및 내부통제 방식을 취함	감독자, 전문적 스태프 및 절차 등에 의한 외부통제, 전제적인 방식을 취함
인간관	기계 등과 서로 보완적인 의미로서의 인간, 개발이 가능한 자원으로서의 인간관을 지님	단지 기계의 연장으로서의 인간, 소모품으로서의 인간관을 지님
계층의 정도	소계층 조직이며, 계층이 적다는 특징을 지님	다계층 조직이며, 계층이 많다는 특징을 지님
목적관	종업원(구성원)들의 목적 및 사회의 목적도 동시에 중요하게 생각함	오로지 조직의 목적만이 중요하다고 생각함

제3절 다양성 관리

1 조직분위기의 개념

인간에게 각각 서로 다른 개성이 있듯이 조직에도 각기 타 조직과 구별되는 특성이 있는데 이것이 바로 조직풍토 또는 조직분위기를 의미함

2 조직문화의 개념

하나의 조직 구성원들이 공유하는 가치와 신념 및 이념, 관습, 전통, 규범 등을 통합한 개념으로 이는 기업 조직 및 구성원 개개인의 행동에 영향을 미치는 요소

3 조직문화의 기능

(1) 조직문화의 순기능

① 조직 구성원에게 정보의 탐색 및 그에 따른 해석과 축적, 전달 등을 쉽게 할 수 있으므로 구성원들에게 공통의 의사결정기준을 제공해주는 역할을 함
② 조직 구성원에게 공통적인 행동방식 및 사고를 제공하여 조직 내 갈등의 해소에 도움을 주고 구성원들에게 일체감을 형성하여 조직 구성원들의 내면적인 통합을 이끌어 내는 역할을 함
③ 조직 구성원들의 고유 가치에도 동기를 부여하여 조직에 대한 근로의욕 및 조직에 대한 몰입도를 높일 수 있는 역할을 수행함
④ 조직 구성원들의 행동을 형성하는 데 있어서 통제 매커니즘의 역할을 수행함

(2) 조직문화의 역기능

① 조직 구성원들의 환경변화에 따른 적응문제의 발생과 새로운 조직가치 등의 개발이 요구될 시에 내부적으로 대립하게 되는 저항의 문제가 생길 수 있음
② 구성원 개개인의 문화와 회사 조직 간 문화의 충돌이 우려되기도 함
③ 타 조직 간의 인수 합병 시에 두 조직문화 간의 갈등으로 인한 충돌이 우려됨

제8장　인적자원의 보상관리

제1절 임금관리

1 임금관리의 체제

(1) 임금의 수준(적정성)

임금수준은 조직의 종업원에게 제공되는 임금의 크기와 관계가 있는 것으로, 가장 기본적이면서도 적정한 임금수준은 조직 종업원의 생계비의 수준 및 기업의 지불능력, 현 사회 일반의 임금수준 및 동종업계의 임금수준을 고려하면서 관리되어야 함

(2) 임금의 체계(공정성)

임금체계는 조직의 각 종업원에게 총액을 분배하여 종업원 간의 임금격차를 가장 공정하게 설정함으로써 종업원이 이에 대해 이해하고 만족하며, 업무의 동기유발이 되도록 하는 데 의미가 있음

(3) 임금의 형태(합리성)

임금 계산이나 그 지불방법에 대한 것으로 조직 종업원의 작업의욕 상승과 직접적으로 연관이 있으며, 이에 따른 합리성이 요구되는 것으로 보통 시간급, 성과급, 특수임금제의 형태로 나누어짐

2 임금수준의 결정요소

(1) 생계비 수준

임금수준의 하한선에서 조정되며, 생계비는 생활수준의 중요한 지표로 임금산정의 기초자료로서 그 의미가 있음

(2) 기업의 지불능력

임금수준의 상한선에서 조정됨

(3) 사회 일반적 임금수준

임금수준의 가운데에서 조정됨

3 임금수준의 조정

(1) 승격

종업원이 수행하는 직능 및 직무의 질이 상승한 것을 토대로 실시되는 자격등급의 상승으로 승진과 연결되어 시행됨

(2) 승급

기업 안에서 사전에 정해진 임금기준선을 따라 종업원의 연령(나이), 근속연수 또는 업무능력의 신장, 수행하는 직무에 대한 가치의 증대 등에 의해 종업원의 기본급이 점차적으로 올라가는 것으로서 임금곡선상에서 상향이동을 함

(3) 베이스 업

동일 조건에 있는 종업원에 대한 임금의 증액으로서 임금곡선 자체를 전체적으로 상향이동

4 최저임금제

(1) 최저임금제의 개념

최저임금제는 해당 국가가 종업원에 대한 임금액의 최저한도선을 정하고, 사용자에게 그 지급을 법적으로 강제하는 제도

(2) 최저임금제의 목적

① 최저임금제는 저임금을 받는 종업원들을 보호함
② 최저임금제는 노사 간의 분쟁을 예방하고 비능률적인 경영 및 불공정한 기업경쟁을 방지함
③ 노동력의 질적인 향상이 이루어짐
④ 저임금은 불황이라는 결과를 초래한다는 케인즈 이론으로 인해 최저선을 정해야 함

5 임금체계의 종류

(1) 연공급

종업원에 대한 임금이 근속을 기준으로 변화하는 것인데, 기본적으로는 종업원들에 대한 생활급적 사고원리에 따른 임금체계라고 할 수 있음

(2) 직무급

직무의 상대적인 가치에 따라 종업원에 대한 임금을 결정정하는 방법으로, 이는 조직에서 직무가치가 높은 직무를 수행하는 종업원에게 더 높은 임금을 주는 것이 공정하다는 논리를 기반으로 함

(3) 직능급

① 연공급과 직무급을 조합한 것으로, 직무수행능력에 따른 임금체계를 의미함
② 기업 내 종업원들의 직무수행능력에 따른 직능등급의 자격취득에 대한 기준을 정해 놓고 해당 자격취득에 따라 임금지급의 격차를 두는 제도를 의미함

체크 포인트

연공급, 직무급, 직능급의 비교

구분	장점	단점
연공급	• 위계질서의 확립이 가능함 • 정기승급에 의한 생활보장으로 기업에 대한 귀속의식이 강함 • 배치전환 등 인력관리가 용이함 • 평가가 용이함	• 동기부여가 미약함 • 능력업무와의 연계성이 미약함 • 비합리적인 인건비 지출을 하게 됨 • 무사안일주의, 적당주의의 초래가능성이 있음 • 전문인력 확보가 힘듦

직무급	• 직무에 기초를 두는 임금의 결정이 가능하게 함으로써 동일가치노동, 동일임금의 원칙을 명확하게 하여 임금배분의 공평성을 기할 수 있음 • 임금수준의 설정에 객관적인 근거를 부여할 수 있음 • 직무분석, 직무평가의 과정에서 경영조직의 개선, 작업조직의 개선, 업무방식을 합리화할 수 있음 • 적재적소의 인사배치에 의해 노동력의 효율적인 이용이 가능함 • 불합리한 노무비 상승을 방지할 수 있음	• 직무급의 기초가 되는 직무평가가 주관적이고, 명확성이 떨어질 수 있음 • 기술변화, 노동시장의 변동 등으로 직무내용을 변경할 필요성이 생길 수 있음 • 적정배치를 하기 어렵고, 직무구성과 인적 능력구성이 일치하지 않게 되면, 효과를 거두기 어려움 • 직무내용의 정형화·고정화로 직무수행에 유연성이 떨어지기 쉬움
직능급	• 종업원들로 하여금 적극적인 능력개발을 유도해서 능력주의의 임금관리를 실현함 • 조직의 우수한 인재의 이직을 예방해줌 • 종업원들의 능력에 따른 임금결정으로 종업원의 불평 및 불만을 해소할 수 있음 • 승진정체를 완화시킬 수 있음	• 초과능력이 바로 성과를 가져다주는 것은 아니므로 임금부담이 가중될 수밖에 없음 • 종업원의 직무수행능력만을 강조하다 보면 일상실무에 소홀하기 쉬움 • 직종별 직능등급을 객관적으로 할 수 없는 직종 또는 종업원 능력평가의 정확성을 확보하기 어려운 기업에서는 적용이 어려움 • 직무에 대한 표준화가 불충분한 조직에는 적용이 곤란함

6 임금형태의 개념 및 종류

(1) 시간급제

종업원의 직무성과의 양이나 질에 관계없이 실제 노동에 종사한 시간에 따라 임금을 지급하는 제도(단순시간급제, 복률시간급제, 계측일급제)

(2) 성과급제

종업원 작업성과에 따라 임금을 지급해서 종업원들의 노동률을 자극하려는 제도(단순성과급제, 복률성과급제, 할증성과급제)

(3) 특수임금제

성과급제나 시간급제하고는 관계없는 임금지급방식을 통합한 것

7 특수임금제(Group Incentive Plan)

(1) 집단자극제

개인임금방식에 대립되는 개념으로, 임금의 책정·지급방식을 종업원 집단별로 산정해서 지급하는 것을 말함

(2) 순응임률제(Sliding Scale Wage Plan)

기업의 여러 가지 조건이 변동하게 되면, 이에 순응하여 임금률도 자동적으로 변동 내지 조정되는 제도

① 생계비 순응임률제(Cost of Living Sliding Scale Plan)

물가상승 시에는 생계비에 순응하여 그에 따라 임률도 자동적으로 변동 조정

② 판매가격 순응임률제(Selling Price Sliding Scale Plan)

제품가격과 종업원에 대한 임금률을 연관시켜서 제품에 대한 판매가격이 변동하면 그에 따라 임률도 변동하도록 하는 제도

③ 이익(이윤) 순응임률제(Profit Sliding Scale Plan)

기업 조직의 이윤 및 임금을 결부시키는 것으로, 기업의 이윤지수가 변할 때에는 그에 순응하여 임률을 변동 및 조정하도록 하는 제도

(3) 이익분배제(Profit Sharing Plan)

노사 간의 계약에 의한 기본임금 이외에 기업 조직의 각 영업기마다 결산이윤의 일부를 종업원들에게 부가적으로 지급하는 제도

(4) 스캔론플랜

① 기업 생산성의 향상을 노사협조의 결과로 인식하고, 이를 총매출액에 대한 노무비 절약분의 이익을 인센티브 임금, 다시 말해 상여금으로 모든 종업원들에게 나누어 주는 방식

② 기업 조직이 종업원들의 참여의식을 고취시키기 위해서 위원회제도의 활용을 통해 종업원들의 경영에 대한 참여와 개선된 생산의 판매 가치를 기반으로 한 성과배분제

(5) 럭커플랜

부가가치의 증대를 목표로 하여 이를 노사협력체제에 의하여 달성하고, 이에 따라 증가된 생산성 향상분을 그 기업의 안정적인 부가가치 분배율로 노사 간에 배분하는 성과배분제

8 임금피크제도(Salary Peak System)

(1) 임금피크제도의 개념

일정한 연령에 이르면 그때의 연봉을 기준으로 임금을 줄여 나가는 대신 계속 근무를 할 수 있도록 하는 새로운 정년보장 제도

(2) 장점

① 인건비를 절감해서 생산성이 높은 인력을 채용 또는 노동 이외의 다른 부분에 투자할 수 있는 여건 마련

② 고용을 보장받으면서 고령층의 실업을 줄여 나갈 수 있으며, 한 가지 직종에서 오랫동안 일을 해 온 고령층의 경험과 노하우를 살릴 수 있음

③ 사회적으로 다량의 비용지출이 발생하는 중장년층들의 실업률을 줄이며, 인하된 예산으로 새로운 인력들을 선발할 경우에 이는 청년실업률의 해소에도 도움이 될 수 있음

(3) 단점

신규채용이 줄어들 가능성이 있음

9 퇴직급여제도

(1) 퇴직금제도

사용자가 계속근로기간 1년에 대해 30일분 이상의 평균임금을 퇴직금으로 퇴직 근로자에게 지급하는 제도

(2) 퇴직연금제도

사용자가 근로자의 재직기간 중 퇴직금 지급재원을 외부의 금융기관에 적립하고, 이를 사용자 또는 근로자의 지시에 따라 운용하여 근로자가 퇴직하는 경우 연금 또는 일시금으로 지급하는 제도

① **확정급여형 퇴직연금제도(Defined Benefit)**

근로자가 받을 급여가 사전에 정해지고 사용자가 금융기관에 적립할 수준은 노사합의로 정할 수 있으며 미적립분은 사용자가 최종 지급책임을 지도록 하는 제도

② **확정기여형 퇴직연금제도(Defined Contribution)**

사용자가 금융기관에 근로자 이름으로 적립하는 부담금 수준이 사전에 확정되고, 근로자가 받을 급여액은 적립금 투자수익에 따라 달라질 수도 있는 제도

③ **개인형 퇴직연금제도**

가입자의 선택에 따라 가입자가 납입한 일시금이나 사용자 또는 가입자가 납입한 부담금을 적립·운용하기 위하여 설정한 퇴직연금제도로서 급여의 수준이나 부담금의 수준이 확정되지 않은 퇴직연금제도

제2절 복리후생관리

1 복리후생의 성격

(1) 신분기준에 의해 운영됨

(2) 집단적인 보상의 성격

(3) 필요성의 원칙에 의해서 지급

(4) 용도가 제한되어 있음(한정성)

(5) 기대소득의 성격

(6) 한 가지 형태가 아닌 다양한 형태로 지급(현물이나 시설물 등)

(7) 복리후생은 소속된 종업원들의 생활수준을 안정시키는 기능을 수행

2 복리후생의 종류

(1) 법정 복리후생제도

종업원의 개인적인 의사나 기업의 정해진 방침과는 상관없이 국가에서 정한 법률에 의해서 강제적으로
실시해야 하는 복리후생제도
㉘ 국민연금, 건강보험, 산업재해보험, 고용보험 등

(2) 법정 외 복리후생제도

보통 기업에서 스스로 시행하는 것으로, 자녀 학자금 지원, 경조사 지원, 동호회 지원, 도서구입비 지
원, 휴게실 운영 등이 해당

3 복리후생의 3원칙

(1) 적정성의 원칙

복지시설과 제도는 가능한 한 조직의 모든 종업원에게 필요하고 경비에 대한 부담이 적당하며, 더불어
동종 산업이나 동일지역 내의 타 기업과 비교했을 때 크게 차이가 나지 않아야 함

(2) 합리성의 원칙

기업의 복지시설과 제도는 국가와 지역사회가 실시하는 사회보장제도 및 지역사회 복지시설과 합리적으로 조정·관리되어야 함을 의미함

(3) 협력성의 원칙

종업원과 사용자가 서로 간의 협의하여 복리후생의 내용을 충실히 하고 운영에 있어서도 복리후생 위원회를 설치하는 등 노사쌍방의 협력으로 보다 큰 효과를 낼 수 있는 것을 의미함

4 카페테리아식 복리후생

카페테리아식 복리후생은 기업 조직에 소속된 종업원들이 기업이 제공하는 복리후생제도나 시설 중에서 종업원이 원하는 것을 선택하여 자신의 복리후생을 스스로 원하는 대로 설계하는 것을 의미함

(1) 선택적 지출 계좌형

종업원 개개인에게 주어진 복리후생의 예산 범위 내에서 종업원들 각자가 자유롭게 복리후생의 항목들 중에서 선택하도록 하는 제도

(2) 모듈형

기업 조직이 몇 개의 복리후생 내용들을 모듈화시켜서 이를 종업원들에게 제공한 후에, 각 종업원들이 자신들에게 제일 적합한 모듈을 선택하도록 하는 것을 의미함

(3) 핵심 추가 선택형

복리후생에 대한 핵심항목들을 기업이 제공하고, 추가된 항목들에 대해서 각 종업원들에게 선택권을 부여하는 것을 의미함

제9장 인적자원의 유지관리

제1절 인간관계관리

1 인간관계관리의 중요성

(1) 인간이 삶의 많은 부분을 기업 조직 내에서 보내기 때문에 기업 조직 내에서의 인간관계의 문제가 점차 중요해지고 있음

(2) 기업 조직의 규모가 커지고, 그만큼 복잡해지면서 수많은 조직 내 종업원들 간의 협동관계를 이루는 것이 중요한 문제로 나타나고 있음

(3) 실력 있는 인적자원을 기업 조직 내에 두면서, 이러한 조직에 크게 공헌하게 하는 활동으로 인간관계 관리가 상당히 중요시되고 있음

2 과학적 관리론

(1) 과학적 관리론은 과학 및 과학적 방법을 활용한 합리화와 능률성의 극대화를 기반으로 하는 관리법을 의미함

(2) 최소의 비용(노력)으로 최대의 생산효과를 이끌어 내는 것을 기본적인 내용으로 함

(3) 경제적이면서도 물질적인 것을 우선순위 요소로 삼아 종업원들의 작업이 이루어지는 과정을 연구 및 분석하며, 이에 따른 적정량의 업무를 부여함

(4) 한계점
① 기업 조직과 사람을 기계화함으로써, 사람의 부품화 및 인격적 상실 등을 초래
② 폐쇄적 이론으로 환경 및 기업 조직과의 상호의존적인 작용을 무시
③ 오로지 합리적인 경제인관의 모델에 입각하여, 사람의 심리적·사회적 요소들을 배제함
④ 비공식적인 조직을 무시함
⑤ 기계적인 능률관에 입각하였기에 능률을 기계적 또는 물리적으로만 인식함

3 인간관계론

(1) 조직구성원들의 심리적·사회적인 욕구와 기업조직 내의 비공식집단 등을 중요시함

(2) 기업 조직의 목표 및 조직 구성원들의 목표 간 균형의 유지를 지향하는 민주적이면서 참여적인 관리 방식을 추구하는 이론을 의미함

(3) 호손 실험의 구체적 내용
① 조명실험
조명의 변화가 공장 내 종업원들의 생산성에 미치는 영향을 알아보기 위해서 실시하였고, 물리적인 조건의 변동은 특별하게 작업능률에 있어 큰 영향을 미치지 못한 것을 알아냄

② 계전기 조립실험

종업원들에 대한 휴식시간이나 임금인상 등이 그들의 작업조건에 있어 생산성에 미치는 효과를 알아보는 실험

③ 면접실험

상급자의 감독방법이나 작업 환경 등에 따른 종업원들의 불만을 조사함

④ 배선관찰실험

종업원들에 대한 면접 및 관찰을 통한 작업장에서의 여러 가지 사회적 요소를 분석함

(4) 호손 실험의 의미

① 종업원들의 작업능률은 어떠한 노동시간 및 임금 등과 같은 노동의 조건이나 조명 등의 작업환경이 가지는 물리적인 조건이 아닌 종업원들의 태도, 감정적인 면이 작업능률을 좌우한다는 것을 알게 함

② 물리적 조건에 의한다기보다는 반대로, 종업원들의 심리적 요인이 중요함

③ 종업원 개개인의 감정이나 태도 등을 움직이는 것은 사회적 환경이나 개인이 속한 비공식적 조직 등에 있음

④ 조직 내에서의 비공식적 조직은 조직 내의 공식적인 조직에 비해 종업원들의 생산성 향상에 더 큰 역할을 기여함

(5) 인간관계론의 단점

① 인간관계론은 비공식 조직에만 관심을 보임

② 사람의 이성보다 감정을 중요시한 나머지 기업 조직의 능률의 저하를 초래함

③ 기업 조직에서의 외부적 환경요소를 제거함

4 행동과학론

(1) 행동과학론은 경험적 증거에 의해 수집된 객관적인 방법으로, 이는 인간의 활동을 과학적으로 분석 및 설명, 예측을 하고자 하는 데 쓰이는 이론에 해당함

(2) 조직의 공식적인 면과 비공식적인 면 모두를 고려하여 기업 조직을 인간의 활동이나 또는 집단의 과정으로 이를 객관적으로 연구 및 측정하려는 움직임을 의미함

5 인간관계관리 제도

(1) 제안제도(Suggestion Systems)

기업 조직체의 운영 및 종업원들의 작업수행에 필요한 각종 아이디어 등을 일반 종업원들로 하여금 제안할 수 있도록 하면서, 제출된 제안들을 심사해서 좋은 제안에 대해서는 그에 따르는 적절한 보상을 하면서 선택된 제안을 실천에 옮기는 것을 의미함

(2) 종업원 상담제도(Employee Counselling)

조직 내에서 종업원이 문제를 스스로 해결할 수 있도록 도움을 줄 목적으로 종업원과 함께 문제를 토론해서 해결해 나가는 것을 말함

(3) 사기조사(Morale Survey)

사기조사는 사기의 상태나 사기를 저해할 수 있는 요소들을 밝혀가는 과정을 의미함

(4) 고충처리제도

고충은 기업 조직에서 종업원들의 근로조건 및 단체협약의 실시에 있어서 부당하게 느껴지는 그들의 불평 및 불만을 의미하는데, 이런 고충에 대해 고충처리기관은 근로조건이나 대우에 대한 근로자의 불평불만을 통상적으로 모아서 분쟁의 원인을 제거하는 역할을 함

제2절 노사관계관리

1 노사관계관리의 전개

(1) 노사관계의 개념

노사관계는 노동시장에서 노동력을 제공해서 임금을 지급받는 노동자(종업원)와 노동력 수요자로서의 사용자가 서로 간에 형성하는 관계를 의미함

(2) 노사관계의 발전과정

노사관계는 그 발전과정에 있어 크게 전제적 노사관계, 온정적 노사관계, 근대적 노사관계, 민주적 노사관계 등 4가지로 구분되어 발전됨

① 전제적 노사관계

사용자와 노동자의 관계는 명령과 복종, 주종의 관계를 형성하거나 예속의 관계로서, 전제적 또는 일방적인 성격을 내포하고 있음

② 온정적 노사관계

근로자에 대하여 가부장적 온정주의에 입각한 복리후생시설을 마련하는 등의 노사관계를 개선하기 시작하였고, 그러한 결과로 전제와 은혜, 충성과 자주성이라는 노사 간에 온정주의적 관계가 특징으로 나타나게 된 단계임

③ 근대적 노사관계

산업혁명의 발전과 더불어 노동도 직업별 노동조합이 형성됨에 따라 전 근대적 노동시장이 나타나게 되는 단계에 해당하며, 법에 의한 노동관리 및 합리주의로 인해 자본의 전제화가 점진적으로 완화하기 시작함

④ 민주적 노사관계

노동조합과 기업의 전문경영자 사이의 대등주의적인 입장에서 임금이나 작업 내지는 노동조건을 공동으로 결정하는 노사관계의 단계를 의미함

2 노동조합

(1) 노동조합의 개념

노동조합이란 노동자가 주체가 되어 자주적으로 단결하여 근로조건의 유지 및 개선, 기타 노동자의 경제적 또는 사회적인 지위의 향상을 도모하기 위한 목적으로 조직하는 단체 또는 그 연합단체를 의미함

(2) 노동조합의 기능

① 기본 기능(조직 기능)

비조합원인 근로자들을 조직하는 제1차적 기능인 근로자 기능과, 그 후에 노동조합이 조직된 해당 노동조합을 유지하는 제2차적 기능인 노동조합 기능이 해당됨

② 집행 기능

㉠ 단체교섭 기능

노동자들이 사용자와의 단체교섭을 통해서 근로조건을 유지하거나 개선을 요구하게 되며, 단체교섭의 결과로서 단체협약이 이행됨

㉡ 경제활동 기능

공제적 기능과 협동적 기능으로 구분됨. 공제적 기능은 노동자들이 어떠한 질병이나 재해, 사망 또는 실업에 대비해서 노동조합이 사전에 공동기금을 준비하는 상호부조의 활동(상호보험)을 말하며, 협동적 기능은 노동자가 취득한 임금을 보호하기 위한 소비측면의 보호를 의미함

㉢ 정치활동 기능

노동자들이 자신들의 경제적인 목적을 달성하기 위해 부득이하게 정치적인 활동을 전개하는 것을 의미함

③ 참모 기능

보통 기본기능과 집행기능을 보조 또는 참모하는 역할을 수행하는 기능을 의미하며, 이는 노동자들이 만든 노동조합의 임원이나 조합원들에게 교육활동이나 각종 선전활동, 조사연구활동 및 사회봉사활동 등의 내용을 포함함

(3) 노동조합의 조직형태

① 조합원 자격에 의한 노동조합의 분류

㉠ 직업별 노동조합(Craft Union) : 서로 동일한 직능(예 인쇄공이나 선반공 또는 목수 등)에 종사하는 숙련노동자들이 자신들이 소속되어 있는 회사를 초월해서 노동자 자신들의 직업적인 안정과 더불어 경제적인 부분에서의 이익을 확보하기 위해 만든 배타적인 노동조합

㉡ 산업별 노동조합(Industrial Union) : 노동시장에 대한 공급통제를 목적으로 숙련 또는 비숙련 노동자들을 불문하고 동종 산업의 모든 노동자들을 하나로 해서 조직하는 노동조합

ⓒ 기업별 노동조합(Company Labor Union) : 동일한 기업에 종사하는 노동자들이 해당 직종 또는 직능에 대한 차이 및 숙련의 정도를 무시하고 조직하는 노동조합

ⓔ 일반노동조합(General Labor Union) : 기업 및 숙련도, 직능과는 상관없이 하나 또는 여러 개의 산업에 걸쳐서 각기 흩어져 있는 일정 지역 내의 노동자들을 규합하는 노동조합

② **결합방식에 의한 노동조합의 분류**

ⓐ 단일조합은 최소한의 요건을 갖추고 있는 최소 단위 조합으로 노동자 개인을 구성원으로 하고 있는 노동조합을 의미함

ⓑ 연합체 조합은 단일조합을 구성원으로 하는 노동조합을 의미함

(4) 노동조합의 안정 및 독립

① **유니언 숍(Union Shop)**

사용자의 노동자에 대한 채용은 자유롭지만, 일단 채용이 되고 나서부터는 종업원들은 일정 기간이 지난 후에는 반드시 노동조합에 가입해야만 하는 제도

② **오픈 숍(Open Shop)**

사용자가 노동조합에 가입한 조합원 말고도 비조합원도 자유롭게 채용할 수 있도록 하는 제도이나, 조합원들의 사용자에 대한 교섭권은 약화됨

③ **클로즈드 숍(Closed Shop)**

기업에 있어 결원에 대한 보충이나 신규채용 등에 있어 사용자가 조합원 중에서 채용을 하지 않으면 안 되는 제도이며, 기업에 대한 노조의 통제력이 가장 강함

④ **프레퍼랜셜 숍(Preferential Shop)**

특혜 숍 제도라고도 하는데, 기업이 종업원에 대한 채용을 진행할 때 조합원들에게 채용에 대한 우선권을 부여하는 종업원 특혜제도

⑤ **에이전시 숍(Agency Shop)**

대리기관 숍 제도라고도 하는데 채용되는 모든 종업원들에게 단체교섭의 당사자인 노동조합에 일정액의 조합비를 납부하게 하는 것을 요구하는 제도

⑥ **메인터넌스 숍(Maintenance of Membership Shop)**

조합원 유지 숍 제도라고도 하는데 무엇보다도 단체협약이 이루어지면 기존의 조합원들은 물론, 단체협약이 체결된 이후에 가입한 조합원들도 협약이 유효한 기간 동안에는 조합원으로 머물러 있어야 하는 제도

⑦ **체크오프 시스템(Check Off System)**

조합원 2/3 이상의 동의가 얻어지면 기업에서는 급여 지급 시 각 종업원들의 급여에서 조합비를 일괄적으로 공제해서 노동조합에 넘기는 방식인 체크오프 시스템 제도를 도입할 수 있으며 이는 노동조합의 자금 확보를 위한 기반을 제공해 주는 대표적 제도에 해당

3 노사협력제도

(1) 단체교섭제도

① 노사의 대표자가 노동자의 임금, 근로시간 또는 제 조건에 대해서 협약의 체결을 위해서 평화적으로 타협점을 찾아가는 절차를 의미함

② **단체교섭의 성격**

㉠ 단체교섭은 노동자들의 대표인 노동조합과 사용자 대표 간 쌍방적 결정의 성격을 지님

㉡ 단체교섭은 이 자체가 어떠한 목적 또는 귀결점이 아닌 과정을 의미

㉢ 단체교섭은 노사 간의 서로 반대되는 내용에 대해 대화로 타협점을 찾는 과정

(2) 단체협약

① 노동자들이 사용자에 대해서 평화적인 교섭 또는 쟁의행위를 거쳐서 쟁취한 유리한 근로조건을 협약이라는 형태로 서면화한 것을 의미함

② **단체협약의 내용**

㉠ 규범적 부분 : 노동자들의 임금, 근로시간, 휴가, 재해보상, 휴일, 복지시설, 안전위생 등의 내용이 포함

㉡ 조직적 부분 : 종업원들의 해고에 대한 동의 및 협의조항, 조직운영에 대한 조항 등의 내용이 포함

㉢ 채무적 부분 : 숍조항, 평화조항, 쟁의조항, 교섭위임 금지조항 등의 내용이 포함

(3) 노동쟁의 및 조정

① 노동쟁의는 종업원들의 노동시간, 복리후생, 임금, 해고 등에 대해서 노사 간의 의견 불일치로 인해 발생하는 분쟁상태를 의미함

② **쟁의의 유형(노동자 측)**

㉠ 파업(Strike) : 노동조합 안에서의 통일적 의사결정에 따라 근로계약상 노동자가 사용자에게 제공해야 할 의무가 있는 근로의 제공을 거부하는 쟁의 수단

㉡ 태업·사보타지(Sabotage)

• 태업 : 노동조합이 형식적으로는 노동력을 제공하지만 의도적으로 불성실하게 노동을 제공함으로써 작업능률을 저하시키는 행위

• 사보타지(Sabotage) : 태업에서 더 나아가 능동적으로 생산 및 사무를 방해하거나 원자재 또는 생산시설 등을 파괴하는 행위

㉢ 생산관리 : 노동조합이 직접적으로 사업장이나 공장 등을 점거하여 직접 나서서 기업경영을 하는 행위

㉣ 준법투쟁 : 노동조합이 법령·단체협약, 취업규칙 등의 내용을 정확하게 이행한다는 명분하에 업무의 능률 및 실적을 떨어뜨리는 행위

㉤ 불매동맹(Boycott) : 사용자나 사용자와 거래 관계에 있는 제3자의 제품구입 또는 시설 등에 대한 이용을 거절하거나 그들과의 근로계약 체결 거부 등을 호소하는 행위

㉥ 피켓팅(Picketing) : 노조의 쟁의행위를 효과적으로 수행하기 위한 보조적인 방법

③ 쟁의의 유형(사용자 측)

　　㉠ 직장폐쇄(Lock Out) : 사용자 측이 자기의 주장을 관철하기 위해서 노동자가 제공하는 노동력을 거부하고, 노동자에게 경제적 타격을 입힘으로써 압력을 가하는 실력행위

　　㉡ 조업계속 : 노동조합 측의 쟁의행위에 참여하지 않는 근로자 중에 계속 근로를 희망하는 자와 관리자 등을 동원해서 조업을 계속하는 행위를 의미

4　경영참가제도

(1) 경영참가제도는 노동자 또는 노동조합이 사용자와 공동으로 기업의 경영관리기능을 담당 수행하는 것을 의미함

(2) 경영참가의 종류

① **자본참가(Participation in Capital)**

근로자들이 자기회사의 주식을 소유함으로써 자본의 출자자로서 기업경영에 참여하는 제도로서 대표적으로는 종업원지주제도가 있음

② **성과배분참가**

기업이 생산성 향상에 의해 얻어진 성과를 배분하는 제도를 의미함

③ **의사결정참가**

종업원이나 노동조합이 기업경영 의사결정에 참여하는 것을 의미함

　　㉠ 노사협의제 : 노동자 및 사용자 대표가 서로 간의 분쟁을 피하기 위해 일상적인 대화로써 협의점을 찾고자 설치한 제도를 의미함. 일정한 규모 이상의 모든 사업장의 경우 노사협의회를 설치하고, 사용자 및 노동자 대표자 간에 수시 또는 정기적으로 여러 가지 문제를 논의하고 있음

　　㉡ 공동결정제 : 기업의 경영에 있어 의사결정이 노사 간 공동으로 이루어지게 하는 참가방식을 의미함

제10장　인사정보시스템과 인사감사

제1절 인사정보시스템

1　인적자원정보시스템(Human Resource Information System ; HRIS)

(1) 인적자원정보시스템의 개념

기업 조직의 경영자가 자사 내 인적자원과 연관된 각종 사안에 대한 의사결정을 내릴 때에 도움이 되는 유용한 정보들을 지원하기 위해 만들어진 시스템

(2) 인적자원정보시스템의 특징

① 타 정보시스템에 비해 특정 기간 동안에 데이터들이 대량으로 발생

② 각종 데이터 처리에 있어서 즉시성이 요구되지 않음

③ 비정형적인 처리방법에 대한 요구도가 높은 편

④ 재무나 마케팅·생산시스템과의 상호관련성이 낮음

⑤ 여러 하부정보시스템(급여, 선발, 복리후생, 인사평가 등)으로 구성

(3) 인적자원정보시스템의 유용성

① 신속·정확하고 자료에 대한 분석이 용이

② 자동화 및 전산화로 인해 많은 노력 및 시간의 절감, 생산성의 향상

③ 필요한 정보자료의 효율적인 제공이 가능

④ 의사결정에 있어서의 지원 역할

⑤ 각종 과학적인 연구조사에 활용이 가능

(4) 인적자원정보자료

① **외부환경자료**

조직외적으로 법적·환경적 요인에 의한 자료, 조직내적요소에 의한 자료로 구분

② **투입자료**

조직이나 직무정보시스템을 구성하는 자료와 구성인력에 대한 자료로 구분

③ **과정자료**

생산성 유인프로그램 및 생산성 유지프로그램 등으로 구분

④ **산출자료**

어떤 개인의 수준에 있어서의 성장 및 개발·욕구충족에 대한 자료, 조직의 수준에 있어서의 성장 및 생산성 유지에 대한 자료로 구분

제2절 인사감사

1 인적자원감사

(1) 인적자원감사의 역할

조직건강에 대한 측정, 정책수행 여부에 대한 감사, 비용 및 수익분석, 정기적인 조사, 조직 성과표준검토

(2) 인적자원감사기준

① 일반기준(General Standards)

- ㉠ 적절한 기술훈련 및 숙달을 지닌 사람 또는 사람들에 의해 조사가 수행되어야 함
- ㉡ 감사자들은 자신들의 정신자세에 있어 독립적인 자세를 가져야 함
- ㉢ 조사를 실행하고 결과에 대한 보고서를 준비함에 있어 전문가적 마인드를 가져야 함

② 실사의 기준(Standards of Field Work)

- ㉠ 시기적절하게 계획이 짜여야 함
- ㉡ 존재하고 있는 내부통제에 대한 적절한 연구 및 평가는 반드시 있어야 함
- ㉢ 조사 중인 인사프로그램에 대한 의견에 있어 효율적인 기반을 제공하는 검사 및 관찰, 조회, 확인 등을 통해 증거자료를 취득해야 함

③ 보고기준(Standards of Reporting)

- ㉠ 현재의 인사정책과 관리상의 특징 및 문제점 등의 파악
- ㉡ 나타난 문제점들에 대한 원인분석
- ㉢ 문제점 개선을 위한 뚜렷한 목표의 제시
- ㉣ 이루고자 하는 목표달성을 위한 구체적인 변화 영역과 수단의 제시

2 인적자원감사의 종류

(1) 내부감사 및 외부감사

① 내부감사는 기업 조직내부의 전문 스태프들이 경영 내의 인적자원감사를 실시하면서 통괄하는 경우를 의미함

② 외부감사는 기업 조직외부의 전문가(대학, 컨설턴트, 각종 연구기관 등)에 의해 실시되는 것으로서 보통 위탁감사라고도 함

(2) ABC 감사

① A 감사(Administration)

인적자원정책의 경영 면(내용)을 대상으로 하여 실시되는 감사를 의미

② B 감사(Budget)

인적자원정책의 경제 면(비용)을 대상으로 실시되는 예산감사를 의미

③ C 감사(Contribution)

인적자원관리의 효과를 대상으로 하는 감사를 의미

제11장   전략적 인적자원관리

제1절 전략적 인적자원관리의 형성과 개념

1 전략적 인적자원관리의 개념

기업의 인사관리가 조직체의 전략과 목적을 반영해 전략기획의 과정과 잘 연결되고 인사관리 방식 간에도 서로 조화를 이루어 조직체의 전략과 목적을 효율적으로 달성시키는 일련의 과정

2 전략적 인적자원관리의 형성 배경

(1) 국제화에 따른 기업들 간의 극심한 경쟁

(2) 경영환경의 불확실성의 증대

(3) 인적자원에 관련한 각종 과업의 다양화에 따른 기업 전략들과의 연계 필요성의 증대

3 업무 재설계(Business Process Reengineering ; BPR)

품질이나 비용, 서비스, 업무처리 속도 등과 같이 업무 성과 향상요소들에 대해서 기업의 역량을 높임으로써 기업의 업무성과를 획기적으로 향상시키기 위한 업무 재설계를 의미함

제2절 고성과 조직

1 고성과 조직의 개념

기업 조직은 고성과 조직을 만들기 위해서 해당 기업이 추구하는 문화, 비전전략 등을 인사평가 시스템에 정확히 반영을 해야 하며, 고성과를 얻기 위해서는 해당 기업 조직의 문화, 비전 및 전략 등의 원활한 실행을 위해 조직의 각 부문에 걸쳐 수행해야 할 과업을 정확하게 설정해야 하고, 이러한 각 부분의 목표를 이루기 위해 조직의 팀, 하위 부문, 또는 개개의 종업원들이 해야 할 일들을 구체적으로 설정해야 함

2 고성과 조직의 조건

(1) 기업 외부환경의 변화에 대해서 시기적절하게 경영전략을 펼쳐야 함. 즉, 외적 적합성(External Fit)이 높아야 함

(2) 인적자원개발, 동기부여 및 경영참여라는 내부적인 요인의 높은 적합성이 필요함. 즉, 내적 적합성 (Internal Fit)이 높아야 함

제3절 인사의 전략적 역할

1 전략적 인적자원 스태프의 역할

(1) 전략적 동반자로서의 역할

인적자원 스태프가 조직의 전략과정에 참여함으로써 인적자원관리를 기업의 경영전략과 맞물리게 하는 활동을 함. 이러한 역할로 인해 인적자원 스태프는 조직의 약점과 강점을 파악할 수 있고, 해당 조직의 인적자원과 경영전략의 연계를 점검할 수 있는 기능을 하게 됨

(2) 변화담당자로서의 역할

인적자원 스태프가 조직 내 각종 변화를 일으키고, 종업원들의 능력을 개발시키는 역할을 담당함. 즉, 이런 변화담당자는 종업원들로부터 나타나는 각종 긍정적인 변화를 기반으로 더욱 더 발전하는 조직문화를 만들어 나가는 활동을 할 수 있음

(3) 종업원 옹호자로서의 역할

종업원들에게 발생하는 각종 문제들을 이해하고, 해결해 나가며 종업원들의 조직에 대한 사기를 높이고, 그들에게 조직몰입을 하도록 해 줌으로써 결국엔 해당 조직의 성과에 기여하게 하는 역할을 함

(4) 행정전문가로서의 역할

경영 관리자와 종업원들을 위해 필요로 하는 각종 서비스 및 지원을 하는 역할을 수행함

2 전략적 인적자원관리에 의한 조직변화 기법

(1) 조직개발과 조직의 변화

① 인적자원관리기법

종업원들이 기업 조직의 인사 정책을 변화시키거나 이를 분석 가능하도록 하는 연구방법으로, 종업원들에 대한 성과에 대한 평가와 보상과 관련된 시스템 등을 포함하는 각종 프로그램이 있음

② **인간관계기법**

조직 내 종업원들의 인간관계를 향상시키고자, 집단 또는 개개인 간의 상호작용을 통해 문제를 효율적으로 처리할 수 있는 능력을 키우는 데 그 목적이 있음

③ **전략적 기법**

기업 조직 내 구조 및 전략, 문화 등의 내부 환경과 조직 외부 환경과의 적합성을 이루기 위한 조직개발 프로그램을 의미함

④ **기술 구조적 기법**

조직의 생산성·효율성 등을 높이기 위한 기술구조적인 개입을 의미하며, 여기에는 기업 조직의 구조와 그에 따른 방법의 변화 및 직무설계의 변화까지도 포함됨

제한시간: 50분 | 시작 ___시 ___분 – 종료 ___시 ___분

🡒 정답 및 해설 72p

01 다음 중 전통적 인사관리와 현대적 인사관리를 비교한 내용으로 옳지 <u>않은</u> 것은?

① 전통적 인사관리는 직무중심의 인사관리인 반면에, 현대적 인사관리는 경력중심의 인사관리이다.

② 전통적 인사관리는 조직의 목표만을 강조하는 반면에, 현대적 인사관리는 조직 및 개인의 목표를 조화시키는 것을 강조한다.

③ 전통적 인사관리는 자율적인 Y 이론적 인간관인 반면에, 현대적 인사관리는 타율적인 X 이론적 인간관을 추구한다.

④ 전통적 인사관리는 주어진 인력만을 활용하는 단기적인 안목인 데 반해, 현대적 인사관리는 인력을 육성 및 개발하는 장기적인 안목을 추구한다.

02 내부 관계에서의 역할 중 인사관리자의 조정자로서의 역할로 옳지 <u>않은</u> 것은?

① 기술적 · 사회적인 변화에 대응할 수 있도록 인간에 대해 관련된 각종 제도를 바꾼다.

② 집단 서로 간의 부정적인 마찰을 줄이는 교량역할을 수행한다.

③ 조직 내 여러 부서에서 발생하는 문제가 무엇인지를 빠르게 파악하여 관련 문제가 발생한 부서에게 해당 부서의 문제점 등을 정확히 전달한다.

④ 서로 다른 관점의 생각을 조율하는 역할을 수행한다.

03 다음 중 인적자원관리의 개념모형에 대한 설명으로 옳지 <u>않은</u> 것은?

① 인적자원관리가 폐쇄적인 시각에서 이루어져야 한다는 것을 나타낸다.

② 추후에 인적자원관리활동을 조정하는 기초자료로서 활용된다.

③ 인적자원에 대한 '확보 → 개발 → 활용 → 보상 → 유지 활동' 등이 체계적으로 나아가는 것을 표현해 준다.

④ 종업원 개개인과 직무 사이의 통합적 가능성을 표현한다.

04 종업원들의 경력관리 및 이동·승진관리, 교육훈련 등이 이루어지는 인적자원관리의 활동단계는?

① 인적자원의 확보
② 인적자원의 개발
③ 인적자원의 활용
④ 인적자원의 보상

05 다음 내용에 해당하는 개념은?

> 직장과 근로현장에서 질을 높이려는 이것은 구성원들이 수행하는 직무를 재구성하여 만족을 느끼도록 유도하고 그 직무를 통해 자신을 개발할 수 있는 기회를 제공한다.

① 직무보상
② 직무만족
③ 라이프스타일
④ 근로생활의 질

06 다음 중 인적자원관리의 외부환경 요소로 보기 어려운 것은?

① 가치관의 변화
② 노동조합의 발전
③ 경제여건의 변화
④ 정부개입의 증대

07 주어진 용어에 대한 설명으로 바르지 않은 것은?

① 과업 – 기업 조직에서 독립된 목적으로 수행되는 하나의 명확한 작업활동을 말한다.
② 직위 – 특정 개인에게 부여된 모든 과업의 집단을 의미한다.
③ 직무기술서 – 직무분석의 결과를 토대로 특정한 목적의 관리 절차를 구체화하는 데 있어 편리하도록 정리하는 것이다.
④ 직무 – 작업의 종류 및 수준이 비슷한 직위들의 집단이다.

08 다음 내용에서 설명하는 직무분석 방법은?

> 적용 직무에 대한 제한은 없으나, 이에 따른 면접자의 노련미가 요구되며, 피면접자가 정보 제공을 기피할 수 있다는 문제점이 생길 수 있다.

① 질문지법(Questionnaire Method)
② 면접법(Interview Method)
③ 중요사건 서술법(Critical Incidents Method)
④ 관찰법(Observation Method)

09 다음 중 직무평가의 목적으로 보기 어려운 것은?

① 노사 간의 임금협상의 기초
② 종업원들의 적재적소 배치를 실현
③ 핵심역량 강화지표의 설계
④ 불공정한 임금체계의 확립

10 직무평가 방법의 하나인 분류법에 대한 설명으로 옳지 않은 것은?

① 등급법이라고도 한다.
② 분류법은 분류 자체에 대한 정확성을 확실하게 보장한다.
③ 고정화된 등급설정으로 인해 사회적·경제적·기술적 변화에 따른 탄력성이 부족하다.
④ 서열법에 비해 직무를 훨씬 더 명확하게 분류할 수 있다.

11 다음 중 현대적 고과관에 대한 설명으로 옳지 않은 것은?

① 인물, 인성, 인격을 강조한다.
② 미래지향적 고과이다.
③ 자기고과의 기회를 부여한다.
④ 직책 및 목표를 강조하고, 결과 중심이다.

12 다음 중 인사고과의 기능으로 보기 <u>어려운</u> 것은?

① 종업원들의 업적향상을 위한 자료가 된다.

② 종업원들의 공정한 처우결정을 위한 자료가 된다.

③ 종업원들의 능력개발을 위한 자료가 된다.

④ 조직이 요구하는 복리후생 정립을 위한 자료가 된다.

13 목표에 의한 관리(MBO)에 대한 설명으로 옳지 <u>않은</u> 것은?

① 측정 가능함과 동시에 추상적인 목표이어야 한다.

② 정해진 시간 안에 달성 가능한 목표이어야 한다.

③ 현실적이면서 달성 가능한 목표이어야 한다.

④ 구체적인 목표가 제시되어야 한다.

14 다음 중 행위기준 고과법의 특징에 대한 설명으로 옳지 <u>않은</u> 것은?

① 목표에 의한 관리의 일환으로 사용이 가능하므로, 어떠한 행동들이 조직의 목표달성에 연관이 되는지를 알 수 있게 해 준다.

② 각 직능별·직급별 특성에 맞추어 설계되기 때문에, 올바른 행위에 대한 내용들을 종업원 개인에게 제시해 줄 수 있다.

③ 척도를 실질적으로 활용하는 평가자가 개발과정에는 실제 적극적으로 참여하지 않기 때문에, 평가자가 최종 결과에 대한 책임을 부담하는 경우가 있다.

④ 다양하면서도 구체적인 직무에 활용이 가능하다.

15 다음 내용에 해당하는 평가오류는?

> 어떠한 고과자는 타 고과자와 달리 좋은 고과를 하거나 또는 이와는 정반대의 고과를 나타내는 경우인데, 이때 관리차원일 경우에는 높은 고과가 되기 쉽고, 감시차원일 경우에는 낮은 고과가 되기 쉽다.

① 시간적 오류　　　　　　② 규칙적 오류

③ 대비오차　　　　　　　④ 중심화 경향

16 인적자원계획의 효과에 대한 설명으로 옳지 <u>않은</u> 것은?

① 적정한 교육훈련계획의 수립이 가능하다.
② 새로운 사업기회의 확보능력이 증대된다.
③ 효과적인 인적자원계획으로 인한 종업원의 사기와 만족이 증대된다.
④ 적정한 수의 인적자원확보를 통한 노동비용의 증가 및 그에 따른 충원비용의 절감효과가 이루어진다.

17 다음 내용에 해당하는 개념은?

> 보유기능, 조작이 가능한 기계·장비·도구, 현재 맡고 있는 직무의 내용 및 책임의 정도, 교육수준, 경력, 교육훈련, 직무성과, 강점 및 약점 등을 포함하는 개개인의 능력평가표

① 승진 도표
② 서열 도표
③ 인력 재고표
④ 마코프 체인법

18 다음 중 부류가 <u>다른</u> 하나는?

① 사내 모집
② 광고로 인한 모집활동
③ 직업소개소를 이용한 모집활동
④ 종업원의 추천에 의한 모집활동

19 다음 중 신뢰성 측정방법에 해당하지 <u>않는</u> 것은?

① 시험-재시험법
② 대체형식방법
③ 양분법
④ 기준 관련 타당성

20 조직 구성원들의 직무영역을 변경하여 여러 방면에서의 경험이나 지식을 쌓게 하기 위한 인재양성 방법은?

① 직무순환
② 승급
③ 승진
④ 강등

21 다음 중 연공주의에 대한 설명으로 옳지 <u>않은</u> 것은?

① 승진요소는 근무연수, 경력, 학력 등이다.
② 승진기준은 직무 중심이다.
③ 승진제도는 연공승진제도이다.
④ 집단 중심의 연공질서가 형성된다.

22 다음 중 Off JT(Off the Job Training)에 대한 내용으로 옳지 <u>않은</u> 것은?

① 종업원들을 일정기간 동안 직무로부터 분리시켜 기업 내 연수원 등의 일정한 장소에 집합시켜 교육 훈련을 시키는 방식이다.
② 현재의 업무와는 별개로 예정된 계획에 따라 실시가 가능하다.
③ 많은 수의 종업원들의 교육이 어렵다.
④ 전문가가 교육을 실시한다.

23 다음 중 직무설계의 목적으로 옳지 <u>않은</u> 것은?

① 적정하고 공정한 보상을 하기 위한 목적
② 기계능력의 이용 및 개발 기회를 활용하기 위한 목적
③ 작업조직의 제도화를 위한 목적
④ 안전하며 건전한 작업환경의 조성에 대한 목적

24 다음 내용에 해당하는 것은?

> 하나의 조직 구성원들이 공유하는 가치와 신념 및 이념, 관습, 전통, 규범 등을 통합한 개념으로 이는 기업 조직 및 구성원 개개인의 행동에 영향을 미친다.

① 조직분위기
② 조직문화
③ 조직개발
④ 직무설계

25 다음 중 최저임금제의 목적으로 옳지 <u>않은</u> 것은?

① 노동력의 양적인 향상
② 저임금을 받는 종업원들을 보호
③ 지나친 저임금과 산업·직종 간의 임금격차 개선
④ 노사 간의 분쟁을 예방하고 비능률적인 경영 및 불공정한 기업경쟁을 방지

26 다음 내용에 해당하는 것은?

> 기업 조직에 소속된 종업원들이 기업이 제공하는 복리후생제도나 시설 중에서 종업원이 원하는 것을 선택함으로써 자신의 복리후생을 스스로 원하는 대로 설계하는 것

① 직능급
② 연공급
③ 카페테리아식 복리후생
④ 임금피크제도

27 다음 내용에서 괄호 안에 들어갈 적절한 말은 무엇인가?

> (   )은/는 기업 조직의 인적자원관리가 기업 경영의 어느 한 부분 또는 조직전략과 통합·실행되는 경영전략의 한 부분으로서의 인적자원관리를 의미하고, 조직체의 전략과 목적을 반영해 전략기획의 과정과 잘 연결되고 인사관리 방식 간에도 서로 조화를 이루어 조직체의 전략과 목적을 효율적으로 달성시키는 일련의 과정이다.

① 전략적 인적자원관리   ② 고성과 조직
③ 업무 재설계   ④ 인간관계 기법

28 다음 내용이 설명하는 것은 무엇인가?

> 품질이나 비용, 서비스, 업무처리 속도 등과 같이 업무성과 향상요소들에 대해서 기업의 역량을 높임으로써 기업의 업무성과를 획기적으로 향상시키기 위한 업무 재설계를 말한다.

① 복지인사
② BPR(Business Process Reengineering)
③ 노사관계관리
④ 전략적 인적자원관리

29 다음은 인적자원정보자료의 각 요소를 설명한 것이다. 괄호 안에 들어갈 적절한 말을 순서대로 바르게 나열한 것은?

> - (㉠)는 조직외적으로 법적·환경적 요인에 의한 자료, 조직내적 요소에 의한 자료로 구분된다.
> - (㉡)는 조직이나 직무정보시스템을 구성하는 자료와 구성인력에 대한 자료로 구분된다.
> - (㉢)는 생산성 유인프로그램 및 생산성 유지프로그램 등으로 구분된다.
> - (㉣)는 어떤 개인의 수준에 있어서의 성장 및 개발·욕구충족에 대한 자료, 조직의 수준에 있어서의 성장 및 생산성 유지에 대한 자료가 있다.

	㉠	㉡	㉢	㉣
①	외부환경자료	투입자료	과정자료	산출자료
②	외부환경자료	과정자료	투입자료	산출자료
③	투입자료	외부환경자료	과정자료	산출자료
④	투입자료	과정자료	외부환경자료	산출자료

30 다음 내용은 인적자원감사에 대한 설명이다. 괄호 안에 들어갈 말을 순서대로 바르게 나열한 것은?

> A 감사는 인적자원정책의 (㉠)을 대상으로 하여 실시되는 감사를 말하며, B 감사는 인적자원정책의 (㉡)을/를 대상으로 실시되는 예산감사를 뜻하며, C 감사는 인적자원관리의 (㉢)을/를 대상으로 하는 감사를 의미한다.

	㉠	㉡	㉢
①	수익	구조	분석자료
②	경제 면	경영 면	문제점
③	비용	내용	결과
④	경영 면	경제 면	효과

31 다음 내용은 무엇에 대한 목적을 설명한 것인가?

> 기업 조직의 최고경영자가 결정한 인적자원정책이 기업 전반에 걸쳐 얼마만큼이나 원활히 수행되고 있는지를 평가하도록 도와주며, 그로 인해 나타날 수 있는 특별한 주의를 요구하는 특정 영역과 문제점 등을 밝힌다. 동시에 기업 조직의 종업원들로 인해 그들에게 무엇이 기대되는가에 대해 민감하게 만들고, 최고경영자에 의해 우선순위가 가장 큰 부분들에 대해서 특별한 주의를 할 수 있도록 고무하는 것을 목적으로 한다.

① 제안제도　　　　　　　　　② 인적자원감사
③ 실사의 기준　　　　　　　　④ 인적자원정보시스템

32 다음 내용에서 괄호 안에 들어갈 적절한 말은 무엇인가?

> ( )은/는 기업 조직에서 종업원이 노동조합에 가입하지 않을 것, 노동조합에서 탈퇴할 것을 고용조건으로 해서 노동자가 사용자와 개별적으로 맺는 근로계약으로서 비열계약이라고도 한다. 이는 결국에 부당노동행위로 간주되는데, 종업원의 단결권, 단체교섭권 및 단체행동권을 침해하는 것이라 할 수 있다.

① 프레퍼랜셜 숍　　　　　　　② 노사협력제도
③ 노동쟁의　　　　　　　　　④ 황견계약

33 다음 내용에서 괄호 안에 들어갈 적절한 말은 무엇인가?

> (   )는 노사 간 단체협약의 해석 및 적용을 둘러싸고 있는 각종 불만·불평을 해결하기 위해 운영하는 제도이다. 주로 조직 내 종업원 개개인의 문제를 취급하는 역할을 수행하고 있다.

① 종업원 상담제도
② 고충처리제도
③ 사기조사
④ 제안제도

34 다음 내용에서 괄호 안에 들어갈 말을 순서대로 나열한 것은?

> • (㉠) – 종업원들의 근로시간, 복지, 임금, 고용조건 등 근로조건의 전반적인 결정에 대한 노사 양측의 의견의 불일치로 인해 발생하는 분쟁상태
> • (㉡) – 관련법에서 태업, 직장폐쇄, 파업 등의 기타 노동관계에 있어 당사자가 자신의 의견을 관철시키기 위한 행위와 이에 대항하는 행위로서 업무 정상화를 저해하는 행위

	㉠	㉡
①	이익분쟁	권리분쟁
②	노동쟁의	쟁의행위
③	준법투쟁	피켓팅
④	파업	단체협약

35 다음 내용이 설명하는 제도는 무엇인가?

> 기업 조직의 종업원이 일정한 연령이 지나면 생산성에 따라 임금을 지급하는 제도로 현실적으로는 나이가 들어 생산성이 떨어지면서 임금을 낮추는 제도를 말한다. 다시 말해, 일정한 연령에 이르면 그때의 연봉을 기준으로 임금을 줄여 나가는 대신 계속 근무를 할 수 있도록 하는 새로운 정년보장 제도를 의미한다.

① 퇴직급여제도
③ 특수임금제
② 럭커플랜
④ 임금피크제도

36 다음 내용에서 괄호 안에 들어갈 말을 순서대로 바르게 나열한 것은?

> (㉠)은/는 기업 조직의 구성원들의 공유된 가치 및 신념의 체계이고, 이에 의해 조직구성원들의 활동에 대한 지침이 되는 행위규범 등을 창출해 낸다. (㉡)은/는 기업 조직의 다양성에 대해 종업원들의 지각과정을 통해 형성되는 것인데, 이는 객관적이기보다는 주관적이면서도 상대적인 것이다.

	㉠	㉡
①	조직풍토	조직가치
②	조직목표	조직생활
③	조직운영	조직사회
④	조직문화	조직분위기

37 다음 내용에서 괄호 안에 들어갈 말을 순서대로 바르게 나열한 것은?

> (㉠)은/는 직장 내에서 종업원이 업무에 대한 기술 및 지식을 현업에 종사하면서 감독자의 지휘 하에 훈련받는 현장실무 중심의 교육훈련을 의미하며, (㉡)은/는 종업원들을 일정기간 동안 직무로부터 분리시켜 기업 내 연수원 등의 일정한 장소에 집합시켜 교육훈련을 시키는 방식을 의미한다.

	㉠	㉡
①	직무순환	경력개발
②	경력관리	경력목표
③	사내교육훈련(OJT)	사외교육훈련(Off JT)
④	교육	개발

38 다음 내용에서 괄호 안에 들어갈 적절한 말은 무엇인가?

> ( )은 면접관이 피면접자를 무시하거나 또는 극한 상황을 제시해서 피면접자가 당황하게 만들어, 피면접자가 현재 처해진 환경하에서 상황을 극복하고, 얼마나 인내심을 발휘하는지를 알아보는 방법을 말한다.

① 스트레스 면접   ② 비지시적 면접
③ 패널 면접   ④ 집단 면접

39 다음 내용에서 괄호 안에 들어갈 말을 순서대로 바르게 나열한 것은?

(㉠)은 조직 종업원들의 근무능력 및 근무성적에 대해서 순위를 매기는 방법을 말하며, (㉡)
은 조직 구성원인 종업원의 자질을 직무수행의 달성 가능한 정도에 따라 미리 마련된 척도를 근거로
평정자(고과자)가 체크하도록 하는 방법을 말한다. 근래에 들어서는 숫자 척도 및 평어법 등에 행동견
본을 붙이는 복합적인 척도가 많이 쓰이고 있는 추세이다. (㉢)은 평가에 행동기준을 리스트에
설정·배열하여 피고과자의 능력이나 근무상태가 이 항목에 해당되는 경우에 체크하는 방법으로,
즉 평가에 있어 의미 있는 행동을 묘사한 항목에 피평가자가 해당하는 경우에 체크하는 방법이다.

	㉠	㉡	㉢
①	인적평정센터법	행위기준 고과법	대조표법
②	서열법	평정척도법	대조표법
③	대조표법	서열법	행위기준 고과법
④	평정척도법	인적평정센터법	서열법

40 다음 표에서 괄호 안에 들어갈 학자의 이름을 순서대로 바르게 나열한 것은?

(㉠)	(㉡)
• 시간과 동작연구를 통한 과업관리 • 차별성과급제의 도입	• 작업조직의 합리화에 의해 작업의 동시적 진행을 기계적으로 실현하며, 관리를 자동적으로 전개하는 동시관리 • 컨베이어 시스템, 대량생산체제

	㉠	㉡
①	메이요	호손
②	호손	테일러
③	테일러	포드
④	포드	메이요

01	02	03	04	05	06	07	08	09	10	11	12	13	14	15
③	①	①	②	④	①	③	②	④	②	①	④	①	③	②
16	17	18	19	20	21	22	23	24	25	26	27	28	29	30
④	③	①	④	①	②	③	②	②	①	③	①	②	①	④
31	32	33	34	35	36	37	38	39	40					
②	④	②	②	④	④	③	①	②	③					

01 정답 ③

③ 전통적 인사관리는 소극적이고 타율적인 X 이론적 인간관을 추구하는 반면에, 현대적 인사관리는 주체적이고 자율적인 Y 이론적 인간관을 추구한다.

02 정답 ①

① 외부 관계에서의 역할 중 인사관리자의 변화 담당자로서의 역할을 설명한 것이다.

03 정답 ①

개념모형은 기업 조직의 목적을 달성하기 위해 일련의 과정을 계획 및 조직하고 통치하는 체제 이다.
① 인적자원관리가 개방체제적인 시각에서 이 루어져야 한다는 것을 나타낸다.

04 정답 ②

인적자원의 개발은 확보단계에서 선발된 인력이 자신의 능력을 최대로 끌어올리게끔 하는 단계 로서 조직의 유효성을 올리는 과정이다.
① 인적자원의 확보는 인적자원관리 과정에서 가장 먼저 이루어지며, 기업 조직의 목표를 달성함에 있어서 필요한 인력의 내용 및 수를 조직이 확보해 나가는 과정이다.
③ 인적자원의 활용은 실력이 향상된 조직구성 원들을 효과적으로 활용하기 위해 구성원들 의 능력에 맞는 해당 조직의 설계 및 그에 맞 는 조직문화와 조직분위기의 조성이 필요한 과정이다.
④ 인적자원의 보상은 업무에 있어 활용되고 있 는 종업원들의 공헌에 대해 이를 공정하게 보 상하는 과정이다.

05 정답 ④

④ 근로생활의 질(Quality of Work Life)은 산 업화에 따른 종업원들 작업의 전문화 및 단순 화에서 나타나는 단조로움, 소외감, 인간성 상실 등에 대한 반응 또는 빠르게 변화하는 경영환경하에서의 새로운 기술의 발달로 인 한 업무환경의 불건전성 등의 문제에 대한 반 응으로서 나타난 개념이다.
① 직무보상은 조직구성원인 개인이 직무에 있 어 연관되는 보상을 찾아감으로써 스스로가 충족시키고자 하는 어떤 특정한 욕구를 가지 고 있다는 것을 기초로 한다.
② 직무만족은 해당 직무에 대해 만족하는 정도 이다.
③ 라이프스타일은 개인의 욕구, 동기, 태도, 생 각 등을 총망라한 결합체이다.

06 **정답** ①

인적자원관리의 외부환경 요소로는 정부개입의 증대, 경제여건의 변화, 노동조합의 발전, 정보 기술의 발전 등이 있다.

① 내부환경 요소로는 노동력 구성의 변화, 가치관의 변화 등이 있다.

07 **정답** ③

직무기술서는 직무분석의 결과를 토대로 직무수행과 관련된 과업 및 직무행동을 일정한 양식에 따라 기술한 문서를 말한다.

③ 직무명세서에 대해 설명한 것이다.

08 **정답** ②

면접법(Interview Method)은 해당 직무를 수행하는 종업원과 직무분석자가 서로 대면해서 직무정보를 취득하는 방법이다.

① 질문지법은 질문지를 통해 종업원에 대한 직무정보를 취득하는 방법이다.

③ 중요사건 서술법은 종업원들의 직무수행 행동 중에서 중요하거나 또는 가치가 있는 부분에 대한 정보를 수집하는 것이다.

④ 관찰법은 직무분석자가 직무수행을 하는 종업원의 행동을 관찰한 것을 토대로 직무를 판단하는 것이다.

09 **정답** ④

④ 직무평가를 함으로써 공정한 임금체계를 확립할 수 있다.

10 **정답** ②

② 분류법은 분류 자체에 대한 정확성을 확실하게 보장할 수 없고 직무의 수가 많아지고 복잡해지면 정확한 분류가 어려워진다는 단점이 있다.

11 **정답** ①

현대적 고과관은 능력개발의 기초자료로 이용하는 고과관이다.

① 인물, 인성, 인격 등을 중시하는 것은 전통적 고과관이다.

12 **정답** ④

④ 인사고과를 통해 조직이 요구하는 인재상 정립을 위한 자료의 기반을 만들 수 있다.

13 **정답** ①

MBO는 종업원이 직속상사와 협의하여 작업 목표량을 결정하고 이에 대한 성과를 부하와 상사가 함께 측정하는 것이다.

① MBO는 측정 가능함과 동시에 계량적인 목표이어야 한다.

14 **정답** ③

행위기준 고과법은 평정척도법의 결점을 시정·보완하기 위해서 개발된 것인데 직무성과에 초점을 맞추기 때문에 높은 타당성을 유지하며 피고과자의 구체적인 행동패턴을 알려 주어 신뢰성도 높다.

③ 척도를 실질적으로 활용하는 평가자가 실제 개발과정에도 적극적으로 참여하기 때문에, 평가자가 최종 결과에 대한 책임을 부담하는 경우가 있다.

15 **정답** ②

규칙적 오류는 가치판단상의 규칙적인 심리적 오류에 의한 것으로, 항시 오류라고도 한다.

① 시간적 오류는 고과자가 고과를 함에 있어서 쉽게 기억할 수 있는 최근의 실적 또는 능력 중심으로 고과하려는 부분에서 생기는 오류이다.

③ 대비오차는 고과자가 스스로 가지고 있는 특성과 비교하여 피고과자를 고과하는 것이다.
④ 중심화 경향은 인사고과의 결과가 고과상에서 중간으로 나타나기 쉬운 경향이다.

16 정답 ④
④ 인적자원계획은 적정한 수의 인적자원확보를 통한 노동비용이 감소하고 그에 따른 충원비용이 절감되는 효과를 가질 수 있다.

17 정답 ③
인력 재고표는 구성원 개인의 직무 적합성에 대한 정보를 정확하게 찾아내기 위한 장치이다.
① 승진도표는 구성원 개인의 상이한 직무에 대한 적합성을 기록한 것이다.
④ 마코프 체인법은 내부 노동시장의 안정적 조건하에서 승진, 이동, 퇴사의 일정 비율을 적용하여 미래 각 기간에 걸친 직급별 현 인원의 변동을 예측하는 OR기법이다.

18 정답 ①
①은 기업 내 모집이며, ②·③·④는 기업 외 모집에 해당한다.

19 정답 ④
④ 타당성 측정방법에 속한다.

20 정답 ①
직무순환은 단순한 배치가 아닌 기업 조직에 필요한 시기 및 직무를 계획적으로 체험시키기 위한 인사관리상의 구조를 의미한다.

21 정답 ②
연공주의는 통상적으로 종업원의 근속연수, 학력, 경력, 연령 등의 전통적 방식에 입각한다.
② 가족주의적 종신고용제나 유교사상에 기반하여 승진기준을 둔다.

22 정답 ③
Off JT는 교육 담당 스태프의 지휘 아래 연수원 또는 외부 교육훈련기관에 위탁하여 실시하는 것이다.
③ 많은 수의 종업원들의 교육이 가능하다.

23 정답 ②
직무설계는 최종적으로 종업원의 직무만족과 조직의 생산성 향상을 위한 작업방식이다.
② 인간능력을 이용하고 개인의 개발 기회를 활용하기 위한 목적을 가지고 있다.

24 정답 ②
조직문화는 기업 조직이 처해진 경영환경 안에서 조직자체의 목적을 이루어 나가는 과정에서 형성된다.
① 조직분위기는 종업원들이 업무를 수행함에 있어 이에 직접적으로 영향을 미치는 업무수행 측면에 따른 개개인의 인식수준을 의미한다.
③ 조직개발은 기업 조직에 있어 유효성을 향상시키는 목적으로 이행된다.
④ 직무설계는 기업 조직의 목표달성 및 종업원 개개인의 욕구충족을 극대화하기 위해서 조직구성원들의 직무에 관련되는 활동을 설계하는 과정이다.

25 정답 ①

최저임금제는 국가가 종업원에 대한 임금액의 최저한도선을 정하여 사용자에게 그 지급을 법적으로 강제하는 제도이다.
① 노동력의 질적인 향상을 목적으로 한다.

26 정답 ③

카페테리아식 복리후생은 기업이 제공하는 복리후생제도나 시설 중에서 종업원이 원하는 것을 선택함으로써 자신의 복리후생을 스스로 원하는 대로 설계하는 것을 말한다.
① 직능급은 직무수행능력에 따른 임금체계이다.
② 연공급은 종업원에 대한 임금이 근속을 기준으로 변화하는 것이다.
④ 임금피크제도는 기업 조직의 종업원이 일정한 나이가 지나면 생산성에 따라 임금을 지급하는 제도이다.

27 정답 ①

전략적 인적자원관리는 인력의 채용, 교육, 훈련, 평가, 보상과 같은 인사관리 방식들을 미시적인 시각(Micro Perspective)에서 개별적으로 나누어 접근하는 전통적 인적자원관리 방식과 다르게 거시적인 시각(Mac Perspective)에서 개별적인 인사관리 방식을 통합하는 것이라 할 수 있다.

28 정답 ②

업무 재설계(Business Process Reengineering ; BPR)
품질이나 비용, 서비스, 업무처리 속도 등과 같이 업무성과 향상요소들에 대해서 기업의 역량을 높임으로써 기업의 업무성과를 획기적으로 향상시키기 위한 업무 재설계를 말한다.

29 정답 ①

인적자원정보자료
㉠ – 외부환경자료, ㉡ – 투입자료, ㉢ – 과정자료, ㉣ – 산출자료

30 정답 ④

ABC 감사
일본노무연구회의 노무감사위원회에서 개발한 것으로 원리상으로는 미네소타식 삼중감사방법을 발전시킨 것이다. 인적자원정책의 경영 면(내용)을 대상으로 하여 실시되는 감사인 A 감사, 경제 면(비용)을 대상으로 실시되는 예산 감사인 B 감사, 인적자원관리의 효과를 대상으로 하는 C 감사가 있다.

31 정답 ②

인적자원감사의 역할
• 조직건강에 대한 측정
• 정책수행 여부에 대한 감사
• 비용 및 수익분석
• 정기적인 조사
• 조직 성과표준검토

32 정답 ④

황견계약(Yellow Dog Contract)
기업 조직에서 종업원이 노동조합에 가입하지 않을 것, 노동조합에서 탈퇴할 것을 고용조건으로 해서 노동자가 사용자와 개별적으로 맺는 근로계약으로서 비열계약이라고도 한다. 이는 결국에 부당노동행위로 간주되는데, 종업원의 단결권, 단체교섭권 및 단체행동권을 침해하는 것이라 할 수 있다.

33 정답 ②

고충처리제도

고충은 기업 조직에서 종업원들의 근로조건 및 단체협약의 실시에 있어서 부당하게 느껴지는 그들의 불평 및 불만을 말한다. 또한, 기업 조직에 있어서의 고충처리기관은 근로조건이나 대우에 대한 근로자의 불평불만을 통상적으로 모아서 분쟁의 원인을 제거하려고 하는 것으로서 주로 조직 내 종업원 개개인의 문제를 취급하는 역할을 한다.

34 정답 ②

노동쟁의(Labor Disputes)의 개념

종업원들의 노동시간, 복리후생, 임금, 해고 등에 대해서 노사 간의 의견 불일치로 인해 발생하는 분쟁상태를 말한다. 통상적으로 노사 간의 분쟁은 이익분쟁·권리분쟁의 문제로 나누어진다. 이익분쟁이란 노사 간의 어떤 새로운 권리관계의 창출을 둘러싸고 나타나는 양자 간 주장의 불일치를 말하며, 권리분쟁이란 노사 간의 기존에 있었던 권리관계의 해석 및 이행여부 등을 가지고 서로 간 주장의 불일치를 나타내는 것을 말한다. 예를 들어 노사 간의 단체협약의 불이행, 취업 규칙위반 등은 권리분쟁에 해당되고, 단체협약의 체결이나 임금에 대한 협상 등은 새로운 권리 및 의무관계를 창출하는 부분이므로 이익분쟁에 속한다.

35 정답 ④

임금피크제도의 장·단점

장점	• 기업의 입장에서는 인건비를 절감해서 생산성이 높은 인력을 채용 또는 노동 이외의 다른 부분에 투자할 수 있는 여건을 마련할 수 있다. • 종업원 입장에서는 고용을 보장받으면서 고령층의 실업을 줄여 나갈 수 있으며, 한 가지 직종에서 오랫동안 일을 해 온 고령층의 경험과 노하우를 살릴 수 있다. • 사회적으로 다량의 비용지출이 발생하는 중장년층들의 실업률을 줄이며, 인하된 예산으로 새로운 인력들을 선발할 경우에 이는 청년실업률의 해소에도 도움을 줄 수 있다.
단점	신규채용이 줄어들 가능성이 있다.

36 정답 ④

조직문화

기업 조직구성원 개개인들의 활동에 있어 기준이 되는 각종 행위규범의 창출로 인한 그들의 공유된 가치, 신념 및 이념의 체계이다.

조직분위기

인간에게 각각 서로 다른 개성이 있듯이 조직에도 각기 타 조직과 구별되는 특성이 있는데 이것이 바로 조직풍토 또는 조직분위기이다.

37 정답 ③

사내교육훈련(On the Job Training ; OJT)

조직에서 종업원이 업무에 대한 기술 및 지식을 현업에 종사하면서 감독자의 지휘하에 훈련받는 현장실무 중심의 교육훈련 방식

사외교육훈련(Off the Job Training ; Off JT)

종업원들을 일정기간 동안 직무로부터 분리시켜 기업 내 연수원 등의 일정한 장소에 집합시켜 교육훈련을 시키는 방식

38 정답 ①

면접의 종류
- 비지시적 면접 : 다른 말로 비정형적 면접 또는 비구조적 면접이라고도 하는데, 이는 피면접자에게 의사표시에 대한 자유를 주고, 그에 따라 피면접자에 대한 정보를 수집하는 방식을 의미한다.
- 패널 면접 : 여러 명의 면접자가 한 명의 피면접자를 상대로 하는 방식을 말한다.
- 집단 면접 : 특정 문제에 대한 토론을 통해 지원자의 태도 등을 파악하는 방식이다.
- 스트레스 면접 : 피면접자에 대해 면접자가 무시하거나 또는 극한 상황을 제시해서 피면접자가 당황하도록 하여, 처해진 환경하에서 상황을 극복하고, 얼마나 인내심을 발휘하는지를 알아보는 방법을 말한다.

39 정답 ②

전통적 고과기법
- 서열법 : 조직의 종업원 근무능력 및 근무성적에 대해서 순위를 매기는 방법
- 평정척도법 : 종업원의 자질을 직무수행의 달성 가능한 정도에 따라 미리 마련된 척도를 근거로 평정자(고과자)가 체크하도록 하는 방법
- 대조표법 : 평가에 행동기준을 리스트에 설정·배열하여 피고과자의 능력이나 근무상태가 이 항목에 해당되는 경우에 체크하는 방법

40 정답 ③

테일러와 포드 시스템의 비교

테일러 (F. W. Taylor)	• 테일러리즘 • 과업관리 • 차별적 성과급 도입 : 객관적인 과학적 방법을 사용한 임률 • 표류관리를 대체하는 과학적 관리방법을 도입, 표준화를 의미 • 작업의 과학화와 개별생산관리 • 인간노동의 기계화 시대
포드 (H. Ford)	• 저가격/고임금의 원칙 • 동시관리 • 작업조직의 철저한 합리화에 의하여 작업의 동시적 진행을 기계적으로 실현하고 관리를 자동적으로 전개 • 컨베이어 시스템, 대량생산 시스템 • 공장 전체로 확대 • 인간의 작업능력에 의해서가 아닌 기계에 의하여 인간의 작업을 좌우

S D E D U

SD에듀와 함께, 합격을 향해 떠나는 여행

Ⅱ. 마케팅원론

- 빨리보는 간단한 키워드
- 기출동형 최종모의고사
- 최종모의고사 정답 및 해설

교육이란 사람이 학교에서 배운 것을 잊어버린 후에 남은 것을 말한다.

– 알버트 아인슈타인 –

빨리보는 간단한 키워드

제1장 | 마케팅 개념

제1절 마케팅의 정의

1 마케팅이란?

(1) 제품·서비스·아이디어를 창출하고, 이들의 가격을 결정하며, 이들에 관한 정보를 제공하고, 이들을 배포하여 개인 및 조직의 목표를 만족시키는 교환을 성립케 하는 일련의 인간 활동

(2) 가치를 창출하고 고객과 커뮤니케이션하며, 조직과 조직의 관련자들에게 혜택을 주고 고객과의 관계를 관리하기 위한 조직의 기능 및 일련의 과정

2 마케팅의 특징

(1) 개인 및 조직체의 목표를 만족시키는 교환을 성립

(2) 영리·비영리 기관 모두 마케팅 활동을 함

(3) 유형의 제품, 무형서비스, 아이디어 등 모두가 마케팅의 대상이 됨

제2절 시장과 고객욕구의 이해

1 마케팅의 핵심개념

(1) **소비자의 필요와 욕구(Needs&Wants)** : 필요는 인간이 기본적인 만족의 결핍을 느끼는 대상이며 욕구는 필요를 채워줄 구체적인 대상과 관련된 개념

> **체크 포인트**
>
> **매슬로우의 욕구 5단계설**
> - 생존과 관련된 하위단계에서 상위로 갈수록 사회화·고도화
> - 하위단계의 욕구를 만족해야 상위욕구를 만족하려는 동기가 발생
> - 순서 : 생리적 욕구 → 안전의 욕구 → 애정 및 소속의 욕구 → 자기 존중의 욕구 → 자아실현의 욕구

(2) **제품과 서비스(Product&Service)** : 소비자의 욕구를 충족하는 시장 제공물

(3) **소비자의 만족과 가치(Satisfaction&Value)** : 소비자는 제품을 선택할 때 그 제품의 가치와 자신이 지불하는 가격을 고려하여 만족하는 수준의 제품을 선택

(4) **교환(Exchange)** : 기업의 가치 있는 제품이나 서비스에 대해 소비자가 대가를 지불하고 획득

(5) **시장(Market)** : 교환이 이루어지는 실체적 장소 혹은 제품이나 서비스의 실제 · 잠재적 구매자들의 집합

제3절 마케팅 관리철학

1 마케팅 개념의 변천과정

(1) **생산개념** : 소비자는 저가격 상품을 선호한다는 전제하에 대량생산과 유통을 통한 원가절감이 목표인 개념

(2) **제품개념** : 소비자는 가장 우수한 품질이나 효용을 제공하는 제품을 선호한다는 개념

(3) **판매개념** : 기업이 소비자로 하여금 보다 많은 상품의 구매를 유도하기 위해 이용가능한 모든 효과적인 판매활동과 촉진도구를 활용해야 한다고 보는 개념

(4) **마케팅개념** : 고객중심적인 마케팅 관리이념으로, 고객욕구를 파악하고 이에 부합되는 제품을 생산하여 고객욕구를 충족해야 한다고 보는 개념

(5) **사회지향적 마케팅개념** : 고객만족, 기업의 이익과 더불어 사회 전체의 복지를 요구하는 개념

제4절 고객관계구축

1 CRM(Customer Relationship Management, 고객관계관리)

(1) 정의
① 고객충성도를 극대화하기 위해 개별고객의 구체적 정보와 접촉점을 관리하는 과정
② 높은 고객가치와 고객만족을 제공함으로써 고객과의 상호작용을 개선하고 관계를 구축·유지하는 전반적인 과정

(2) 목적 : 신규고객 유치 및 고객관계를 유지함으로써 지속적인 고객의 수익성을 극대화하는 것

(3) 과정 : 신규고객 유치 단계 → 고객관계 유지 단계 → 평생고객화 단계

(4) 구성요소 : 비즈니스 전략수립, 정보수집 및 분석, 시스템 기능의 활용, 기술 인프라 스트럭처의 지원, 비즈니스 프로세스

(5) CRM 마케팅과 MASS 마케팅 비교

구분 / 기준	CRM 마케팅	MASS 마케팅
관점	개별고객과의 관계를 중요시함	전체고객에 대한 마케팅의 관점을 중요시함
성과지표	고객점유율을 지향	시장점유율을 지향
판매기반	고객가치를 높이는 것을 기반으로 함	고객과의 거래를 기반으로 함
관계측면	고객과의 지속적인 관계를 유지하는 것에 목표를 둠	신규고객개발을 더 중요시함

제5절 마케팅 기능과 마케팅 관리

1 마케팅 기능

(1) 교환기능 : 기업의 재화 및 서비스의 교환을 통해 소유권의 이전을 가져오는 마케팅 기능
① **구매** : 소비자가 재화와 서비스 구입을 위해 상품을 선택하고 대금을 지불하는 과정
② **판매** : 판매자가 잠재고객이 제품 및 서비스를 구매하도록 유도하고 설득하는 과정

(2) 물적 유통기능 : 제품을 생산지에서 소비지까지 운송하고 보관하는 기능
① **운송(수송)** : 생산과 소비 사이에 존재하는 공간적(장소적) 격리를 극복하게 하는 제품의 물리적 이전
② **보관** : 제품이 생산자에서 최종소비자에게 이전되는 중 발생하는 공급과 수요 간의 시간적 불균형을 해소하기 위해 안전하게 관리

(3) 조성기능

① **표준화** : 수요와 공급의 품질적 차이를 조절하기 위해 상품의 규격과 형식을 책정
② **시장금융 기능** : 상품 구입에 필요한 자금을 조달
③ **정보제공** : 시장과 고객에 대한 정보를 수집 및 분류하고 분석하여 해석
④ **위험부담** : 대처 가능한 위험을 부담하여 재화 및 서비스의 금전적 가치 손실을 감소하고 분산

2 마케팅 요소 4P

(1) 제품(Product) : 고객의 필요와 욕구를 만족시키는 재화 및 서비스 혹은 아이디어

(2) 가격(Price) : 제품을 얻기 위해 지불하는 것

(3) 프로모션(Promotion) : 기업과 소비자 간의 커뮤니케이션 수단

(4) 유통(Place) : 소비자가 제품을 구매하는 장소

3 최근 4P's → 4C's로 전환

(1) Product → Consumer : 구체적으로 소비자가 원하는 것을 의미

(2) Price → Cost : 구매에 들어가는 노력, 시간, 심리적 부담 등의 비용을 의미(기업의 입장에서는 가격이지만, 소비자의 입장에서는 비용으로 인식)

(3) Promotion → Communication : 판매자와 구매자 간의 상호전달을 의미

(4) Place → Convenience : 구매의 편의성을 의미

4 마케팅 관리

마케팅 환경 속에서 마케팅 요소를 적절히 조합·혼합하여 고객을 만족시키는 과정

제6절 마케팅의 새로운 트렌드

(1) 관계 마케팅

기업과 소비자 간의 교환을 관계라는 개념으로 파악하여 데이터베이스(DB ; Data Base)화시킨 소비자들의 정보를 토대로 고객과 장기적인 관계를 맺고 관리하는 마케팅 전략

(2) 공생 마케팅

기업끼리 마케팅 자원을 공동으로 이용하여 상호 이익을 극대화하고 위험을 회피하는 방향으로 나아가는 마케팅 전략

(3) 인터넷 마케팅

인터넷을 이용한 사이버 공간상에서 일어나는 모든 마케팅 활동으로, 쌍방향 커뮤니케이션을 가능케 함으로써 고객이 마케팅 활동에 깊이 참여할 수 있는 마케팅 전략

(4) 사회적 마케팅

사회적 환경과 복지를 해치지 않는 범위에서 기업의 이윤·사회적 이해·고객만족이 균형을 이루는 마케팅 전략

제2장　마케팅 전략

제1절 전략적 마케팅 계획

1 전략적 마케팅 계획이란?

(1) 정의 : 목표고객을 선정하고 각각의 목표고객별로 마케팅 환경을 고려해서 적절한 시기에 마케팅 자원을 장기적이고 광범위하게 분배하는 일련의 계획과정

(2) 목적 : 기업의 성장을 통해 매출성장과 높은 수익창출

(3) 효과 : 변화하는 마케팅 환경에 맞춰 기업의 목표와 자원(자금, 인적·물적 자원 등)을 마케팅 기회에 적용함으로써 기업을 지속적으로 성장시키고 경쟁우위 확보

2 전략적 마케팅 계획 수립과정

전략적 마케팅 계획 수립과정은 '기업사명의 정의 → 기업목표의 결정 → 사업단위별 경쟁전략의 결정 → 사업(제품) 포트폴리오의 결정'이며 앞의 세 단계는 기업 수준에서, 마지막 단계는 사업부·제품·시장 수준에서 진행됨

(1) **기업사명의 정의** : 조직구성원들의 생각·행동지침이 될 수 있고 기업이 달성하고자 하는 것을 구체화

(2) **기업목표의 결정** : 기업의 사명을 특정 기간 동안 달성할 수 있는 일련의 목표로 전환

(3) **사업단위별 경쟁전략의 결정** : 전략적 마케팅 계획의 수립을 용이하게 하기 위해 관련된 사업이나 제품을 묶어 별개의 사업단위로 분류

(4) **사업(제품) 포트폴리오의 결정** : 기업의 여건분석을 통하여 자원의 적절한 배분 결정

3 SWOT 분석

(1) **정의** : 기업이 내부환경 및 외부환경 등을 분석하여 자사의 강점과 약점, 기회와 위협요인을 규정하고, 이를 기반으로 마케팅 전략을 수립하는 데 사용되는 기법

(2) **목적** : 기업의 성장기회와 미래의 위협요소 파악

(3) **구성**
   ① **강점(Strength)** : 기업 내부의 강점(충분한 자본력, 기술적 우위, 유능한 인적 자원 등)
   ② **약점(Weakness)** : 기업 내부의 약점(생산력의 부족이나 미약한 브랜드 인지도 등)
   ③ **기회(Opportunity)** : 기업의 사회·경제적 기회(외부로부터 발생하는 기회 등)
   ④ **위협(Threat)** : 외부적인 위협(사회·경제적)

제2절 기업수준의 전략계획 수립

1 사명이란?

(1) 타사와 자사를 차별화시키고 활동영역을 규정함으로써, 기업의 근본적인 존재 의미와 목적을 나타내는 것

(2) 전략적 의사결정의 출발과 전략 수립·실행의 기본적인 지침

(3) 기업 의사 결정, 기업 구성원 행동의 방향이 되고 동시에 평가의 기준

(4) 기업의 자원 활용과 더불어 자원의 배분에 대한 기준

2 기업목표

(1) **정의** : 기업의 사명을 실현하기 위해 구체적인 목표로 전환한 것

(2) **기준**
    ① **순서의 확립** : 추상적인 것에서 구체적인 것으로 중요성에 따라 순차적으로 설정
    ② **계량화** : 기업의 목표는 가능한 측정할 수 있도록 설정
    ③ **실현 가능화** : 기업의 목표는 주어진 시장기회의 포착과 자사의 장점 또는 약점 등을 기반으로 객관적 분석을 통해 설정
    ④ **일관성의 유지** : 기업의 목표는 상이하지 않고 일관되도록 함

3 기업수준의 전략

(1) **정의**
    기업이 처해진 환경의 제약 하에서 목표달성을 위해 조직이 사용하는 주요 수단으로써 환경과 자원을 동원하는 상호작용 유형

(2) **구분**
    ① **전사적 전략(기업수준 전략)** : 사업의 영역을 선택하고, 이를 기반으로 사업을 어떻게 효과적으로 관리할 것인가의 문제를 다룸
    ② **사업부 전략(사업수준 전략)** : 특정 사업 영역 내에서 타사에 비해 어떻게 경쟁우위를 확보하고, 이를 효과적으로 유지해 나가는지를 다룸
    ③ **기능 전략(기능수준 전략)** : 기업의 생산, 마케팅, 재무, 인사 등 경영의 주된 기능 내에서 주어진 자원을 어떻게 효과적으로 이용할 것인가를 다룸

제3절 마케팅 계획 수립

1 전략사업 단위(SBU ; Strategic Business Unit)

기업이 제품 개발, 시장 개척, 다각화 등의 장기 경영 전략을 펼치기 위하여 전략 경영 계획을 세울 때 특별히 설정하는 관리 단위

2 사업 포트폴리오 분석

(1) 정의 : 기업 내 주요 사업부문(전략사업 단위, SBU)의 현재 위치를 분석하고 그 매력도를 평가하는 것

(2) 목적 : 사업 포트폴리오 계획을 위해서는 SBU별 경영성과가 제대로 평가되어야 하며, 이를 기반으로 자사의 자원이 SBU별로 어떤 방식으로 할당되어야 할 것인지 결정하고, 분석 결과를 바탕으로 어떤 부분을 확대ㆍ축소할 것인가를 평가하여 경영에 적용

3 BCG(Boston Consulting Group) 매트릭스

(1) BCG 매트릭스는 세로축을 시장성장률로, 가로축을 상대적 시장점유율로 두어 2×2 매트릭스를 형성

(2) 매트릭스 특징

	고	**별(Star)** • 시장성장률과 상대적 시장점유율 모두 높음 • 제품수명주기상 성장기에 속함 • 성장을 위해 자금투하 필요 • 전략 : 투자/구축	**물음표(Question Mark)** • 시장성장률은 높으나 상대적 시장점유율 낮음 • 기업의 결정에 따라 별(Star)이나 개(Dog) 사업으로 이동 • 시장 점유율을 높이기 위해 많은 자금투하가 필요 • 제품수명주기상 도입기에 속함 • 전략 : 투자/수확/철수
시장 성장률		**캐시카우(Cash Cow)** • 시장성장률은 낮지만 높은 상대적 시장점유율 유지 • 가장 많은 현금을 창출 • 제품수명주기상 성숙기에 속함 • 전략 : 유지/수확	**개(Dog)** • 시장성장률도 낮고 시장점유율도 낮음 • 더 이상 성장이 어렵고 현금흐름이 좋지 못함 • 제품수명주기상 쇠퇴기에 속함 • 전략 : 철수
	저	고	상대적 시장점유율 저

(3) 전략

① **투자(확대) 전략** : 별과 약한 물음표에서 사용되는 전략으로, 시장점유율을 높이기 위해 현금자산을 투자하는 전략

② **유지 전략** : 강한 캐시카우에 해당하는 전략으로, 시장점유율을 현재 수준에서 유지하려는 전략

③ **수확 전략** : 약한 캐시카우, 약한 물음표에 해당하는 전략으로, 장기적인 효과와 상관없이 단기적 현금흐름을 증가시키기 위한 전략

④ **철수 전략** : 개와 약한 물음표에 해당하는 전략으로, 다른 사업에 투자하기 위해 특정 사업을 처분하는 전략

4 GE 매트릭스(GE and Mckinsey 매트릭스)

(1) BCG 매트릭스의 한계를 보완하여 산업성장률, 시장점유율 이외에도 각 차원의 평가에서 환경, 전략변수들을 반영

(2) **구성요소**

① **산업 매력도**: 시장크기, 시장성장률, 시장 수익성, 가격 추세, 경쟁 강도·라이벌 관계, 산업 전반의 수익 리스크, 진입장벽, 제품과 서비스를 차별화할 수 있는 기회, 세분화, 유통 구조, 기술 개발 등

> **체크 포인트**
>
> **Michael Porter의 산업 매력도에 영향을 미치는 5가지 요소**
> • 신규진입자의 위협
> • 구매자의 교섭력
> • 공급자의 교섭력
> • 대체품의 위협
> • 기존 경쟁자의 경쟁강도

② **사업 강점**: 자산과 역량의 강점, 상대적인 브랜드의 강도(마케팅), 시장점유율, 시장점유율 성장, 고객 충성도, 상대적인 비용 포지션(경쟁자와 비교한 비용 구조), 상대적인 이익률, 유통 강점 및 생산 능력, 기술적 또는 다른 혁신 기록, 품질, 경영상 강점 등

(3) **매트릭스 특징**

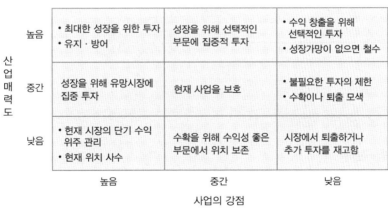

[GE 매트릭스]

5 GE 매트릭스와 BCG 매트릭스의 차이점

기법 \ 속성	셀의 개수	수익성	시장매력도	사업 강점의 정의	사상적 토대
BCG Matrix	4개	현금 흐름	시장의 성장	시장점유율	경험곡선이론
GE Matrix	9개	ROI	시장 잠재력, 사회·기술적 요인 등	사업 규모 및 위치, 경쟁우위 등	경쟁우위론

6 앤소프 매트릭스

(1) 시장과 제품을 기존·신규로 구분하고 파악하여 어떤 전략을 채택해야 하는지를 행렬로 정리한 것

(2) 전략

① **시장침투 전략(Market Penetration)** : 저렴한 가격과 집중적인 광고로 기존 시장에서 기존 제품을 활용해 매출액 향상시키는 전략

② **시장개발 전략(Market Seeking)** : 유통채널 확보로 기존 제품으로 새로운 시장에 진출하는 전략

③ **제품개발 전략(Product Development)** : 매출액 하락 회복을 위해 기존 시장에서 현재 소비자들에게 새로운 제품을 공급하는 전략

④ **다각화 전략(Diversification)** : 신시장에 신제품을 공급하는 전략

제품 \ 시장	기존 시장	새로운 시장
기존 제품	시장침투 전략	시장개발 전략
새로운 제품	제품개발 전략	다각화 전략

제4절 마케팅 전략과 마케팅 믹스

1 마케팅 전략

구체적으로 어떤 고객을 대상으로(시장세분화와 타깃팅) 어떻게 차별화된 제품과 서비스를 제공할 것인가(차별화와 포지셔닝)를 결정하는 것

2 STP 전략

(1) **시장세분화(Segmentation)** : 동질적 니즈를 가진 소비자들끼리 묶어 몇 개의 세분화된 시장으로 나누는 것

(2) 타깃팅(Targeting) : 몇 개의 세분시장 중 기업과의 적합도가 가장 높은 세분시장을 선택하는 과정

(3) 포지셔닝(Positioning) : 선택한 세분시장에서 고객들의 마음속에 자사의 브랜드를 자리 잡게끔 하는 활동

3 마케팅 믹스

(1) 고객의 니즈를 만족시키는 제품과 서비스 및 아이디어를 창출하고 이에 대해 가격을 결정하며, 구매자와 판매자 간의 커뮤니케이션의 수단을 설정하고 소비자가 구매할 경로를 결정하는 것

(2) 요소
① **제품(Product)** : 고객의 니즈를 만족시키는 재화, 서비스 및 아이디어
② **가격(Price)** : 제품을 얻기 위해 소비자가 지불하는 것
③ **프로모션(Promotion)** : 구매자와 판매자 간의 커뮤니케이션 수단
④ **유통(Place)** : 소비자가 실질적으로 제품을 구매하는 장소

(3) 최근 4P에서 4C(Consumer, Cost, Communication, Convenience)로 전환

제5절 마케팅 관리

1 마케팅 관리란?

마케팅 활동을 관리하는 것으로서, 표적시장의 욕구 및 필요의 충족을 통하여 기업의 목적을 달성시키기 위해 시장 관련 현상을 분석하고 이를 기초로 마케팅 분석, 계획수립, 실행, 통제하는 활동

(1) 마케팅 분석 : 시장의 전반적 상황 분석, 자사와 각 사업단위의 상품의 성과 분석, 경쟁자, 공급자, 거시환경 등을 분석

(2) 마케팅 계획수립 : 기업의 전반적 전략목표와 전략계획의 실현을 돕기 위한 마케팅 전략을 개발

(3) 마케팅 실행 : 마케팅 계획을 마케팅 행동으로 실행하는 것

(4) 마케팅 통제 : 마케팅 계획의 실행결과를 평가하고 비교하여 마케팅 목표를 효율적으로 달성할 수 있도록 정보를 제공

2 마케팅 활동에 영향을 미치는 요소

(1) **마케팅 환경** : 기업의 마케팅 활동에 영향을 미치는 모든 환경요인으로 기회적 요소가 되기도 하고 위협적 요소가 되기도 함

(2) **마케팅 환경요인**

구분	미시적 환경요인	거시적 환경요인
설명	직접적이고도 관련성이 높은 마케팅 환경요인	간접적이고 단기적으로는 잘 변하지 않는 환경요인
요인	• 고객 시장 • 소비자 • 언론기관 • 금융기관 • 경쟁 업체 • 중개업자 • 공급자 • 대중	• 인구통계적 환경요소 • 기술적 환경요소 • 사회·문화적 환경요소 • 경쟁자 환경요소

제6절 마케팅 투자효과 측정

마케팅 투자수익률(ROI ; Return On Investment)이란 마케팅 투자에 의해 나타나는 순수익을 투자 비용으로 나눈 것으로, 마케팅이 수익을 창출하는 방식을 정량화하여 정당화함

제3장 소비자와 산업재 구매자 행동

제1절 소비자 행동모델

1 소비자 행동모델

(1) **정의** : 소비자 행동에 관계되는 변수들을 확인하고 그들 사이의 관계를 본질적으로 서술하여 행동이 형성되고 영향을 받는 양상을 묘사하기 위한 것

(2) **역할**
　① 소비자 행동에 대해서 통합적인 관점을 제공
　② 마케팅 의사결정에 필요한 조사 분야를 확인시켜 주며 변수 간 관계의 계량화
　③ 조사발견점을 평가하고 그것을 의미하는 방법으로 해석

④ 마케팅 전략을 개발하고 소비자 행동을 예측하기 위한 근거를 제공

⑤ 소비자 행동에 관한 이론구성과 학습을 지원

2 전통적 소비자 구매행동모델(AIDMA)

(1) **Attention** : 매체에 삽입된 광고를 접하는 수용자가 주의를 집중하는 단계

(2) **Interest** : 수용자가 광고에 흥미를 느끼는 단계

(3) **Desire** : 수용자가 광고 메시지를 통해 제품의 소비나 사용에 욕구를 느끼는 단계

(4) **Memory** : 광고 메시지나 브랜드 이름 등을 기억・회상하는 단계

(5) **Action** : 제품의 구매나 매장의 방문 등 광고 메시지에 영향을 받은 행동을 하는 단계

제2절 구매자 의사결정과정

1 구매의사 결정 과정 단계

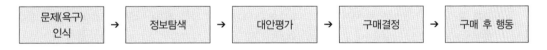

문제(욕구) 인식 → 정보탐색 → 대안평가 → 구매결정 → 구매 후 행동

(1) **문제(욕구) 인식** : 바람직한 상태와 실제로는 그렇지 못한 상태와의 차이에서 소비자는 욕구를 느끼게 되고 이 차이를 줄이는 것이 마케팅 활동임

(2) **정보탐색** : 소비자가 문제(욕구)를 인식하면 이를 해결하기 위해 대안(정보)을 탐색
    ① **내부탐색** : 자신의 기억 또는 내면에 저장되어 있는 관련된 정보에서 의사결정에 도움이 되는 것을 끄집어내는 과정
        ㉠ 상기상표 : 내적 탐색을 하면서 기존에 알고 있던 상표들 중 떠오르는 상표군
        ㉡ 최초 상기상표 : 내적 탐색을 통해 가장 먼저 생각나는 상표
    ② **외부탐색** : 자신의 기억 외의 원천으로부터 정보를 탐색하는 활동
        ㉠ 고려상표군 : 기존에 알지 못했던 상표들 중에서 외적 탐색을 통해서 발견된 상표군에 상기상표 군을 더한 것으로, 대안평가를 하기 위해 최종적으로 고려되는 상표군
        ㉡ 선택집합 : 고려상품군 중 최종적으로 고려되는 상품

(3) 대안의 평가

① **보완적 방법** : 한 속성에 대한 나쁜 평가가 다른 속성에 대한 좋은 평가에 의해 상쇄되면서 종합적으로 평가

② **비보완적 방법** : 어떤 중요한 속성에 대한 평가로 나쁜 브랜드는 탈락시키고, 가장 좋은 브랜드를 선택

③ **휴리스틱 방법** : 여러 요인을 체계적으로 고려하지 않고 경험, 직관에 의해 문제해결과정을 단순화시키는 규칙을 만들어 평가

(4) 구매결정 : 구매의사를 결정해 구매행동으로 옮기는 단계

① 대안의 평가에서 결정한 상표가 반드시 구매되는 것은 아님

② 사회적 영향 및 상황의 영향을 많이 받음

(5) 구매 후 행동 : 소비자가 제품의 성능과 구매 전 제품에 대해 기대했던 내용을 비교·평가하여 현 제품의 성능이 기대치보다 높으면 만족하고, 제품의 성능이 기대치에 미치지 못하면 불만족함

① **만족** : 재구매 및 추천

② **불만족** : 불평행동

　㉠ 사적행동 : 재구매하지 않거나 나쁜 구전 전파

　㉡ 공적행동 : 기업에 불평하거나 공적기관에 고발 또는 법원에 고소

③ **인지 부조화**

　㉠ 제품의 성능이 소비자의 기대치보다 높으면 만족(기대 ≤ 성과 ⇒ 만족)

　㉡ 제품의 성능이 소비자의 기대치에 미치지 못하면 불만족(기대 > 성과 ⇒ 불만족)

④ **구매 후 부조화** : 소비자가 제품구매 후 자신의 구매가 과연 잘한 것인가 아닌가 하는 불안감 내지 의구심으로, 기업은 소비자에게 제품에 대한 긍정적 정보를 제공하여 소비자의 부조화를 감소시켜야 함

2 구매의사결정 행동유형

(1) 관여도 : 제품의 구매가 소비자인 자신과 관련이 있는 정도 또는 중요한 정도

① **고관여 구매행동** : 제품에 대한 관심이 많을수록, 구매 중요도가 클수록, 가격이 비싸고 구매 영향이 클 때 소비자 행동

　㉠ 복잡한 구매행동 : 구매 시에 관여도가 높고 브랜드 간의 차이가 뚜렷할 때 소비자는 학습과정을 통해 신념과 태도를 형성하여 신중한 구매선택을 함

　㉡ 부조화 감소 구매행동 : 소비자는 구매 후 구매에 대한 확신을 갖기 위해 구매한 제품의 긍정적 정보, 구매하지 않은 제품의 부정적 정보를 수집하여 부조화를 감소하려고 노력함

② **저관여 구매행동** : 제품에 대한 관심이 없고, 구매 중요도가 낮고, 가격이 저렴하고, 상표 사이의 차이가 없으며 구매 영향이 적을 때 소비자 행동

ⓐ 습관적 구매행동 : 제품에 대하여 구매자가 비교적 낮은 관여도(주로 편의품 등)를 보이며 제품의 상표 간 차이가 별로 나지 않는 경우 발생함

ⓑ 다양성 추구 구매행동 : 구매하는 제품에 비교적 저관여 상태이며, 제품의 상표 간 차이가 뚜렷한 경우 소비자들이 다양성을 추구함

③ **브랜드 차이와 관여도**

구분	저관여	고관여
브랜드 간의 차이가 크게 나타날 때	다양성을 추구한다.	복잡한 의사결정을 한다.
브랜드 간의 차이가 작게 나타날 때	관성적인 구매를 한다.	부조화는 감소된다.

제3절 소비자 정보처리과정

1 소비자 정보처리과정이란?

소비자가 정보에 노출되어 주의를 기울이고 내용을 이해하고 긍정적 또는 부정적 태도가 형성되는 일련의 과정

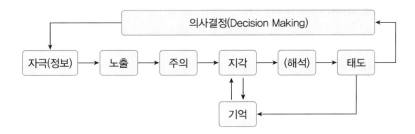

(1) **노출** : 소비자가 자극에 물리적으로 접근하여 5개 감각기관 중 하나 혹은 그 이상이 활성화될 준비상태

① **우연적 노출** : 자신도 모르게 광고에 노출되는 것

② **의도적 노출** : 의사결정을 위하여 의도적으로 정보를 찾는 경우

③ **선택적 노출** : 소비자가 필요하고 관심이 있는 정보에만 자신을 노출시키는 것

(2) **주의** : 소비자가 제품 자체에 고관여인 상태에서는 제품에 대해 상당한 주의를 가지나, 단지 광고에 흥미를 보이는 경우엔 거의 제품특성보다는 광고의 배경이나 연출 등에 주의를 기울임

(3) **지각** : 소비자의 감각기관에 들어온 정보를 조직화해서 해당 정보의 의미를 해석

① **선택적 주의** : 자극 중에서 극히 일부에만 주의를 기울이는 현상

② **선택적 왜곡** : 일단 주의를 기울여 받아들인 정보를 자신이 알고 있던 선입관에 맞추어 해석하는 경향

③ **선택적 보유** : 자신의 행동이나 태도를 뒷받침해주는 정보만 기억하는 경향

(4) **반응** : 정보처리를 하는 과정에서 자연스럽게 여러 가지 생각이 떠오르게 되거나 여러 가지 느낌을 가지게 되는 현상

　① **인지적 반응** : 소비자가 정보처리과정 중 자연스럽게 떠올린 생각

　② **정서적 반응** : 소비자가 정보처리과정 중 자연스럽게 유발되는 느낌

(5) **태도** : 어떠한 대상에 대하여 일관성 있게 호의적 또는 비호의적으로 반응하는 선호경향

(6) **기억** : 들어온 정보의 처리와 저장이 이루어지는 가설적 장소

　① **감각기억** : 감각기관에 받아들여진 정보는 짧은 시간 동안 저장됨

　② **단기기억** : 감각기억에서 유입된 정보와 장기기억에서 인출한 정보를 처리하여 장기기억으로 전달

　③ **장기기억** : 처리된 정보가 저장되는 장소로, 장기기억에 저장된 정보는 단기기억에 의해 인출되어 지각과 반응에 영향을 미치고, 더 나아가 의사결정에 영향

제4절 소비자 구매의사결정에 영향을 미치는 요인들

1 개인적 요인(Personal Factors)

(1) **인구통계적 특성** : 연령, 성별, 소득, 직업, 교육수준 등

(2) **라이프스타일** : A(Activity : 활동), I(Interest : 흥미), O(Opinion : 의견)

(3) **개성** : 소비자의 성격 및 자아개념과 관련된 것으로 한 개인의 비교적 지속적이면서 독특한 심리적 특성

2 심리적 요인(Psychological Factors)

(1) **동기** : 충족되지 않은 충분한 수준의 욕구

(2) **지각** : 소비자 자신이 처한 상황에 대한 지각

(3) **학습** : 어떤 사람의 경험으로부터 신념·행동의 변화가 일어나는 것

　① **일반화** : 유사한 자극에 대해서 동일하게 반응하는 것

　② **차별화** : 여러 회사의 제품 간 차이를 인식하고, 그에 따라 다르게 행동하는 것

(4) **신념과 태도**

　① **신념** : 소비자가 가지는 어떤 대상에 대한 설명적인 생각으로 제품이나 서비스에 대한 이미지 형성

　② **태도** : 소비자 개인의 어떤 대상에 대한 비교적 지속적이면서도 일관성 있는 평가, 감정, 경향으로 제품이나 서비스에 대해 좋고 싫음을 형성

3 사회적 요인(Social Factors)

(1) **사회계층** : 소비자들의 직업이나 교통수준, 소득수준 등에 의해 주로 결정

(2) **준거집단** : 소비자가 따르기도 하고, 자신의 행동기준으로 삼는 집단
① **1차 집단** : 가족, 친구, 동료, 이웃 등 지속적으로 상호작용함으로써 상당한 응집력이 있는 집단
② **2차 집단** : 종교단체, 협회, 모임 등 덜 지속적인 상호작용을 하는 집단
③ **희구집단(열망집단)** : 현재 소속되어 있지 않지만 소속되기를 원하고 갈망하는 집단
④ **회피집단** : 가치관이나 행동이 달라서 소속되고 싶지도 않고 영향 받고 싶지도 않은 집단

(3) **가족** : 구성원들의 구매행동에 많은 영향을 미치는 요인

4 문화적 요인(Cultural Factors)

(1) **문화** : 사람들의 욕구와 행동 등을 유발시키는 요인으로 인간의 지식·신념·행위의 총체

(2) **하위문화** : 종교나 인종같이 문화보다 더 작은 요인

(3) **사회계층** : 동일한 사회계층에 속한 구성원들은 서로 유사한 가치를 지니며, 비슷한 행동양식을 보임

제5절 산업재 시장

(1) **정의** : 다른 소비자들에게 판매, 임대, 공급할 제품이나 서비스를 생산하는 과정에 사용될 재화 및 서비스를 확보하려는 영리기업, 기관, 정부기관 등의 조직으로 구성된 시장

(2) **특성** : 소비재 시장보다 적은 수의 그러나 더 큰 규모의 구매자와 거래됨. 산업재 수요는 파생된 수요로서 소비자의 수요에서 비롯됨

제6절 산업재 구매자 행동

1 Patrick Robinson의 산업재 구매 상황 3가지 유형

(1) **완전 재구매(Straight Rebuy)** : 구매자가 조정 없이 일상적으로 제품을 재주문하는 상황

(2) 수정 재구매(Modified Rebuy) : 구매제품의 명세나 가격, 배달조건, 기타 조건들을 변경하는 구매 상황

(3) 신규 구매(New Task) : 처음으로 제품이나 서비스를 구매하는 상황

2 산업재 구매의사결정 과정의 참여자

발인자, 사용자, 영향력 행사자, 결정자, 승인자, 구매자, 문지기

3 산업재 구매의사결정에 영향을 미치는 요인

(1) 환경적 요인 : 경제적 발전, 공급 조건, 기술 변화, 정치적 규제상의 발전 등

(2) 조직적 요인 : 목적, 정책, 절차, 조직구조, 시스템 등

(3) 개인적 요인 : 권위, 지위, 감정이입, 설득 등

(4) 대인적 요인 : 연령, 소득, 교육, 직위, 개성 등

4 산업재 구매의사결정 과정(The Business Buying Process)

문제인식 → 전반적 니즈기술과 제품명세서 작성 → 공급기업 탐색 → 제안서 요청 → 공급기업 선택 → 주문명세서 작성 → 성과평가 → 사업적 관계(위험과 기회주의)

제4장 마케팅 정보의 관리

제1절 시장정보와 고객통찰력

1 고객통찰력

수치화된 여러 데이터를 보면서 그 안에서 반복되는 고객의 패턴을 읽어내는 것

2 고객통찰력 확보를 위한 소비자 조사기법

(1) 소비자의 행동을 관찰하는 기법

① **대규모 설문조사** : 구조화된 설문지를 기반으로 이해하기 쉽고 통계적 검증이 가능하여 조사결과의 일반화 및 객관화가 가능한 방법

② **FGI(Focus Group Interview)** : 정성조사의 한 방법으로 2시간에 6~8명에게 10~30가지 문항을 질문하는 방법

③ **관찰법** : 사람의 행동이나 사건 중에서 조사 목적에 필요한 것을 관찰·기록하여 분석하는 방법

④ **Shadow Tracking** : 소비자의 생활상 및 제품 사용 패턴, 응답자의 이동 경로에 따른 행동 특성을 파악하기 위해 소비자의 일상생활을 동영상으로 촬영하여 관찰하는 방법

⑤ **Peer Shadowing** : 본인, 친구, 가족 등 지인들이 선정된 소비자의 행동을 관찰·기록하는 방법

⑥ **Town Watching** : 소비자 집단의 라이프스타일이나 트렌드를 파악하기 위해 그들을 만날 수 있는 장소에서 관찰과 인터뷰를 진행하는 방법

⑦ **Video Ethnography** : 특정 제품이나 환경에 대한 소비자의 사용행태를 한 지점에 카메라를 고정·기록·관찰하는 방법

⑧ **Home Visiting** : 조사 대상 가구를 직접 방문하여 집안 환경을 관찰하고 가족구성원과의 인터뷰를 통해 가정 내 라이프스타일 및 제품 사용행태를 파악하는 방법

⑨ **POP(Point Of Purchase)** : 매장 관찰이나 판매원 인터뷰를 통해 매장환경을 분석하고 고객의 구매 행태를 관찰함으로써 문제점을 찾는 방법

⑩ **온라인 일기** : 개인의 중요한 생활 이야기를 개인적 관점에서 기록하는 방법

제2절 마케팅 정보의 개발

1 마케팅 정보에 영향을 미치는 요소

정확성, 증거성, 적합성, 적시성, 형태성

2 마케팅정보시스템(MIS ; marketing information system)

(1) 정의 : 정보를 수집, 처리, 가공, 저장, 공급함으로써 마케팅 의사결정자가 마케팅 활동에 대해 의사결정하고 실행 및 통제하는 활동을 지원하는 구성요소들의 집합

(2) 필요성

① 마케팅 수단의 효율성에 관한 정보의 필요성 증대

② 고객접촉의 기회가 감소하면서 고객에 대한 정보수집 필요성 증대

③ 한정된 자원의 효율적 이용

④ 시장변화에 대한 신속한 대응

⑤ 소비자 욕구의 다양화

(3) 마케팅정보시스템의 하위시스템

① **내부정보시스템(Internal Information System)** : 내부에서 만들어지는 정보를 관리하는 시스템

② **마케팅인텔리전스시스템(Marketing Intelligence System)** : 기업 주변의 마케팅 환경에서 발생되는 정보를 수집하기 위한 시스템

③ **고객정보시스템(Customer Information System)** : 고객의 인구통계적 특성, 라이프스타일, 구매행동 등의 자료를 축적한 데이터베이스

④ **마케팅 조사시스템(Marketing Research System)** : 마케터의 의사결정에 직접적으로 관련된 1차 자료를 수집하기 위한 시스템

⑤ **마케팅 의사결정지원시스템(Marketing Decision Support System)** : 얻어진 자료를 마케팅 의사결정에 쉽게 사용할 수 있도록 만들어주는 시스템

3 마케팅정보시스템과 마케팅 조사의 비교

구분	마케팅정보시스템	마케팅 조사
정보	외부 및 내부자료 취급	외부정보 취급에 치중
목적	문제해결/문제예방	문제해결
운영시기	지속적	단편적/단속적
방향	미래지향적	과거의 정보에 취중
하위시스템	마케팅 조사 이외에도 다른 하위시스템 포함	마케팅정보시스템에 정보를 제공하는 하나의 자료원

제3절 마케팅 조사

1 마케팅 조사

(1) **정의** : 마케팅 의사결정을 하기 위해 필요한 각종 정보를 제공하기 위해 자료를 수집·분석하는 과정

(2) **역할** : 서로 관련이 있는 사실들을 찾아내고 분석하여 가능한 조치를 제시함으로써 마케팅 의사결정을 도움

2 마케팅 조사 과정

> 문제 정의 → 조사설계 → 자료수집방법 결정 → 표본설계 → 자료수집 및 분석 → 결과해석 및 보고서 작성

3 조사설계

구분	탐색조사	기술조사	인과조사
목적	문제를 찾아내고 정의하는 것	소비자가 느끼고 행동하는 것을 묘사	인과관계를 밝히는 것
자료수집 방법	사례조사, 문헌조사, 전문가 의견 조사, FGI(표적집단면접법)	설문조사법	실험법
특징		• 종단조사 : 일정 기간에 걸쳐 반복적으로 시행 • 횡단조사 : 어느 한 시점에 조사를 시행	인과관계 추론의 조건 : 시간적 선행성, 공동 변화, 허위 관계 배제

4 자료수집 방법의 결정

(1) 1차 자료와 2차 자료

구분	1차 자료	2차 자료
개념	조사자가 현재 수행 중인 조사목적을 달성하기 위하여 직접 수집한 자료	현재의 조사목적에 도움을 줄 수 있는 기존의 모든 자료
장점	• 조사목적에 적합한 정확도, 신뢰도, 타당성 평가가 가능 • 수집된 자료를 의사결정에 필요한 시기에 적절히 이용 가능	• 일반적으로 자료 취득이 쉬움 • 시간, 비용, 인력이 저렴함
단점	2차 자료에 비해 자료수집에 있어 시간, 비용, 인력이 많이 듦	자료수집목적이 조사목적과 불일치(자료의 낮은 신뢰도)
유형	리포트, 전화 서베이, 대인면접법, 우편이용법 등	논문, 정부간행물, 각종 통계자료 등

(2) 관찰법 : 조사자가 소비자의 행동이나 기타 조사 대상을 직접 혹은 기계를 이용하여 관찰함으로써 자료를 수집하는 방법

① 사람들이 제공할 수 없거나 제공하기를 꺼리는 정보를 얻는 데 적합한 방식

② 조사자의 협조나 응답 능력이 전혀 문제되지 않음

③ 느낌, 태도, 동기는 관찰하기 어렵고 소비자의 장기적인 행동도 관찰하기 어려움

④ 설문지에 비해 비싼 비용

⑤ 피관찰자가 관찰되고 있다는 것을 눈치 채지 못하도록 하는 것이 중요

(3) **면접법** : 연구자와 응답자 간 언어적인 상호작용을 통해 필요한 자료를 수집하는 방법

① 다양한 질문을 사용할 수 있고 정확한 응답을 얻을 수 있음

② 질문지법보다 더 공정한 표본을 얻을 수 있음

③ 시간, 비용, 노력이 많이 소요됨

④ 응답자에 따라서는 면접자에게 자신의 상황을 드러내는 것이 어려움

⑤ 대인면접법, 우편질문법, 전화면접법 등이 있음

체크 포인트

대인면접법 · 우편질문법 · 전화면접법의 장점과 단점

구분	대인면접법	우편질문법	전화면접법
장점	• 가장 융통성 있는 자료수집 방법 • 응답자의 확인이 가능 • 응답률이 높음 • 표본분포의 통제가 가능	• 표본분포가 폭넓고, 대표성을 지닐 수 있음 • 면접의 오류발생이 없음 • 현장조사자가 필요 없음 • 조사비용이 저렴함 • 특정 이슈에 대한 솔직한 응답이 가능 • 응답자가 충분한 시간적 여유를 가지고 답변할 수 있음 • 편견적 오류가 감소함. 여기에는 면접자가 없으므로 면접자의 개인적 특성 및 면접자들 사이의 차이에서 나올 수 있는 오류가 나타나지 않게 됨	• 표본분포가 폭넓고 다양함 • 한 시점에 나타나는 일에 대해 정도가 높은 정보취득이 가능 • 컴퓨터를 이용한 자동화 조사가 가능 • 면접이 어려운 사람에게 적용 가능
단점	• 익명성의 부재가 발생됨. 응답 내용에 따라 응답자는 정보제공을 하더라도 익명으로 할 때가 있기 때문임 • 조사비용이 많이 소요됨 • 면접자의 감독과 통제가 어려움. 응답자가 만나기를 꺼리거나 비협조적인 경우 면접자가 응답을 조작할 우려가 있음	• 애매모호한 무응답으로 인해 오류가 발생함 • 질문에 대한 통제가 불가능 • 무응답된 질문에 대한 처리가 어려움 • 포괄적인 조사와 같은 특정 질문은 할 수 없음 • 주제에 관심이 있는 사람들만이 응답할 우려가 많음 • 모집단의 특정 지역은 접근이 불가능(문맹자 등) • 회수율이 낮음	• 질문의 길이와 내용에 있어 제한적임 • 보조도구를 사용하기 어려움 • 조사 도중에 전화를 끊어 조사가 중단될 수 있음 • 특정 주제에 대해 응답의 회피가 나타날 수 있음

---

(4) **델파이 기법** : 각 분야의 전문가가 가지고 있는 지식을 종합해서 미래를 예측하는 방법

(5) 설문조사법

① 조사자가 주어진 문제에 대해서 작성한 일련의 질문사항에 대하여 피험자가 대답을 기술하도록 하는 조사방법
② 종업원이나 공급자 또는 소비자의 태도나 의견을 알고 싶을 때 사용하는 방법
③ 설문조사에서 각 질문 문항은 실제로 응답자에게 질문할 말을 그대로 기술하고 질문할 순서대로 배열
④ 설문지 개발 시 주의할 점
　㉠ 적절한 설문항목의 결정
　㉡ 조사목적에 적합한 설문형식을 결정
　㉢ 적절한 설문 용어와 순서의 결정
　㉣ 응답자에게 지나칠 정도의 자세한 질문은 금지
　㉤ 부정적·선동적인 질문은 금지
　㉥ 하나의 항목에 2가지 질문은 금지
　㉦ 대답하기 힘든 질문이나 응답이 곤란한 질문은 금지
⑤ 설문조사과정

> 필요한 정보의 결정 → 자료수집방법의 결정 → 개별항목의 내용결정 → 질문형태의 결정 → 개별 문항의 완성 → 질문의 수와 순서결정 → 설문지의 외형결정 → 설문지의 사전조사 → 설문지 완성

⑥ 개방형 질문과 폐쇄형 질문
　㉠ 개방형 질문 : 응답자로 하여금 응답자 스스로의 말로 대답하도록 하는 형식
　㉡ 폐쇄형 질문 : 가능한 예를 제시하고, 응답자가 제시된 예 중에서 선택하도록 하는 방식

(6) 의미차별화 척도와 리커트 척도

① **의미차별화 척도** : 서로 대칭이 되는 형용사를 놓고 사이에 5~7개의 의미 공간을 설정하고 응답자의 평가를 측정
② **리커트 척도** : 주어진 문장에 대하여 동의 혹은 동의하지 않는 정도를 표시

5 표본설계 : 조사대상을 어떻게 결정하는 것인가를 결정하는 과정

(1) **모집단** : 표본조사에 대한 통계적 추정에 의해 자료를 얻으려는 집단

(2) **표본** : 조사하고자 하는 대상을 말하고 이러한 모집단에서 추출된 일부분

(3) **전수조사** : 통계조사 시 모집단 전부를 조사하는 방법

(4) **표본조사** : 집단의 일부를 조사함으로써 집단 전체의 특성을 추정하는 방법

6 표본추출단계

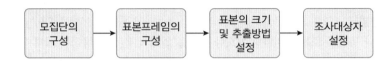

모집단의 구성 → 표본프레임의 구성 → 표본의 크기 및 추출방법 설정 → 조사대상자 설정

(1) **모집단** : 통계적인 관찰의 대상이 되는 집단 전체

(2) **표본프레임** : 표본이 실제 추출되는 연구대상 모집단의 목록

(3) **표본크기 설정** : 예산 설정, 오차범위 축소, 정확도 향상을 위한 적절한 표본크기 설정

(4) **표본추출방법의 결정** : 확률 표본추출방법과 비확률 표본추출방법 중 선택

(5) **조사대상자의 선정** : 실질적인 조사대상자를 선정

7 표본추출방법

구분	확률적 표본추출방법	비확률 표본추출방법
정의	연구대상이 표본으로 추출될 확률이 알려져 있을 때	연구대상이 표본으로 추출될 확률이 알려져 있지 않을 때
표본추출	무작위적 표본추출	인위적 표본추출
모집단에 대한 정보	모집단에 대한 정보 필요	모집단에 대한 정보 불필요
일반화	일반화 가능	일반화 불가능
표본오차	추정 가능	추정 불가능
비용과 시간	많이 듦	적게 듦
종류	단순무작위 표본추출법, 층화 표본추출법, 군집 표본추출법, 체계적 표본추출법	편의 표본추출법, 판단 표본추출법, 할당 표본추출법

제4절 마케팅 정보의 분석과 사용

1 보고서 작성 시 주의사항

(1) 정확하고 간단하게 작성

(2) 객관적인 내용 작성

(3) 의사결정자의 니즈에 맞게 정보를 수집·가공

(4) 조사과정에서 발생할 수 있는 오류 등에 대한 관리 필요

제5장　시장세분화, 표적시장 선택 및 포지셔닝

제1절 시장세분화

1　시장세분화

(1) **정의** : 공통적인 니즈(기호와 특성)를 가진 소비자들끼리 묶어 몇 개의 세분화된 시장으로 나누는 것

(2) **효과**
　① 경쟁우위의 확보
　② 마케팅 기회의 발견
　③ 차별화를 통한 경쟁 완화

2　시장세분화의 조건

(1) **측정가능성** : 각 세분시장의 규모나 구매력 등을 측정할 수 있는 정도

(2) **유지가능성** : 충분한 규모이거나 이익을 낼 수 있을 정도의 크기 필요

(3) **접근가능성** : 세분시장에 효과적으로 접근하여 제품이나 서비스를 제공할 수 있는 적절한 수단 필요

(4) **실행가능성** : 욕구에 충분히 부응할 수 있는 효율적인 마케팅 프로그램을 계획하고 실행할 수 있는 정도

(5) **내부적 동질성과 외부적 이질성** : 같은 세분시장에서는 동질성, 다른 세분시장과는 이질성 필요

3　시장세분화의 기준변수

(1) **인구통계적 변수**
　① **나이** : 나이에 따라 제품으로부터 추구하고자 하는 편익이 달라짐
　② **성별** : 성별에 따른 세분화의 의미는 점차적으로 약화되는 추세

③ **소득** : 가격의 차이가 크고, 동시에 상징성이 강한 제품의 경우 소득이 효과적인 기준이 될 수 있음. 또한, 소득은 사회적 지위와 병행해서 고려해야 함

④ **직업, 가족 수 등**

(2) 지리적 변수

지역, 인구밀도, 도시의 크기, 기후 등 소비자들의 욕구가 지역에 따라 또는 처해진 지리적 여건에 따라 차이가 없다면 의미가 없음

(3) 심리분석적 변수

① **사회계층** : 통상적으로 현실성이 높은 제품에서 특히 그 영향이 큼
② **생활양식(Life Style)** : 개인의 욕구, 동기, 태도, 생각 등을 총망라한 결합체
　　㉠ AIO분석 : 활동(Activity)과 관심(Interest), 의견(Opinion)을 기준으로 분류하여, 소비자가 어떻게 시간을 보내고, 어떤 일을 중시하며, 어떤 견해를 갖고 있는가를 척도로 나타내어 수치화

(4) 인지 및 행동적 세분화

제품이나 서비스의 편익, 사용량, 사용경험, 상표충성도 등에 대한 소비자의 태도나 반응에 따라 시장을 구분하는 것

제2절 표적시장의 선정

1 표적시장의 선정

구분	비차별적 마케팅 전략	차별적 마케팅 전략	집중적 마케팅 전략
전략	세분시장의 차이를 무시하고 단일 마케팅 프로그램으로 전체 시장을 공략	각각의 세분시장마다 차별적 마케팅 프로그램을 적용	단일 제품으로 단일의 세분시장을 공략하는 전략
장점	마케팅 비용을 최소화	• 전체의 판매량 증가 • 소비자의 만족 증가	전문화의 명성을 얻을 수 있고 생산·판매 및 촉진활동을 전문화하여 비용절감
단점	경쟁사가 쉽게 틈새시장을 찾아 시장에 진입 가능	높은 비용	대상으로 하는 세분시장의 규모가 축소되거나 경쟁자가 해당 시장에 뛰어들 경우 위험이 큼
특징	세분화가 덜 진행된 도입기에 사용	자원이 풍부한 대기업이 사용	자원이 한정된 중소기업이 사용

2 표적시장 선정 시 고려요소

(1) 기업의 자원 : 기업의 자원이 제한된 경우에는 집중적 마케팅 전략이 적합

(2) 제품의 동질성 : 동질적 제품은 비차별적 마케팅 전략, 이질적 제품은 차별적 마케팅 전략이 적합

(3) 제품의 수명주기 : 도입기에는 비차별적 마케팅 전략, 성숙기에는 차별적 마케팅 전략이 적합

(4) 시장의 동질성 : 시장의 동질성이 높을수록 비차별적 마케팅 전략이 적합

(5) 경쟁사 : 경쟁사의 수가 많을수록 비차별적 마케팅 전략이 적합

(6) 경쟁사의 마케팅 전략 : 경쟁사가 비차별적 전략을 추구하면 차별적 마케팅 전략이나 집중적 마케팅 전략이 적합

(7) 소비자의 민감도 : 민감도가 높은 제품은 차별적 마케팅 전략, 민감도가 낮은 제품은 비차별적 마케팅 전략이 적합

제3절 차별화와 포지셔닝

1 차별화 전략

(1) 제품차별화 : 수요자의 선호에 의존해 제품에 내포되어 있는 특성들을 차별화하는 것

(2) 가격차별화 : 기업의 동일한 제품에 대하여 시간적·지리적으로 서로 다른 시장에서 각각 다른 가격을 매기는 것

2 포지셔닝

자사 제품의 큰 경쟁우위를 찾아내어 이를 선정된 목표시장의 소비자들의 마음속에 자사의 상품을 자리 잡게 하는 것

3 포지셔닝의 종류

(1) 속성에 의한 포지셔닝 : 자사제품의 속성이 경쟁제품에 비해 차별적 속성을 지니고 있어서 그에 대한 혜택을 제공한다는 것을 소비자에게 인식시키는 전략

(2) 이미지에 의한 포지셔닝 : 제품이 지니고 있는 추상적인 편익을 소구하는 전략. 예를 들어, 맥심커피는 정서적이면서 사색적인 고급이미지를 연출

(3) 사용상황에 의한 포지셔닝 : 자사 제품의 적절한 사용상황을 설정함으로써 타사 제품과 사용상황에 따라 차별적으로 다르다는 것을 소비자에게 인식시키는 전략

(4) 제품사용자에 의한 포지셔닝 : 제품이 특정 사용자 계층에 적합하다고 소비자에게 강조하여 포지셔닝 하는 전략

(5) 경쟁제품에 의한 포지셔닝 : 소비자가 인식하고 있는 기존의 경쟁제품과 비교함으로서 자사제품의 편익을 강조하는 전략

4 재포지셔닝(Repositioning)

소비자의 욕구 및 경쟁환경의 변화에 따라 기존제품이 가지고 있던 포지션을 분석하여 새롭게 조정하는 활동

5 포지셔닝 맵

(1) 정의 : 소비자의 마음속에 자리 잡고 있는 자사의 제품과 경쟁 제품들의 위치를 2차원 또는 3차원의 도면으로 작성해 놓은 도표로 지각도(Perceptual Map)라고도 함

(2) 포지셔닝 맵의 작성절차 : 차원의 수를 결정 → 차원의 이름을 결정 → 경쟁사 제품 및 자사 제품의 위치 확인 → 이상적인 포지션의 결정

제6장	제품관리

제1절 제품의 개념과 분류

1 제품

(1) **정의** : 일반적으로 소비자들의 기본적인 욕구와 욕망을 충족시켜 주기 위해 시장에 출시되어 사람의 주의, 획득, 사용이나 소비의 대상이 되는 것

(2) **제품차원의 구성**

① **핵심제품** : 소비자가 상품을 소비함으로써 얻을 수 있는 핵심적인 효용(예 에어컨의 시원함, 음료의 갈증해소)

② **유형제품** : 구체적으로 드러난 물리적인 속성(예 제품사양 및 디자인, 포장, 품질수준)

③ **확장제품** : 제품에 부가되어 제품의 가치를 발휘하게 하는 부가적 요소(예 배송, 설치, 신용/보증, AS 등)

2 제품의 분류

(1) **소비재**

① **정의** : 개인이 최종적으로 사용하거나 소비하는 것을 목적으로 구매하는 제품

② **구분**

구분	편의품	선매품	전문품
소비자 구매행동	최소한의 노력으로, 습관적으로 구매하는 제품	경쟁제품을 비교한 후에 구매하는 제품	잘 알고 있으며 구매를 위해 특별한 노력을 하는 제품
구매 전 계획정도	거의 없다	있다	상당히 있다
가격	저가	중·고가	고가
브랜드 충성도	거의 없다	있다	특정상표 선호
고객쇼핑 노력	최소한이다	보통이다	최대한이다
제품회전율	빠르다	느리다	느리다
관여도	낮다	보통이다	높다

(2) **산업재**

① **정의** : 구매자가 개인이 아니라 기업 등의 조직으로 최종 소비가 목적이 아니라 다른 제품을 만들기 위하여 또는 제3자에게 판매할 목적으로 구매하는 제품

② **구분**

㉠ 원자재의 구분

• 원자재 : 제품의 제작에 필요한 모든 자연생산물

- 가공재 : 원료를 가공 처리하여 제조된 제품
- 부품 : 그 자체로는 사용가치가 없는 최종 제품의 부분
ⓒ 자본재의 구분
  - 설비 : 건물이나 공장의 부분으로 부착되어 있는 고정자산적 제품
  - 소모품 : 제품의 완성에는 필요하지만, 최종 제품의 일부가 되지 않는 제품

제2절 서비스 제품의 의미와 특성

1 서비스

(1) **정의** : 고객의 욕구를 충족하기 위해 제공되는 것으로 소유되거나 저장, 수송될 수 없는 무형적 활동

(2) **특성**

① **무형성** : 형태가 없고 추상적이기 때문에 품질을 평가하기 어려움
② **비분리성** : 서비스 제공자에 의해 제공되는 동시에 고객에 의해 소비됨
③ **소멸성** : 보관, 저장, 재판매, 반품이 불가능함
④ **이질성** : 시간, 장소, 서비스 제공자에 따라 질이 달라지기 쉬움

제3절 제품계열관리

1 제품믹스의 개념

(1) **제품믹스(Product Mix)** : 일반적으로 기업이 다수의 소비자에게 제공하는 모든 형태의 제품계열과 제품품목

(2) **제품계열(Product Line)** : 제품믹스 중에서 특성이나 용도가 비슷한 제품들로 이루어진 집단

① **제품믹스의 폭(Width)** : 기업이 가지고 있는 제품계열의 수
② **제품믹스의 길이(Length)** : 제품믹스 내의 모든 제품품목의 수
③ **제품믹스의 깊이(Depth)** : 각 제품계열 안에 있는 제품품목의 수

2 제품믹스관리 전략

(1) **하향확대 전략** : 시장 초기에는 고급품을 출시하던 회사가 현재의 품목보다 낮은 가격과 품질의 품목을 추가하는 전략

(2) 상향확대 전략 : 시장 초기에는 밑 부분에 위치한 기업이 현재의 품목보다 더 높은 고품질·고가격의 품목을 추가하는 전략

(3) 쌍방확대 전략 : 현 제품계열에서 이를 저가품목과 고가품목의 시장으로 양분해 나가는 전략

제4절 상표의 의의 및 전략

1 상표

(1) 정의

① **상표** : 사업자가 자기가 취급하는 상품을 타사의 상품과 식별(이름, 표시, 도형 등을 총칭)하기 위하여 상품에 사용하는 표지
② **상표명** : 상표에 나타내는 구체적인 이름
③ **상표마크** : 상표에 드러난 심벌모형

(2) 장점

① **소비자 입장**
　㉠ 공급업자가 생산하는 제품의 질을 보증
　㉡ 상품구매의 효율성을 높임
　㉢ 제품의 질 신뢰
② **회사 입장**
　㉠ 판매업자로 인해 주문 처리와 문제점 추적
　㉡ 타사가 모방할 수 없도록 자사만의 제품특성을 법적으로 보호
　㉢ 고객에 대한 기업의 이미지가 상승
　㉣ 고객의 자사제품에 대한 신뢰도를 구축
　㉤ 구매가능성이 높은 고객층을 확보

(3) 상표 이미지를 강화하는 요소

① 기능적으로 우수한 제품품질에 대한 구체적인 강조
② 상표에 대한 일관된 광고와 마케팅 커뮤니케이션
③ 상표가 지니는 개성

2 상표별 분류

(1) **무상표 상품(GB ; Generic Brand)** : 포장의 겉에 특정한 브랜드의 명칭은 없이 자체의 이름만을 강조하는 형태

(2) **제조업자 상표(NB ; National Brand)** : 제조업자가 소유하고 관리하는 상표

(3) **중간상 상표(PB ; Private Brand)** : 유통업체(중간상)가 소유하고 관리하는 상표

(4) **공동 상표(기업상표)** : 하나의 기업이 생산해내는 모든 제품계열의 동일한 상표

(5) **개별 상표** : 모든 제품계열에 상이하게 붙이는 개별적인 상표

(6) **상표수식어** : 구형 모델과 구분하기 위해 붙이는 숫자나 수식어

3 상표전략

(1) **복수상표 전략** : 동일한 제품범주 내에서 둘 또는 그 이상의 상표를 개발하는 전략

(2) **상표확장 전략** : 성공을 거든 기존의 상표를 신제품이나 개선된 제품에 장착하는 전략

(3) **공동상표 전략** : 생산·판매되는 모든 제품에 하나의 상표를 붙이는 전략

4 포장

(1) **정의** : 물품을 수송·보관함에 있어서 이에 대한 가치나 상태 등을 보호하기 위해 적절한 재료나 용기 등에 탑재하는 것

(2) **목적** : 제품의 보호성, 제품의 경제성, 제품의 편리성, 제품의 촉진성, 제품의 환경보호성

5 라벨

(1) **정의** : 상품에 대한 상품명 및 여러 가지 사항을 표시한 종이

(2) **기능** : 제품이나 상표 등을 확인, 제품에 대한 정보 제공, 그래픽 디자인을 통한 제품에 대한 선호도 상승

제5절 브랜드 자산의 의의 및 관리

1 브랜드

(1) **정의** : 브랜드의 존재 유무에 대해 소비자들이 인지하는 제품 가치의 차이가 발생하는 것

(2) **기능**

① 제품의 질 보증
② 높은 진입장벽 구축
③ 높은 가격을 책정
④ 강력한 브랜드를 이용해 신제품을 용이하게 출시

2 브랜드 자산

(1) **정의** : 어떤 제품이나 서비스가 브랜드를 가짐으로써 발생된 추가적 가치로 인한 바람직한 마케팅 효과

(2) **관련용어**

① **브랜드 연상** : 브랜드에 대해 떠오르는 것과 연계되는 모든 것
② **브랜드 충성도** : 어떤 브랜드에 대해 지속적인 선호와 만족, 반복적인 사용
③ **브랜드 인지도** : 잠재구매자가 어떤 제품군에 속한 특정 브랜드를 재인식 또는 상기할 수 있는 능력
④ **브랜드 이미지** : 브랜드와 관련된 여러 연상들이 결합되어 형성된 브랜드에 대한 전체적인 인상

3 브랜드 인지도

(1) **구분**

① **브랜드 재인(Brand Recognition)** : 단서로써 브랜드가 제시되었을 경우 사전에 노출되었던 브랜드 경험을 통해서 특정 브랜드를 떠올릴 수 있는 능력(보조 인지)
② **브랜드 회상(Brand Recall)** : 제품 카테고리 내에서 특정 브랜드를 떠올릴 수 있는 능력(비보조 인지)
③ **최초 상기 브랜드** : 브랜드 회상으로 상기된 브랜드들 중에서 소비자의 마음속에 가장 먼저 떠오르는 브랜드

(2) **브랜드 인지도를 증가시키는 방법**

① 반복광고
② 시각적 정보 제공
③ 소리의 형태로 브랜드명과 제품정보 제공
④ 브랜드에 대한 기억을 쉽게 떠올릴 수 있는 암시 또는 단서 제공

4 브랜드 연상의 유형

브랜드 연상	제품속성과 관련된 연상	제품범주, 제품속성, 품질/가격
	제품속성과 관련 없는 연상	브랜드 퍼스낼리티, 사용자, 제품용도, 원산지
	기업특성과 관련된 연상	기업문화, 경영이념 등

5 바람직한 브랜드 이미지 관리

(1) 고객에게 호의적인 이미지

(2) 소비자의 기억 속에 연속적으로 떠오를 수 있도록 강력한 브랜드 연상

(3) 타 브랜드와 차별화되는 독특한 브랜드 연상

제7장　신제품 개발과 제품수명주기 전략

제1절 신제품 개발 전략

(1) 신제품 개발 전략 유형

　① **반응 전략**
　　㉠ 경쟁사들이 새로운 제품을 도입할 때까지 기다렸다가 시장에서 성공했을 경우에 모방하는 전략
　　㉡ 유형 : 방어적 전략, 모방 전략, 보다 나은 두 번째 전략, 대응 전략

　② **선제 전략**
　　㉠ 경쟁사보다 훨씬 빨리 시장에 도입해서 소비자들에 대한 지지를 확실하게 획득하는 전략
　　㉡ 유형 : 연구개발(R&D) 전략, 마케팅 전략, 창업가적 전략, 매수, 제휴

(2) 신제품의 유형

　① **혁신제품** : 소비자와 기업에게 모두 새로운 신제품
　② **모방제품** : 소비자에게는 이미 알려진 제품이지만 기업에서는 처음 생산하는 제품
　③ **확장제품** : 제품수정, 제품추가, 제품 재포지셔닝을 통하여 제품을 확장한 제품

(3) 앤소프의 제품·시장 매트릭스

　① **의의** : 기업의 특성에 맞는 전략을 선택하기 위해 기존 시장과 신시장의 요소를 조합한 모델

② **전략**

    ㉠ 시장침투 전략 : 기존 제품을 가지고 기존 시장에서의 시장점유율을 증대

    ㉡ 시장개발 전략 : 현 제품을 필요로 하는 새로운 고객을 개척

    ㉢ 제품개발 전략 : 기존 제품을 대체하기 위해 신제품 개발

    ㉣ 다각화 전략 : 신제품 개발과 새로운 시장을 개척

제2절 신제품 개발 과정

순서	과정	설명
1	아이디어 창출	기업내부, 고객, 경쟁자, 유통업자, 공급업자 등으로부터 소비자들의 욕구를 충족시킬 제품 아이디어 창출
2	아이디어 선별(평가)	실현 가능한 아이디어를 선택, 불필요한 아이디어를 제거
3	제품개념 개발 및 테스트	• 제품개념 개발 : 제품의 아이디어를 고객이 사용하는 의미 있는 단어로 구체화 • 제품개념 테스트 : 실제적인 소비자조사를 통해서 제품개념의 적합성 여부를 확인
4	마케팅 전략 개발	신제품을 시장에 출시하기 위한 초기의 마케팅 전략 개발
5	사업성 분석	신제품의 매출이나 비용 또는 이익에 대해 예상되는 측정치를 계산
6	제품 개발	연구개발팀과 제조팀에서 실제의 제품으로 개발
7	시험마케팅	시장 테스트를 통해 소비자 반응확인
8	상업화	최종적으로 전국 시장에 신제품을 도입

제3절 신제품의 개발 관리

1 신제품 성공요소

(1) 소비자의 욕구에 부합하고 실질적인 편익을 제공하는 제품

(2) 기술적 우위성과 혁신이 있는 제품

(3) 시장에서 성장가능성이 있는 제품

(4) 자사의 이전 제품과 호환성이 큰 제품

2 신제품 실패요소

(1) 제품의 차별화된 속성을 구매자에게 제때 주지 못하는 제품

(2) 마케팅 과정에 오류가 있는 제품

(3) 유통경로상의 자원(중간상, 홍보, 프로모션)이 불충분한 제품

(4) 조직 내 부서 간의 불협조

제4절 신제품 수용과 확산

1 신제품 수용과정

(1) **인지** : 제품에 대한 정확한 지식이 부족한 상태로 신제품 정보에 노출

(2) **흥미** : 반복노출로 제품에 흥미를 보이고 정보를 수집

(3) **평가** : 수집된 제품정보를 기반으로 신제품 구매에 대한 판단을 하고 구매여부를 결정

(4) **사용** : 신제품을 실제로 사용함으로써 제품의 가치를 경험

(5) **수용** : 신제품에 대한 긍정적인 평가를 할 경우 수용하고 주기적인 사용을 결정

2 신제품 확산과정

(1) **정의** : 목표시장에서 신제품의 수용이 퍼져나가는 과정

(2) **신제품의 확산율이 빨라지게 되는 요소**
    ① **상대적 우위성** : 기존 제품보다 고객에게 주는 혜택이 우월한 정도
    ② **양립가능성** : 개인의 가치나 경험이 일치하는 정도
    ③ **단순성** : 제품의 이해나 사용상의 용이성
    ④ **전달용이성** : 신제품이 가지는 혁신의 결과를 볼 수 있거나 말로 표현할 수 있는 정도
    ⑤ **사용가능성** : 신제품을 구매하기 전에 미리 사용해 볼 수 있는 정도

3 신제품 수용시점에 따른 소비자 범주

신제품을 수용하는 시기에 따라 소비자를 구분하면 수용하는 시간에 따라 정규분포의 모습을 보임

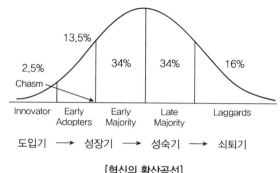

[혁신의 확산곡선]

(1) **혁신소비자** : 새로운 경험 및 모험을 추구하고 신제품 수용에 수반되는 위험을 기꺼이 감수

(2) **초기수용자** : 신제품 확산에 중요한 역할을 하는 의견선도자

(3) **조기다수자** : 대부분의 일반 소비자 집단으로서 신중한 실용주의자

(4) **후기다수자** : 신제품 수용에 있어 의심이 많음

(5) **최후수용자** : 변화를 거부하고 전통에 집착

제5절 제품수명주기 전략

1 제품수명주기

(1) **도입기** : 제품이 시장에 처음 출시

(2) **성장기** : 본격적으로 매출이 증가

(3) **성숙기** : 매출액 증가율이 감소하기 시작

(4) **쇠퇴기** : 매출액이 급격히 감소하여 더 이상의 제품으로 기능을 하지 못함

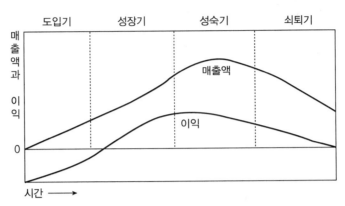

[제품수명주기(Product Life Cycle)]

2 제품수명주기 단계별 마케팅 관리

구분	도입기	성장기	성숙기	쇠퇴기
마케팅 목표	인지도 제고 및 판매증가	시장점유율 확대	점유율 유지	수확, 철수하는 시기
제품	기본형태	모방제품 및 개량제품 등장	상표, 모델의 다양화, 제품의 재활성화 시도, 경쟁력 없는 제품은 철수	경쟁력 없는 품목 철수
가격	• 일반적으로 고가격 • 초기침투전략의 경우 저가격	경쟁을 고려하는 가격정책 시행	경쟁을 고려하는 방어적 가격정책	• 일반적으로 저가격 • 충성고객을 대상으로 고가격
경쟁업자	중요하지 않음	소수의 경쟁자가 발생	하찮은 제품에도 경쟁자 발생	거의 없음
전반적 전략	시장확보 : 제품을 사용하도록 초기 수용자를 설득	시장침투 : 자사 제품을 선호하도록 대중시장을 설득	상표위치방어 : 경쟁자의 유입 방지	취약제품 폐기준비 : 가능한 모든 이익을 고려한 철수
이익	높은 생산성과 마케팅 비용으로 인하여 적자	고가격과 수요 증가로 인한 절정수준에 도달	성장률 둔화	마이너스 성장
소매가격	고가격 (제품도입기에 과도한 비용회복이 원인)	고가격 (소비자의 집중적 수요를 이용하기 때문)	경쟁대응가격설정 : 가격 경쟁 회피가 요구됨	재고품 정리를 신속히 할 만큼 충분히 낮게 설정
유통	선택적 유통 : 유통 경로가 서서히 구축되기 때문	집중적 유통구축 : 거래점들이 제품 저장을 원하므로 소규모 도매할인을 도입	집중적 유통구축 : 빈번한 거래는 선반의 공간을 확보	선택적 유통 : 수익이 낮은 경로는 점차적으로 폐쇄
광고전략	초기 수용층 목표	대중시장에서의 상표이점을 인식	유사한 상표 간의 차이점을 강조하여 매체를 이용	재고품 감소를 위한 저가격 강조

광고강조	높음 (초기 수용자의 인식과 관심 및 자사 제품 비축을 위한 중간상 설득)	보통 (구전추천을 이용한 매출 증대)	보통 (대부분의 구매자들은 상표 특성을 인지)	제품폐기를 위한 최소의 비용
판매촉진	과다지출 (목표 집단에게 견본품이나 쿠폰 및 기타 유인품 제공)	보통 (상표 선호도 창출을 위한 적절한 전략)	과다지출 (제품전환을 유도하기 위한 판매촉진)	최저수준 (제품이 스스로 쇠퇴하도록 유도)

제8장 가격 결정

제1절 가격의 의미와 역할

1 가격

(1) 정의

소비자가 제품이나 서비스를 소유 또는 사용하는 대가로 지급하는 화폐의 양으로서 금전적 가치

(2) 역할

① 품질에 대한 정보제공의 기능
② 자사의 이익을 결정하는 유일한 변수
③ 경쟁의 도구

(3) 중요성

① 제품의 생산을 위해 투입되는 여러 가지 생산요소들의 결합 형태에 영향을 미침
② 제품의 시장수요 및 경쟁적 지위, 시장점유율 등에 직접적이면서 즉각적인 영향을 미침
③ 가격은 마케팅 믹스의 다른 요소(촉진, 유통, 제품)들로부터 영향을 받는 동시에 영향을 미침
④ 소비자는 가격을 품질의 지표로 이용할 수 있음

제2절 가격 결정 시 고려 요인

1 가격 결정 시 고려요인

내부요인	외부요인
• 마케팅목표 • 마케팅 믹스 전략 • 원가 • 조직	• 시장의 유형 • 가격에 대한 소비자 태도 • 경쟁자 • 기타 환경요인(유통과정, 중간상, 정부의 규제 및 인플레이션 등)

2 수요의 가격탄력성

(1) **정의** : 제품의 가격이 변화함에 따른 수요량의 변화를 나타내는 지표

(2) **특징**

① 가격의 적은 변화에도 수요가 민감한 반응을 보인다면 이는 탄력적이라고 표현하고 수요곡선은 완만한 형태를 보임

② 수요의 가격탄력성이 탄력적인 경우에는 시장침투 가격전략이 효과적

3 가격의 결정

(1) **원가중심 가격결정** : 원가에 적정한 마진을 붙이거나 목표 판매량, 목표 이익을 설정한 후 가격을 결정

① **원가가산식 가격결정** : 총원가에 원하는 목표이익을 가산하는 방법

② **가산이익률식 가격결정** : 총비용에 남기고 싶은 마진율을 적용하는 방법

③ **목표투자이익률식 가격결정** : 기업이 목표로 하는 투자이익률을 달성하는 가격을 설정하는 방법

④ **손익분기점 분석식 가격결정** : 손익분기점에서 손실을 면할 수 있는 가격을 설정하는 방법

(2) **경쟁중심 가격결정** : 경쟁사들의 가격을 참고하여 제품 가격을 결정

(3) **소비자중심 가격결정** : 제품에 대한 소비자들의 지각된 가치를 바탕으로 가격을 결정

(4) **통합적 가격결정** : 원가중심적 가격결정법, 소비자중심적 가격결정법, 경쟁중심적 가격결정법을 모두 통합적으로 고려하여 가격을 결정

제3절 신제품 가격 전략

1 초기 고가격 전략

(1) 시장 진입 초기에는 비슷한 제품에 비해 상대적으로 가격을 높게 정한 후에 점차적으로 하락시키는 전략

(2) 자사가 신제품으로 타사에 비해 높은 우위를 가질 때 효과적으로 적용가능

(3) 고소득층을 목표고객으로 정했을 때 효과적

2 침투가격 전략

(1) 시장 진입 초기에는 비슷한 제품보다 상대적으로 가격을 저렴하게 정한 후에 실질적인 시장점유율을 확보하고 나서부터는 서서히 가격을 올리는 전략

(2) 가격에 상당히 민감하게 반응하는 중·저소득층을 목표고객으로 정했을 때 효과적이며, 이익수준 또한 낮으므로 타사의 진입을 어렵게 만드는 요소로 작용

3 인터넷상의 가격 전략

(1) **온라인 경매** : 다수의 소비자들이 가격을 제시하고 최고가에 가격이 결정되는 방식

(2) **역경매** : 기업 간의 경쟁에 의해 가격이 결정되는 방식

(3) **온라인 공동구매** : 정해진 수의 소비자가 구매를 희망하면 저렴한 가격에 제품 구입이 가능한 방식

제4절 제품믹스 가격 전략

(1) **가격계열화**

하나의 제품에 대한 단일가격의 설정이 아닌 제품의 품질이나 디자인의 차이에 따라 제품의 가격대를 설정하고, 그 가격대 안에서 개별 제품에 대한 구체적인 가격을 책정

(2) **2부제 가격 또는 이중요율**

제품의 가격체계를 기본가격과 사용가격으로 구분하여 2부제로 가격책정

(3) 부산품 전략

가치가 없던 제품을 재가공하여 부가가치로 만들거나 폐기 처리되어야 할 제품의 가격을 책정

(4) 묶음가격

두 가지 또는 그 이상의 제품 및 서비스 등을 결합해서 하나의 특별한 가격으로 책정

① **순수 묶음가격** : 오로지 패키지로만 구매가능
② **혼합 묶음가격** : 개별구매 또는 패키지로 구매가능

제5절 가격조정 전략

1 할인

(1) 정의 : 어떤 일정한 상황 및 조건에 따라 제품의 가격을 낮추는 것

(2) 구분

① **수량할인** : 제품 대량 구매 시 제품의 가격을 낮춤
② **현금할인** : 구매를 현금으로 할 경우에 일정액을 차감
③ **계절할인** : 계절성을 타는 제품 및 서비스의 경우 비수기에 할인혜택 적용
④ **기능할인(거래할인)** : 유통기능을 수행하는 중간상(유통업체)에 대한 보상성 할인 적용

2 공제

(1) 정의 : 가격의 일부를 삭감해 주는 것

(2) 구분

① **보상판매** : 소비자가 제품을 구매하면서 중고품을 가져오는 경우에 구매 제품 판매가의 일부를 공제
② **촉진공제** : 지역광고 및 판촉활동을 대신 해주는 중간상에게 보상차원으로 제품 가격에서 일부를 공제

3 가격차별화

(1) 정의 : 동일한 제품에 대해서 지리적 또는 시간적으로 서로가 각기 다른 가격을 설정하는 것

(2) 구분

① **소비자에 따른 차별화** : 소비자 서비스 가치에 대해 다르게 인식하기 때문에 가격차별화 시행

② **구매시점에 따른 차별화** : 수요에 맞게 공급능력을 조절하기 위해 가격차별화 시행

③ **구매량에 따른 차별화** : 대량구매에 따른 할인을 제공하고 단골고객을 확보하기 위해 가격차별화 시행

(3) 가격차별화의 조건

① 서로 다른 세분고객들이 다른 가격에 대해 반응하는 결과가 달라야 함

② 시행할 가격차별화 정책 등이 법적으로 하자가 없어야 함

③ 재정거래 문제가 없어야 함

④ 소비자가 차별된 제품가격에 대해 혼란을 느껴서는 안 됨

4 동태적 가격관리

현 가격이 현재 및 미래의 판매와 이익에 영향을 준다는 것을 고려해서 가격을 책정하는 것으로 수요에 따라 가격을 변경하여 매출과 이익을 증대

5 심리적 가격결정

(1) 정의 : 가격에 대한 소비자 지각을 반영하여 가격을 책정하는 것

(2) 구분

① **단수가격** : 심리적으로 가격이 저렴하다는 느낌을 주어 판매량을 늘리는 방법

② **관습가격** : 장기간에 걸친 소비자의 수요로 인해 관습적으로 형성되는 가격

③ **명성가격** : 소비자의 명성이나 위신을 나타내는 제품을 고가격으로 책정

④ **준거가격** : 소비자 나름대로의 기준으로 적정하다고 생각하는 가격

6 지리적 가격조정

(1) 정의 : 각 지역별로 운송비 등 비용에 차이가 나게 되는 상황에서 이루어지는 가격조정

(2) 구분

① **균일운송가격** : 지역에 상관없이 모든 고객에게 운임을 포함한 동일한 가격을 부과

② **FOB(Free On Board)가격** : 제품의 생산지에서부터 소비자가 있는 곳까지의 운송비를 소비자가 부담하도록 하는 방법

③ **구역가격** : 하나의 전체 시장을 몇몇의 지대로 구분하고, 각각의 지대에서는 소비자들에게 동일한 수송비를 부과
④ **기점가격** : 특정한 도시나 지역을 하나의 기준점으로 하여 제품이 운송되는 지역과 상관없이 모든 고객에게 동일한 운송비를 부과
⑤ **운송비 흡수가격** : 특정한 지역이나 고객을 대상으로 공급업자가 운송비를 흡수

7 제품믹스에 대한 가격결정

(1) 제품계열에 대한 가격결정 : 제품계열 내 제품수준에 따라 가격결정을 하는 것으로 가격 차이를 품질 차이로 지각해야 함

(2) 사양제품에 대한 가격결정 : 주력제품과 함께 판매되는 사양제품 또는 액세서리에 부과하는 가격 (예 승용차에 부착되는 후방주시 및 GPS 시스템)

(3) 종속제품에 대한 가격결정 : 특정 제품과 반드시 함께 사용되어야 하는 제품에 대해 부과되는 가격임. 기본제품은 저가격으로, 종속제품은 고가격으로 종종 책정하기도 함(예 면도기와 면도날, 정수기와 필터)

(4) 묶음제품에 대한 가격결정 : 기본제품과 선택사양, 서비스 등을 묶어서 하나의 가격을 제시하는 방법
① **순수묶음 가격제** : 묶음 가격으로 통합제품만 구매해야 하는 경우
② **혼합묶음 가격제** : 통합제품과 개별제품 중에서 선택하여 구매할 수 있게 해 주는 경우

제6절 가격 변화의 주도 및 대응

1 가격변화의 결정에서 경쟁 측면 및 소비자 측면의 고려사항

(1) 경쟁 측면에서의 고려사항
① 제품 가격의 인하 시 불필요하게 가격경쟁이 일어나지 않도록 함
② 제품 가격의 인상 시 경쟁사들이 따라오도록 함
③ 마켓 리더는 경쟁사의 가격 인하에 대해서 신중한 반응을 보이며 대처해야 함

(2) 소비자 측면에서의 고려사항
① 가격의 인상이 있기 전에 다른 대안들을 찾아봐야 함
② 제품의 출고가격을 인하하는 경우라도 소매가격에 반영되지 않을 수 있음

2 경쟁자의 가격변화에 대한 대응방안

가격인하, 제공물의 가치 제고, 제품의 품질 향상, 저가격대의 투사형 상표 출시 등

제9장 촉진관리(1)

제1절 촉진믹스

1 촉진믹스

기업이 고객들의 수요 욕구를 환기시키기 위해 실행한 여러 가지 촉진적 노력들의 결합

2 촉진믹스 계획 시 고려해야 할 요인

(1) 전체 마케팅 믹스에 있어서 촉진활동의 역할

(2) 제품의 특성

(3) 시장의 특성

3 촉진믹스 전략

(1) 광고활동(Advertising)
　① 특정한 광고주가 기업의 제품 및 서비스 등을 대가를 지불하게 되면서 비인적 매체를 통해 제시·촉진하는 활동
　② 소비자들에 대한 인지도를 구축함에 있어 많은 영향을 미치는 매체로써 호소할 수는 있으나, 실질적으로 소비자들의 구매행동으로까지 연결시키기 쉽지 않음

(2) 인적판매활동(Personal Selling)
　① 한 명 또는 그 이상의 잠재소비자들과 직접 만나면서 커뮤니케이션을 통해 판매를 실현하는 방법
　② 사람에 따라 효과의 차이가 너무나도 크기 때문에 비용대비 효과를 반드시 고려해야만 함

(3) 판매촉진활동(Sales Promotion)
　소비자들에게 기업의 서비스 또는 제품의 판매 및 구매를 촉진시키기 위한 실질적인 수단으로, 소비자들에게 구매하게끔 하는 요소

(4) 홍보활동(Public Relations)

① 좋은 기업이미지를 만들고, 비호감적인 소문 및 사건 등을 처리 및 제거함으로써 우호적인 관계를 조성하는 방법
② 많은 비용을 들이지 않고도 활용할 수 있는 매우 효율적인 수단

제2절 통합적 마케팅 커뮤니케이션

1 통합적 마케팅 커뮤니케이션(IMC ; Integrated Marketing Communication)

(1) **정의** : 마케팅 커뮤니케이션의 커뮤니케이션 효과를 극대화하기 위해 다양한 촉진 수단들을 통합적으로 활용하는 전략

(2) **IMC의 3C's**

① **명확성(Clearness)** : 메시지가 전달되는 모든 커뮤니케이션 요소에서 명확성을 가져야 함
② **일관성(Consistency)** : 메시지가 전달되는 모든 매체에서 일관성을 가져야 함
③ **이해가능성(Comprehensiveness)** : 각 요소에서 전달되는 모든 메시지는 쉽게 이해할 수 있어야 함

2 커뮤니케이션 전략

(1) **커뮤니케이션 믹스** : 광고, 판매촉진, 인적판매, PR이 가지고 있는 장단점을 파악하고 보완하여 효과적인 커뮤니케이션 믹스가 되도록 조합하는 것

(2) **구매 결정 프로세스(소비자의 태도 변화 프로세스)** : 잠재 소비자의 주의를 끌고(Attention), 소비자가 흥미를 갖게 하고(Interest), 소비자의 욕구를 환기시키고(Desire), 소비자에게 동기를 부여하고(Motive), 그리고 소비자가 행동에 나서도록(Action) 메시지를 전달해야 함

(3) **푸시 전략(Push Strategy)과 풀 전략(Pull Strategy)**

구분	푸시 전략(Push Strategy)	풀 전략(Pull Strategy)
설명	도소매상들이 자사의 제품을 소비자에게 적극적으로 판매하도록 유도하는 전략	최종소비자가 자사의 제품을 적극적으로 찾게 하여 중간상들이 자발적으로 자사의 제품을 취급하게 만드는 전략
목적	고객에게 제품을 알림	고객이 제품을 찾도록 장려
촉진방법	인적, 중간상 판매촉진	광고, 소비자 판매촉진
브랜드 충성도	낮은 제품	높은 제품
브랜드 선택	점포 안에서 이루어짐	점포에 오기 전에 브랜드를 선택

3 커뮤니케이션 전략에 영향을 미치는 요인

(1) 제품에 따른 소비자의 구입 스타일 차이

(2) 경쟁사의 커뮤니케이션 전략

(3) 자사의 브랜드 파워, 제품 라인

제3절 커뮤니케이션 과정

1 마케팅 커뮤니케이션 과정

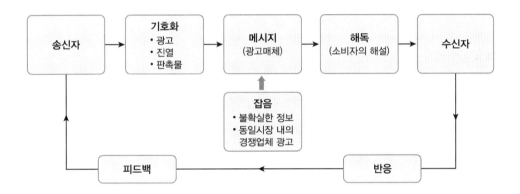

2 마케팅 커뮤니케이션 구성요소

(1) 발신인 : 메시지를 보내는 기업 또는 개인

(2) 부호화 : 전달하고자 하는 것들을 문자나 그림 또는 언어 등으로 상징화하는 과정

(3) 메시지 : 발신인이 전달하고 싶은 내용을 조합한 것

(4) 매체 : TV, 신문, 라디오, 판매원 등 메시지 의사전달경로

(5) 해독 : 발신인이 부호화해서 전달한 내용을 수신인이 해독하는 과정

(6) 수신인 : 메시지를 전달받는 당사자

(7) 반응 : 메시지에 노출이 된 후에 나타나는 수신인의 행동

(8) 피드백 : 수신인의 발신인에 대한 반응

(9) 잡음 : 의사전달과정 시에 뜻하지 않은 현상 또는 왜곡으로 인해 일어나는 각종 장애

3 프로모션 프로그램의 수립과정

> 프로모션 목표 설정 → 프로모션 예산의 설정 → 표적청중의 결정 → 필요반응함수의 결정 → 메시지 결정
> → 전달매체의 선택 → 스케줄링 → 효과측정

(1) 프로모션 목표 설정

(2) 프로모션 예산 설정
　① **가용예산 활용법** : 기업들이 회사에서 충당 가능한 수준의 촉진비용을 책정
　② **매출액 비율법** : 현재 또는 예상되는 매출액의 일정비율을 사용하거나 아니면 제품의 판매가격의 일
　　　정 비율을 촉진예산으로 산정
　③ **경쟁자 기준법** : 자사의 촉진예산을 타사의 촉진예산에 맞추는 방식으로써 산업평균에 근거하여 촉
　　　진예산을 책정
　④ **목표 및 과업기준법** : 자사는 촉진활동을 통하여 자사가 얻고자 하는 것이 무엇인지에 따라 예산을
　　　책정

(3) 표적청중의 결정 : 현 사용자, 잠재구매자, 구매결정자 등 메시지 수신의 대상이 되는 표적청중을 확실
　히 함

(4) 필요반응함수의 결정 : 표적청중으로부터 얻고자 하는 반응을 결정

(5) 메시지 결정
　① **메시지 내용과 사용방법** : 의사전달자는 자신이 원하는 반응을 이끌어낼 수 있는 주제를 찾아야 함.
　　　이때 사용되는 방법으로 이성적 메시지, 감성적 메시지, 도덕적 메시지 방법 등이 있음
　② **이성적 소구** : 제품의 질, 경제성, 성능, 가치 등 청중이 필요로 하는 내용 전달
　③ **감성적 소구** : 구매를 유도하는 부정적 또는 긍정적 감정들을 유발
　④ **도덕적 소구** : 어떻게 하는 것이 옳은지를 생각하게 유도

제4절 촉진믹스 구성

1 광고

(1) 광고주가 아이디어, 상품 또는 서비스를 촉진하기 위해서 유료의 형태로 제시하는 비인적인 매체를 통한 방법

(2) 다수의 대중에게 전달이 가능하고 메시지 통제가 가능

(3) 효과의 측정이 쉽지 않고, 전달할 수 있는 정보의 양이 제한

2 인적판매

(1) 판매원과 예상고객이나 기존고객과의 직접적인 대면관계를 통해 이루어지는 방법

(2) 개별 고객을 상대로 질 높은 정보를 많이 전달

(3) 즉각적인 피드백 가능

(4) 비용이 많이 들고 촉진속도가 느림

3 PR(Public Relations)

(1) 사람이 아닌 다른 매체를 통해서 제품이나 기업 자체를 뉴스나 논설의 형식으로 널리 알리는 방법

(2) 기업의 이미지를 높이고 궁극적으로 구매율을 높임

(3) 매체 비용을 직접 지불하지 않아 신뢰도가 높음

(4) 정보를 통제하기 어려우며 효과가 간접적임

4 판매촉진(Sales Promotion)

(1) 판매촉진은 자사의 제품이나 서비스의 판매를 촉진하기 위해서 단기적인 동기부여 수단을 사용하는 방법을 총망라한 방법

(2) 비용이 적게 들고 즉각적인 효과가 나타나며 측정이 용이하여 시행이 쉬움

(3) 경쟁사가 쉽게 모방할 수 있고 효과가 단기적이며 장기적인 효과에서는 부정적

구분	특징	기능	방법
광고	• 매체를 통한 일방적 커뮤니케이션 : 특정 광고주가 비용 부담 • 일반적 대중을 상대로 하여 침투성이 높음 • 높은 비용	• 판매 자극 • 제품에 대한 호기심 유발 • 제품 정보 제공	• TV • 라디오 • 신문 • 잡지 • DM 발송 • 브로슈어 • 간판
인적판매	• 일대일 대응으로 소비자에게 질 높은 쌍방향 커뮤니케이션을 통한 유대관계 형성 • 상대적으로 높은 비용	• 판매의 체결 • 예상 고객에게 특정한 정보 제공	• 텔레마케팅 • 유인계획
판매촉진	• 단기에 인센티브를 주는 데 초점이 맞춰짐 • 특정 사항에 대한 일방적 커뮤니케이션 • 많은 비용이 들지 않음	광고와 인적판매의 중간적 특징	• 콘테스트 • POP • 샘플링 • 시연 • 유통시스템
PR	신문기사나 방송 등을 통해 자연스럽게 광고하는 방법	• 제품의 평가 • 신제품 출시 알림	• 잡지 • 신문 • TV • 라디오
구전효과	쌍방향 커뮤니케이션	상호 간 원조	−

제5절 판매촉진

1 판매촉진

(1) **특징** : 프로모션 중 광고, PR, 인적판매를 제외한 모든 마케팅 활동으로, 가격을 깎아 준다거나 선물을 제공하는 등 별도의 부차적인 이익을 제공함으로써 소비자들의 행동 유도

(2) **판매촉진의 기능** : 정보제공, 지원보강, 저비용 판촉, 행동화, 단기 소구, 효과측정

2 판매촉진의 대상에 따른 분류

(1) 소비자 판촉

① 소비자가 판촉의 대상으로 풀 전략의 도구로 사용되며, 동시에 자사제품 구매자에게 구매량 증대 및 신제품 시험구매를 유도

② 충성도 높은 고객에 대한 보상 및 경쟁사 제품 구매자를 유도

③ 수단

　㉠ 견본품(샘플) : 소비자가 시험 삼아 사용할 수 있을 만큼의 양을 무료로 제공

　㉡ 프리미엄(사은품 제공) : 구매자에 한해 다른 상품을 무료 혹은 저렴하게 제공

　㉢ 콘테스트&추첨 : 제품을 구매하지 않더라도 참여할 수 있는 방법

　㉣ 리베이트&리펀드 : 구매했다는 증거를 제조업자에게 보내면 구매가격의 일부를 돌려주는 것

　㉤ 보너스 팩 : 같은 제품 또는 관련 제품 몇 가지를 하나의 세트로 묶어, 저렴한 가격에 판매

　㉥ 쿠폰 : 제품 구매 시에 소비자에게 일정 금액을 할인해 주는 증서

　㉦ 할인판매 : 일정기간 동안 제품의 가격을 일정비율로 할인판매

(2) 중간상 판촉

① 중간상인이 판촉의 대상으로 프로모션 예산에서 차지하는 비중이 가장 높음. 각종 할인혜택이나 협동광고, 종업원 교육훈련비 등이 중간상 판촉의 수단으로써 활용됨

② 푸시 전략의 도구와 중간상의 구매 증가에 목표

③ 수단 : 중간상 공제, 판매원 훈련 및 판매 보조자료 제공, 인센티브와 콘테스트

제6절 PR

1 PR(Public Relations)

(1) 소비자들이 속해 있는 지역사회나 단체 등과 호의적인 관계를 형성하기 위해서 벌이는 여러 가지 활동으로, 홍보보다 넓은 개념

(2) 고객뿐만 아니라 기업과 직·간접적으로 관계를 맺고 있는 여러 집단과 좋은 관계를 구축하고 유지하며, 기업의 이미지를 높이고 궁극적으로는 구매의 증대를 가져오기 위한 활동

(3) 다른 촉진방법에 비해 간접적인 방법

(4) 기업의 대표적인 PR 수단

수단	내용
출판물	사보, 소책자, 연례 보고서, 신문이나 잡지 기고문
뉴스	회사 자체, 회사의 임직원 또는 제품 등에 대한 뉴스거리를 발굴하여 언론매체에 등재
이벤트	기자회견, 세미나, 전시회, 기념식, 행사 스폰서십
연설	최고경영자 또는 임원들이 각종 행사에 참석하여 연설
사회 봉사활동	지역사회나 각종 공익 단체에 기부금을 내거나 임직원들이 직접 사회봉사활동에 참여
기업 아이덴티티	고객 및 일반 대중들에게 통일된 시각적 이미지를 주기 위해 로고, 명함, 문구, 제복, 건물 등을 디자인하는 것

제7절 인적판매

(1) 신제품, 기술적으로 복잡한 제품, 고가격의 제품 등의 촉진을 위해 인적판매 필요

(2) 인적판매에서 판매원은 소비자에게 대면하여 제품정보를 제공함으로써 구매할 때 또는 사용 중에 발생할 수 있는 위험 등을 줄임

(3) 영업이라고도 함

(4) 판매원은 회사를 대표하는 동시에 고객을 대표하는 역할을 수행

(5) 역할
① **주문처리** : 소비자들의 욕구를 찾아내어 알려주고 주문을 처리
② **창조적 판매** : 제품의 구매를 설득하는 촉진활동
③ **지원판매** : 판매대리인이 소비자에게 기술적 또는 운영관리에 대한 조언

(6) 과정

> 고객예측 → 사전준비 → 접근 → 제품소개 → 의견조정 → 구매권유 → 사후관리

제10장 촉진관리(2)

제1절 광고의 전략적 역할

1 광고의 개념

(1) 기업, 개인, 단체가 시청각 매체를 동원해 소기의 목적을 거두고자 투자하는 정보활동

(2) **1963년 미국 마케팅 협회의 정의** : 광고란 누구인지를 확인할 수 있는 광고주가 하는 일체의 유료 형태에 의한 아이디어, 상품 또는 서비스

2 광고의 역할

(1) **마케팅 역할** : 제품 또는 서비스 식별 가능, 타사와의 차별화, 정보 제공, 신제품 사용 유발 및 재사용 권유

(2) **커뮤니케이션 역할** : 저렴하고 다양한 정보 전달

(3) **경제적 역할** : 생산과 소비 연결, 상품화된 자본 일반 실현 보장

(4) **사회적 역할** : 언론기관의 자금원, 공익 기여

(5) **문화적 역할** : 광고 메시지 내 사회 지배 이념 활용 → 옹호 및지지

(6) **교육적 역할** : 제품 정보 제공, 지침서 역할

제2절 광고목표와 광고예산

1 목표설정

(1) **목표** : 마케팅 믹스, 제품 포지셔닝, 표적시장 등 의사결정 기반 필수

(2) **목표 구분**
　① **정보 전달** : 새로운 제품 도입 시 사용
　② **소비자 설득** : 시장 경쟁에서 효과적 → 특정상표와 직·간접적 비교 형태

2 예산설정

(1) 판매 목표 달성에 필요한 비용 지출 결정

(2) 광고 예산 결정 고려 요소
  ① **제품수명주기상의 단계**: 주기별로 효과적인 광고 예산 규모 상이
  ② **경쟁**: 경쟁 정도와 광고 예산 비례
  ③ **시장점유율**: 시장점유율 제고 및 경쟁 시 높은 수준의 예산 규모 필요
  ④ **광고빈도**: 반복 및 횟수에 따른 예산 규모 차이
  ⑤ **제품의 차별성**: 상표 간 제품차이 강조를 위한 예산 투입 필요

제3절 광고 콘셉트의 개발

1 광고 콘셉트

(1) 기업 광고가 타깃 소비자층에게 전하고자 하는 내용

(2) 타깃 소비자 특징 파악, 경쟁사 심층 분석으로 차별점을 인식하는 과정

(3) 광고 아이디어 개발의 시초

(4) 기업 광고에서 말하고자 하는 것을 한 가지로 단순명료하게 표현

2 크리에이티브 콘셉트

(1) 기업 광고 아이디어 및 제품 콘셉트를 소비자층에 맞춰 명료하게 만드는 것

(2) 소비자층 관점에서 바라보는 제품 내용

(3) 제품에 대한 정보를 알리는 방법

(4) 종류

개념	설명	예시
일반적 편익 소구 전략	• 일반적 특징, 편익 전달 • 새로운 범주 신제품 소개	• 숙취해소에 컨디션 • 스마일 어게인 - 겔포스

선제 공격적 전략	• 자사 배타적 우수성 포괄적 주장 • 경쟁사 모방 어려움	발효 과학 딤채
제품 특장점 소구 전략	• 중요 제품이 가진 단 하나의 특장점 집중 소구 • 수명주기상 도입기, 성장기 사용 • 기술 모방이 쉬운 상황에서 한계	삶아 빤 듯 깨끗 ~ 테크
포지셔닝 전략	• 경쟁에서 소비자에게 유리한 인식 점유 • 브랜드 이미지 차별화로 품질감 제고	• 슈퍼용 화장품 • 식물나라 • 대한민국 1% 렉스턴
브랜드 친숙화 전략	• 브랜드 각인, 상기 • 소비자 관여도 낮은 제품 • 브랜드 이미지 정교화	• 2% 부족할 때 • 새우깡
정서 소구 전략	특정 브랜드와 호의적 정서 연결	• 초코파이 – 정 • 경동 보일러 – 효
사용자 이미지 전략	• 제품 사용자 이미지 긍정적으로 구축 • 이상적인 자기상 제시	• LG 2030 레이디 카드 • 테이스터스 초이스 커피
공명 전략	• 애매함, 유머, 기타 방법으로 정서 자극, 관여 수준 제고 • 간접적, 장기적 관점	여자라서 행복해요 – 디오스
사용 상황 제시 전략	자사 제품 사용 상황을 직접적으로 노출해 사회적 인정, 공감을 얻는 과정 제시	나를 빛나게 해주는 SKY

제4절 메시지의 결정

(1) **인지, 친근감 제고** : 내용 무관하게 친근감 환기, 기업 제품에 좋은 태도와 이미지 형성

(2) **브랜드 속성 및 편익 통한 태도 변화** : 제품 속성 및 편익 강조

(3) **브랜드 인격 창조**
　　① 지속적인 광고로 형성
　　② 삶의 가치와 연결

(4) **감정 자극**
　　① 제품 태도에 영향(예 '또 하나의 가족' → 소비자 감성 자극)
　　② 제품 미사용 시 부정적 감정 환기

(5) **사회적 기준 창조** : 준거집단의 선호도를 보여 소비자에 대한 영향력 발휘

제5절 매체의 결정

분류	예시
직접판매매체	엽서, 서신, 카탈로그
멀티미디어	PC, CD-ROM
인쇄매체	신문, 잡지, 전단
뉴미디어	Interactive TV, 케이블, 인터넷, 위성
전파매체	TV, 라디오

1 매체계획 시 사용되는 기본 개념

(1) **도달률** : 기업 광고 및 마케팅의 고객 노출 수준

(2) **CPM** : 청중 1,000명에게 광고를 도달시키는 데 필요한 비용

(3) **총 도달률**

① 일정 기간 동안 수용자에게 광고 메시지가 도달된 총합
② 빈도 × 도달률 = 총 도달률

(4) **접촉 빈도** : 일정 기간 동안 한 사람에게 접촉되는 횟수

2 매체타입 결정

(1) 광고주의 광고 공간 선택을 의미

(2) **종류**

① **미디어 믹스** : 여러 매체의 효율적 조합, 최선의 효율성 고려
② **매체 비히클 및 유닛**
  ㉠ 미디어 믹스로 확정된 매체의 예산범위 내 목표 소비자 선호 매체 선택
  ㉡ 비히클 : 매체 클래스 내 캐리어
  ㉢ 비히클 유닛 : 선택한 프로그램에서 광고를 내보내는 시간을 결정하는 것

3 매체 스케줄링

(1) 집중형 스케줄링
① 광고 시기와 비광고 시기 구별
② 계절 제품에 주로 사용
③ **한계** : 타사 제품의 공백기 광고 대응 난항, 공백기 장기화 시 소비자 망각

(2) 지속형 스케줄링
① 1년 내내 꾸준한 광고 → 경쟁사 대응 용이
② 광고 예산이 많을 때 최적
③ 광고 영향력 집중 난항, 매출 변화 대응 민감성 난항

(3) 파동형 스케줄링
① 집중형+지속형 스케줄링 조합
② **장점**
　㉠ 소비자 기억 최대, 비용상 효율성 제고
　㉡ 소비자 구매주기 최적화, 구매 행동에 효과적인 영향력 발휘
③ **단점**
　㉠ 경쟁사 광고 스케줄링에 큰 영향
　㉡ 매체 선정 및 광고 시간 선정에 난항

4 인터넷 광고

(1) 인터넷 광고의 개념 : 인터넷으로 소비자와 관계 형성, 제품 및 서비스 구매 유도

(2) 인터넷 광고 유형

스폰서십 광고	• 콘텐츠에 로고 또는 브랜드 광고 삽입 • 상업적 광고 이미지 감소 • 웹사이트 특정 콘텐츠 또는 이벤트의 후원자가 되는 형태
배너 광고	웹사이트 내 그래픽 이미지로 상품 홍보
이메일 광고	• 이메일로 제품 정보 및 사이트 홍보 • 사용자 거부반응 유발 가능성 • DB 활용 시 저렴한 비용으로 최대 광고 효과 도모
삽입형 광고	• 인터넷 페이지 중간 광고 • 무조건적 노출, 효과 증폭 • 강제성 → 인터넷 사용자 반감 유발

(3) 인터넷 광고의 장점과 단점

장점	단점
• 시공간 한계 극복 • 잠재 고객 세분화 • 일대일 상호작용 • 멀티미디어 활동 • 광고 효과 즉시 모니터링	• 통일 표준 부재 • 광고 효과를 측정할 객관적 수단 부재 • 적은 사용자 계층 • 정보 관리에 대한 과부하

(4) 인터넷 광고의 효과

① **히트** : 타 컴퓨터가 사이트에 접근하는 횟수(≠ 실제 방문자 수)

② **임프레션** : 배너 광고 노출 횟수

③ **클릭 횟수** : 특정 웹사이트 배너 광고 클릭의 실질적인 총 횟수

④ **클릭률** : 사용자가 배너광고가 포함된 페이지를 본 사용자 중에서 실제 클릭한 사용자의 비율

⑤ **클릭스루** : 사용자가 배너광고가 포함된 페이지를 본 사용자 중에서 클릭하여 광고주의 웹사이트로 옮겨 간 사용자의 수

⑥ **듀레이션 타임** : 사용자가 특정 웹사이트에 머문 시간

제6절 광고 효과 측정

1 커뮤니케이션 효과 측정(카피 테스팅)

(1) 정의 : 소비자에 대한 의사 전달 정확성 측정

(2) 광고사전조사 방법

① **직접평가** : 소비자 패널의 직접 평가, 실질적 주의 및 영향력 측정

② **포트폴리오 테스트** : 원하는 만큼 광고 경험 후 소비자 기억 측정, 광고의 주의 정도와 메시지 이해 용이성 및 기억용이성 측정

③ **실험실 테스트** : 신체적 반응 측정, 관념적 영향력 측정 불가

(3) 광고사후조사 방법

① **회상 테스트** : 소비자의 광고 시청 후 기억 측정, 주관식 개념

② **재인 테스트** : 기업의 다양한 매체 광고 시청 후 내용 경험 여부 측정, 객관식 개념

2 판매효과 측정

(1) 직접적 판매효과 측정 난항 : 전반적 경제상황, 제품 가격, 디자인 변화 등 변수 영향

(2) 자사 과거 광고비 지출 및 매출 관계 통계로 측정 가능

(3) 광고 실험 : 지역별 광고예산에 차이 둔 뒤 매출변화 측정

제11장　유통관리

제1절 유통경로의 개념과 의의

1 유통경로

(1) 기업의 제품 및 서비스를 최종 소비자에게 전달하는 과정

(2) 유통경로가 창출하는 효용성
　① **시간 효용** : 소비자가 원하는 시간에 제품이나 서비스를 제공함으로써 발생되는 효용
　② **장소 효용** : 소비자가 원하는 장소에서 제품이나 서비스를 제공함으로써 발생되는 효용
　③ **소유 효용** : 유통경로를 통하여 최종소비자가 제품이나 서비스를 소비할 수 있도록 함으로써 발생되는 효용
　④ **형태 효용** : 대량으로 생산되는 상품의 수량을 요구되는 적절한 수량으로 분배함으로써 창출되는 효용

2 중간의 필요성

(1) 중간상 : 생산부터 최종 소비자 도달까지 중개 역할을 수행하는 유통 경로상의 조직집합

(2) 중간상의 필요성 및 역할
　① **시간의 불일치** : 생산 시점과 소비 시점 불일치 해결
　② **장소의 불일치** : 생산지와 소비지 불일치 해결

③ **구색의 불일치** : 공급자의 대량생산과 소비자의 소량구매 등 구색 불일치 해결
④ **위험 감소** : 생산자 재고 부담 감소, 위험 분산
⑤ **금융 기능** : 영세 공급업자에 자금 제공, 소비자에 외상 및 할부 제공

3 중간상 유형

중간상	생산자와 최종소비자 간 연결 역할, 독립적
상인중간상	제조업자에게 제품 구매 후 소비자에게 재판매, 제품 소유권 보유
대리상	구매 및 판매활동 거래상담 수행, 제품 소유권 미보유
도매상	대량 제품 재판매 전문적 수행, 제품 소유권 보유
소매상	최종소비자 대상 판매활동 수행
거간	구매자 또는 판매자 중개역할, 소유권 미보유
판매대리점	제품, 서비스 판매활동 기능에 국한, 소유권 미보유
유통업자	도매중간상, 제조기업의 강력 촉진지원을 받는 선택적 또는 전속적 유통업자
중매상	제조기업에서 제품 구매 후 도매상 또는 소매상에게 판매
유통조성 대리상	유통활동을 간접적으로 지원하는 보조 기관

제2절 유통경로의 유형

1 직접 마케팅

(1) 제품 및 서비스를 소비자에게 직접 판매

(2) **예시** : 우편 주문을 통한 판매 촉진, 카탈로그, 광고 엽서, 전화 이용, 인터넷 쇼핑몰

2 간접 마케팅

(1) 최종 소비자 도달까지 존재하는 중간상의 수에 따라 경로로 분류

① 소비재 유통경로

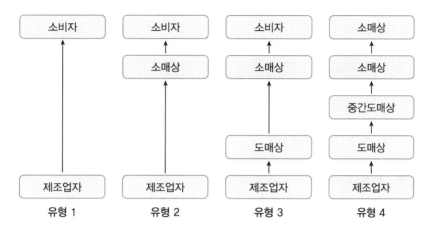

ㄱ 경로유형1 : 직접 마케팅경로(예 통신판매, 정수기 업체 등)
ㄴ 경로유형2 : 대형 소매업체가 생산자에게 구매한 제품을 소비자에게 판매(예 백화점, 할인점)
ㄷ 경로유형3 : 전형적 경로, 소비품 분야 내 중소규모 생산자의 활용(예 식품, 약품)
ㄹ 경로유형4 : 영세 생산자나 지리적 분산의 경우 사용(예 곡물, 야채, 과일)

② 산업재 유통경로

ㄱ 자사 영업 또는 직접 마케팅으로 기업 고객에 직접 판매
ㄴ 산업재 유통경로의 특징
• 경로의 선택이 제한적
• 산업재의 경우 최종 소비재 생산을 위한 중간재가 다수이기 때문에 재고관리나 재고의 통제가 중시
• 유통경로가 비교적 단순한 구조이므로 생산자와 소비자 사이의 직거래가 많이 일어남
• 중간상인들은 기술적으로 탁월하며 생산자들과 유대관계를 가짐

3 산업재 마케팅 믹스와 소비재 마케팅 믹스 비교

구분	산업재 마케팅 믹스	소비재 마케팅 믹스
상품	가변적이며 품질과 기술의 중요성이 큼	표준화
가격	경쟁 입찰 및 협상	표준정찰제
촉진	인적판매가 큰 비중을 차지	광고가 큰 비중을 차지
유통	짧고 직접적인 유통	다수의 중개상인을 경유

제3절 유통경로의 설계 및 관리

1 유통경로 설계

(1) 유통경로 설계 절차

> 유통경로 서비스에 대한 고객의 니즈 파악 → 유통경로의 목표 설정 → 경로 커버리지와 목표의 결정
> → 개별 경로구성원의 결정

(2) 유통경로 서비스에 대한 고객의 니즈 파악

① **입지 편의** : 도소매업체의 시장 내 분산 정도. 편의성이 높을수록 소비자의 탐색거리 및 비용 감소
→ 고객만족과 비례 증가
② **최소 구매단위** : 소비자가 구매하려는 최소 제품 단위. 중간상 수준 결정
③ **대기시간** : 소비자 주문 제품이 인도에 이르는 기간 → 소비자 불만과 비례 증가
④ **제품 다양성** : 일괄구매로 소비자의 노력 및 비용 절감 → 고객 만족과 비례 증가

(3) 유통경로 목표설정

소비자들이 원하는 서비스 수준과 기업의 장·단기 목표 고려

2 경로 커버리지(유통집중도)

특정지역 내 자사 제품 취급 점포의 수

(1) 집약적(집중적) 유통 : 최다 소매상이 자사 제품 취급하게 만듦, 시장 범위 확대

① **장점** : 충동구매 증가 및 소비자에 대한 인지도 확대, 편의 증가
② **단점** : 낮은 순이익, 소량주문, 재고 및 주문관리 난항, 중간상 통제 난항

(2) **전속적 유통** : 판매지역별 단일 또는 극소수 중간상에 유통 독점권 부여, 전문품 적합

    ① **장점** : 중간상 적극성 기대 가능, 판매가 및 신용정책 통제 가능, 브랜드 이미지 강화

    ② **단점** : 제한된 유통으로 판매기회 상실

(3) **선택적 유통** : 집약적 유통 및 전속적 유통 중간 형태

    ① **개념**

        ㉠ 판매지역별 자사 제품 취급 원하는 중간상 중 일정 자격 갖춘 중간상에 판매 허가

        ㉡ 선매품 적합

    ② **특징**

        ㉠ 판매력 있는 중간상만을 포함 → 매출, 이익 만족

        ㉡ 생산자와 중간자 간 친밀도 구축, 적극적 판매노력 기대

3 경로의 길이 결정

(1) **시장요인** : 표적 시장 규모와 지리적 집중도 높을수록 마케팅 경로 단축

(2) **제품요인** : 기업 제품 특성이 경로 길이에 미치는 영향력

(3) **기업요인** : 유통 과정 통제 욕구, 마케팅 수행 능력, 재무 능력에 따른 경로 길이 차이

(4) **경로구성원 요인** : 중간상 특성에 따른 경로 길이 차이

(5) **유통경로의 짧은 경로와 긴 경로**

영향 요인	짧은 경로	긴 경로
수요	• 구매단위가 큼 • 구매빈도가 높고 비규칙적	• 구매단위가 작음 • 구매빈도가 낮고 규칙적
공급	• 생산자 수가 적음 • 진입이 제한적 • 지역적 집중생산	• 생산자 수가 많음 • 진입이 자유로움 • 지역적 분산생산
제품	• 비표준화된 중량품 • 부패성 상품 • 기술적으로 복잡한 제품 • 전문품	• 표준화된 경량품 • 비부패성 상품 • 기술적으로 단순한 제품 • 편의품
유통비용 구조	장기적으로 불안정적	장기적으로 안정적

4 유통경로 관리

(1) 유통경로 갈등

① **원인**: 경쟁 심화 시 각 유통경로 간 이해 및 목적의 차이

② **결과**: 이익 극대화를 위해 직접 거래 구성원에만 관심 국한

5 수직적 마케팅 시스템(Vertical Marketing System)

경로 기구 수직통합의 주체와 방식에 따라 다음과 같이 분류됨

(1) 기업형 마케팅 시스템: 기업이 생산 및 유통 모두 소유

① **전방통합**: 주도권 제조업자에 소재, 도매상 또는 소매상 활동 조정 및 통제

② **후방통합**: 소매상 또는 도매상이 제조업자 활동 직접 통제 위해 계열화

(2) 관리형 마케팅 시스템: 규모와 힘에 의해 생산 및 유통 조정

(3) 계약형 마케팅 시스템: 일반적 형태, 상이한 수준의 독립기관이 상호 이익을 위해 계약 체결 후 수직적 통합(예 프랜차이즈)

6 수평적 마케팅 시스템

(1) 동일한 경로의 둘 이상 기업이 마케팅 잠재력 개선을 위해 자원 또는 프로그램 결합

(2) 협력으로 상호 이익 증가 → '공동마케팅'

제4절 마케팅 로지스틱스

1 물적 유통의 개념

(1) 물류: 제품이나 서비스가 생산자에서부터 최종소비자에 이르는 과정의 관리

(2) 물적 유통(시장 로지스틱스)

① 원자재·재공품·완제품이 발생지에서 소비지까지 효율적으로 도달하도록 계획·실시·통제하는 과정

② 조달, 판매, 판매활동에 수반되는 각종 물적 흐름을 효과적으로 관리

(3) 마케팅 로지스틱스

① 기업의 적절한 이윤을 보장하면서 고객의 욕구를 충족시키기 위해 원산지에서 소비지점까지 제품 및 서비스, 관련 정보의 물적 흐름을 계획하고, 집행·통제하는 것
② 기업은 소비자에게 더 나은 서비스와 저렴한 가격 제공이 가능
③ 소비자와 기업에게 동시에 큰 비용절감의 효과를 줌
④ 제품의 다양화가 진전됨에 따라 더 발전된 로지스틱스 관리의 필요성이 대두
⑤ **주요기능** : 재고관리, 수송, 창고관리, 로지스틱스 정보관리

2 물적 유통의 중요성

(1) 일관성 필요 : 회사 전체의 맥락 수반, 일관성 유지 시 물류관리 효과 극대화, 기업 목표 효율적 달성

(2) 전략적 도구 : 실질적 경쟁우위 위한 차별적 마케팅 가능성

(3) 기술 발전 : 정보처리 전산화 및 자동화로 물류활동 발전

(4) 고객만족 차원 : 소비자의 다양한 니즈 중시

3 물류관리의 이해

고객 서비스 수준과 총체적 물류비 극소화에 목적 존재

(1) 총 비용의 관점 : 상호작용에 따른 가시적·비가시적 비용 모두 고려, 전체비용 감소 중시

(2) 비용 상쇄 : 기업 마케팅 및 물류 목표 고려, 효율성 제고

(3) 부분 최적화 제거 : 일부 성과의 타 영역 성과 영향 제거, 전사적 조직화 및 협조 필요

(4) 총체적 시스템 관점 : 물류의 유기성 중시, 이를 통한 총체적 물류비 극소화

4 물류 서비스 수준의 결정

(1) 예비적 거래 : 물류와 간접적 관련, 높은 수준의 서비스, 거래정책 및 소비자관리 문서, 조직구조 및 시스템 유연성, 기술적 서비스 포함

(2) 실제 거래 : 중간 위치, 직접적 관련, 제품 반송 처리, 재고 수준, 서비스 제공 시기, 주문 기간, 정확성, 주문 편리성 및 제품 대체성 포함

(3) 사후적 거래 : 제품 결함 또는 불량품 회수 및 결함 제거, 고객 불만 접수 및 조정, 소비자들의 재구매에 영향력 발휘

5 주문의 처리

(1) 주문차원의 재고수준 : 재주문 필요 시 주문수준 및 주문량 결정 문제 해결

(2) 리드타임 차원의 재고수준 : 예상 재공급 리드타임 사이 예상 수요 대처

(3) 안전 차원의 재고수준 : 수요와 재주문 사이클 동안 예상치 못한 수요 변동에 대처

제5절 도매상

1 도매상

제품 재판매 혹은 산업용/업무용 구입 목적의 재판매업자, 기관 구매자에게 제품 및 서비스를 제공하는 상인 또는 유통기구

2 상인도매상 구분

구분	완전서비스 도매상	한정서비스 도매상	대리중간상
설명	도매 기능 전 제공	완전서비스 도매상의 일부 기능만을 수행	• 제품 소유권 미보유 • 제조업자와 소비자 간 거래 용이하게 도움

유형	• 일반제품 도매상
	• 한정제품 도매상
	• 전문제품 도매상
		• 현금무배달 도매상
		• 직송 도매상
		• 트럭 도매상
		• 진열상 도매상
		• 우편주문 도매상
		• 프랜차이즈 도매상
			• 중개상
			• 대리점
			  – 제조업자 대리인
			  – 판매대리인
			  – 구매 대리인
			  – 위탁상

3 도매상이 수행하는 기능

제조업자를 위해 도매상이 수행하는 기능	소매상을 위해 도매상이 수행하는 기능
• 시장확대 기능 • 재고유지 기능 • 주문처리 기능 • 시장정보 기능 • 서비스 대행 기능	• 구색갖춤 기능 • 소단위판매 기능 • 신용 및 금융 기능 • 소매상 서비스 기능 • 기술지원 기능

제6절 소매상

1 점포 소매상

(1) **전문점** : 취급제품 범위 한정, 전문화되어 있음, 전문지식 및 기술을 갖춰 독특한 서비스 제공으로 합리적 경영 실현

(2) **편의점** : 상시 무휴 영업, 재고회전 빠른 제품계열 취급, 편리성이 고가라는 단점 상쇄

(3) **슈퍼마켓** : 식료품 중심 일용잡화류 판매하는 셀프 서비스 방식의 대규모 소매점

(4) **백화점** : 하나의 건물 내 의식주 관련 다양한 상품 분류하여 진열, 조직, 판매하는 대규모 소매상

　① 합리적 경영, 집중적 대경영
　② 각 부문 상품관리자를 두지만 하나의 기업에 소속
　③ 조직 고도화로 효율성 제고

(5) **할인점** : 셀프 서비스에 의한 대량 판매

(6) **양판점**

　① 어느 정도 깊이의 구색 갖춘 제품계열 취급, 백화점과 슈퍼마켓 중간
　② 백화점과 할인점의 중간 위치, 중저가 생활 소모품 취급
　③ 체인화 및 대량구매의 장점 취득
　④ 중산층 초점, 주차장 확보, 제품 위험 자체 부담

(7) **회원제 도매클럽** : 현금 일괄 구매로 저비용 제품 구비, 회원제의 창고형 도매상

　① 정기적 회비 부과 후 회원에게만 구매 자격 제공, 안정적 매출 확보
　② 법인 회원과 개인 회원 구분
　③ 상자 및 묶음 등 대형 단위로 판매

(8) **하이퍼마켓** : 대규모 주차장 보유한 2,500 제곱미터 이상의 소매점포

    ① **주요 고객층** : 자차 소유 중간 소득층, 소득수준 낮은 가격 반응형 구매자

    ② 대도시 근교 독자적 입지 확보

(9) **상설할인매장** : 제조업자 소유 또는 운영, 잉여제품/단절제품/기획재고제품 주 취급

(10) **카탈로그 쇼룸** : 고마진, 고회전 유명 상표 할인 가격에 판매

(11) **전문 할인점** : 한 가지 혹은 한정 제품 깊게 취급, 할인점보다 저렴함, 할인점 및 양판점과 차별화

2　무점포 소매상

점포 비용 절감, 입지조건 무관한 고객 접근, 잠재수요 자극

(1) **통신우편판매** : 광고매체로 제품 및 서비스 광고 후 고객으로부터 통신 수단으로 주문 확인, 직접 또는 우편 배달

(2) **텔레마케팅**

    ① 전화 등 매체 수단 사용, 소비자 구매 DB에 근거한 세심한 세일즈

    ② **쌍방향, 고객 지향 서비스** : 정보 제공, 고충 처리, 시장 조사 등 다양한 기능 수행

    ③ 시공간 장벽 해소

    ④ 타 매체와의 연동성 활용

(3) **텔레비전 마케팅**

    ① **직접반응광고 활용** : 30초 내지 1분 사이를 활용해 간단한 소개 및 전화번호 노출

    ② **홈쇼핑 활용** : 케이블 TV로 제품소개 및 특징 설명, 유익한 상품정보 제공 가능

(4) **온라인 마케팅** : 시공간 초월, 신용카드 활용

(5) **방문판매** : 직접 방문으로 오랜 역사 보유, 손님 이해력 제고를 통한 판매

(6) **자동판매기** : 무인 판매기, 기술 발전으로 새로운 유통 구조 출현, 인건비 절감, 고객 편리성 제고

제한시간: 50분 | 시작 ___시 ___분 - 종료 ___시 ___분

⊐ 정답 및 해설 160p

01 다음 중 마케팅에 대한 설명으로 옳지 **않은** 것은?

① 소비자의 니즈를 충족시킴으로써 그에 따른 기업 이익을 창출한다.

② 단순 영업 및 판매를 벗어난 소비자들을 위한 하나의 활동이라 할 수 있다.

③ 영리기업뿐만 아니라 비영리조직까지도 그 범위로 적용하고 있다.

④ 눈에 보이는 유형 상품만을 마케팅의 대상으로 삼고 있다.

02 다음 중 마케팅 개념의 변천과정으로 옳은 것은?

① 제품개념 → 생산개념 → 판매개념 → 마케팅개념 → 사회적 마케팅개념

② 생산개념 → 제품개념 → 판매개념 → 마케팅개념 → 사회적 마케팅개념

③ 판매개념 → 제품개념 → 생산개념 → 마케팅개념 → 사회적 마케팅개념

④ 마케팅개념 → 제품개념 → 판매개념 → 생산개념 → 사회적 마케팅개념

03 CRM 마케팅과 MASS 마케팅을 비교한 것으로 옳지 **않은** 것은?

① CRM 마케팅은 시장점유율을, MASS 마케팅은 고객점유율을 지향한다.

② CRM 마케팅은 개별 고객과의 관계를 중요시하며, MASS 마케팅은 전체 고객에 대한 마케팅의 관점을 중요시한다.

③ CRM 마케팅은 고객가치를 높이는 것을 기반으로 하고, MASS 마케팅은 고객과의 거래를 기반으로 하고 있다.

④ CRM 마케팅은 고객과의 지속적인 관계를 유지하는 것에 목표를 두는 반면에, MASS 마케팅은 신규고객개발을 더욱 중시하고 있다.

04 다음 중 SWOT 분석의 한계점에 대한 설명으로 옳지 <u>않은</u> 것은?

① 강점과 약점의 구분이 명확하다.

② 전략적인 대응을 위해 핵심적 역량으로 간주되어야 할 요소가 강·약점의 분류에 들어가지 못하는 점에서 전략대응의 방향 및 내용에서 누락될 수도 있다.

③ 사선에 관측이 가능한 강점과 약점은 어떠한 조건이나 기준에 따라 변화하기 마련이다.

④ 기업능력 검토에 있어 강·약점에 대한 뚜렷한 인식이 쉽지 않다.

05 다음 내용에 해당하는 것은?

> 기업수준 전략에서 사업의 영역을 선택하고, 이를 기반으로 사업을 어떻게 효과적으로 관리할 것인가의 문제를 다루는 전략

① 기능 전략

② 사업부 전략

③ 전사적 전략

④ 마케팅 전략

06 소비자들을 만족시킬 수 있는 프로그램을 개발함에 있어 필요한 4P's의 요소로 옳지 <u>않은</u> 것은?

① Product

② Print

③ Price

④ Place

07 자신의 기억 또는 내면에 저장되어 있는 관련된 정보에서 의사결정에 도움이 되는 것을 끄집어내는 과정을 무엇이라고 하는가?

① 외부탐색

② 대안평가

③ 내부탐색

④ 구매결정

08 다음 내용에 해당하는 것은?

> 여러 요인을 체계적으로 고려하지 않고 경험, 직관에 의해 문제해결과정을 단순화시키는 규칙을 만들어 평가하는 것

① 휴리스틱 기법
② 순차적 제거식
③ 사전편집식
④ 결합식

09 본인이나 친구, 가족 등 지인들이 소비자의 행동을 관찰·기록하는 방법으로, 조사자가 따라다닐 수 없는 부분까지 촬영이 가능하고, 피관찰자가 심리적으로 편안함을 느끼기 때문에 신뢰성이 높은 자료를 수집할 수 있는 소비자 행동관찰 기법은?

① Town Watching
② Peer Shadowing
③ Home Visiting
④ Shadow Tracking

10 횡단조사에 대한 설명으로 옳지 않은 것은?

① 보통 모집단에서 추출된 표본에서 단 1회의 조사를 통해 마케팅 정보를 수집하는 방법이다.
② 마케팅 조사에서 쓰이는 서베이 조사처럼 어떤 한 시점에서의 소비자 구매형태를 측정해서 시장의 전반적인 상황을 조사하고자 하는 것이라 할 수 있다.
③ 소비자로부터 구매한 상표들의 정보를 얻을 수는 있지만 소비자들의 기억능력의 한계로 인해, 최근의 구매에 대한 정보로 만족해야 하는 제약이 있다.
④ 가격변화·판촉실시 등의 전후 상황에 대한 소비자의 반응을 알아봄으로써 소비자에게 미치는 영향을 파악하는 것이다.

11 다음 중 확률 표본추출방법에 속하지 <u>않는</u> 것은?

① 할당 표본추출법
② 군집 표본추출법
③ 층화 표본추출법
④ 체계적 표본추출법

12 각 세분시장 내에는 특정 마케팅 프로그램을 지속적으로 실행할 가치가 있을 만큼의 동질적인 수요자들이 존재해야 한다는 것을 의미하는 시장세분화 요건은?

① 측정가능성
② 실행가능성
③ 유지가능성
④ 접근가능성

13 다음 내용과 가장 관련이 깊은 것은?

> • 모든 계층의 소비자를 만족시킬 수 없으므로 경쟁사가 쉽게 틈새시장을 찾아 시장에 진입할 수 있다.
> • 규모의 경제를 이룰 수 있다.

① 비차별적 마케팅 전략
② 차별적 마케팅 전략
③ 집중적 마케팅 전략
④ BCG 매트릭스

14 다음 중 가격차별화를 시행하기 위한 조건으로 옳지 <u>않은</u> 것은?

① 판매자가 제품에 대한 시장 지배력을 가지고 있어야 한다.
② 시장분리에 들어가는 비용이 가격차별을 통해 얻는 이익보다 커야 한다.
③ 각 시장에서의 수요 탄력성은 서로 달라야 한다.
④ 시장이 2개 이상으로 쉽게 구분될 수 있어야 한다.

15 다음 중 소비재에 속하지 <u>않는</u> 것은?

① 소모품
② 전문품
③ 선매품
④ 편의품

16 다음 중 신제품 개발 과정을 옳게 배열한 것은?

① 아이디어 창출 – 제품개념 개발 및 테스트 – 아이디어 선별 – 마케팅 전략 개발 – 사업성 분석
 – 제품 개발 – 시험마케팅 – 상업화
② 아이디어 창출 – 마케팅 전략 개발 – 아이디어 선별 – 제품개념 개발 및 테스트 – 사업성 분석
 – 제품 개발 – 시험마케팅 – 상업화
③ 아이디어 창출 – 아이디어 선별 – 제품개념 개발 및 테스트 – 마케팅 전략 개발 – 사업성 분석
 – 제품 개발 – 시험마케팅 – 상업화
④ 아이디어 창출 – 사업성 분석 – 아이디어 선별 – 제품개념 개발 및 테스트 – 마케팅 전략 개발
 – 제품 개발 – 시험마케팅 – 상업화

17 다음 중 성장기에 대한 설명으로 옳지 <u>않은</u> 것은?

① 제품이 시장에 안착하는 단계이다.
② 강진약퇴의 현상이 발생하는 단계이다.
③ 실질적인 이익이 발생하는 단계이다.
④ 제품의 판매량이 빠르게 증가하는 단계이다.

18 주어진 용어에 대한 설명으로 옳지 <u>않은</u> 것은?

① 기능할인 – 제품의 가격체계를 기본가격과 사용가격으로 구분하여 2부제로 부가하는 것
② 현금할인 – 제품에 대한 대금결제를 신용이나 할부가 아닌 현금으로 할 경우에 일정액을 차감해주
 는 것
③ 계절할인 – 제품판매에서 계절성을 타는 경우 비수기에 제품을 구입하는 소비자에게 할인혜택을
 주는 것
④ 수량할인 – 제품을 대량으로 구입할 경우에 제품의 가격을 낮추어주는 것

19 다음 내용과 가장 관련 있는 것은?

> 매점에서 포장 과자류 등을 판매할 때, 생산원가가 변동되었다고 하더라도 품질이나 수량을 가감하여 종전가격을 그대로 유지하는 가격결정방법이다.

① 준거가격(Reference Pricing)
② 관습가격(Customary Pricing)
③ 명성가격(Prestige Pricing)
④ 단수가격(Odd Pricing)

20 다음 중 지리적 가격조정에 해당하지 <u>않는</u> 것은?

① Free On Board
② Zone Pricing
③ Uniform Delivered Pricing
④ Customary Pricing

21 다음 중 풀(Pull) 전략에 대한 설명으로 옳지 <u>않은</u> 것은?

① 소비자가 점포에 오기 전에 미리 브랜드 선택에 대해 관여도가 낮은 상품에 적합한 전략이다.
② 소비자가 스스로 상품을 찾게 만들고, 이로 인해 중간상들은 소비자들이 원하기 때문에 어쩔 수 없이 상품을 취급하도록 만드는 전략이다.
③ 소비자들의 브랜드 애호도가 높다.
④ 광고 및 홍보를 주로 사용하는 전략이다.

22 다음 중 판매촉진의 기능으로 보기 <u>어려운</u> 것은?

① 지원보강 기능
② 행동화 기능
③ 정보제공 기능
④ 장기소구 기능

23 다음 중 인적판매에 대한 설명으로 옳지 <u>않은</u> 것은?

① 타 촉진수단에 비해서 개인적이다.
② 낮은 비용을 발생시킨다.
③ 직접적인 접촉을 통해서 많은 양의 정보 제공이 가능하다.
④ 능력 있는 판매원의 확보가 쉽지 않다.

24 다음 중 사외교육훈련(Off JT)에 대한 설명으로 옳지 <u>않은</u> 것은?

① 훈련효과를 체계적으로 평가하기가 곤란하다.
② 담당자와 훈련생 간의 우호적인 관계 성립이 어렵다.
③ 참가자들이 일정한 장소에 모여 강사에게 강의를 듣는 방식이다.
④ 체계적인 교육훈련 프로그램이 존재한다.

25 다음 중 인터넷 광고의 특징으로 옳지 <u>않은</u> 것은?

① 시·공간의 한계를 극복한다.
② 잠재고객의 세분화가 가능하다.
③ 고객과의 일대일 상호작용이 가능하다.
④ 통일된 표준이 존재한다.

26 다음 설명 중 옳지 <u>않은</u> 것은?

① 전속적 유통은 제한된 유통으로 인해 판매기회가 상실될 수 있다.
② 선택적 유통은 선매품에 적절한 전략이다.
③ 전속적 유통은 편의품에 적절한 전략이다.
④ 집약적 유통은 충동구매의 증가 및 소비자에 대한 인지도의 확대, 편의성의 증가 등의 장점이
  있다.

27 전통적 소비자 구매행동 모델(AIDMA)에 해당하지 <u>않는</u> 것은?

① Attention
② Impact
③ Desire
④ Memory

28 다음 BCG 매트릭스 구조도에서 괄호 안에 들어갈 사업영역으로 알맞은 것은?

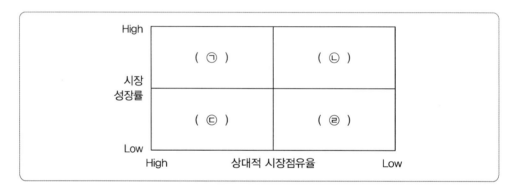

	㉠	㉡	㉢	㉣
①	별	물음표	캐시카우	개
②	개	물음표	캐시카우	별
③	물음표	개	별	캐시카우
④	물음표	캐시카우	개	별

29 CRM의 과정을 순서대로 나열한 것은?

① 평생고객화 단계 → 고객관계 유지 단계 → 신규고객 유치 단계
② 신규고객 유치 단계 → 평생고객화 단계 → 고객관계 유지 단계
③ 신규고객 유치 단계 → 고객관계 유지 단계 → 평생고객화 단계
④ 고객관계 유지 단계 → 평생고객화 단계 → 신규고객 유치 단계

30 다음 내용에서 괄호 안에 공통적으로 들어갈 말은?

> • ( )은/는 정확한 가치를 제공해야 한다.
> • ( )은/는 기업 활동의 사업영역을 명시해야 한다.
> • ( )은/는 조직 내 종업원들의 동기를 유발해야 한다.
> • ( )은/는 미래에 대한 비전을 제시해야 한다.

① 사명　　　　　　　　　　　② 인사
③ 재무　　　　　　　　　　　④ 전략

31 다음 내용에 해당하는 것은?

> 고객이 제품의 성능과 구매 전 제품에 대해 기대했던 내용을 비교하여 제품의 성능이 기대치보다 높으면 만족하게 되고, 반대로 제품의 성능이 기대치에 미치지 못하면 불만족하게 되는 것을 말한다.

① 생리적 욕구　　　　　　　② 정서적 반응
③ 선택적 노출　　　　　　　④ 인지 부조화

32 구매의사결정과정 단계를 순서대로 나열한 것은?

> ㄱ. 정보의 탐색　　　　　　ㄴ. 제품의 구매
> ㄷ. 구매 후 행동　　　　　　ㄹ. 문제에 대한 인식
> ㅁ. 대안의 평가

① ㄱ - ㄴ - ㄷ - ㄹ - ㅁ　　　② ㄱ - ㄹ - ㄷ - ㄴ - ㅁ
③ ㄹ - ㄱ - ㅁ - ㄴ - ㄷ　　　④ ㄹ - ㅁ - ㄱ - ㄴ - ㄷ

33 설문지 개발 시 주의할 점으로 옳지 <u>않은</u> 것은?

① 부정적·선동적인 질문은 금지해야 한다.
② 하나의 항목에 2가지 질문은 금지해야 한다.
③ 어려운 질문에서 쉬운 질문으로 옮겨가야 한다.
④ 각 설문항목이 조사목적에 적합한지 확인해야 한다.

34 시장세분화의 요건에 해당하지 <u>않는</u> 것은?

① 변경가능성
② 측정가능성
③ 접근가능성
④ 실행기능성

35 다음 내용에서 괄호 안에 들어갈 적합한 말은?

> (   )은/는 포장의 한 과정으로서, 제품에 대한 상품명 및 상품에 대한 여러 가지 사항을 표시한 종이를 의미한다.

① 상표   ② 라벨
③ 배달   ④ 설치

36 다음 중 도입기의 특징이 <u>아닌</u> 것은?

① 제품수정이 이루어지지 않은 기본형 제품이 생산된다.
② 시장 진입 초기이므로, 과다한 유통촉진비용이 투입된다.
③ 이익이 전혀 없거나, 혹은 있다 해도 이익수준이 극히 낮다.
④ 많은 경쟁자들을 이기기 위해서 제품에 대한 마진을 줄인다.

37 다음 중 서비스의 특성이 <u>아닌</u> 것은?

① 정형성
② 이질성
③ 소멸성
④ 동시성

38 다음 내용에 해당하는 것은?

> 소매업자가 점포 내에서 기업 제품을 좋은 위치에 진열해 주는 대가로 제품구매 가격의 일정비율을
> 할인해 주는 방법을 말한다.

① 입점 공제   ② 구매 공제

③ 진열 공제   ④ 광고 공제

39 다음 중 우편 광고의 장점을 모두 고른 것은?

> ㄱ. 비용이 비교적 낮다.
> ㄴ. 청중 선별이 가능하다.
> ㄷ. 청각적 효과가 뛰어나다.
> ㄹ. 다른 광고의 간섭이 적다.

① ㄱ, ㄴ   ② ㄱ, ㄷ

③ ㄴ, ㄷ   ④ ㄴ, ㄹ

40 다음 중 유통경로를 순서대로 나열한 것은?

① 고객 욕구 파악 → 유통경로의 과업 파악 → 최적의 유통경로 파악 → 표적시장 선정 → 경로의
신설 및 개선 작업

② 고객 욕구 파악 → 최적의 유통경로 파악 → 유통경로의 과업 파악 → 표적시장 선정 → 경로의
신설 및 개선 작업

③ 고객 욕구 파악 → 유통경로의 과업 파악 → 최적의 유통경로 파악 → 경로의 신설 및 개선 작업
→ 표적시장 선정

④ 고객 욕구 파악 → 경로의 신설 및 개선 작업 → 유통경로의 과업 파악 → 최적의 유통경로 파악
→ 표적시장 선정

정답 및 해설 | 마케팅원론

01	02	03	04	05	06	07	08	09	10	11	12	13	14	15
④	②	①	①	③	②	③	①	②	④	①	③	①	②	①
16	17	18	19	20	21	22	23	24	25	26	27	28	29	30
③	②	①	②	④	①	④	②	①	④	③	②	①	③	①
31	32	33	34	35	36	37	38	39	40					
④	③	③	①	②	④	①	③	④	①					

01 정답 ④

④ 마케팅은 눈에 보이는 유형의 상품뿐만 아니라 무형의 서비스, 아이디어 등 모두가 마케팅의 대상이 된다.

02 정답 ②

마케팅 개념의 변천과정
생산개념 → 제품개념 → 판매개념 → 마케팅개념 → 사회적 마케팅개념

03 정답 ①

① 성과지표면에서 보면 CRM 마케팅은 고객점유율을, MASS 마케팅은 시장점유율을 각각 지향한다.

04 정답 ①

SWOT은 기업의 내부 환경 및 외부 환경 등을 분석하여 강점과 약점, 기회와 위협 요인을 규정하고 이를 기반으로 마케팅 전략을 수립하는 것이다.
① 강점 또는 약점의 구분이 명확하지 않다는 한계가 있다.

05 정답 ③

전사적 전략은 기업의 사업 분야를 기업 전체의 관점에서 어떻게 효과적으로 운영할 것인가의 문제에 초점을 맞춘다. 주로 수직적 통합이나 전략적 제휴, 사업의 다각화, 인수합병 등의 문제를 다룬다.
① 기능 전략은 사업부 전략으로부터 도출되고 상위의 전략을 효과적으로 실행하기 위한 하나의 수단으로서 그 역할을 한다.
② 사업부 전략은 특정한 사업 영역 내에서 여러 타사에 비해 어떻게 경쟁우위를 확보하고 이를 효과적으로 유지해 나가는지에 대한 문제를 다룬다.

06 정답 ②

4P's 요소
• Product(제품)
• Price(가격)
• Place(유통)
• Promotion(프로모션)

07 정답 ③

내부탐색은 어떤 제품을 반복 구매했다면 그 제품에 대한 과거 정보를 머릿속에 떠올려 이용할 수 있는 것이다.

① 외부탐색은 자신의 기억 외의 원천으로부터 정보를 탐색하는 활동이다.
② 대안평가는 정보를 수집하는 중간이나 또는 정보를 수집한 후에 소비자가 그동안의 정보탐색을 통해 알게 된 내용을 기반으로 구매대상이 되는 여러 대안을 평가하는 것이다.
④ 구매결정은 소비자의 여러 대안에 대한 태도가 정해지면 구매의사를 결정해서 구매행동으로 옮기는 단계이다.

08 **정답** ①
휴리스틱 기법은 어떠한 문제를 해결하거나 또는 불확실한 상황에서 판단을 내려야 할 때 정확한 실마리가 없는 경우에 사용하는 방법이다.
② 순차적 제거식은 중요하게 생각하는 특정 속성의 최소 수용기준을 설정하고 그 속성에서 수용기준을 만족시키지 못하는 상표를 제거해 나가는 방식이다.
③ 사전편집식은 가장 중요시하는 평가기준에서 최고로 평가되는 상표를 선택하는 방식이다.
④ 결합식은 상표수용을 위한 최소 수용기준을 모든 속성에 대해 마련하고 상표별로 모든 속성의 수준이 최소한의 수용기준을 만족시키는가에 따라 평가하는 방식이다.

09 **정답** ②
Peer Shadowing은 본인, 친구, 가족 등 지인들이 선정된 소비자의 행동을 관찰 및 기록하는 방법이다.
① Town Watching은 소비자 집단의 라이프스타일이나 트렌드를 파악하기 위해 그들을 만날 수 있는 장소에서 관찰과 인터뷰를 진행하는 방식이다.
③ Home Visiting은 조사대상 가구를 직접 방문하여 집안환경을 관찰하고 가족구성원과의 인터뷰를 통해 가정 내 라이프스타일 및 제품사용 행태를 파악하는 방식이다.

④ Shadow Tracking은 소비자의 생활상 및 제품사용 패턴, 응답자의 이동경로에 따른 행동특성을 파악하기 위해 소비자의 일상생활을 동영상으로 촬영하여 관찰하는 방식이다.

10 **정답** ④
횡단조사는 현 상태를 있는 그대로 어떤 집단의 특성을 기술하려 하거나 예측하고자 하는 것이다.
④ 종단조사에 대한 내용이다.

11 **정답** ①
① 비확률 표본추출방법에 속한다.

12 **정답** ③
유지가능성은 세분시장이 충분한 규모이거나 이익을 낼 수 있는 정도의 크기가 되어야 함을 의미한다.
① 측정가능성은 마케팅 관리자가 각 세분시장의 규모나 구매력 등을 측정할 수 있어야 한다는 것이다.
② 실행가능성은 각 세분시장에서 고객들에게 매력 있고 이들의 욕구에 충분히 부응할 수 있는 효율적인 마케팅 프로그램을 계획하고 실행할 수 있는 정도를 말한다.
④ 접근가능성은 적절한 마케팅 노력으로 세분시장에 효과적으로 접근하여 제품이나 서비스를 제공할 수 있는 적절한 수단이 있어야 한다는 것이다.

13 정답 ①

비차별적 마케팅 전략은 전체 시장을 하나의 동일한 시장으로 간주하고, 하나의 제품을 제공하는 전략이다.

② 차별적 마케팅 전략은 전체 시장을 여러 개의 세분시장으로 나누고 이들 모두를 목표시장으로 삼아 각기 다른 세분시장의 상이한 욕구에 부응할 수 있는 마케팅 믹스를 개발하여 적용함으로써 기업의 마케팅 목표를 달성하고자 하는 것이다.

③ 집중적 마케팅 전략은 전체 세분시장 중에서 특정 세분시장을 목표시장으로 삼아 집중 공략하는 전략이다.

④ BCG 매트릭스는 핵심적인 2가지 요소인 시장성장률로 나타나는 시장 매력도와 상대적 시장점유율로 알 수 있는 경쟁능력을 통해 각 사업 단위가 포트폴리오에서 차지하는 위치를 파악, 기업의 현금흐름을 균형화하는 데 의미가 있다.

14 정답 ②

가격차별화는 기업의 동일한 제품에 대하여 시간적·지리적으로 서로 다른 시장에서 각각 다른 가격을 매기는 것이다.

② 시장분리에 들어가는 비용이 가격차별을 통해 얻는 이익보다 적어야 한다.

15 정답 ①

소비재는 일반적으로 개인이 최종적으로 사용하거나 소비하는 것을 목적으로 구매하는 제품을 말하며, 편의품, 선매품, 전문품 등이 속한다.

① 소모품은 산업재의 자본재에 속한다.

16 정답 ③

신제품 개발 과정
아이디어 창출 – 아이디어 선별 – 제품개념 개발 및 테스트 – 마케팅 전략 개발 – 사업성 분석 – 제품 개발 – 시험마케팅 – 상업화

17 정답 ②

②는 매출액 증가율이 감소하기 시작하는 성숙기에 대한 설명이다.

18 정답 ①

① 기능할인은 유통의 기능을 생산자 대신에 수행해주는 중간상, 즉 유통업체에 대한 보상 성격의 할인을 의미한다.

19 정답 ②

관습가격(Customary Pricing)은 일용품의 경우처럼 장기간에 걸친 소비자의 수요로 인해 관습적으로 형성되는 가격을 의미한다.

① 준거가격은 구매자가 어떤 제품에 대해서 자기 나름대로의 기준이 되는 가격과 비교해보고 제품가격이 비싼지 여부를 결정하는 것이다.

③ 자신의 명성이나 위신을 나타내는 제품의 경우에 일시적으로 가격이 높아짐에 따라 수요가 증가하는 경향을 보이는 경우를 이용하여 고가격으로 설정하는 방법이다.

④ 단수가격은 시장에서 경쟁이 치열할 때 소비자들에게 심리적으로 저렴하다는 느낌을 주어 판매량을 늘리려는 가격결정방법이다.

20 정답 ④

지리적 가격조정에 해당하는 것으로는 균일운송가격, FOB, 구역가격, 기점가격, 운송비 흡수가격 등이 있다.

④ 관습가격은 소비자의 심리적 가격결정방법에 속한다.

21 **정답** ①

풀 전략은 소비자 스스로 제품을 찾게 만드는 것으로, 소비자가 점포에 오기 전에 미리 브랜드 선택에 대해 관여도가 높은 상품에 적합한 전략이다.

① 푸시 전략에 대한 설명이다.

22 **정답** ④

④ 판매촉진은 단기간에 제품의 소개 및 판매하는 단기판매에 효율적이고 비교적 제품수명이 짧은 제품의 판매에 효과적이다(단기소구).

23 **정답** ②

② 인적판매는 높은 비용을 발생시킨다.

24 **정답** ①

①은 사내교육훈련(OJT)에 대한 내용이다.

25 **정답** ④

인터넷 광고는 통일된 표준이 없고 광고효과 측정에 대한 객관적인 수단이 없으며 정보 관리에 대한 높은 부하를 필요로 한다는 단점이 있다.

26 **정답** ③

③ 전속적 유통은 전문품에 적절한 전략이다.

27 **정답** ②

전통적 소비자 구매행동 모델(AIDMA)

- Attention : 매체에 삽입된 광고를 접하는 수용자가 주의를 집중하는 단계
- Interest : 수용자가 광고에 흥미를 느끼는 단계

- Desire : 수용자가 광고 메시지를 통해 제품의 소비나 사용에 대한 욕구를 느끼는 단계
- Memory : 광고 메시지나 브랜드 이름 등을 기억, 회상하는 단계
- Action : 제품의 구매나 매장의 방문 등 광고 메시지에 영향을 입은 행동을 하는 단계

28 **정답** ①

BCG 매트릭스 구조도

29 **정답** ③

CRM의 과정

신규고객 유치 단계 → 고객관계 유지 단계 → 평생고객화 단계

30 **정답** ①

바람직한 기업사명의 특징

- 정확한 가치를 제공해야만 한다.
- 기업이 활동할 사업영역을 명시해야 한다.
- 조직 내 종업원들의 동기를 유발할 수 있어야 한다.
- 기업의 미래에 대한 비전을 제공해야 한다.

31 정답 ④
인지 부조화
고객이 제품의 성능과 구매 전 제품에 대해 기대
했던 내용을 비교하여 제품의 성능이 기대치보
다 높으면 만족하게 되고, 반대로 제품의 성능
이 기대치에 미치지 못하면 불만족하게 되는 것
을 말한다(기대≤성과 → 만족, 기대>성과 →
불만족).

32 정답 ③
구매의사결정과정 단계
문제에 대한 인식 → 정보의 탐색 → 대안의 평
가 → 제품의 구매 → 구매 후 행동

33 정답 ③
설문지의 순서는 쉬운 질문에서 어려운 질문으
로 옮겨가야 한다.

34 정답 ①
시장세분화의 요건
• 측정가능성
• 유지가능성
• 접근가능성
• 실행가능성
• 내부적 동질성과 외부적 이질성

35 정답 ②
라벨
상품에 대한 상품명 및 상품에 대한 여러 가지 사
항을 표시한 종이를 말한다. 보통, 사람들이 즐
겨 찾는 음료수나 과자 등이 대표적인 예이다. 라
벨의 근본적인 목적은 소비자들의 비교 구매를
도와주는 것이다.

36 정답 ④
많은 경쟁자들을 이기기 위해서 제품에 대한 마
진을 줄이고, 가격을 평균생산비 수준까지 인하
하는 것은 성숙기의 특징이다.

37 정답 ①
서비스의 특성
• 이질성
• 소멸성
• 무형성(비정형성)
• 비분리성(동시성)

38 정답 ③
진열 공제는 소매업자가 점포 내에서 기업 제품
을 좋은 위치에 진열해 주는 대가로 제품구매 가
격의 일정비율을 할인해 주는 방법을 말한다.

39 정답 ④
우편 광고의 장점
• 청중 선별이 가능하다.
• 다른 광고의 간섭이 적다.
• 개별화가 가능하다.
• 길고 복잡한 메시지 전달이 가능하다.
• 상품 샘플 우송이 가능하다.

40 정답 ①
유통경로
고객 욕구 파악 → 유통경로의 과업 파악 → 최
적의 유통경로 파악 → 표적시장 선정 → 경로의
신설 및 개선 작업

Ⅲ. 조직행동론

- 빨리보는 간단한 키워드
- 기출동형 최종모의고사
- 최종모의고사 정답 및 해설

우리 인생의 가장 큰 영광은 결코 넘어지지 않는 데 있는 것이 아니라
넘어질 때마다 일어서는 데 있다.

– 넬슨 만델라 –

빨리보는 간단한 키워드

제1장 | 조직행동 개요

제1절 조직행동의 개념

1 조직의 개념 및 특성

(1) 조직이란 '개인으로서는 성취 불가능한 목표를 달성하기 위하여 함께 모여 일하는 인간의 집합체이자 의식적으로 구성한 사회적 체제'

(2) 조직의 특성

① 개인들로 구성된 하나의 사회체계이며 조직 전체의 목적을 가진 하위체계들로 구성된 통합시스템
② 공동의 목적을 위해 정립된 체계화된 구조
③ 투입, 산출, 피드백을 통해 외부환경과 상호작용을 하는 개방체계
④ 조직은 경계를 가지고 있으며, 이 경계를 통하여 조직 내 요소와 조직 외 요소를 구분(투과할 수 있는 경계 보유)
⑤ 성장과 변화에 대응하는 동태적 균형 추구

2 조직행동론 개요

조직행동론은 조직 내 개인 및 집단, 그리고 조직차원의 행동이나 태도에 대한 체계적 연구를 통해 조직의 성과를 높이고 구성원의 조직생활의 질을 높이기 위한 학문 분야

조직행동론의 목적	조직행동론의 네 가지 의존적 행동변수
• 인간행동의 설명 • 인간행동의 예측 • 인간행동의 통제	• 생산성 • 결근 여부 • 이직 • 직업만족도

3 조직행동이론의 전개과정

(1) 막스 베버(Max Weber)의 관료제 특징

① 법규의 지배(합법적인 직무배정과 직무수행)

② 계층적 조직(계층에 의한 관리)

③ 문서주의(문서에 의한 행정)

④ 임무수행의 비정의성 및 공사의 구별

⑤ 관료의 전문화(업무 전문화)

⑥ 관료의 전임화

⑦ 고용관계의 자유 계약성

(2) 테일러의 과학적 관리론의 4가지 관리 원칙

① 개인의 작업별 각 요소를 과학화(우선순위 정하기)

② 종업원을 과학적으로 선발한 뒤 첫 단계에서 설명된 방식으로 직무를 수행하도록 훈련·교육·개발 시킴

③ 관리자들과 종업원들은 친밀하고도 우호적인 유대관계를 유지하고 상호 협력함

④ 관리자가 해야 할 일과 작업자가 해야 할 일을 명확히 구분하고, 관리자와 작업자는 분담된 업무를 확실히 수행해야 함

(3) 페이욜의 14대 경영관리 원칙

① 분업의 원칙

② 권한과 책임의 원칙

③ 규율의 원칙

④ 명령 일원화 원칙

⑤ 지휘 일원화 원칙

⑥ 조직 전체 이익 우선의 원칙

⑦ (적정)보상의 원칙

⑧ 중앙 집권화의 원칙

⑨ 계층 조직화의 원칙

⑩ 질서(유지)의 원칙

⑪ 공평성의 원칙

⑫ 고용안정(정년보장)의 원칙

⑬ 능동적 창의성의 원칙

⑭ 구성원 협동단결의 원칙

(4) 인간관계론의 주요 특징

① 능률관 측면에서 사회적 능률관을 주창
② 비공식 집단의 중요성 강조
③ 민주적 조직관리와 참여 강조
④ 인간을 피동적 존재로 인식하며 능률 중시
⑤ 팀워크를 기반으로 한 협동적 집단주의에 의한 생산성 향상 추구

(5) 호손공장 실험 이해

엘튼 메이요(Elton Mayo, 1880~1949)	호손 실험(Hawthorne Experiment)
호손공장 실험 결과를 통해 조직 구성원은 사회적 존재라는 사실을 확인. 인간관계나 심리적 요인의 효율적 관리가 조직 구성원의 능률성과 생산성을 좌우하는 핵심 요인이라고 주장	호손공장에서 조명실험, 계전기조립실험, 면접실험, 뱅크선 작업실험에서 작업환경, 근무조건, 휴식, 임금 등보다 관리자의 인간적인 대우나 구성원 간의 친밀한 관계와 분위기 등과 같은 사회·심리적 요인이 생산성 증진에 더욱 중요하게 작용됨

(6) 근대적 관리론의 특징

버나드의 협동체계론	사이먼의 조직적 의사결정론
• 조직의 경영적·기술적 측면보다 사회적·심리적 측면 강조 • 조직을 '2인 이상의 힘과 활동을 의식적으로 조정하는 협동체'라고 정의(협동 시스템) • 버나드의 권한수용이론은 구성원의 동의 형성을 매우 중시 • 조직에 있어 능률성(욕구충족도)에 의한 대내적 균형과 유효성(목표달성도)에 의한 대외적 균형이 매우 중요함	• 핵심을 의사결정으로 보고, 인간을 제한된 합리성을 갖는 관리인으로 인식 • 조직을 제한된 합리성을 갖는 작업자와 경영자의 의사결정 시스템, 개인목표와 조직목표의 조화를 강조 • 권한 수용설의 입장을 취함. 즉, 구성원들의 동의형성 및 자기통제 강조 • 조직에서 부여하는 권력, 종업원들의 자기통제, 종업원에 대한 유효성 기준의 설득, 교육 훈련 등

(7) 행동과학이론

① 행동과학은 종합적인 학문으로 인간의 모든 행위를 과학적으로 연구·분석함
② 행동과학의 연구 대상은 인간의 모든 행동과 행위
③ 연구 방법은 과학적 연구방법과 개별 사회과학, 즉 종합 과학적 접근방법
④ 주요 특징으로는 변화 담당자와 권력 평등화 개념의 행동과학
⑤ 행동과학자들은 협동-동의 체계, 권력 평등화 체계 매우 중시
⑥ 심리학, 사회학, 인류학 등을 통한 인간 행위에 관한 일반화 시도

(8) 리버트의 권력평등화에 대한 설명

① 인간의 정신·정서, 즉 사기, 감정, 심리적 안정에 주로 관심을 집중함
② 개인-집단 및 조직에 있어서 점진적이고 내부적으로 발생한 변화를 높게 평가

③ 과업의 성취뿐만 아니라 인간의 성장과 실현에 많은 가치를 두며 이 양자 간의 인과관계의 정도를 파악하려고 함

④ 조직에 있어서 권력은 현존하는 권력주의적 위계질서에서보다는 공평하게 배분되어야 함

(9) 시스템이론, 상황이론, 전략적 선택이론 이해

시스템(체계)이론	• 행동과학과 자연과학에 기준을 둠 • 분류 : 사회체계이론, 일반체계이론, 생태체계이론 • 시스템이란 조직 내의 모든 요소들이 서로 유기적인 관계를 가진 구성체 • 특징 : 목표 지향성, 개방성, 전체성과 경계성, 상호관련성 및 의존성, 통제 메커니즘, 계층성, 균형 유지성, 시스템 유형 분류, 폐쇄 체계, 개방 체계, 환경과의 균형 유지를 위한 자기통제 사이클, 하위시스템의 분류
상황이론	• 시스템이론이 갖고 있는 한계를 극복하고 조직이나 경영에 효율적으로 적용 • 상황이론의 변수 : 상황변수, 조직특성변수, 조직유효성변수 • 조직 유효성에 대한 두 가지 접근법 : 목표 접근법과 시스템 접근법 • 이론적 특성으로는 조직의 구성요소 간의 적합성 모색, 조직의 유효성 증진, 조직을 분석 단위로 연구 • 환경을 독립변수, 조직을 종속변수로 봄 • 조직의 유효성이라는 변수를 위하여 조직구조와 상황변수의 관계를 살펴봄
전략적 선택이론	• 차일드(Child)에 의해서 도입되었고, 상황이론에 대한 경쟁적인 패러다임으로 등장하게 됨 • 개념은 의사결정자들이 일정한 선택의 재량을 가지고 있다는 것을 강조 • 조직을 때때로 환경을 조직에 유리하도록 조종·통제할 수 있는 영향력과 스스로 창조할 수 있는 능력을 가진 존재로 봄 • 조직의 구조는 의사결정권자들의 능력에 의해 환경변화에 잘 적응하고 능동적으로 대처할 수 있도록 전략적으로 선택·결정될 수 있음을 강조 • 전략은 일시적 처방이 아닌 지속적, 미래지향적인 방향성을 가지고 수단과 목표를 포함하는 개념

제2절 직무성과

1 직무성과 관리의 개념

(1) 직무성과 관리란 기업의 전략과 종업원의 공헌을 연결시키는 방법론이며, 전략에 기초를 둠

(2) 성과관리 과정은 성과계획, 성과모니터링, 개발, 성과평가, 보상의 단계들이 서로 피드백하며 이루어지는 체계적인 과정

2 종업원의 직무성과 평가 방법

평가 방법	유형 분류	세부 내용
직무성과 업무보고에 의한 방법	자유 기술식 업무 보고법	평가 기간 중 종업원이 보여준 성적·성격 등을 중심으로 평가
	웨이트식 업무 보고법	평가 기간 중 작업성과를 구체적이면서 자유로이 기술하는 방법
기록에 의한 방법	산출 기록법	일정 기간 내의 작업량, 일정 작업량 수행에 드는 시간 산출
	정기적 시험법	평가 기간 내 일정 시점에서의 작업량 조사
	가점 감점법	평가 기간 중 종업원의 작업태도, 작업방법, 성과 등에 평가
성적순위 서열법	종합 순위법	근무성적을 종합적으로 상호 비교하여 순위를 매기는 방법
	분석 순위법	각 평가 요소에 대하여 순위를 매긴 후 종합하여 성적을 산출하는 방법
인물명세표에 의한 방법	프로브스트법(체크리스트법)	평가를 인사 담당 부/과에 전담시키는 방법
	종합 평정법	피평가자를 종합적·전체적 관점에서 평가
척도에 의한 방법	도식평정 척도법	연속 척도법, 비연속 척도법
	성적 평어법	각 평가 단계에 '수, 우, 미...', 'A, B, C...' 등의 등급을 부여 평가

직무성과 평가 시 발생 가능한 오류	종업원 평가결과의 조정방법

• 논리오차
• 상동효과
• 후광(광휘/현혹)효과
• 항상오차(관대화, 가혹화, 중심화 경향)
• 대비효과
• 유사효과
	• 척도측정 조정방법
	• 편차치(표준점수) 조정방법
	• (종합평가 시) 조정과 결과연결의 구별방법
	  – 산술적 평가에 의한 조정방법
	  – 정규분포에 의한 조정방법

제3절 조직몰입

1 조직몰입의 개념 및 특징

(1) **개념**: 조직몰입이란 조직 구성원 개개인의 조직에 대한 동일시와 몰입의 상대적 정도, 즉 한 개인이 자기가 속한 조직에 대한 어느 정도의 일체감을 가지고 조직 활동과 직무에 몰두하느냐 하는 정도를 의미

(2) **특징**

① 조직에 대한 정서적 반응

② 직무만족과 같이 주관적 개념

③ 조직에 대해 원하는 것과 실제 얻는 것과의 비교

(3) 차원(유형)

① 정서적 몰입
② 지속적 몰입
③ 규범적 몰입

2 조직몰입의 선행 변수와 결과 변수

선행 변수(결정 요소)	결과 변수
개인적 요인	참여도
직무관련 특성	잔류의도
구조적 특성	직무몰입
직업 경험	직무노력

3 조직몰입의 관리 방안

(1) 개인적 의미가 있는 목표를 성취할 수 있도록 기회 제공

(2) 가급적 조직 구성원들이 보다 많은 자율성과 책임감을 갖도록 직무 수정

(3) 경영자는 조직 구성원들의 복지후생에 진심으로 관심을 갖고 실행하는 노력

(4) 조직목표에 대한 조직 구성원들의 이해를 촉진시켜 목표를 공유

4 조직몰입과 직무만족의 차이점

(1) 조직몰입이 조직 전체에 대한 개인감정을 반영한다는 점에서 보다 포괄적인 개념, 직무만족은 직무나 직무와 관련된 측면에 대한 반응만 의미

(2) 직무환경의 변화에 따라 직무만족 수준은 변할 수 있으나 조직몰입은 쉽게 변하지 않는 특성

제2장　개인행동의 이해

제1절 직무만족

1 직무만족의 중요성

(1) 개인 차원(조직외부 차원)의 중요성

① **가치판단의 측면** : 직장생활은 개인에게 만족의 기회 제공

② **정신건강 측면** : 직장생활의 불만족이 삶 자체에 대한 불만

③ **신체건강 측면** : 일에 만족을 느끼는 사람의 수명은 긴 반면에 직무에 대한 불만은 스트레스, 권태, 동맥경화, 소화불량, 고혈압 등 유발

(2) 조직 차원에서 직무만족이 중요한 구체적인 이유

① 성과에 영향

② 원만한 인간관계

③ 결근율·이직률 감소

④ 회사 홍보에 기여

2 직무만족의 영향 요인과 결정 요인

(1) 직무만족의 영향 요인

성격	개인의 감정, 사고, 행동의 지속적인 패턴으로 직무만족에 영향을 미침
가치관	업무 결과에 대한 확신을 의미하며 내재적 가치와 외재적 가치로 나눔
근무환경	일반적으로 수행직무 자체, 직무 수행과정에서 상대하는 사람, 작업환경, 근무시간, 급여, 직무 안정성 등
사회적 영향 요인	동료, 집단, 문화 등 사회적 요인들, 사회심리학적 요인, 급여, 승진기회, 조직의 복지정책, 절차·조직구조 등

(2) 직무만족의 결정 요인

보상 체계(급여)	급여는 직무만족의 일차적 결정 요소
직무 자체	직무의 만족과 흥미의 정도, 책임 및 학습의 정도, 작업조건, 직무의 중요성 등
승진 가능성	승진, 승진기회 비율과 공정성 등
동료 작업자와의 관계	우호적·협조적 태도, 기술적 능력에 기반을 둔 후원적 태도 등
리더십 스타일(감독)	감독자의 기술·관리능력 및 직원에 대한 배려·관심의 정도
조직구조	직위수준이 자신의 능력에 부합, 분권화, 공식화 수준 등

3 직무만족 이론

(1) 직무만족의 결정 요인 : 근무환경을 능력 활용도, 성취도, 보상 등의 세부 요인으로 구분하여 각 측면에 대한 종업원의 만족 정도를 연구하는 모형

(2) 허츠버그의 직무만족 2요인이론 : 불만족해소 차원(위생 요인)과 만족증대 차원(동기 요인)이라는 별개의 차원으로 이루어져 있고, 이 중 만족증대 차원만이 직무만족 촉진요인으로 작용한다는 이론

(3) 직무만족의 불일치 모형 : 종업원들은 자신의 직무와 이상적인 직무를 비교할 수 있을 때 자신의 직무에 대한 기대가 높고 이 기대가 충족되지 못하면 그 사람은 직무에 대한 불만족을 느낀다고 설명

(4) 직무만족의 형평이론 : 근로자는 각자 특유의 전형적인 직무만족 수준인 형평 수준을 가지고 있어 직무만족은 장기간에 걸친 안정된 태도

4 직무만족도 측정 방법 및 기법

(1) 직무만족도 측정 방법
　① **복합척도** : 근로자의 긍정적 또는 부정적 평가의 합을 그 사람의 직무만족으로 보는 간접적인 방법
　② **단일척도** : 직무만족에 대한 직접적인 질의로 직무 전반에 대한 직무만족을 측정하는 방법

(2) 직무만족도 측정 기법
　① 점수법
　② 중요 사건법
　③ 면접법
　④ 외현 행동법
　⑤ 행동 경향법 등

(3) 미네소타 만족 설문(MSQ)의 장단점
　① **장점** : 비교적 간단하고 여러 사람을 동시에 측정할 수 있고, 조직 간 직무만족도의 상대적 비교 가능
　② **단점** : 응답자가 응답을 왜곡시킬 수 있고, 설문 문항에 대한 응답자들의 의미 파악이 동일하지 않을 수 있음

제2절 스트레스

1 스트레스

(1) 스트레스의 개념

① **생리학적 정의** : 생리적 시스템 내에서 구체적으로 일어난 모든 변화로 이루어져 있는 특정요구에 대한 신체의 비특정적 반응

② **심리학적 정의** : 사람들의 불확실성이 장기간 지속되고 개인이 불확실성에 의해 특정한 의사결정 및 문제해결 상황에 직면하게 되는 인지상태

③ **행동과학적 정의** : 스트레스를 환경과 개인의 부적합관계로 인식. 즉 스트레스는 직무요구와 개인의 기술·역량이 불일치하거나, 환경이 개인의 능력으로 해결할 수 있는 차원 이상의 것을 요구하거나, 또는 개인의 욕구가 직무환경에 의해 충족되지 못함으로써 발생

④ **조직심리학적 정의** : 직무 스트레스는 직무관련 요인들이 개인의 심신으로 하여금 정상적인 기능을 이탈하게 함으로써 종업원에게 영향을 미침

(2) 스트레스의 기능

① **순기능** : 최상의 기쁨이나 자극 또는 흥분을 유발

② **역기능** : 많은 사람들에게 불안, 긴장 및 걱정 등 유발

스트레스 유발 요인	스트레스 억제 상황 요인들
• 힘든 선택 • 고도의 능력과 책임을 요하는 힘든 업무와 과도한 근무시간 • 복잡한 인간관계 - 냉혹함 • 압박감 • 욕구좌절 • 갈등 : 접근·접근형, 회피·회피형, 접근·회피형 • 고립 : 신체적, 정서적, 사회·직업적	• 예측 가능성 • 사회·정서적 지원 • 인지적 평가 • 대응 기술 • 통제 가능성

2 직무 스트레스

(1) 개념 : 직무 스트레스란 개인이 일과 관련해서 경험하는 긴장 상태로 직무관련 요인들로 인해 개인의 심신이 정상적 기능을 이탈하게 되는 것

(2) 직무 스트레스의 원인

① **환경적 요인** : 불황기와 같은 경제적 요인, 정치·사회·기술적 요인 등, 작업환경 등의 내부환경도 스트레스 유발 요인

② **조직적 요인** : 스트레스의 원인은 조직·집단·직무차원으로 세분화

③ **개인적 요인**

ⓐ 가정 등 개인적 생활요인도 스트레스의 원인

ⓑ 환경에 대한 개인의 통제 능력에 따라 스트레스 유발 정도가 달라짐

(3) 직무 스트레스의 영향

① **조직적 영향** : 생산성의 감소는 물론 직무 불만족으로 인한 결근 및 이직률의 증가, 재해사고의 증가 및 이로 인한 각종 의료비 지출 등

② **개인적 영향** : 지속적 스트레스는 각종 정신·신체 질환을 야기하며, 과로사는 스트레스와 가장 관련이 깊음

③ 스트레스는 자존감을 떨어뜨리고 불안이나 우울을 증가시킴. 알코올이나 약물의 남용도 스트레스가 원인

3 직무 스트레스 관리 방안

조직수준	개인수준
• 직무 재설계 • 참여적 관리 • 탄력적 작업일정 계획 • 사회적 지원 • 경력 개발 • 역할 분석 • 목표설정 • 의사소통의 원활화 및 구성원 지원 프로그램	• 극복 및 회피 • 건강검사 • 기분전환 훈련

제3절 동기부여

1 동기부여의 중요성

(1) 조직 구성원들이 적극적·능동적으로 업무를 수행하게 함으로써 자아실현 기회 부여

(2) 구성원 개개인으로 과업수행에 대한 자신감과 자긍심을 갖게 함

(3) 구성원들의 능동적 업무수행 의지를 강화시킴으로써 직무만족과 생산성을 높이고 나아가 조직 유효성 제고

(4) 경쟁우위 원천으로서의 사람의 중요성이 커짐으로써 개인의 동기부여는 기업경쟁력 강화의 핵심 수단이 됨

(5) 동기부여는 변화에 대한 구성원들의 저항을 줄이고 자발적 적을 촉진함으로써 조직변화를 용이하게 하는 추진력이 됨

2 동기부여의 접근법

(1) 전통적 관리법(경제인 가설)

① **X이론** : 수동적인 인간은 생리적, 안전 욕구에 자극을 주는 금전적 보상과 처벌 위협에 동기가 부여된다고 가정하는 이론(인간의 하위욕구를 자극시키거나 만족시키는 외적 통제를 강화하는 방향)

② **Y이론** : 상위욕구충족을 원하는 인간은 근본적으로 자기통제를 할 수 있으며, 창의적으로 일할 수 있어 자아만족과 자기실현 등 상위욕구에 의해 동기부여가 된다고 가정

(2) 인간관계론적 접근법(사회인 가설)

조직에서 성과를 내는 데 있어 인적 요소의 중요성 강조. 종업원들은 업무와 관련하여 자신이 중요한 존재로 인식되기를 원한다는 사실

(3) 인적·자원적 접근법(복잡한 인간 가설)

인적자원 모형은 인간관계론적 접근법에 의해 제시된 가정이 인간 행위를 제대로 설명해 주지 못한다는 인식하에 제시된 모형

(4) 내용 접근법과 과정 접근법

동기부여의 이론은 동기부여 촉진 요인이 개인 내부에 존재한다는 가정하에 무엇이 이를 촉진하는가를 연구하는 내용 접근법과 어떠한 과정을 통해 발생하는가를 연구하는 과정 접근법

3 동기부여 내용이론의 전개

(1) 대표적인 동기부여 내용이론 및 과정이론

내용이론	과정이론
• 매슬로의 욕구단계이론 • 알더퍼의 ERG이론 • 맥클레팬드의 성취동기이론 • 허츠버그의 2요인이론 • 맥그리거의 X·Y이론	• 브룸의 기대이론 • 아담스의 공정성이론 • 목표설정이론 • 포터와 롤러의 모델(기대이론과 공정이론의 결합) • 강화이론

① **동기부여 내용이론** : 욕구 5단계

ㄱ 1단계 : 생리적 욕구단계

ㄴ 2단계 : 안전·안정의 욕구단계

ㄷ 3단계 : 애정 및 소속감의 욕구단계

ⓔ 4단계 : 존경 욕구단계

ⓜ 5단계 : 자아실현 욕구단계

② **알더퍼의 ERG이론**

    ㉠ 개념 : 알더퍼는 매슬로우의 욕구단계설을 수정하여 인간의 욕구를 존재 욕구, 관계 욕구, 성장 욕구의 3단계로 구분한 ERG이론을 제시. 욕구 분류는 계층적 개념이 아니라 어떤 순서가 있지 않음

더 알아두기

욕구 3단계

알더퍼의 욕구 3단계	매슬로우의 욕구
존재 욕구 : 인간존재의 유지에 필요한 생리적 · 물질적 욕구	생리적 욕구, 안전의 욕구
관계 욕구 : 바람직한 인간관계에 대한 욕구	애정 · 소속감 욕구(사회적 욕구), 안정 욕구(일부), 존경 욕구(일부)
성장 욕구 : 자기능력개발 및 새로운 능력보유 노력을 통해 자기 자신의 지속적인 성장과 발전을 추구하려는 욕구	자기실현 욕구와 존경 욕구(일부)

    ⓛ 평가 : 연구조사가 가능한 이론으로 매슬로우나 허츠버그의 2요인이론보다 훨씬 유용하고 현실적인 방안이라고 평가

③ **맥클레랜드의 성취동기이론**

    ㉠ 개념 : 인간의 욕구에 기초하여 동기화를 설명하려는 이론으로서 인간 행위에 대한 동기부여의 동인을 개인의 욕구에서 찾음

    ⓛ 성취욕이 강한 사람의 특징

       • 스스로 성과목표를 설정하기를 원함

       • 30~50%의 성공률을 가진 목표 선호

       • 업무수행에 관한 즉각적이고 효율적인 피드백을 선호

       • 문제해결에 대한 책임을 스스로 지려 하는 경향이 강함

    ⓒ 성취 욕구 수준 개발 지침

       • 과업 재배치를 통해 성과에 대한 정기적 피드백을 받음

       • 우수한 성과모델을 모범으로 따르도록 함

       • 자신의 이미지를 바꾸게 함

       • 상상력을 통제함

(2) 허츠버그의 2요인이론(직무만족이론) : 연구를 통해 만족을 주는 요인인 동기요인과 불만족을 제거해 주는 요인인 위생요인을 구분한 동기-위생요인이론

① **동기요인** : 작업자로 하여금 직무만족을 느끼게 하고, 작업자의 동기부여를 유발하는 직무내용, 직무 자체, 성취감, 책임감, 안정감, 성장과 발전, 도전감 등

② **위생요인** : 직무에 대한 불만족 제거 요인으로 작업조건, 회사의 정책과 방침, 감독 스타일, 개인 간 인간관계, 임금 등 직무환경과 관련된 요인

(3) 맥그리거의 X · Y이론 : 매슬로우의 욕구단계이론을 바탕으로 하여 기존의 인간관과 대비되는 새로운 인간관으로 Y이론형 인간관을 제시

① **X이론** : 인간은 생리적 · 안전 욕구에 자극을 주는 금전적 보상과 처벌 위협에 의해 동기가 부여된다고 주장하는 이론

② **Y이론** : X이론의 인간관을 부정 · 비판하면서 제시된 새로운 인간관인 Y이론은 상위욕구충족을 원하는 인간은 근본적으로 자기를 통제할 수 있다고 주장

구분	X이론(권위주의적 관리)	Y이론(참여적 관리)
기본 전제	• 인간은 게으르고 일하기 싫어함 • 야망도 없고 책임지기 싫어하며 지시받기를 좋아함 • 변화를 싫어하며 저항적 • 자기중심적이고 조직요구에 무관심 • 인간은 조직의 문제 해결에 필요한 창의력 부족 • 인간은 생리적 욕구와 안정 욕구에 의해 동기화	• 인간은 만족감을 느낄 경우 자발적으로 일하려 함 • 반드시 조직요구에 수동적이거나 반항적이지 않고, 조직의 목표에 관여하게 되면 자기지향과 자기통제를 행함 • 적절한 상황에서는 책임을 지려는 욕구까지 있음 • 창조적이고 상상력이 있음
관리 방식	• 조직목적 달성을 위해 강제 · 처벌 · 위협 등을 가해야 함 • 일을 기피하는 것을 막기 위하여 업적에 대한 적절한 보상도 강조 • 관리층이 적극적인 지도와 통제의 역할을 해야 함 • 조직운영에 있어 위의 두 가지 전략 중 택일하거나 두 가지를 절충하여 사용 • X이론에 의한 관리방식은 과학적 관리론에 근거한 관리 철학	• 권한 위임에 의한 분권적 구조 확립, 민주적 리더십과 권한 위임 강조 • 자주관리체제 확립 • 권위는 상하좌우로 흐르게 하고 이를 장려 • 경제적 보상과 더불어 인간적 보상 제공 • 직무는 개인의 전인성 인정 • Y이론에 의한 관리방식은 인간관계론에 근거한 관리철학

4 동기부여과정이론

(1) 브룸의 기대이론 : 기대–유의성이론으로 한 개인의 어떤 행위에 대한 동기부여의 정도는 행위가 가져다줄 결과에 대한 기대의 매력 정도에 의해 결정됨

> **더 알아두기**
>
> **기대이론의 동기부여 공식**
> 동기부여(M) = 기대(E) × 수단성(I) × 유의성(V)

① **기대(Expectancy)** : 일정한 노력을 기울이면 일정 수준의 업적을 올릴 수 있다고 믿는 가능성

② **수단성(Instrumentality)** : 1차 성과 목표 달성은 2차 보상을 획득하는 수단, 어떤 업적을 올리면 그 것이 바람직한 보상으로 연결된다고 믿는 가능성

③ **유의성(Valence)** : 개인이 느끼는 산출물의 중요성이나 가치의 정도를 나타내는 매력 또는 유인력

(2) 아담스의 공정성이론

① **개념** : 공정성이론은 인지부조화이론과 분배정의 개념에 입각하여 조직 내의 개인들이 자신의 투입 대비 산출 비율과 비교하여 공정 시 최선을 다함. 반면 불공정 시 이 불공정을 해소·수정하려는 방향으로 동기화

② **조직 공정성의 3가지 측면** : 분배적, 절차적, 관계적

③ **불공정상태 해소방안** : 투입의 변경, 투입, 산출의 변경, 인식의 왜곡, 타인의 투입 또는 산출의 변 경, 비교 대상 변경, 이탈

(3) 로크의 목표설정이론

① **개념** : 목표설정과 과업성과 간의 관계를 연구하여 목표 달성 의도가 직무에 대한 동기부여의 주요 원천이라는 목표설정이론을 정립

② **좋은 목표의 요건** : 난이도, 구체성, 수요성, 참여성, 피드백, 단순성, 합리적 보상, 경쟁, 능력

(4) 강화이론 : 강화전략 유형

① **적극적 강화**

  ㉠ 내재적 강화요인 : 성취감, 만족감, 자긍심과 같이 직무수행에서 생기는 심리적 보상

  ㉡ 외재적 강화요인 : 직무수행 그 자체와는 직접적 관련이 없는 구성원의 바람직한 행위에 대해 주어지는 임금이나 승진과 같은 경제적 성격의 보상

② **소극적 강화**

  ㉠ 도피 학습 : 어떤 행동을 함으로써 어떤 혐오자극이 제거되면 그 행동이 일어날 확률이 높아지는 현상

  ㉡ 회피 학습 : 혐오자극을 피하기 위하여 어떤 행동을 학습하는 것

③ **소거** : 어떤 행동을 감소시키거나 중단시키기 위해서 이전에 제공되던 긍정적 결과를 제거하는 방법

④ **벌** : 바람직하지 않은 구성원의 행위를 제거하기 위해 구성원에게 취하는 제재

(5) 강화효과 극대화 방안

① **강화효과의 조건**

  ㉠ 보상 자체가 매력이 있어야 함

  ㉡ 보상은 바람직한 행위와 긴밀한 연관관계가 있어야 함

  ㉢ 바람직한 행위가 어느 정도 가능한 것이어야 함

② **강화 관리 원칙 수립**

  ㉠ 강화결속의 원칙

ⓛ 즉각적 강화원칙

ⓒ 강화박탈의 원칙

(6) 강화 일정계획 수립방안

① **연속강화계획** : 행동이 일어났을 때마다 강화물이 주어지는 것. 학습된 행동이 처음으로 도입될 때 용이하게 사용됨

② **부분(단속)강화법**

ⓐ 고정간격 강화계획 : 일정 간격으로 강화요인을 제공하는 방법

ⓑ 고정비율 강화계획 : 행동의 결과에 따라 일정량의 비율로 성과급이 지급되는 경우

ⓒ 변동간격 강화계획 : 불규칙한 시간 간격으로 강화요인을 제공하는 방법

ⓓ 변동비율 강화계획 : 불규칙적인 비율로 강화요인이 제공되는데 간격은 일정하되 배분량이 불규칙한 보너스 지급

(7) **인지평가이론** : 개인이 조직으로부터 보상을 받을 때 어떻게 받는 것이 동기화에 가장 효율적인지에 초점을 맞춘 이론. 내적 동기부여 요소와 외적 동기부여 요소가 상호 연결되어 있다고 주장

(8) **상호작용이론** : 동기부여는 개인의 내부에만 국한된 것이 아니라 환경 혹은 타인과의 접촉·관계에 의해서도 발생한다고 주장하는 이론

더 알아두기

만족한 상호작용 상태 → 동기향상
- 환경 혹은 타인과의 접촉이나 관계에 의해서 발생
- 내부원인과 외부(환경)와의 관계에서 결정
- 환경에 적극적으로 대응하는 성향

---

5 동기부여 증진 방안

(1) 개인 차원의 동기부여 증진 방안

① **적극적인 업무 자세의 함양**

ⓐ 정기적이고 자발적인 피드백

ⓑ 성공 인물을 모범으로 벤치마킹

ⓒ 적절한 도전과 책임 추구

ⓓ 현실적 관점에서 사고하고 목표성취 방식에 대해 적극적으로 사고 → 자신의 자존심이나 기존 행동을 보호하려는 자기 장애화주의

② **명확한 자기 경력의 구상**

　　㉠ 실현 가능하며 도전적인 목표 수립

　　㉡ 자신의 경력에 대한 애착과 경력개발 프로그램에 적극 참여

　　㉢ 불안감이나 실패에 대한 두려움에서 탈피하고 이를 실행

(2) 조직 차원의 동기부여 증진 방안

① **직무 재설계의 도입** : 직무 재설계 방법에는 직무 전문화, 직무순환, 직무확대 그리고 직무확대의 발전된 개념인 직무 충실화, 탄력적 근무시간제 운영 등이 있음. 과업의 실행뿐만 아니라 관리기능인 담당과업의 계획・통제권한 및 자율성을 부여하는 방법

② **성과에 따른 합리적 보상 프로그램**

　　㉠ 공정성 있는 임금 구조 개발

　　㉡ 메리트 임금제도와 인센티브 시스템 도입

　　㉢ 성과-보상의 결속 관계 강화를 위한 보상관리의 원칙

　　　• 중요성의 원칙

　　　• 융통성의 원칙

　　　• 수시성의 원칙

　　　• 가시성의 원칙

　　　• 저비용의 원칙

③ **동기부여 관리제도 개선**

　　㉠ 공정한 인사정책 실시

　　㉡ 내부 노동시장 개발

　　㉢ 승진 및 직무순환 제도 개선

　　㉣ 생애복지 프로그램 설계

④ **개인 임파워먼트 실행**

　　㉠ 개념 : 임파워먼트는 내재화된 몰입을 강조하는 동기부여이론으로써, 구성원들이 자발적으로 따라오게 하는 경영을 강조함

　　㉡ 임파워먼트의 특징

　　　• 구성원들로 하여금 자신의 일이 회사의 성패를 좌우한다는 강한 사명의식을 갖도록 함

　　　• 우수인력의 확보・양성에 초점을 두며 업무수행 기량을 향상시키는데 초점을 둠

　　　• 담당직무에 대한 의사결정권을 갖게 하여 직무에 대한 통제감을 높임으로써 무기력감과 스트레스를 해소하고 강한 업무의욕을 갖도록 하여 성취감을 향상

　　　• 구성원들이 고객에 대한 서비스를 향상시키고 환경변화에 신속히 대응할 수 있도록 함

　　㉢ 임파워먼트의 유형

　　　• 개인수준의 자기 임파워먼트

　　　• 집단・조직의 상호작용적 임파워먼트 : 권한 위양, 능력함양 촉진

　　㉣ 임파워먼트 촉진 방안

　　　• 개인 임파워먼트 촉진 방안 : 스트레스 관리, 역량에 기초한 임금제도 도입, 의미 있는 사회적 보상의 개발

- 집단 임파워먼트 촉진 방안
- 조직 임파워먼트 촉진 방안

제4절 윤리, 신뢰, 정의

1 윤리(윤리경영)

(1) 윤리의 개념 : 윤리는 행위의 옳고 그름과 선악을 구분하는 원칙인 동시에 행동의 기준이 되는 가치체계이자 인간이 지켜야 할 도덕적 행동규범

(2) 윤리경영의 개념 및 특성

① **개념** : 윤리경영이란 경영활동의 옳고 그름을 구분해 주는 규범적 기준을 사회의 윤리적 가치체계에 두는 경영방식으로 투명하고 공정하며 합리적으로 경영활동을 전개

② **특성**
   ㉠ 경영활동의 옳고 그름에 대한 판단
   ㉡ 경영활동의 규범 제시
   ㉢ 경영의사결정의 도덕적 가치기준
   ㉣ 응용윤리

(3) 윤리경영의 구성요소

① **경영자 윤리** : 조직 내에서 지위에 따라 윤리경영을 실천할 책임을 가짐
② **종업원 윤리** : 기업에 대한 윤리와 사생활에 대한 윤리라는 두 가지 내용으로 이루어져 있음

(4) 기업 경영윤리에 대한 태도에 따른 경영방식 분류 : 기업의 경영방식을 기업윤리에 대한 태도를 기준으로 분류하면 비윤리경영, 초윤리경영, 윤리경영의 3가지로 분류됨

(5) 윤리경영의 영향 요인

① **슈어메르혼의 윤리경영의 영향 요인**
   ㉠ 개인적 요인 : 가족의 영향, 종교적 가치, 금전적 욕구, 자아의 강도, 개인적 신념 및 욕구, 조직에 대한 내면화, 직무종속성, 조직목표와의 갈등, 직위, 연령, 학력 등
   ㉡ 조직적 요인 : 회사의 공식정책, 상사 또는 동료의 행동, 성과압력, 업종, 규모, 기업문화, 직무특성, 도덕적 갈등, 경영자의 태도
   ㉢ 사회적 요인 : 사회윤리 풍토, 사회적 규범·풍토, 사회의 기대, 정치윤리 풍토, 정부규제, 전반적 경쟁

② **트레비노의 경영자 윤리 영향 요인**

ㄱ 자아 강도 : 자아 강도가 낮은 경영자에 비해 자아 강도가 높은 경영자가 윤리적 행위에 있어서 더 철저한 일관성 유지

ㄴ 직무 종속성 : 직무 독립성을 확보하지 못한 경영자보다 직무 독립성을 확보한 경영자가 윤리 · 도덕적 행위와 인식에 있어서 더 철저한 일관성을 유지

ㄷ 통제의 위치 : 외재론자적 경영자보다 내재론자적 경영자가 윤리 · 도덕적 행위와 인식에 있어서 더 철저한 일관성을 보여줌

더 알아두기

건전한 직업윤리
- 전문의식
- 천직의식
- 직분의식
- 책임의식
- 소명의식

---

2 신뢰

(1) 개념 : 신뢰란 개인 · 집단 · 조직 등 다양한 개체 간의 관계에서 발생하는 사회적 현상으로서 사회적 관계 속에서 형성되는 상대에 대한 호혜적 믿음이며 합리적 계산의 복잡성을 단순화시켜주는 기대

(2) 신뢰에 대한 영향 요인 : 자신의 신뢰 성향, 상대방의 행동특성과 능력, 교류 자체의 특성 등

(3) 신뢰의 발전 단계 : 신뢰는 일반적으로 '타산적 신뢰 → 지식기반 신뢰 → 동일화의 신뢰' 단계의 과정을 거쳐 발전하는 경향(르위키와 벙커)

3 정의

(1) 개념 : 사회 구성 및 유지를 위해 사회 구성원들이 공정하고 올바른 상태를 추구해야 함

(2) 사회적 정의(아리스토텔레스에 의한 정의의 분류)

① **보편적 정의** : 개인이 사회의 일원으로서 보편적으로 지켜야 할 도덕적 의무에 관한 것

② **평균적 정의** : 현대 사회 정치 · 사법 분야에서 강하게 적용되는 개념으로 모든 인간이 동등한 대우를 받아야 한다는 가치에 입각한 정의의 개념

③ **배분적 정의** : 사회 · 경제적인 측면에 주로 적용되는 개념으로 각자 개인의 능력이나 사회에 대한 공헌 · 기여 정도에 따라 다른 대우를 받아야 한다는 개념

제5절 학습과 의사결정

1 학습

(1) 개념 : 학습이란 개인의 반복적인 연습이나 직·간접적 경험의 결과로서 유발되는 비교적 영속적인 행동의 변화를 의미

(2) 학습의 속성 : 행동의 변화, 영구적 변화, 직간접적 경험·연습·훈련을 통한 성취

(3) 학습(과정) 이론
① **형태론적 접근방법**
  ㉠ 고전적 조건화 : 반사적 행위
    파블로프의 동물실험을 통해 제시된 방법으로, 무조건자극을 조건자극과 연결시켜 행동의 변화를 가져오게 하는 것
  ㉡ 조작적 조건화 : 조작적 행위
    스키너가 주장한 이론으로, 학습이란 상황에 따라 적합한 방식으로 행동하도록 개인을 조건화하는 과정
② **인지론적 접근방법(사회적 학습)** : 벌이나 보상과 같은 외부적 요인들뿐만 아니라 인지와 지각 같은 내부적 요인들에 의해서도 학습이 이루어짐
  ㉠ 관찰 학습 : 직접 경험뿐만 아니라 다른 사람에게서 일어난 것을 관찰하거나 전해 듣는 것만으로도 학습이 이루어짐
  ㉡ 인지 학습 : 외부현상을 단순히 인지함으로써 이루어지는 학습을 의미

(4) 학습촉진 방안─조직사회학 프로그램의 도입
① **멘토링 프로그램의 공식화** : 조직에서 이루어지는 학습은 경영자 측이 제공하는 일반적 학습뿐만 아니라 조직 내 선후배 간, 동료 간의 조언이나 도움을 통해서도 상당히 많이 이루어짐
② **직장상사의 솔선수범 행동** : 조직의 상급자가 바람직한 조직행위를 솔선수범하여 실천함으로써 부하에게 모범이 되어 학습을 촉진할 수 있음
③ **업무 실패 사례 공개 프로그램** : 조직 내에서 업무 실패 사례를 모아 공개함으로써 똑같은 업무 실패를 되풀이하지 않도록 하기 위한 것

2 의사결정

(1) 의사결정의 개념과 중요성
① **개념** : 대체안들 가운데 선택하는 과정, 여러 대안 중에서 조직목표 달성에 최적안을 찾는 과정
② **의사결정의 중요성**
  ㉠ 모든 경영계층의 활동에 의사결정이 필요하며, 조직이나 집단의 지속적인 성장·유지를 위해서는 상황에 적합한 합리적 의사결정 능력이 반드시 있어야 함

      ⓒ 의사결정이 어떻게 이루어지느냐 하는 것은 조직 유효성에 중대한 영향을 미침
      ⓒ 최근 경영환경의 불확실성으로 업무가 복잡해지고 위험이 커지면서 집단 및 조직의 조직적 의사
        결정 능력의 중요성이 더욱 커지고 있음

(2) 의사결정의 단계 : 의사결정은 '문제의식 → 행동 대체안의 탐색과 평가 → 대체안 중 선택 → 실행 → 결과평가'의 단계로 이루어지며 필요 시 재순환

(3) 의사결정의 유형

  ① **정형적–비정형적 의사결정(사이먼의 분류)**

    ㉠ 정형적 의사결정 : 문제 해결에 대한 정책결정의 선례가 있는 반복적·관례적·일상적인 정책 결정을 의미

    ㉡ 비정형적 의사결정 : 비정형적 의사결정은 의사결정자의 상황이 독특해서 정형적 의사결정에서 처럼 사전에 결정된 정책과 절차가 없고, 상황이 구조화되어 있지 않음

  ② **확실성·불확실성·위험 아래에서의 의사결정(구텐베르크의 분류)**

    ㉠ 확실성 아래에서의 의사결정이란 의사결정의 결과를 확실하게 예측할 수 있는 상황에서의 의사 결정

    ㉡ 불확실성 아래에서의 의사결정이란 의사결정의 결과를 확실하게 예측할 수 있는 상황에서의 의 사결정

    ㉢ 위험 아래에서의 의사결정은 확실성과 불확실성의 중간으로 결과에 대한 확률이 주어질 수 있는 상황에서의 의사결정

(4) 전략적·관리적·업무적 의사결정(앤소프의 분류)

  ① 전략적 의사결정은 조직의 목표 달성을 위한 상위목표의 결정으로서 최고 관리층들이 주로 많이 하는 거시적·추상적·포괄적인 내용을 포함하는 의사결정

  ② 관리적 의사결정은 기업의 내부 문제에 관한 전술적 의사결정으로 전략적 의사결정을 구체화하기 위한 것

  ③ 업무적 의사결정은 전략적·관리적 의사결정을 보다 구체화하기 위한 것으로 기업자원의 전환과정에 있어서의 효율을 최대화하기 위한 의사결정

[개인적 의사결정과 집단적 의사결정의 비교]

요인	개인적 의사결정	집단적 의사결정
가용시간	비교적 여유가 없을 때	비교적 시간 여유가 있을 때
의사결정 분위기	분위기가 경쟁적일 때	분위기가 문제해결에 지원적일 때
개인의 특성	개인들이 협력할 수 없을 때	집단 구성원이 함께 일한 경험을 갖고 있을 때
의사결정의 수용도	수용도가 중요하지 않을 때	집단 구성원의 수용이 소중할 때
문제/과업의 유형	창의성 또는 능률이 요구될 때	다양한 지식과 기술이 요구될 때

(5) 집단 의사결정의 효율화 방안

① **집단사고의 최소화**
- ㉠ 집단사고의 정의 : 집단사고란 응집력이 높은 집단에서 구성원들 간 합의에 대한 요구가 지나치게 큼에 따라 다른 현실적 대안의 모색을 방해하게 되는 것
- ㉡ 집단사고의 증상에는 불사신이라는 환상, 도덕적이라는 가정, 합리화, 상대집단에 대한 부정적인 고정관념, 자기검열, 만장일치라는 착각, 심리적 감시, 반대자에 대한 압력 등이 있음

② **집단사고의 최소화 방안**
- ㉠ 집단 리더들이 구성원들로 하여금 여러 제안에 대해 비판적 평가자가 되도록 장려
- ㉡ 제안 활성화를 통해 가능성 있는 제안들을 보다 많이 끌어내야 함
- ㉢ 집단 구성원 자신들을 직접 관여시키는 방법들

③ **의사결정 기법의 개발**
- ㉠ 명목 집단법(NGT)
  - 개념 : 문자 그대로 이름만 집단이지 구성원들 상호 간에 대화나 토론 없이 각자 서면으로 아이디어를 제출하고 토론 후 표결로 의사결정을 하는 기법
  - 명목 집단법의 장·단점
    - 장점 : 모든 구성원들이 타인들의 영향을 받지 않고 독립적으로 문제를 생각하고, 의사결정을 마치는데 약 2시간 소요
    - 단점 : 토론을 이끄는 리더가 적절한 훈련을 받고 자질을 갖추고 있어야 하며, 한 번에 한 문제밖에 처리할 수 없음
- ㉡ 델파이법(Delphi method)
  - 개념 : 델파이법은 우선 한 문제에 대해서 몇몇 전문가들의 독립적인 의견을 우편으로 수집하고 의견들을 요약해서 전문가들에게 다시 배부한 다음 일반적인 합의가 이루어질 때까지 서로의 아이디어에 대해서 논평하도록 하는 방법
  - 특징 : 델파이법은 그 어떤 방법보다도 논리적·객관적으로 체계적인 분석을 수행하고 수차례에 걸친 피드백을 통해 다수의 의견을 종합하여 보다 체계화·객관화시킬 수 있는 매우 유용한 기법
- ㉢ 토론 집단법(상호작용 집단법)
  - 개념 : 명목 집단법과 함께 조직에서 가장 흔히 사용되는 방법으로 한 사람의 리더가 토론을 이끌어가면서 의사결정을 하는 방법
  - 토론리더의 훈련
    - 객관적으로 문제를 설명하고, 해결안이나 선호안을 제시하지 말 것
    - 필수적인 정보들을 제공하고 해결안의 제약 요인들을 모두 명확히 할 것
    - 한 사람의 독주를 막고 모든 구성원이 토론에 참여하도록 유도
    - 토론이 중단될 경우 개입하지 말아야 함
    - 토론이 발전될 수 있는 촉진적인 질문을 할 것
    - 진전을 보인 몇 가지 논의를 요약하고 명확히 할 것

제6절 성격과 문화적 가치

1 성격에 대한 다양한 정의

(1) **G. W. 올포트** : 성격은 각 개인의 정신 및 신체적 체계 안에서 그 사람의 특성적 사고와 행동을 결정해 주는 역동적 조직

(2) **M. A. 메이** : 성격이란 사회에서의 개인의 역할 및 상태를 특징짓는 모든 성질의 통합

(3) **B. 노트컷** : 성격은 한 개인이 자신이 속해 있는 집단 내에서 다른 사람들과 다른 자기다운 행동을 보이는 것과 밀접한 관련이 있음

(4) **J. F. 다실** : 성격은 조직화된 행동의 전반적인 모습이며, 주변의 지인들이 일관된 상태로서의 특징이라고 인정했을 때 결정될 수 있음

(5) **R. B. 커넬** : 성격이란 어떤 상황에서 그 사람이 어떻게 행동할지를 추측 및 연상 가능하게 하는 것

2 성격의 중요성과 분류

(1) **성격의 중요성** : 특정 직무의 특성과 배치될 자원의 개인적 성격을 비교해서 선발·충원·배치 계획에 활용하면 조직 유효성을 획기적으로 향상시킬 수 있음

(2) **성격의 분류**
   ① **핵심적 성격** : 유전에 의해 형성된 개인의 선천적 특성으로 후천적 노력에 의해서도 변하지 않고 인간 행동에 영향을 줌
   ② **주변적 성격** : 생활환경의 영향을 받아 후천적으로 형성·습득된 후천적 특성으로 상황에 따라 변할 수도 있음

3 성격 결정 요인 : 사회·문화환경 요인

(1) **문화환경**
   ① 문화란 사회의 구성원으로서 개인이 획득하는 지식·신념·도덕·관습 등의 총체로서, 한 집단을 이루는 사람들의 독특한 생활 및 행동방식이자 가치규범
   ② 사회집단이나 문화에 따라 집단 및 소속 구성원들의 성격에 뚜렷한 규칙성이 발견됨(개인, 집단)

(2) 가정환경과 성격 형성의 관계

① **프로이트** : 가정은 최초의 교육의 장으로서 성격·태도·가치관의 기본 틀을 형성하고 생활습관의 기본을 습득하는 곳

② **설리번** : 부모의 영향을 가장 많이 받는 유아기는 성격 발달에 가장 중요한 시기이기 때문에 이 시기 부모의 불화는 자녀의 내면적 갈등을 초래

③ **카디너** : 자녀들의 기본적인 성격을 결정짓는 것은 자녀들에 대한 부모의 양육방식

(3) 가정환경 내의 문화적·경제적 상황 요인

① 부모의 교양·교육 수준, 가정 분위기 등의 가정 내 문화적 상황 요인들은 아동의 성격형성에 중요한 영향을 미침

② 가정의 경제적 상태도 아동의 성격형성 및 유형에 상당한 영향을 미침

(4) 학교환경

① 학교 또는 학급에서 어떤 지위를 획득하고 어떤 역할을 수행하느냐에 따라 개인의 성격 및 행동양식이 영향을 받게 되고, 행동 특성에도 형성되게 됨

② 아동은 집단으로서의 학교생활을 통해 동료의식, 대인관계, 집단표준을 습득하고 형성하게 되고, 개인의 성격형성에 큰 영향을 줌

③ 개인의 성격형성에는 학급집단의 성질이나 분위기보다 클럽이나 서클이 더 큰 영향을 미침

4 성격(퍼스낼리티) 이론

(1) 프로이트의 정신역동(정신분석) 이론 : 프로이트는 인간의 행위가 무의식에 의해서 지배되며, 개인 간 성격차이는 기본적 충동을 처리하는 방식이 다른 데에서 기인한다고 주장, 원초아, 자아, 초자아의 개념을 도입함

① **원초아(Id)** : 성격의 기초 구성요소로 쾌락을 극대화하고 고통을 극소화하기 위해 노력하는 에너지의 원천, 무의식의 핵심이며 원시적 본능의 창고 역할

② **자아(Ego)** : 자아는 의식이며 성격의 현실 지향적인 부분. 원초아의 확장으로서 원초아가 현실을 이해하고 평가하게 함으로써 원초아의 에너지를 성취 가능한 방향으로 지도하는 역할을 담당

③ **초자아(Super Ego)** : 초자아는 양심으로 간주되며, 성격에 윤리적·도덕적 차원을 추가. 자아가 현실적이라면 초자아는 이상적인 것

(2) 융의 관점 : 융은 프로이트와 마찬가지로 무의식적인 동기를 강조하는 동시에 프로이트와 달리 성적 특징을 강조하기도 함. 사람들이 외부에 대하여 적응하는 방식에 따라 사람을 외향형과 내향형으로 분류(유형론)

① **외향형** : 신체 에너지가 밖으로 넘치기 때문에 항상 외부에 의해 행동이 유발되고 타인이나 환경에 의해 영향을 많이 받는 성격유형

② **내향형** : 신체 에너지가 안으로 움츠러들기 때문에 안에서만 맴돌게 됨. 외부 환경과 차단된 채 자기 주관에만 집중하고 타인과의 관계도 가능한 한 피하려고 하는 성격유형

③ **성격의 기본 구성요소** : 자아, 개인적 무의식, 집단적 무의식

> **더 알아두기**
>
> **집단적 무의식의 원형**
> • 페르조나 : 자기가 속해있는 사회가 인정하는 도덕적·규범적 얼굴
> • 양성적 본능 : 여성성과 남성성
> • 쉐도우 : 사회에서 규제받거나 금지되는 본능적인 욕구, 잔인성, 부도덕함
> • 자기 : 페르조나, 양성성, 쉐도우를 잘 통합해 건강한 성격을 형성하도록 이끄는 역할

④ **건강한 성격 및 기능의 조화를 이룬 성격의 특징**

ⓒ 건강한 성격이란 사고기능, 감정기능, 감각기능, 직관기능이 균형 있게 조화를 이루고 있으며 의식 안에서 조절할 수 있는 성격

ⓒ 기능의 조화를 이룬 성격의 특징
• 사회생활을 위해 행동하는 '나'와 '내면의 나'를 돌아보고 '내면의 나'를 파괴하는 행동을 삼가
• 자신의 성격을 지배하는 주기능과 보조기능의 흐름을 읽어 여러 상황에 적응

(3) 인본주의적 성격이론(로저스, 매슬로우)

① **로저스의 인본주의적 성격이론** : 로저스의 성격이론은 '자기이론', '현상학적 이론' 또는 '자기실현이론'이라고 불리며, 주요 내용은 다음과 같음

ⓒ 개인의 세계 : 체험의 세계를 말하는데 체험이란 특정 순간에 개인이 의식하는 것 총체적인 현상적 장을 말함

ⓒ 자기 : 자기 개념은 현재 자기가 어떤 사람인가에 대한 개념, 즉 자신의 자아상인데 '현재의 나'라는 존재의 인식과 '내가 할 수 있는 것'이라는 기능의 인식

ⓒ 자기실현 : 인간의 궁극적인 목적은 유기체로서 유기체의 유지·향상을 위해 인간의 모든 잠재력을 개발하는 것

② **매슬로우의 인본주의적 성격이론**

ⓒ 기본적 전제
• 각 개인은 통합된 전체로 간주되어야 함
• 인간의 본성은 본질적으로 선하며, 인간의 악하고 파괴적인 요소는 나쁜 환경에서 비롯된 것임
• 창조성이 인간의 잠재적 본성

ⓒ 내적 본성
• 내적 본성의 일부는 모든 인간에게 보편적이지만 일부는 개인마다 고유
• 인간의 내적 본성은 기본적 욕구, 정서, 능력 등으로 이루어짐
• 내적 본성은 악하지 않고, 선하거나 중립적
• 내적 본성은 미묘하고 섬세하며 약하므로 습관, 문화적 기대, 그릇된 태도 등에 의해 쉽게 압도

- 내적 본성에 따라 인생을 살게 되면 건강하고 행복한 삶을 살 수 있게 되고, 내적 본성을 촉진·충족하는 경험은 성취감과 자기의 성장발달을 가져오며 건강한 자존심과 자신감을 낳음
  - ⓒ 욕구 : 매슬로우는 타 이론의 욕구개념과 구별하기 위해 욕구를 두 가지 형태로 구분하고 있음
    - 제1형태 : 기본 욕구로 음식, 물, 쾌적한 온도, 신체 안전, 애정, 존경 등이 있음
    - 제2형태 : 성장 욕구로 잠재능력, 기능, 재능 등이 있음
  - ⓔ 자아실현의 장애요인
    - 이기적이고 관료적인 사회적 환경으로 인해 자아실현을 위한 성장 기회 상실
    - 안전 욕구가 가져다주는 부정적인 측면, 즉 실패 위험으로부터 도피하여 안전의 보호로 되돌아가려는 경향
    - 많은 사람이 자신의 잠재력에 대해 잘 모름

(4) 특질(Trait)이론

① **개념** : 성격이 독특한 특질로 구성되고 그 구조가 개인의 행위를 결정한다고 보는 이론

② **올포트의 특질이론** : 개인행동의 결정요소로서 성격구조 중요시

③ **특질의 종류** : 행동과 사고에 미치는 영향력에 따른 분류

  - ㉠ 기본특질 : 특정인의 생애를 구성하는 특성으로 전반적이고 대부분의 행동에 영향을 줌
  - ㉡ 중심특질 : 보편적 영향을 주는 주요 성격
  - ㉢ 이차적 특질 : 사람들의 행동을 예언할 수 있는 구체적이고 개인적인 특성
  - ㉣ 프로이트의 성격결정론적 입장에 반대
  - ㉤ 무의식적인 요소를 조절·통제할 수 있다고 여김
  - ㉥ 대체적으로 건강한 성격의 사람은 무의식적인 힘의 영향을 받지 않음
  - ㉦ 고유자아(proprium)란 그 사람이 가지고 있는 독특한 어떤 것

(5) 펄스의 형태주의적 관점

① 지금 현재, 바로 여기에 사는 것이 중요

② 외부조절에 의해 움직이는 사람이 아니라 가능한 한 외부의 힘을 스스로 조절할 수 있는 자아 조절 능력을 가짐

③ 편견이나 선입견, 고정관념 등을 버리고 자아경계와 세계의 경계를 보다 건강하고 성숙하게 살아가도록 함

(6) 벤듀라의 사회학습이론의 관점

① 성격은 관찰에 의해서도 형성이 가능, 유전적 영향보다는 환경적 영향이 더 중요

② **벤듀라의 성격형성 과정**

  - ㉠ 주의 집중 : 자기 앞에 전개된 상황에 선택적인 관심을 가짐
  - ㉡ 파지 과정 : 주의를 두었던 장면을 머리에 기억해 놓음
  - ㉢ 운동재생 과정 : 기억해 놓았던 것을 행동으로 표현하는 것
  - ㉣ 동기 과정 : 운동재생 과정이 긍정적 강화를 받느냐 부정적 강화를 받느냐에 따라 사회적 행동의 습득 및 수행 여부 결정

(7) 아들러의 개인 심리학적 관점

① 성격은 선천적인 경향보다는 환경적 영향이 더 중요함

② 그 사람이 속해 있는 사회의 양식이나 태어날 때 출생순위에 의해서도 성격은 많은 영향을 받음

> **더 알아두기**
>
> **올포트와 매슬로우의 공통점**
> - 각 개인을 미래지향적인 인간으로 봄
> - 인간의 본성을 낙관적이고 긍정적으로 봄
>   - 인간은 선천적이고 긍정적
>   - 인간은 존경받을 만함
>   - 인간은 자신의 잠재력을 실현해 나가는 가능성이 있는 존재

(8) Big5 성격요소(성격의 5요인설)

① **외향성** : 인간관계에서 편안함을 느끼는 정도

② **원만성** : 타인에게 순응하고 협조적인 정도

③ **성실성** : 계획을 세우고 책임감 있게 실행하는 정도

④ **안정성** : 긴장하지 않고 스트레스를 견딜 수 있는 정도

⑤ **개방성** : 새로운 것에 대한 관심과 창의성의 정도

(9) **성격 변수** : 성격의 차원에서 개인 간의 차이를 설명하는 변수들로는 '통제위치, 마키아벨리적 성향, 성취·권력·친교욕구' 등이 있음

① **통제위치** : 한 사람이 삶을 통해 얻은 결과에 대해 자기 자신의 행동이 얼마나 영향을 줄 수 있을 것이라 믿고 있는지를 측정하는 개념. 내재론자와 외재론자로 구분

② **마키아벨리적 성향** : 마키아벨리의 『군주론』에서 유래. 자신의 목표를 달성하기 위해 다른 사람을 이용하거나 조작하려는 경향과 관련된 성격 특성

③ **성취·권력·친교욕구**

　㉠ 성취욕구 : 강력한 목표 지향적 욕구 및 직무를 수행하려는 강박관념

　㉡ 권력욕구 : 다른 사람에 대해 통제력을 행사하거나 영향을 미치려는 욕구

　㉢ 친교욕구 : 다른 사람과 유쾌한 감정관계를 확립·유지·회복하려는 욕구

5 문화적 가치

(1) **가치** : 사람들이 자신을 포함한 세계나 사물·행동 등에 대하여 부여하는 중요성의 정도 또는 그 평가 기준 의미

(2) 다양한 가치의 정의

① **호치킨슨(Hodgkinson)** : 가치는 바람직함에 대한 관념으로 동기유발의 힘을 가짐

② **맥커러프(McCullough)** : 가치란 개인취향을 초월하는 개념으로 공동체에 의해 용인되는 요구를 담고 있음

③ **왈도(Waldo)** : 가치문제는 목표들 간 또는 목표성취 수단들 간의 선택문제

④ **클러크혼(Kluckhohn)** : 가치란 바람직함에 대한 명시적이거나 묵시적인 관념

(3) 가치의 특성

① 가치는 위계구조를 가지며, 하나의 가치는 다른 여러 가치와 밀접하게 연결돼 있음

② 가치는 일관성·상대성·안전성을 가지고 있음

③ 갈등해결과 의사결정의 중요한 지침

④ 가치란 소비자가 현실 세계를 반영하도록 변환한 근본적 욕구의 표상

⑤ 가치는 관념적·추상적이며 사회적으로 학습되는 것

⑥ 가치는 개인들이 어떻게 행동할까에 대한 예측지표가 됨

(4) 가치의 유형

① **밀톤 로키치의 밸류 서베이에 따른 가치관의 분류**

㉠ 궁극적 가치 : 가장 바람직한 존재양식(성취감, 평등, 자유, 행복, 내적 조화, 쾌락, 구원, 지혜, 자아존중, 편안한 삶 등)

㉡ 수단적 가치 : 궁극적 가치를 달성하기 위한 수단(근면, 능력, 청결, 정직, 상상력, 독립성, 지능, 논리 등)

② **올포트의 가치관 분류**

㉠ 이론적 가치

㉡ 경제적 가치

㉢ 심미적 가치

㉣ 정치적 가치

㉤ 종교적 가치

③ **가치의 척도**

㉠ 로키치 가치조사 척도(RVS) : 가장 흔히 이용되는 가치조사 척도조사로 가치를 삶의 최종목표인 궁극적 가치와 이의 성취를 위한 수단적 가치로 구분

㉡ VALS 척도 : 스탠포드 연구소에서 소비자들의 가치관 변화 추이를 추적하기 위해 개발한 척도법

④ **가치 측정 조사법**

㉠ 문화 추론법

㉡ 수단-목표 연계 분석법

㉢ 설문 조사법

(5) 문화적 가치

① **문화적 가치의 개념** : 한 집단이 갖고 있는 문화적 특성의 핵심으로서 그 사회의 구성원들이 공통적으로 바람직하다고 여기는 것을 의미

  ㉠ 사회학적 관점 : 문화적 가치란 집단의 정체성 또는 복지에 중요하다고 인정되는 활동, 관계, 느낌 또는 목표들에 관한 보편적인 신념

  ㉡ 심리학적 관점 : 개인적으로나 사회적으로 추구될 가치가 있다고 여겨지는 존재의 일반적인 상태

② **문화적 가치의 차원**

  ㉠ 타인 지향적 가치 : 사회 내 구성원들 간 관계를 중시하는 가치 차원으로서 특히 마케팅 전략 등에 많은 영향을 미침

  ㉡ 환경 지향적 가치 : 물리적·경제적·기술적 환경과 관련된 가치 및 관계를 중시하는 가치 차원

  ㉢ 자아 지향적 가치 : 사회가 바람직하다고 생각하는 인생의 목표와 접근 방법을 통해 자아실현과 성취 지향적 가치를 추구하는 가치 차원

제7절 능력

1 개념

무엇인가를 해낼 수 있는 개인의 역량(임무)을 의미

2 능력의 유형

신체 능력과 지적 능력

(1) 9가지 기본적 신체 능력

① 동태적 체력
② 정태적 체력
③ 폭발성 체력
④ 흉복부(몸통) 체력
⑤ 확장 유연성
⑥ 동태적 유연성
⑦ 동시적 신체 활용력
⑧ 균형 유지력
⑨ 스테미너

(2) 7가지 지적 능력

① 수리력

② 귀납적 추리력

③ 언어 이해력

④ 어휘력

⑤ 기억력

⑥ 신속한 지각능력

⑦ 공간 이해력

3 능력 차이

(1) 집단 간 능력 차이 : 집단 차이란 성, 연령, 학력 등을 기준으로 분리된 집단 간에 존재하는 능력 차이를 말함

(2) 개인 간 능력 차이 : 개인 차이란 특정 능력의 개인 간 차이를 의미

4 능력관리 기법

(1) 경력관리

① **개념** : 경력관리란 종업원 개개인의 직무 경력이나 교육훈련 경력 또는 능력 · 적성 데이터 등의 관리를 통해 조직의 목표와 구성원 개개인의 목표가 조화되도록 하는 것

② **경력관리의 목적**

㉠ 인재확보 · 육성 · 배치 및 직무능력 향상

• 종업원 직무능력 및 자질 향상

• 후계자 확보

• 이직 방지

㉡ 종업원의 성취동기 유발 : 경력관리는 종업원들이 직장에 대해 확고한 안정감을 갖고 자기 능력을 최대한 발휘할 수 있게 함으로써 성취동기를 유발

㉢ 경력관리의 기본적 체계

• 경력목표 : 구성원 개개인이 경력상 도달하고 싶은 미래의 직위

• 경력계획 : 경력 목표에 이르는 경력경로를 선택하는 의사결정 과정

• 경력개발 : 구성원 개개인이 경력목표를 설정하고 달성하기 위한 경력계획을 수립한 후 기업조직의 요구와 개인의 요구가 합치될 수 있도록 각 개인의 경력을 개발하고 지원해주는 활동

(2) 직무순환

① **개념** : 기업이 필요로 하는 시점에 필요한 직무를 조직 구성원에게 계획적으로 체험시키는 인사 관리상의 구조

② **직무순환의 장·단점**
  ㉠ 장점 : 직무순환을 통해 새로운 업무를 습득케 하는 동시에 직무에 대한 싫증이나 소외감을 감소시켜 주는 효과
  ㉡ 단점 : 직무에 대한 전문화 수준을 떨어뜨릴 수 있고, 새로운 직무 교육에 많은 노력과 시간이 소요됨

(3) 교육훈련 관리

① 교육은 개인목표에 중점을 두는 반면 훈련은 조직목표에 중점

② **교육훈련과 학습의 원리**
  ㉠ 결과에 대한 피드백
  ㉡ 훈련의 전이 : 어떤 행동의 습득이 다른 행동을 습득할 때 미치는 효과를 의미
  ㉢ 강화 : 훈련 및 개발의 결과로 특정 행동이 형성·수정·유지되기 위해서는 행동에 따른 보상이 주어져야 함. 가장 강력한 보상은 피훈련자들의 직접 감독자가 제공하는 것

③ **교육훈련의 과정 및 목적**
  ㉠ 교육훈련 과정 : 필요성 분석 → 프로그램 설계 → 프로그램 실시 → 교육훈련 평가 → 종합시스템 연계
  ㉡ 교육훈련의 목적 : 교육훈련은 조직 구성원들이 가지고 있는 지식·태도·기술을 발전시켜 구성원들의 직무만족을 증대시키는 동시에 해당 직무수행 능력을 향상시켜 구성원들이 더 중요한 직무를 수행할 수 있도록 함

④ **교육훈련의 필요성 분석**
  ㉠ 조직수준의 필요성 : 조직 전반적인 차원에서 필요성을 분석하여 조직 차원에서 잠재된 성과 향상 및 부정적이거나 불필요한 요소 제거 등의 명확한 교육훈련 목표를 달성하기 위한 교육훈련
  ㉡ 직무수준의 필요성 : 성공적인 과업 수행을 위해 조직 구성원들이 갖추어야 할 지식·기술·태도 등의 습득을 위해 필요한 교육훈련
  ㉢ 개인수준의 필요성 : 개인 단위로 훈련 및 개발의 결과를 분석·평가함으로써 파악할 수 있음

(4) 교육훈련의 평가

① **요더의 훈련평가 기준** : 훈련 전후의 비교, 통제그룹, 평가기준 설정
② **로쉬의 기준** : 생산량, 단위생산 소요시간, 훈련 실시 기간, 불량 및 파손, 자재 소모, 품질, 사기, 결근, 퇴직, 재해율, 일반관리 및 관리자 부담 등

제3장 | 집단에 대한 이해

제1절 집단에 대한 이해

1 개념

공동목표를 달성하기 위하여 서로 상호작용하여 소속 인식을 지닌 두 명 이상의 공동체

2 규모 및 집단 발전의 단계

(1) 소규모 집단(친밀도 높음), 대규모 집단(친밀도 낮음)

(2) 집단 발전의 5단계 : 형성 → 혼란 → 규범 → 실행 → 해체

제2절 팀에 대한 이해

1 팀

(1) 정의 : 소수의 구성 멤버들이 상호 필요한 각자의 기능을 갖고 상호 보완·협동 관계를 통해 목적 달성을 위해 구성된 집단

(2) 팀의 특징
  ① 팀은 특별한 목표를 갖는 경우가 많으며 목표 달성을 위해서는 동료 간 생산적 자극이 중요
  ② 모든 팀은 집단이지만, 모든 집단이 팀은 아님
  ③ 팀의 성과는 조직 리더에 의해 결정됨
  ④ 구성원 간 상호 보완적 기능이 매우 중요
  ⑤ 팀원의 수도 매우 중요한 요소
  ⑥ 생산성 높은 팀의 특징(클린목표)
    ㉠ 리더는 팀 미션에 대한 명확한 정의를 통해 미션에 대한 자신 및 팀원들의 공통된 몰입을 극대화
    ㉡ 광범위한 목표·지시를 구체적이고 측정 가능한 성과목표로 변환시킴으로써 그 구성원들에게 의미 있고 구체적인 목표를 제시
    ㉢ 최적의 팀 규모 및 생산성 극대화가 가능한 구성원의 선발·배치가 중요

⑦ 생산성 낮은 팀의 특징
　㉠ 생산성 낮은 팀의 주요 증상
　　• 자유롭고 적극적인 의사소통의 부족
　　• 의견 일치의 결여
　　• 회의·모임의 역기능적 현상 및 팀내 갈등 발생
　　• 목표의 미달성 등
　㉡ 팀 생산성 저하의 주요 원인
　　• 초점 결여 관련 : 팀의 목표·역할·전략 등의 부족
　　• 리더십 부족 관련 : 팀 차원의 지원 및 비전 결여, 일관된 방향성 부족, 예산·자원의 부족 등
　　• 역량 부족 관련 : 팀 및 팀원들의 지식 및 핵심 스킬 부족, 지속적 학습·개발 부족 등

(3) 로빈슨이 제시한 팀의 4가지 유형
① 문제 해결팀
② 자가 경영 직무팀
③ 기능 융합팀
④ 가상팀

2 팀제 조직

(1) 팀제 개념
① 팀제 조직하의 인사 조직상의 변화
　㉠ 팀제 조직의 구조 및 보고체계
　㉡ 팀제하의 역할·책임
　㉢ 권한
　㉣ 직급·지위와 직책의 분리
　㉤ 업무 중심의 의사결정

(2) 팀제의 특징 및 종류
① 특징
　㉠ 명령지휘 계통이 아니라 업무·과제·주제 중심으로 팀을 형성
　㉡ 과잉관리 업무를 폐지·축소시키고 팀장을 중심으로 결재단계를 파격적으로 축소하여 조직 슬림화
　㉢ 중간관리자는 관리업무가 아닌 담당업무의 전문가로서 역할을 하도록 유도
　㉣ 협력을 통한 공동작업, 팀 성과에 대한 공동책임, 목표달성을 위한 공동몰입, 자율의 보장
② 종류
　㉠ 기존 조직과의 관계 기준
　㉡ 목적 기준
　㉢ 활동기간 기준

(3) 팀(제)의 유효성 악화 요인 및 제고 방안(성공 요인)

① 팀(제)의 유효성 악화 요인

ㄱ 관련제도 및 업무의 재편성이 뒤따르지 않거나 팀제 도입 목적이 불분명한 경우

ㄴ 구성원의 수용의지가 미약하고 팀제에 대한 이해가 부족할 경우

ㄷ 팀장의 능력과 리더십이 부족하고 팀원의 전문능력이 떨어질 경우

ㄹ 상명하달식의 획일적 업무추진이 이루어지거나 권한 위양이 미흡할 경우

ㅁ 서열 중심의 수직적 사고에 익숙하여 팀원들의 역할수행이 제대로 안 될 경우

ㅂ 조직 내 상명복종 문화가 강하거나 기존의 보상체계가 개개인의 퍼포먼스에 기반을 두어서 오랫동안 유지되어 온 경우

ㅅ 무임승차자 등으로 인한 감정적인 문제 때문에 시너지 창출 대신 성과가 오히려 더 떨어질 수 있음

② 팀(제)의 유효성 제고 방안(성공 조건/요인)

ㄱ 성과를 높이기 위해 구성원의 숫자를 적절히 제한(10명 전후)

ㄴ 기술적 전문성이 있는 멤버와 대인관계에 능숙한 멤버, 문제해결 능력이 뛰어난 멤버 등 각각의 우수한 멤버를 적절히 혼합하여 구성

ㄷ 팀의 목표와 철학을 명확히 함으로써 팀원들에게 구체적인 목표와 의미 있는 비전을 갖게 함

ㄹ 팀워크 강화를 위해 합리적 업적평가에 근거한 팀 단위의 보상체계를 마련

ㅁ 팀장은 전문성과 리더십을 보유한 유능한 인물. 팀장에게 인사권·예산편성권 등을 대폭 위양하고 내분 운영

ㅂ 최고 경영층의 적극적인 참여 및 리더십 개발

ㅅ 기업의 규모, 전략, 구성원 의식 및 능력수준 등에 적합한 팀제를 도입

ㅇ 팀 조직 운영의 측면에서는 팀의 공동목표 설정·공동책임을 운영원칙으로 함

> **더 알아두기**
>
> **전통적 기능 조직과 팀 조직의 비교**
>
> | 구분 | 전통적 기능 조직 | 팀 조직 |
> |---|---|---|
> | 조직구조 | 계층적/개인 | 수평적/팀 |
> | 직무설계 | 단일 업무 | 전체업무·다수업무 |
> | 목표 | 상부에서 주어짐 | 스스로 찾아내는 데 시간 투여 |
> | 리더 | 강하고 명백한 지도자 | 리더십 역할 공유 |
> | 지시·전달 | 상명하복·지시·품의 | 상호 충고·전달·토론 |
> | 정보 흐름 | 폐쇄·독점 | 개방·공유 |
> | 보상 | 개인주의·연공주의 | 팀·능력 위주 |
> | 책임 | 개인 책임 | 공동 책임 |
> | 평가 | 상부조직에 대한 기여도로 평가 | 팀이 의도한 목표달성도로 평가 |
> | 업무통제 | 관리자가 계획·통제·개선 | 팀 전체가 계획·통제·개선 |

3 팀 관리

(1) 팀 구축법 : 팀 구축법은 작업팀의 문제해결 능력과 효율성을 개선하기 위해 사용되는 방법으로 과업성과와 관련된 문제해결에 중점을 둠

(2) 팀 구축법의 실행단계
  ① 팀 기술 연수
  ② 자료 수집
  ③ 자료 처리
  ④ 행동 계획
  ⑤ 팀 구축
  ⑥ 집단 간 팀 구축 등

제3절 리더십

1 리더십의 개념 및 특성

(1) 학자에 따른 리더십 정의
  ① **스톡딜** : 목표설정과 목표달성을 지향하도록 집단행위에 영향력을 행사하는 과정
  ② **쿤츠** : 사람들로 하여금 공동목표를 달성하는 데 따라오도록 영향력 행사
  ③ **플레이시먼** : 어떤 목표나 목표들의 달성을 향하도록 의사소통 과정을 통해 개인 간에 영향력 행사

(2) 리더십의 특성
  ① 목표 지향적 활동으로 목표 및 미래 지향적 비전을 제시
  ② 환경을 중시하며 구성원을 이끄는 능력과 조직 내외의 상황관리 능력 필요
  ③ 리더십은 조직의 최하위 구성원에 의해서도 발휘될 수 있음
  ④ 리더십은 권위를 통해서 발휘되는 기능
  ⑤ 리더는 공식·비공식 조직에서도 모두 존재
  ⑥ 리더의 유형은 비고정성이며, 상황에 따라 가변성과 신축성을 가짐
  ⑦ 위기 상황일 때 리더는 타인의 의사나 충고를 무시하는 경향을 보임

(3) 리더의 특성

리더의 3가지 자격 요건	리더와 관리자
비전, 신뢰, 충성과 지지	• 모든 리더가 관리자는 아니며, 관리자는 공식 리더라 할 수 있음 • 관리자의 리더십은 비공식 리더십에 의해 강화될 수 있음
• 버나드 : 지적·기술적 능력, 설득력, 결단력, 인내력 • 데이비스 : 인간관계적 태도, 사회적 성숙도, 지능, 내적 동기부여와 성취의욕	

2 리더십의 중요성 및 역할

(1) 리더십의 중요성
① 시너지 효과 창출
② 코치 역할
③ 지속적 성장 촉진
④ 사기 앙양
⑤ 비전 제시

(2) 리더십의 역할
① **진단적 기능**: 집단을 위해 파악·규정·진단
② **처방적 기능**: 행동을 제시하는 기능 수행
③ **동원 기능**: 집단의 전폭적이고 유력한 지지 획득

3 리더십의 본질적 요소

(1) 권력의 원천
① **개인권력의 원천**: 프렌치와 레이븐은 5가지로 분류
 ㉠ 보상적 권력
 ㉡ 강압적 권력
 ㉢ 합법적 권력
 ㉣ 준거적 권력
 ㉤ 전문적 권력
② **집단권력의 원천**
 ㉠ 한 부서가 환경의 불확실성을 효과적으로 처리할 경우
 ㉡ 한 부서가 작업흐름의 중심성이 높을 경우
 ㉢ 한 부서의 활동을 조직 내외의 다른 어떤 부서도 대신 수행할 수 없을 경우

(2) **영향력**: 권력행사의 결과

> 순종(Compliance) → 동일화(Identification) → 내면화(Internalization)

(3) 권력과 영향력의 관계
① 영향력이란 권력행사에 대한 행동반응이고 권력행사에 따라서 성취된 결과
② 권력이 타인에게 작용할 때를 영향력이라 함
③ 권력이란 능력을 가리키는 말로서 실제 작용하는 것은 아님

4 리더십 이론의 발전과정

(1) 리더십 특성이론

① **개념** : 리더의 개인적 자질에 초점을 맞추고 이러한 자질들이 리더의 유효성에 어떤 영향을 미치는 지를 연구한 이론

② **리더의 특성 요인(리더십에 영향을 주는 특성 요인)**

ㄱ 데이비스

- 지능적
- 사회적 성숙과 여유
- 강한 내적동기 및 성취욕
- 원만한 인간관계

ㄴ 스톡딜

- 신체적 특성
- 사회적 배경
- 지적 능력
- 성격
- 과업 특성
- 사회적 특성

(2) 리더십 행동이론

① **이론적 접근 방식**

ㄱ 1차원적 접근 방식

- 전제적 · 민주적 · 자유방임적 리더십
  - 전제적 리더십
  - 민주적 리더십
  - 자유방임적 리더십
- 미시간 대학 연구이론
  - 직무 중심 리더십 유형
  - 직원 중심 리더십 유형

ㄴ 2차원적 접근 방식

- 미국 오하이오 주립대학 연구 이론
  - 집단목표 달성 지휘 시 리더의 행동은 배려와 구조화 주도
  - 리더십의 2요인을 중심축으로 하여 4가지 유형으로 나누어진다는 이론 제시
  - 배려 : 부하의 복지 · 안녕 · 지위에 대한 리더의 관심 정도
  - 구조화 주도 : 구성원의 역할 정의 · 직무수행 절차 · 지시 · 보고 등
  - 4가지 행위 유형 : 미국 오하이오 주립대학 경영연구소 연구팀이 개발한 리더 행동기술 질문지

- 관리격자 이론
  - 블레이크와 머튼의 이론으로 이론(바둑판 모형의 좌표를 만들고 이를 기초로 5가지 형태의 리더십 구분)
  - 5가지 리더십 유형 : 과업형(9.1형), 인간관계형(1.9형), 방임형(1.1형), 이상형(9.9형), 중간형(5.5형)
- PM이론 : 리더십의 기능을 성과기능(P)과 유지기능(M)으로 구분
  - P 기능 : 문제해결 및 목표 달성을 지향하는 기능
  - M 기능 : 집단의 자기보존 내지 집단의 과정 자체를 유지·강화하려는 기능
  - 이 이론 모형의 리더십 매트릭스의 4분면은 PM·pM·Pm·pm으로 구성되는데, 그 유효성 순위는 PM 〉 pM 〉 Pm 〉 pm 순임

② **연구의 한계**
  ㉠ 2요인 분류방법의 한계
  ㉡ 타당성의 문제
  ㉢ 상황변수에 대한 고려 미흡

(3) 리더십 상황이론 : 리더십의 유효성 상황과 연결시키려는 이론
  ① **리더십 상황이론 모형**
  ㉠ 피들러의 상황적합이론 : 피들러는 높은 직무성과를 성취하기 위한 리더십의 유효성은 리더의 특성과 상황의 호의성에 따라 결정된다고 봄
  ㉡ 리더와 상황의 적합관계 및 유효성
  - LPC(Least Preferred Co-worker) 점수
  - LPC 점수가 낮은 리더(업무 지향적 리더)
  - LPC 점수가 높은 리더(관계 지향적 리더)
  - 리더십 유형 : 상황이 아주 호의적이거나 비호의적인 경우에는 업무 지향적인 리더가 유효한 반면, 상황이 중간 정도의 호의성일 때는 관계 지향적인 리더십이 유효
  ② **허시·블랜차드의 상황적 리더십 모형**
  ㉠ 부하의 성숙도를 중요한 상황변수로 보고, 부하의 성숙도에 따라 효과적인 리더십 행위 스타일이 다를 수 있음. 리더십 유형이 부하의 성숙도 수준이라는 한 가지 상황요인에 따라 결정된다고 보는 경향이 강함
  ㉡ 바람직한 리더십 스타일 : 권한위양형, 참여형, 명령·지시형, 강압형 등
  ③ **경로-목표이론** : 하우스와 미첼
  ㉠ 개요 : 경로-목표이론은 구조화주의·배려형 리더십 유형에 동기부여의 기대이론을 접목시킨 이론
  ㉡ 상황변수 요인
  - 부하의 특성 : 부하의 능력, 통제의 위치, 욕구와 동기 등
  - 작업환경의 특성 : 과업의 성격(구조), 작업집단 특성, 공식적 권한관계, 조직적 요소 등

ⓒ 리더십 행동 유형/스타일 : 하우스의 리더십 4가지 유형
- 지시적 리더
- 지원적 리더
- 참여적 리더
- 성취 지향적 리더

④ **리더-구성원 교환관계 이론**
　ⓐ 개념 : 리더는 모든 하급자를 똑같이 대하지 않고 집단 내외를 기준으로 어떤 구성원에게는 더 많은 관심과 주의를 집중하는 반면, 어떤 구성원에게는 그렇지 않음
　ⓑ 외부인과 내부인
- 내부인 : 리더가 많은 자원을 공유하고 관심과 재량권을 줌 → 긍정적 태도를 보임
- 외부인 : 리더가 관심과 재량권을 주지 않음 → 직무에 부정적 태도를 보임

(4) 새로운 패러다임의 리더십 이론

① **변혁적 리더십**
　ⓐ 개념 : Burns(1978)는 변혁적 리더십이란 미시적 측면에서는 개인 간의 영향력 행사과정이며, 거시적으로는 사회적 체계변화와 조직혁신을 위해 힘을 동원하는 과정이라고 정의. 변혁적 리더란 추종자들의 의식·가치관·태도 등의 혁신을 촉구하는 리더라고 규정
　ⓑ 변혁적 리더십 구성요인
- 카리스마적 리더십
- 영감적 동기유발
- 개별적 배려
- 지적 자극

② **자율적 리더십**
　ⓐ 개념 : 팀 리더와 팀 구성원 모두가 자율적으로 스스로 관리하고 이끌어가는 리더십을 의미
　ⓑ 중요성·효용성
- 팀 구성원들은 자기존중·자긍심을 갖고 만족스러운 조직생활을 할 수 있음
- 리더는 감시와 통제 대신 새로운 아이디어, 팀의 비전을 구상하는 등 발전적인 방향으로 역량을 집중
- 조직 차원에서는 자율적 집단을 구축하여 조직 유효성 제고
　ⓒ 자율적 리더십 유형 : 셀프 리더십[구성원(부하) 중심 개념]
- 개념 : 셀프 리더십이란 구성원들이 철저한 자기규제와 자기통제를 통해 스스로를 이끌어 나가고 자율적으로 일하는 것을 의미
- 중요성 : 셀프 리더십은 현대 경영에서 특히 중시되는 자율적 리더십을 함양하는 데 핵심적 요소
- 셀프 리더십을 발휘하는 구성원들의 행동 특성
  - 업무수행과 결과에 대해 팀원 간 격려를 통한 자기강화를 모색
  - 자기관찰 및 자기평가를 중시
  - 자신과 팀의 성과목표에 대한 기대수준을 더욱 높게 올리도록 하는 자기기대를 가짐
  - 자기목표, 사전 연습, 자기비판 등의 행동을 함

③ **임파워링 리더십(Empowering Leadership)**
  ㉠ 개념 : 조직의 생명력과 기를 살려주는 리더십으로 부하에게 권한과 책임을 위양해 주고 목표성
    취 능력을 키워 주어 신뢰를 구축함으로써 구성원에게 에너지를 불어넣어 주는 리더십
  ㉡ 임파워링 리더십의 특징
    • 리더는 지원자·코치·활력 있는 분위기 촉진자의 역할을 수행함
    • 리더와 팀원의 역할·책임·행동에 따라 1단계 수직적 명령체계에서 리더가 팀원에 대한 지원
    • 기존에 나온 셀프 리더십과 슈퍼 리더십을 통합한 개념으로 개인과 조직의 육성·발전을 같이
      추구
  ㉢ 리더의 임파워먼트 역할에 대한 킬만의 정리
    • 부하의 의사결정 참여를 통한 임파워먼트
    • 자율관리 팀의 구성과 활동을 통한 임파워먼트
    • 경청과 인정을 통한 임파워먼트
    • 교육과 재훈련을 통한 임파워먼트
    • 인센티브 제공을 통한 임파워먼트
    • 고용보장을 통한 임파워먼트
    • 조직구조의 간소화를 통한 임파워먼트
    • 중간관리자 역할의 재인식을 통한 임파워먼트
    • 관료제적 요소의 제거를 통한 임파워먼트

더 알아두기

거래적(교환적) 리더십과 변혁적 리더십 비교

구분	거래적(교환적) 리더십	변혁적 리더십
목표	교환관계	변혁 또는 변화
성격	소극적	적극적
관심 대상	단기적인 효율성과 타산	장기적인 효과와 가치의 창조
동기부여전략	• 부하들에게 즉각적이고 가시적인 보상으로 동기부여 • 외재적 동기부여	• 부하들에게 자아실현과 같은 높은 수준의 개인적 목표를 동경하도록 동기부여 • 내재적 동기부여
행동의 기준	부하들이 규칙과 관례에 따르기를 선호	변화에 대한 새로운 도전을 하도록 부하를 격려함
적절한 상황	• 업무성과를 조금씩 개선하려 할 때 • 목적을 대체시키려 할 때 • 특정행위에 대해 저항을 감소시킬 때	• 조직합병을 주도하려 할 때 • 조직을 위해 신규부서를 만들려 할 때 • 조직문화를 새로 창출하고자 할 때
리더십 요인	• 업적에 따른 보상 • 예외 관리	• 이상적 영향력 : 부하들에게 강력한 역할 모델이 되는 리더 • 영감적 동기부여 : 부하들의 의욕을 끊임없이 고무시키는 리더 • 지적 자극 • 개별화된 배려

5 효과적인 리더십 개발방안

(1) 현대적 리더로서의 자질함양

① 비전을 개발하고 목표 구체화

② 부하를 신뢰하고 부하로부터 신망을 얻어야 함

③ 항상 솔선수범

④ 구성원을 배려하는 인간미를 갖춤

⑤ 지속적인 자기계발로 업무의 전문가가 되어야 함

⑥ 자기 자신에게 반대하는 사람을 중시

⑦ 효과적인 커뮤니케이션 능력

⑧ 위험을 감수하는 도전정신을 가져야 하며 구성원들을 지속적으로 임파워먼트시켜야 함

⑨ 환경변화에 대한 높은 감수성

⑩ 민주적·인간중심적 리더십을 갖추어야 함

(2) 리더십 스타일 개발을 위한 진단과 훈련 : 리더십 스타일에 관한 자기진단이 필요

① 리더십 개발 훈련기법

　㉠ 개인행동 수준의 리더십 개발 훈련기법

　　• 리더십 이론과 기술에 대한 강의

　　• 사례 연구

　　• 역할 연기

　　• 감수성 훈련

　　• 행동 모형화

　㉡ 집단행동 수준의 리더십 개발 훈련기법

　　• 팀 구축 : 조직 내 다양한 팀들의 개선 및 유효성 증대를 목적으로 하는 리더십 개발 방법

　　• 집단대면 기법 : 변화 담당자가 중심이 되어 구성원 간 상호 이해를 증진시키고 잠재되어 있는 문제를 인식시켜 이의 해결책을 모색

　　• 과정 자문법 : 외부 상담자의 도움을 받아 한 집단 내 또는 집단 간에 발생하는 갈등과정을 개선하는 기법

　　• 제3자 조정법 : 갈등해결의 근본목표로 삼고 있는 이 기법은 관련 과정을 검토하여 갈등의 이유를 진단하고, 제3자를 통하여 갈등에 대한 대책과 해결을 촉진하는 방법

　　• 설문조사 피드백 : 구성원의 설문조사 결과를 도출하고 이것을 피드백 자료로 활용하여 구성원들로 하여금 자기의 집단과 조직문제를 해결하도록 하는 리더십 개발 방법

② 인재육성형 리더십의 개발

　㉠ 인재육성형 리더로서의 역할 수행 : 리더는 사명감과 신념을 갖고 구성원들의 잠재능력을 진단하여 능력 향상을 촉진하고, 구성원들에게 지적인 자극을 주고, 단계적으로 도전적인 업무를 제시하는 동시에 능력을 발휘할 수 있는 환경을 조성함

　㉡ 효과적인 코치의 역할수행 : '설명 – 시범 – 실행 – 교정'의 체계적 단계

　㉢ 리더와 구성원들도 팔로워십과 셀프 리더십 스킬을 배양

　㉣ 리더십 환경요인, 즉 조직 환경요인을 개선

제4장　조직체에 대한 이해

제1절 조직구조

1　조직구조 형성의 기초 요소(구성 단위)

(1) 권력과 권한(종적 요소)

(2) 역할과 지위(횡적 요소)

2　조직구조 구성 요소(중요 변수) : 로빈스

(1) 복잡성(과업의 분화 정도)
　① **수평적 분화** : 조직 구성원들이 업무를 횡적으로 분할하여 수행하는 형태
　② **수직적 분화** : 과업의 분화가 상·하 관계를 가지고 이루어지는 것으로서 조직구조에서 계층 수를 증가시키는 것
　③ **지역적(공간적) 분산** : 조직의 물리적인 시설과 인력이 지리적으로 분산되어 있는 정도

(2) 공식화(직무 표준화 정도)
　① 조직 내의 직무가 문서화·비문서화된 규제를 통해 특정화되어 문서화된 정도
　② 생산부서의 직무는 마케팅이나 연구개발의 직무보다도 공식화의 정도가 낮음
　③ 조직외부의 고객을 공평하게 처우하기 위해, 조직성과의 효율성 향상을 위해, 조직의 활동을 조정하기 위해 필요
　④ **조직구조의 구성요소(주요 변수) 간 관계**
　　㉠ 복잡성과 공식화의 관계 : 수평적 분화는 미숙련자의 고용도 가능하게 하므로 공식화의 정도를 높이고, 수직적 분화는 경영자 및 전문가를 증가시켜 공식화의 정도를 낮춤
　　㉡ 복잡성과 집권화의 관계 : 반비례의 관계를 가짐
　　㉢ 공식화와 집권화의 관계 : 상황에 따라 긍정 또는 부정적 상관관계를 보임
　　　• 공식화가 높고 집권화가 높은 경우 : 단순 작업적 조직(비숙련공)
　　　• 공식화가 높고 집권화가 낮은 경우 : 전문가 조직(인사관리 문제 관련)
　　　• 공식화가 낮고 집권화가 높은 경우 : 전문가 조직(전략적 조직 의사결정 관련)
　　　• 공식화가 낮고 집권화가 낮은 경우 : 전문가 조직(업무와 관련한 기술적 문제처리)

3 조직구조의 결정 요소(상황 변수)

(1) 환경과 조직구조

① **환경과 조직구조의 관계** : 환경에는 정치·경제·문화·기술 등 여러 가지가 있으며 환경의 차이는 조직구조와 조직 내부의 경영과정에 많은 영향을 줌

② **기계적 구조와 유기적 구조** : 번스와 스토커의 연구

ㄱ 기계적 조직구조 : 의사결정이 상부에 집중되어 있고 분업화, 전문화 및 관료적인 규칙과 절차를 강조하는 조직구조

ㄴ 유기적 조직구조 : 비교적 유연성과 적응성이 높은 조직구조, 관리자 틈이 적은 평면형 구조로서 끊임없이 변화하는, 상대적으로 불확실하고 유동적인 환경에 적절

구분	기계적 구조	유기적 구조
적합한 환경	안정적 환경	동태적 환경
작업의 분업화	높음	낮음
의사소통	명령과 지시	충고와 자문
권한의 위치	조직의 최고층에 집중	능력과 기술을 가진 곳
갈등해결 방식	상급자의 의사결정	토론과 기타 상호작용
정보의 흐름	제한적이며 하향적	상하로 자유로움
공식화	높음	낮음

(2) 기술과 조직구조

① **기술과 조직구조의 관계** : 페로우의 지식·도구·기법·활동

② **우드워드의 연구** : '기술 - 조직구조 - 성과'의 상호관계에 관한 상황이론 제시

ㄱ 우드워드의 기술조직의 분류

- 단위소량 생산체계
- 대량 생산체계
- 연속공장 생산체계

ㄴ 기술과 조직구조 간의 관계

- 조직구조의 여러 변수가 기술의 복잡성과 정비례
- 조직의 유효성과 기술에 대한 조직형태의 적합성 사이에 밀접한 관계가 있음
- 신축적이고 유기적인 조직구조가 효율적인 반면, 비교적 기계적이고 관료적인 조직구조가 성과 측면에서 바람직

(3) 전략과 조직구조

① 전략과 조직구조는 상호 밀접한 영향을 미치는데 그 순환과정은 전략의 변화에서 시작

② **조직구조 변화과정** : 환경변화에 따른 신전략 수립 → 관리상 신문제 출현 → 기업성과 약화 → 보다 적절한 조직구조로 이동 → 이익수준의 회복

(4) 조직규모와 조직구조

① 공조직 규모가 커지게 되면 복잡성이 증대하다가 체감

② 조직규모가 커지면 대체로 전문화가 지속되다가 일정 수준에 도달하면 전문화의 진행 정도가 떨어짐

③ 규모가 커질수록 조직의 행동은 더욱 공식화되고 분권화가 촉진됨

4 조직구조의 형태와 유형

(1) 로빈스의 일반적 조직형태

① **단순구조** : 단순하고 정교하지 않은 조직구조 형태로 전략 상층부와 업무 핵심층으로만 구성되어 있는 조직

　㉠ 장점 : 신속성, 유연성이 있기에 진취성과 혁신성을 계속적으로 추구

　㉡ 단점 : 기업주에 전적으로 의존하므로 기업주의 판단에 따라 조직의 운명이 좌우됨

② **관료제** : 정형화된 업무와 공식화된 규칙과 임무를 갖춘 조직으로서 기능적 부서, 집권화된 권한, 협소한 통제범위를 특징으로 함

> **더 알아두기**
>
> **베버의 근대적 관료제 특성**
> • 규정에 의거하여 담당자의 역할이 정해지는 지속적인 조직체
> • 문서에 의한 직무 수행 및 기록
> • 직무 수행을 위한 전문적 훈련
> • 권한과 책임 범위의 명확한 규정
> • 계층적 권한 체계

③ **매트릭스 구조** : 제품별 조직과 기능별 조직을 결합시킨 이중의 명령체계와 책임·평가·보상 체계를 갖춘 조직구조

　㉠ 장점

　　• 여러 개의 프로젝트 동시 수행

　　• 외부환경 변화에 융통성과 제품·시장의 변화에 따른 다양한 욕구

　　• 경영활동이 팀을 통해 이루어지며 구성원 간의 협동심 증가

　　• 개인에게 창의성 및 능력 발휘의 기회가 주어짐

　㉡ 단점

　　• 조직의 이중 명령구도로 인해 기능 부문과 프로젝트 부문 간에 충돌과 갈등의 소지가 높음

　　• 좌절과 역할 갈등 발생할 수 있음

　　• 명령 계통 간의 혼선 유발, 상반되는 지시가 업무에 지장 초래

(2) 민츠버그의 조직 구분 : 조직형태를 5가지 유형으로 구분

① **단순조직**

② **기계적 관료제**

③ **전문적 관료제**

④ **사업부제 조직구조**

　㉠ 장점 : 제품별로 업적평가가 명확하며 자원배분과 통제가 용이, 부문 간의 조정 용이, 사업부별로 신축성과 창의성을 확보하면서 집권적 스태프와 서비스에 의한 규모의 이익도 추구, 사업부자의 총합적 시각에서의 의사결정

　㉡ 단점 : 분권화에 의한 새로운 부문 이기주의 발생과 사업부 이익의 부분 극대화, 단기적 성과 중시, 스태프·기타 자원의 중복에 의한 조직 슬랙의 증대, 전문적 상호 간의 커뮤니케이션 저해

⑤ **애드호크라시** : 특별한 일이나 사건이 발생하면 그 일을 담당할 수 있도록 조직을 재빨리 구성하여 업무를 처리하는 조직형태

　㉠ 장점

　　• 전문화에 의한 지식경험의 축적과 규모의 경제성

　　• 기능별로 최적방법의 통일적 적용

　　• 자원의 공통 이용

　　• 인원·신제품·신시장의 추가·삭감이 신속하고 신축적

　㉡ 단점

　　• 기능별 시각에 따른 전체의 제품이나 서비스 경시

　　• 과도한 권한집중 의사결정의 지연

　　• 다각화할 경우 제품별 조건 적합적 관리가 불가능

　　• 각 부문의 업적평가 곤란

(3) 전략적 사업단위 조직

① **특성**

　㉠ 기업규모가 사업부 규모 이상 성장 시 필요

　㉡ 관련 제품라인을 사업부로 묶고 이 사업부들을 묶어 SBU로 만듦

　㉢ 본사 업무의 일부 분담으로 통제범위의 부담을 완화

　㉣ 사업단위 내의 효과적인 전략 조정·통합이 가능하고, 각 사업단위는 관련 사업부 요구에 신속 대응

② **장·단점**

　㉠ 장점 : 다각화된 기업의 사업단위 포트폴리오 조직기능, SBU 관련활동 통합 가능, 유사한 사업부 간 상호조정 용이, 최고경영자에게 객관적·효과적·전략적 시각 제공, 기업수준의 통제범위 축소 가능, 정보 과다의 위험 감소 등

　㉡ 단점 : 본사와 일선 라인부문의 이격 심화, SBU 조직목적의 자의적 해석으로 행정상 편의 외 다른 의미의 상실 가능성, SBU 자체 미래 방향설정의 근시안화 가능성, 최고 경영진에 추가 계층 발생, SBU 책임자의 역할과 권한 모호성, SBU 책임자의 의지 및 이해 없이는 사업단위 간 전략적 조화 도출의 곤란, 자원배분 시 사업단위 간 첨예한 대립 발생가능성, 조직 전체의 의사소통과 유연성 감소 등

(4) 팀 조직

① 전통적인 기능중심의 계층형 조직구조에서 탈피, 수평 조직화와 슬림화의 원리를 추구하기 위해 조직 내 모든 하위 단위를 팀으로 재편성한 조직구조

② 명령지휘 계통이 아니라 업무·과제·주제 중심으로 조직을 편성

③ 장·단점

　㉠ 장점 : 업무중심의 조직이므로 의사결정의 신속성과 기동성 제고, 이질성과 다양성의 결합을 통한 시너지 효과 촉진, 정보와 사고의 교류 용이성 등

　㉡ 단점 : 팀장의 리더십 부족이 조직 운영의 비효율을 초래할 수 있고, 팀원의 전문능력 부족 시 원만한 팀 유지에 어려움이 있을 수 있음

(5) 네트워크 조직

① 정보통신기술을 활용하여 조직의 유연성과 연계성의 극대화를 이루면서 새로운 기술과 조류 변화에 신속히 대응하는 조직형태

② 장·단점

　㉠ 장점

　　• 조직의 개방화·슬림화·수평구조화를 용이하게 함

　　• 조직운영에 있어 임파워먼트와 혁신 경쟁력 배양을 가능하게 함

　㉡ 단점

　　• 조직이 네트워크에 의해 전략이나 행동에 제약을 받기가 쉬움

　　• 상호 간의 제약으로 네트워크 전체가 폐쇄되고 초기의 느슨한 관계에서 발휘되던 장점을 잃을 수 있음

　　• 네트워크 관리가 철저하지 않을 경우 기술·경영노하우 등을 외부기업과 공유하는 과정에서 지식의 일방적 유출로 네트워크 파트너가 경쟁자로 등장할 가능성이 있음

제2절 조직문화

1 조직문화의 개념

(1) 조직문화는 조직 구성원들이 공유하는 가치와 신념 및 이념, 관습, 전통, 규범 등을 총칭하는 개념으로 조직 구성원 개개인 및 기업조직의 행동에 영향을 미침

> **더 알아두기**
>
> **다양한 조직문화의 정의**
> - 샤프리츠 : 문화란 의미·방향·협력 등을 제시하는 통합문화의 개념이며, 개인의 입장에서는 성격과 통일된 조직의 문화
> - 루이스 : 조직행동을 위한 일련의 공통된 이해
> - 볼먼과 딜 : 문화는 발생한 것을 의미
> - 핸디 : 일반화된 생활양식이나 규범 체제
> - 실과 마틴 : 구성원들이 공유하는 가치·믿음·기대 등에 초점

(2) 조직문화의 특성
① 조직에 존재하는 공통적 특징들이 집합적으로 작용
② 조직구조, 동기, 리더십, 의사결정, 커뮤니케이션 등과 상호작용
③ 조직문화는 기술적 용어

(3) 기업문화의 유형
① **딜(T. Deal)과 케네디(A. Kennedy)의 유형** : 강한 기업문화는 구성원의 명확한 신념과 고유가치, 일상생활에서의 가치 구현 및 이를 뒷받침해주는 제도의 유무에 따라 결정
② **해리슨(R. Harrison)의 유형** : 조직 권한의 집권성 정도 또는 공식화 정도에 따라 기업문화 유형 분류
  ㉠ 관료적 기업문화
  ㉡ 권력적 기업문화
  ㉢ 핵화 기업문화
  ㉣ 행렬 기업문화
③ **데니슨(Denison)의 유형** : 기업환경 변화와 기업행동 경향을 중심으로 기업문화를 '집단문화, 위계문화, 개발문화, 합리문화'로 구분

2 조직문화의 기능 및 중요성

(1) 조직문화의 기능
① **조직문화의 순기능**
  ㉠ 구성원들에게 공통의 의사결정 기준을 제공해주는 역할을 함
  ㉡ 조직 내 갈등 해소에 도움을 주고 구성원들에게 일체감을 형성하여 내면적 통합을 이끌어냄
  ㉢ 종업원들의 근로의욕 및 조직에 대한 몰입도를 높여주는 역할을 함
  ㉣ 조직 구성원들의 행동을 형성하는 데 있어서의 통제 메커니즘의 역할을 수행함
② **조직문화의 역기능**
  ㉠ 환경변화에 따른 조직 구성원들의 적응문제가 발생할 수 있고 새로운 조직가치 등의 개발 시 대립할 수 있음

ⓛ 종업원 개개인의 문화와 회사 조직 간 문화의 충돌이 우려

ⓒ 타 조직과의 인수·합병 시 두 조직문화 간의 갈등으로 인한 충돌 우려

(2) 조직문화의 중요성

① 기업의 전략수행에 영향을 미침

② 합병 또는 다각화를 시도하는 경우에도 문화적 요소를 고려

③ 조직 내 집단 간 갈등에 영향을 미침

④ 의사소통에 영향을 미침

⑤ 생산성에 영향을 미침

3 조직문화의 형성 요인

조직문화는 조직의 역사를 통한 경험과 여기에서 파생된 전통으로서 조직이 직면하는 두 가지 문제, 즉 외부환경 적응과 내부통합 문제를 해결하는 과정에서 형성됨

(1) 외적 환경 요인

① 국가의 사회문화, 관습, 규범 등에 의하여 영향을 받음

② 기업이 제조·판매하는 제품이나 서비스, 시장 환경의 변화, 제품의 주기, 정부 규제의 통제와 완화 조치, 자원조달 가능성 등에도 영향을 받음

③ 인플레이션, 세제, 금리, GNP 성장률 등 경제적·기술적 환경 등에 영향을 받음

(2) 내적 환경 요인

① 창업주나 최고경영자의 경영이념

② 조직의 역사와 안정적인 멤버십

③ 대체문화의 존재 여부

④ 업종, 규모 및 경쟁의 정도

⑤ 조직의 유형적 환경 및 조직이 속한 문화

⑥ 조직의 전략과 관리체계

⑦ 조직 구성원들의 교육 정도

4 조직문화와 조직설계

숄츠(Scholz)는 조직문화와 조직설계가 어떻게 연계되는지에 따라 조직문화를 환경적 차원, 내부적 차원, 진화적 차원 등 세 가지 관점에서 제시함

(1) 환경적 차원의 조직문화 유형 : 강인하고 억센 문화, 열심히 일하고 잘 노는 문화, 회사의 운명을 거는 문화, 과정을 중시하는 문화

(2) 내부적 차원의 조직문화 유형 : 생산적 문화, 관료적 문화, 전문적 문화

(3) 진화적 차원의 조직문화 유형 : 안정적 문화, 반등적 문화, 예측적 문화, 탐험적 문화, 창조적 문화

5 조직 진화에 따른 조직문화 기능 변화

(1) 창립과 성장 초기단계

(2) 창업자에서 2세대 경영자로의 계승단계

(3) 성장 중간단계

(4) 성숙단계

(5) 변혁기

(6) 파괴기

6 조직문화와 변화 관리 : 체계적인 변화 계획과 관리가 필요

(1) 조직행동 및 문화변화의 과정(단계) : 변화의 필요성 인식 → 해빙 → 변화 주입 → 재동결

(2) 조직행동 및 문화변화의 접근 방법
　　① **조직행동 및 문화변화의 접근 방법**
　　　㉠ 일방적 접근법
　　　㉡ 공유적 접근법
　　　㉢ 위임적 접근법
　　② **조직행동 및 문화변화의 수단**

㉠ 비전, 환경 및 전략의 선택

㉡ 변화 담당자로서의 경영자의 리더십

㉢ 교육훈련 멘토 프로그램의 개발 및 운영

㉣ 조직 개발

㉤ 보상 체계

㉥ 조직구조

㉦ 표어 및 의례의식

더 알아두기

딜과 케네디의 조직문화 형성의 구성요소

환경, 기본가치, 중심인물, 의례와 의식, 문화적 네트워크

조직 시민 행동

오건(Organ)	윌리엄스(Williams)와 앤더슨(Anderson)
예의	개인에 대한 행동 : 조직 내의 구성원을 돕는 행동
이타주의	
성실성	조직에 대한 행동 : 조직에 이익이 되는 행동
시민 덕목	
스포츠맨십	

조직변화

구분	저항의 이유	극복 전략
개인적 차원	습관, 경제적 요인, 안전에 대한 욕구, 새로운 방식에 대한 두려움, 선택적 지각	교육과 커뮤니케이션, 구성원의 참여 유도
조직적 차원	구조적 관성, 집단 타성, 변화 범위의 제한, 전문성에 대한 위협, 권력관계에 대한 위협, 자원 분배에 대한 위협	상부의 촉진과 지원, 협상과 타협, 강제

제한시간: 50분 | 시작 ___시 ___분 - 종료 ___시 ___분

⊡ 정답 및 해설 226p

01 다음 중 조직의 일반적인 특성에 대한 설명으로 옳지 <u>않은</u> 것은?

① 성장 및 변화에 대응하는 정태적 균형 추구

② 조직 전체의 목적을 달성하기 위하여 부분적 목적을 가진 하위체계들로 구성

③ 공동의 목적을 위해 정립된 체계화된 구조

④ 투입·산출·피드백을 통해 외부 환경과 상호작용을 하는 개방체계

02 Taylor의 과학적 관리론에 대한 설명으로 옳지 <u>않은</u> 것은?

① 판매공정의 표준화

② 시간과 동작연구에 의한 과업관리

③ 차별적 성과급제

④ 전문화에 입각한 체계적 직무 설계

03 소속집단에 대한 고정관념으로 발생하는 오류를 무엇이라고 하는가?

① 후광효과   ② 상동효과

③ 대비효과   ④ 유사효과

04 직무만족도 측정기법 중 점수법에 대한 설명으로 옳지 <u>않은</u> 것은?

① 비교적 복잡하다.

② 여러 사람을 동시에 측정할 수 있다.

③ 조직 간 직무만족도의 상대적 비교가 가능하다.

④ 응답자가 응답을 왜곡시킬 수 있다.

05 조직 수준에서의 스트레스 관리방안으로 옳지 <u>않은</u> 것은?

① 직무 재설계
② 사회적 지원
③ 극복 및 회피
④ 참여적 관리

06 다음 중 동기부여의 중요성에 대한 설명으로 옳지 <u>않은</u> 것은?

① 변화에 대한 구성원들의 저항을 줄이고 자발적 적응을 촉진함으로써 조직변화를 용이하게 하는 추진력이 된다.
② 구성원들의 능동적 업무수행 의지를 강화시킴으로써 직무만족과 생산성을 높이고 나아가 조직유효성을 제고시킨다.
③ 조직 구성원들이 수동적으로 업무를 수행하게 함으로써 자아실현 기회를 부여한다.
④ 구성원 개개인으로 하여금 과업수행에 대한 자신감과 자긍심을 갖게 한다.

07 다음 설명 중 옳지 <u>않은</u> 것은?

① X 이론은 일을 싫어하고 책임을 회피하는 수동적인 인간은 생리적·안전 욕구에 자극을 주는 금전적 보상과 처벌위협에 동기가 부여된다고 가정하는 이론이다.
② X 이론의 인간관을 부정·비판하면서 새로운 대안으로 제시된 인간관인 Y 이론은 상위욕구 충족을 원하는 인간은 근본적으로 자기통제를 할 수 있다고 본다.
③ Y 이론에 의해 유도되는 관리전략은 인간의 잠재력이 능동적으로 발휘될 수 있는 여건을 조성하는 방향이 되며 이는 개인과 조직의 목표를 통합하여 동기부여하는 것이다.
④ Y 이론에 입각한 관리전략은 인간의 하위욕구를 자극시키거나 만족시키는 외적 통제를 강화하는 방향이 된다.

08 브룸(Vroom)의 기대이론(Expectancy theory)의 한계점에 대한 설명으로 옳지 <u>않은</u> 것은?

① 행동으로부터 얻어지는 결과들에 대한 가치부여 정도가 매우 주관적이라서 사람마다 다르다.
② 인간은 누구나 합리성에 근거하여 결과와 확률을 예측한 다음에 행동할 것이라는 기대이론 학자들의 의견을 그대로 받아들이기 어렵다.
③ 내용구성이 단순해서 검증이 쉽다.
④ 만족이 가장 큰 쪽으로 인간의 행동이 동기부여된다는 쾌락주의적 가정은 인간행위에 대한 올바른 설명이 못 된다.

09 다음 중 조직공정성의 3가지 측면에 해당하지 <u>않는</u> 것은?

① 분배적 공정성

② 결과적 공정성

③ 절차적 공정성

④ 관계적 공정성

10 다음 중 강화관리 원칙수립이 <u>아닌</u> 것은?

① 즉각적 강화원칙

② 강화박탈의 원칙

③ 강화결속의 원칙

④ 강화크기 최대성의 원칙

11 성과-보상의 결속관계 강화를 위한 보상관리 원칙에 대한 설명으로 옳지 <u>않은</u> 것은?

① 중요성의 원칙 – 사람들이 보상을 중요한 것으로 느껴야 보상이 영향력을 갖는다.

② 가시성의 원칙 – 조직 입장에서는 보상비용이 낮을수록 바람직한 보상으로 간주된다.

③ 수시성의 원칙 – 보상이 자주 주어질수록 유용성이 더 커진다.

④ 융통성의 원칙 – 융통성 있게 적절한 양의 보상이 주어져야 한다.

12 개인 임파워먼트의 실행과정 중 각 단계별 내용이 <u>잘못</u> 설명된 것은?

① 1단계 – 자신감 향상을 위해 무력감 유발 요소 제거를 위한 임파워먼트 수행

② 3단계 – 과업수행 시 자신감 향상 방안 실행

③ 4단계 – 개인들이 자신감을 갖게 되었음을 지각

④ 5단계 – 임파워먼트된 개인들이 보다 더 높은 성과목표를 설정하고 달성하기 위한 새로운 노력을 기울임

13 다음 내용에서 괄호 안에 들어갈 말로 알맞은 것은?

> (   )은/는 인간사회의 가장 기본적인 규범으로서 인간답게 살아가기 위해서 당연히 행하고 지켜야 할 도리이자 이치이며, 인간이 올바르게 사회생활을 할 수 있도록 질서를 확립해주는 것이다.

① 윤리
② 신뢰
③ 학습
④ 정의

14 다음 중 트레비노(Trevino)의 경영자 윤리의 3가지 영향 요인에 속하지 <u>않는</u> 것은?

① 자아 강도
② 직무 종속성
③ 통제의 위치
④ 과정의 중요성

15 다음 중 기업조직에서의 직접적인 신뢰형성 요인에 속하지 <u>않는</u> 것은?

① 배려
② 능력
③ 일관성
④ 당사자 간 사회적 유사성

16 다음 중 학습조직의 특징으로 보기 <u>어려운</u> 것은?

① 실천을 통한 학습
② 지식 공유
③ 창의성
④ 경쟁력의 공유

17 현행 업무의 수익성을 최대화하는 것을 목적으로 하고, 각 기능 부분 및 제품라인에 대한 자원의 배분, 업무의 일정계획화, 통제활동 등을 내용으로 하는 의사결정방식은?

① 관리적 의사결정
② 전략적 의사결정
③ 업무적 의사결정
④ 전술적 의사결정

18 다음 중 집단사고의 부정적 결과로 옳지 <u>않은</u> 것은?

① 자신들의 선택안에 부합하지 않는 정보에 대해서는 비호의적 태도를 보이며, 전문가들의 조언을 경청하려는 노력을 기울이지 않는다.
② 가능한 모든 대체안에 대한 포괄적 분석을 회피하는 경향이 강하며, 자기들의 선택안보다 더 나은 안이 있는가를 생각하지 않는다.
③ 집단은 자신들의 선택안이 갖는 문제점들을 무시하고 문제발생 시 적절한 대처방안을 모색하는 경우가 많다.
④ 상황변화로 인한 자신들의 선택안 재검토의 필요성을 무시하는 경우가 많다.

19 원초아의 확장으로서 원초아가 현실을 이해하고 평가하게 함으로써 원초아의 에너지를 성취 가능한 방향으로 지도하는 역할을 담당하는 것을 무엇이라고 하는가?

① 초자아
② 쉐도우
③ 페르조나
④ 자아

20 다음 내용이 의미하는 것으로 가장 적절한 것은?

> 자기 영향력 확대나 자기사단 형성 등의 조직내부 측면이 아닌 조직외부에 대한 영향력 행사에 놓여야 한다. 또한, 상당 수준의 자기통제 능력을 지니고 있어야만 한다.

① 친교욕구   ② 권력욕구
③ 성취욕구   ④ 존경욕구

21 효율적인 인재확보 · 육성 · 배치와 조직 구성원의 성취동기 유발을 동시에 추구할 수 있는 프로그램을 의미하는 것은?

① 경력계획
② 경력관리
③ 경력개발
④ 경력목표

22 다음 중 직무순환에 대한 내용으로 바르지 <u>않은</u> 것은?

① 직무에 대한 싫증 및 소외감을 감소시켜 주는 효과가 있다.
② 새로운 직무교육에 많은 노력과 시간이 소요된다.
③ 직무에 대한 전문화 수준을 떨어뜨릴 수 있다.
④ 정기순환은 기업 조직의 변경이나 조직 후계자의 충원 또는 조직 내 퇴직자가 발생할 경우 이루어진다.

23 다음 중 로쉬(C.H.Lawshe)의 훈련평가 기준으로 옳지 <u>않은</u> 것은?

① 통제그룹
② 재해율
③ 일반관리 및 관리자부담
④ 훈련 실시 기간

24 다음 중 팀제 조직의 장단점에 대한 설명으로 옳지 <u>않은</u> 것은?

① 관리자의 능력부족으로 조직 갈등이 증폭될 가능성이 존재한다.
② 계급제적 성격이 강한 사회에서는 성공하기 용이하다.
③ 관료화를 방지하고 조직의 활성화를 추구한다.
④ 소수정예 인력운영이 가능하다.

25 다음 내용에 해당하는 리더십의 역할은?

> 리더는 진단·규정된 상황을 해결하기 위하여 집단이 취해야 할 행동을 처방해주거나 집단을 대표하여 취할 수 있는 행동을 제시하는 기능을 수행한다. 이로써 리더는 집단의 목적에 기여할 수 있는 방식으로 문제가 해결되도록 행동계획을 고안해내야 한다.

① 동원 기능
② 처방적 기능
③ 합리적 기능
④ 진단적 기능

26 다음 중 개인행동 수준의 리더십 개발 훈련기법에 속하지 <u>않는</u> 것은?

① 역할 연기
② 과정 자문법
③ 사례 연구
④ 감수성 훈련

27 조직행동론의 주요 목적에 해당하지 <u>않는</u> 것은?

① 인간행동의 설명
② 인간행동의 예측
③ 인간행동의 통제
④ 인간행동의 계획

28 버나드의 협동체계론에 대한 설명으로 적절하지 <u>않은</u> 것은?

① 조직의 사회적·심리적 측면보다 경영적·기술적 측면을 강조하였다.
② 조직은 목적 달성을 위한 인간의 협동적 노력의 결합체라고 정의하였다.
③ 조직에 있어 능률성에 의한 대내적 균형과 유효성에 의한 대외적 균형을 중시하였다.
④ 권한은 명령 주체인 상급자의 지위가 아니라 명령 대상자인 하위직원의 수용의사에 있다고 주장하였다.

29 조직몰입에 대한 설명으로 적절한 것은?

① 직무만족과 같이 객관적인 개념에 해당한다.
② 개인에 대한 조직의 일체감과 몰입의 정도를 의미한다.
③ 조직이 원하는 것과 실제 얻는 것과의 비교로 나타낸다.
④ 정서적 몰입, 지속적 몰입, 규범적 몰입으로 나눌 수 있다.

30 다음 중 직무 스트레스가 비교적 낮은 상황은?

① 심리적 욕구가 높은 경우
② 역동적인 조직에서 일하는 경우
③ 생산적인 조직에서 일하는 경우
④ 일에 대한 개인의 통제가능성이 높은 경우

31 X 이론의 기본전제에 해당하는 것은?

① 인간은 생리적 욕구와 안정 욕구에 의해 동기화된다.
② 인간은 조직의 목표에 관여하게 되면 자기지향을 행한다.
③ 인간은 만족감을 느낄 경우 자발적으로 일하려 한다고 본다.
④ 상위욕구충족을 원하는 인간은 근본적으로 자기를 통제할 수 있다고 본다.

32 신뢰의 발전 단계를 바르게 나열한 것은?

① 동일화의 신뢰 → 지식기반 신뢰 → 타산적 신뢰
② 지식기반 신뢰 → 동일화의 신뢰 → 타산적 신뢰
③ 타산적 신뢰 → 지식기반 신뢰 → 동일화의 신뢰
④ 타산적 신뢰 → 동일화의 신뢰 → 지식기반 신뢰

33 학습이론의 두 가지 형태는 무엇인가?

① 관찰학습과 인지학습
② 개인행동이론과 조직행동이론
③ 고전적 조건화와 조작적 조건화
④ 형태론적 학습과 인지론적 학습

34 다음 내용에서 괄호 안에 들어갈 말로 알맞은 것은?

> (   )은/는 마키아벨리의 군주론에서 유래되었으며, 자신의 목표를 달성하기 위해 타인을 이용하거나 조작하려는 경향과 관련된 성격 특성이다.

① 성취욕구   ② 통제위치

③ 친교욕구   ④ 마키아벨리적 성향

35 승진의 필요성은 있으나 마땅한 담당직책이 없을 경우 사기 저하를 막기 위해 명칭상 형식적으로 이루어지는 승진은 무엇인가?

① 대용 승진

② 역직 승진

③ 직위 승진

④ O.C 승진

36 팀 관리가 어려운 이유에 해당되지 <u>않는</u> 것은?

① 책임보다 권한이 더 크다는 인식이 존재한다.

② 실행을 위한 세부 스킬이 부족해 실제 적용이 어렵다.

③ 새로운 구성원들이 불편하다고 인식하는 경우가 많다.

④ 작업에 방해되는 프로세스를 재설계해야 하는 어려움이 있다.

37 다음 내용에 해당하는 리더십 이론은 무엇인가?

> 리더는 모든 하급자를 똑같이 대하지 않고 어떤 구성원에게는 더 많은 관심과 주의를 주는 반면, 어떤 구성원에게는 그렇지 않게 행동한다. 즉, 집단 내외를 기준으로 '내부인'에게는 많은 자원을 공유하고 관심과 재량권을 주기 때문에 그 구성원이 좋은 성과를 내고 긍정적인 직무태도를 보이지만, '외부인'에게는 관심과 재량권을 주지 않기 때문에 직무에 부정적인 태도를 보인다는 것이다.

① 상황적합이론

② 경로-목표이론

③ 상황적 리더십이론

④ 리더-구성원 교환관계이론

38 다음 중 조직구조의 구성 요소 간 관계에 대한 설명으로 적절하지 <u>않은</u> 것은?

① 수평적 분화는 공식화의 정도를 높인다.

② 수직적 분화는 공식화의 정도를 낮춘다.

③ 복잡성과 집권화는 반비례의 관계에 있다.

④ 공식화가 높고 집권화가 높은 경우는 전문적 조직에 해당한다.

39 다음 중 내부적 차원의 조직문화 유형에 해당하는 것은?

① 안정적 문화

② 생산적 문화

③ 예측적 문화

④ 창조적 문화

40 조직행동 및 문화 변화의 접근 방법 중 권한과 역할이 구성원에게 최대한 주어지는 것은?

① 일방적 접근법

② 공유적 접근법

③ 위임적 접근법

④ 논리적 접근법

정답 및 해설 | 조직행동론

01	02	03	04	05	06	07	08	09	10	11	12	13	14	15
①	①	②	①	③	③	④	③	②	④	②	①	①	④	④

16	17	18	19	20	21	22	23	24	25	26	27	28	29	30
④	③	③	④	②	②	④	①	②	②	②	④	①	④	④

31	32	33	34	35	36	37	38	39	40
①	③	④	④	①	①	④	④	②	③

01 정답 ①

조직은 동일한 목표를 가지고 함께 모여 일하는 인간의 집합체이자 의식적으로 구성한 사회적 체제이다.
① 성장과 변화에 대응하는 동태적 균형을 추구한다.

02 정답 ①

Taylor의 과학적 관리론은 1900~1930년 사이에 지배적인 이론으로 인간을 하나의 생산 직무 단위로 규정하면서 직무 및 종업원에 대한 관리를 강조하였다.
① 과학적 관리론에서는 판매공정이 아닌 생산공정의 표준화를 주 내용으로 하였다.

03 정답 ②

상동효과는 개인차를 무시한 채 소속집단에 대한 고정관념을 토대로 지각함으로써 개인의 행동·성격을 소속집단의 속성으로 범주화시키는 경향으로 일종의 고정관념이나 편견에 의한 대인 평가이다.
① 후광효과는 평가대상의 능력 중 특정 요소가 유난히 뛰어나거나 부족할 때 그 외의 평가 요소에 대해서도 그 특정 요소에 대한 평가의 후광을 받아서 뛰어나게 보이거나 못하게 보이는 경향이다.

③ 대비효과는 특정 평가 대상자에 대한 평가결과가 다른 평가 대상자를 평가하는 데 영향을 주게 되는 것을 말한다.
④ 유사효과는 평가자가 자신의 속성과 유사한 속성을 가진 사람에게 더 후한 평가를 하는 오류이다.

04 정답 ①

점수법은 가장 널리 사용되는 방법 중 하나로 응답자에게 설문문항에 대한 응답을 토대로 직무만족도를 측정하는 것이다. 중요사건법, 외현행동법 등의 측정기법에 비해 비교적 간단하다는 특징이 있다.

05 정답 ③

③ 극복 및 회피는 개인적 차원에서의 직무 스트레스 관리방안이다.

06 정답 ③

③ 동기부여는 조직 구성원들이 적극적·능동적으로 업무를 수행하게 함으로써 자아실현 기회를 부여한다.

07 **정답** ④

④ X 이론에 입각한 관리전략에 대한 설명이다.

08 **정답** ③

브룸의 기대이론은 개인이 어떤 행동을 하려 할 때 그 행동에서 자신이 어떤 결과를 획득할 수 있는지를 기대로서 평가하고 이에 맞춰 행동의 실행여부를 결정하게 된다는 것이다.

③ 행동으로부터 얻어지는 결과의 내용구성이 복잡해서 검증 자체가 어렵다.

09 **정답** ②

조직공정성은 분배적(Distributive) 공정성, 절차적(Procedural) 공정성, 관계적(Interactional) 공정성의 3가지 측면으로 구분된다.

10 **정답** ④

④ 강화관리 원칙을 수립할 때 강화의 크기는 적정성을 유지해야 한다.

11 **정답** ②

② 가시성의 원칙은 성과와 보상 간의 관련성이 가시적으로 보여야 한다는 것을 말한다.

12 **정답** ①

① 개인 임파워먼트 실행의 1단계에서는 조직에서 개인의 무력감 유발 요소를 파악한다.

13 **정답** ①

윤리는 행위의 옳고 그름과 선악을 구분하는 원칙인 동시에 행동의 기준이 되는 가치체계이자 인간이 지켜야 할 도덕적 행동규범이다.

② 신뢰는 개인·집단·조직 등 다양한 개체 간의 관계에서 발생하는 사회적 현상으로서 사회적 관계 속에서 형성되는 상대에 대한 호혜적 믿음이다.

③ 학습이란 조직행동론에서 개인행위의 설명변수 중 하나이다.

④ 정의란 사회 구성 및 유지를 위해 사회 구성원들이 공정하고 올바른 상태를 추구해야 한다는 것이다.

14 **정답** ④

트레비노(Trevino)의 경영자 윤리의 3가지 영향 요인으로는 자아 강도, 직무 종속성, 통제의 위치가 있다.

15 **정답** ④

직접적 신뢰형성 요인은 능력, 배려, 일관성, 개방성 등이 있다.

④ 당사자 간 사회적 유사성은 기업조직에서의 간접적인 신뢰형성 요인에 속한다.

16 **정답** ④

학습조직의 특징

• 창의성 : 새로운 아이디어를 흡수·재창출

• 지식 공유 : 새로운 지식과 아이디어를 조직내에서 폭넓게 공유

• 실천을 통한 학습 : 새로운 지식의 실질적·적극적인 적용 및 활용

17 **정답** ③

업무적 의사결정은 전략적·관리적 의사결정을 보다 구체화하기 위한 것으로 기업자원의 전환과정에 있어서의 효율을 최대화하기 위한 의사결정이다.

① 관리적 의사결정은 기업의 내부 문제에 관한 전술적 의사결정으로 전략적 의사결정을 구체화하기 위한 것이다.

② 전략적 의사결정은 조직의 목표달성을 위한 상위목표의 결정으로서 최고관리층들이 주로 많이 하는 거시적·추상적·포괄적인 내용을 포함하는 것이다.

④ 전술적 의사결정은 전략적 결정을 실제 실천으로 실행하기 위한 수단적·기술적 결정이다.

18 **정답** ③

③ 집단은 자신들의 선택안이 갖는 문제점들을 무시하고 문제 발생 시 적절한 대처방안을 모색하지 못한다.

19 **정답** ④

자아는 의식이며 성격의 현실 지향적인 부분이다.

① 초자아는 양심으로 간주되며 성격에 윤리적·도덕적 차원을 추가한다.

② 쉐도우는 사회에서 규제받거나 금지되는 본능적인 욕구, 잔인성, 부도덕함이다.

③ 페르조나는 자기가 속해있는 사회가 인정하는 도덕적·규범적 얼굴이다.

20 **정답** ②

권력욕구는 다른 사람에 대해 통제력을 행사하거나 영향을 미치려는 욕구이다.

① 친교욕구는 다른 사람과 유쾌한 감정관계를 확립·유지·회복하려는 욕구이다.

③ 성취욕구는 강력한 목표지향적 욕구 및 직무를 수행하려는 강박관념이다.

④ 존경욕구는 집단 내에서 어떤 지위를 확보하려는 욕구이다.

21 **정답** ②

경력관리란 종업원 개개인의 직무 경력이나 교육훈련 경력 또는 능력·적성 데이터 등의 관리를 통해 조직의 목표와 구성원 개개인의 목표가 조화되도록 하는 것을 말한다.

① 경력계획은 경력목표에 이르는 경력경로를 선택하는 의사결정 과정이다.

③ 경력개발은 구성원 개개인이 경력목표를 설정하고 달성하기 위한 경력계획을 수립한 후 기업 조직의 요구와 개인의 요구가 합치될 수 있도록 각 개인의 경력을 개발하고 지원해주는 활동이다.

④ 경력목표는 구성원 개개인이 경력상 도달하고 싶은 미래의 직위를 의미한다.

22 **정답** ④

정기순환은 조직에서 전사적 차원으로 이루어지는 직무순환 방법이다.

23 **정답** ①

로쉬의 교육훈련 평가 기준으로는 생산량, 단위 생산 소요시간, 훈련 실시 기간, 불량 및 파손, 자재 소모, 품질, 사기, 결근, 퇴직, 재해율, 일반관리 및 관리자부담 등이 있다.

① 통제그룹은 요더의 훈련 평가 기준이다.

24 **정답** ②

팀제 조직은 업무 중심으로 능력과 적성에 따라 탄력적으로 인재를 팀에 소속시킨 조직인데 구성원의 이질성과 다양성이 결합되어 자율적인 운영을 추구한다.

② 계급제적 성격이 강한 사회에서는 성공하기 어렵다.

25 **정답** ②

리더십은 리더가 권력과 영향력을 발휘하는 것으로서 제시된 내용에서 말하는 리더십의 역할은 처방적 기능에 해당한다.

① 동원 기능이란 리더는 그들이 주도하는 집단에 대한 상황규정과 그들이 처방한 행동계획에 대하여 집단의 전폭적이고 유력한 지지를 획득해야 한다는 것이다.

④ 진단적 기능이란 리더는 집단을 위하여 상황을 파악·규정·진단해야 한다는 것이다.

26 **정답** ②

② 과정 자문법은 집단행동 수준의 리더십 개발 훈련기법에 속한다.

27 **정답** ④

조직행동론의 목적

• 인간행동의 설명 : 개인이나 집단이 왜 그렇게 행동하였는가에 대한 해답을 얻기 위한 것

• 인간행동의 예측 : 어떤 특정한 행동에 의해 어떤 결과가 초래될 것인가를 예측·규명하고자 하는 것

• 인간행동의 통제 : 조직에 바람직한 행동을 강화하고 바람직하지 못한 행동은 최소화하기 위해 조직행동론의 지식을 활용하여 인간행동을 통제하는 것

28 **정답** ①

버나드는 조직의 경영적·기술적 측면보다 사회적·심리적 측면을 강조하였다.

29 **정답** ④

① 조직몰입은 직무만족과 같이 주관적인 개념이다.

② 조직몰입이란 조직 구성원 개개인의 조직에 대한 동일시와 몰입을 의미한다.

③ 조직몰입은 조직에 대해 원하는 것과 실제 얻는 것과의 비교로 나타낸다.

30 **정답** ④

직무 스트레스란 직무관련 요인들로 인해 개인의 심신이 정상적 기능을 이탈하게 되는 것을 의미한다. 대체로 심리적 욕구가 높고, 일에 대한 개인의 통제 가능성이 낮을수록 스트레스는 많이 발생한다. 또한 일하는 조직이 역동적·창의적·혁신적·생산적일수록 개인이 받는 스트레스는 클 수밖에 없다.

31 **정답** ①

②·③·④는 Y 이론(참여적 관리)의 기본전제에 해당한다.

32 **정답** ③

신뢰는 일반적으로 '타산적(계산적) 신뢰 → 지식기반 신뢰 → 동일화의 신뢰' 단계의 과정을 거쳐 발전하는 경향이 강하다.

33 **정답** ④

학습이론에는 학습을 자극과 반응의 연상으로 파악하는 '형태론적 학습'과 자극과 반응을 연결시키는 데 있어 사고과정을 포함시키는 '인지론적 학습'이 있다.

34 정답 ④

① 성취욕구 : 강력한 목표 지향적 욕구 및 직무를 수행하려는 강박관념이다.

② 통제위치 : 한 사람이 개인의 삶을 통해 얻은 결과에 대해 자기 자신의 행동이 얼마나 영향을 줄 수 있을 것이라 믿고 있는지를 측정하는 개념이다.

③ 친교욕구 : 다른 사람과 유쾌한 감정관계를 확립·유지·회복하려는 욕구이다.

35 정답 ①

② 역직 승진 : 기업이 조직의 특성에 맞게 정해둔 라인 직위계열(사원 → 대리 → 과장 → 차장 → 부장 → 이사 등)에 따라 승진시키는 것

③ 직위 승진 : 직무분석·평가에 의해 마련한 직위관리 체계에 따라 해당 직무 자격조건에 적합한 자를 선발하여 승진시키는 것

④ O.C 승진 : 승진 대상자에 비해 해당직위가 부족한 경우 기업 조직의 변화를 통해 직위계층을 늘려 구성원에게 승진의 기회를 부여하는 것

36 정답 ①

팀 관리의 실제 적용이 어려운 이유는 권한보다 책임이 크다는 인식이 있기 때문이다.

37 정답 ④

① 상황적합이론 : 피들러는 높은 직무성과를 성취하기 위한 리더십의 유효성은 리더의 특성과 상황의 호의성에 따라 결정된다고 보았다.

② 경로–목표이론 : 하우스와 미첼은 리더의 핵심 덕목이 구성원들에게 업무목표를 명확히 해주고 목표달성 방법을 제시해 줌으로써 동기를 부여하는 것이라고 보았다.

③ 상황적 리더십이론 : 허시와 블랜차드는 부하의 성숙도를 상황변수로 보고, 이에 따라

효과적인 리더십 행위 스타일이 다를 수 있다고 보았다.

38 정답 ④

공식화가 높고 집권화가 높은 경우는 단순 작업적 조직에 해당한다.

39 정답 ②

숄츠는 조직문화를 '환경적 차원, 내부적 차원, 진화적 차원'의 세 가지 관점에서 제시하고 이에 따라 상이한 조직문화 유형을 제시하였다.

①·③·④는 이 중 진화적 차원의 조직문화 유형에 해당한다.

40 정답 ③

조직행동 및 문화 변화의 접근 방법에는 '일방적 접근법, 공유적 접근법, 위임적 접근법' 세 가지가 있다. 이 중 위임적 접근법은 구성원들이 변화과정에 공동으로 참여하여 자유롭게 변화의 모든 문제에 관여할 수 있으므로 권한과 역할이 구성원에게 최대한 위임되어 있다고 볼 수 있다.

IV. 경영정보론

- 빨리보는 간단한 키워드
- 기출동형 최종모의고사
- 최종모의고사 정답 및 해설

얼마나 많은 사람들이 책 한 권을 읽음으로써 인생에 새로운 전기를 맞이했던가.

– 헨리 데이비드 소로 –

빨리보는 간단한 키워드

제1장 | 경영정보시스템의 소개

제1절 정보의 개념

1 정보의 개념

(1) 정보

① 어떠한 사물이나 상태 등을 의미 있는 형태로 설명하고 불확실성을 감소시키고, 수신자가 의사결정, 선택의 목적에 효과적으로 사용될 수 있도록 하는 데이터 집합

② 사람이 판단하고 이에 따른 의사결정을 내리고, 행동으로 옮길 때 해당 방향을 정할 수 있도록 해주는 역할

③ 개인 또는 조직이 효과적인 의사결정을 하는 데 의미가 있으며 유용한 형태로 처리된 자료

(2) 자료

① 어떠한 현상이 일어난 사건·사실 등을 있는 그대로 기록한 것

② 주로 기호·숫자·음성·문자·그림·비디오 등의 형태로 표현

　　⊙ 1차 자료 : 조사자가 현재 수행 중인 조사목적을 달성하기 위해 조사자가 직접 수집한 자료

　　ⓒ 2차 자료 : 현재의 조사목적에 맞게 활용하기 위해 수집한 기존의 모든 자료

(3) 지식

① 정보가 누적되고 체계화됨으로써 더 넓은 시간과 내용의 관계를 나타내는 것

② 데이터 및 정보에 비해 좀 더 상위수준의 개념이며 데이터와 정보를 처리하는 방법 또는 어떠한 근거에 의한 판단을 내리는 데 필요한 분석과 판단에 관한 법칙을 포함하는 개념

2 정보의 특성

(1) 정확성(Accuracy) : 정확성을 갖춘 정보는 실수 및 오류가 개입되지 않은 정보이며, 정보는 데이터의 의미를 명확히 하고, 편견의 개입이나 왜곡 없이 정확하게 전달해야 함

(2) 완전성(Completion) : 중요한 정보가 충분히 내포되어 있을 때 비로소 완전한 정보라 할 수 있음

(3) 경제성(Economical) : 필요한 정보를 산출하기 위해서는 경제성이 있어야 함

(4) 신뢰성(Reliability) : 신뢰할 수 있는 정보는 그 원천자료 및 수집방법과 관련이 있음

(5) 관련성(Relevancy) : 양질의 정보를 취사선택하는 최적의 기준은 관련성이므로 관련성 있는 정보는 의사결정자에게 매우 중요함

(6) 단순성(Simplicity) : 정보는 단순해야 하고 지나치게 복잡해서는 안 되며, 지나치게 정교하거나 자세한 내용은 경우에 따라 의사결정자에게 불필요할 수도 있음

(7) 적시성(Timeliness) : 양질의 정보라도 필요한 시간대에 사용자에게 전달되지 않으면 가치를 상실함

(8) 입증가능성(Verifiability) : 정보는 입증 가능해야 함

(9) 통합성(Combination) : 개별적인 정보는 많은 관련 정보들과 통합됨으로써 재생산되는 등의 상승효과를 가져옴

(10) 적절성(Felicity) : 정보는 적절하게 사용되어야 유용한 정보로서의 가치를 가짐

(11) 누적가치성 : 정보는 생산·축적될수록 가치가 커짐

(12) 매체의존성 : 정보가 전달되기 위해서는 어떤 전달매체(신문·방송·컴퓨터)가 필요함

(13) 결과지향성 : 정보는 결과를 지향함

(14) 형태성 : 의사결정자의 요구에 정보가 얼마나 부합하는 형태로 제공되는지에 대한 정도를 의미함

3 정보의 가치 및 중요성

(1) 정보의 가치는 시간의 흐름에 따라 상대적 또는 절대적으로 변화할 수 있음

(2) 정보를 바탕으로 한 삶을 살아갈 수 있는 기반이 구축되었기 때문에 정보의 중요성이 더해지고 있음

4 정보의 유형

(1) 자연적인 정보

① 내적인 정보

㉠ 생체적인 정보 : 소화계·신경계 등 생물체의 활동과정에서 발생, 전달되는 정보

       ⓒ 유전적인 정보 : 혈액형, 유전자 등

       ⓒ 직감적인 정보 : 생물체가 느끼는 각종 영감 및 육감

       ⓔ 본능적인 정보 : 반사신경 및 운동신경 등

   ② **외적인 정보** : 날씨 및 기후 등의 상황에 따른 정보

(2) 인공적인 정보

   ① **기록정보** : 기록의 형태로 되어 전달되는 정보

   ② **행위정보** : 몸짓 및 손짓 등의 비언어적으로 전달되는 정보

   ③ **구술정보** : 강의 및 강연 등 입을 통해서 전달되는 정보

   ④ **기기적인 정보** : 기구 및 기계의 도움으로 전달되는 정보

5 정보관리의 필요성

(1) 산업화 이후 대량생산체제로의 전환으로 인해 여러 회사 간의 치열한 경쟁이 심화됨으로써 정보는 중점적으로 다루어져야 하는 자원으로 인식됨

(2) 기업 내의 정보자원 관리가 중요해짐에 따라 정보시스템의 구축은 제조·생산에서 제품의 소비 및 유통과 서비스의 제공까지 포함함

제2절 정보와 시스템

1 시스템의 개념 및 정의

(1) 조직·체계·제도 등 요소들의 집합 또는 요소와 요소 간의 유기적인 집합

(2) 지정된 정보처리 기능을 수행하기 위해 조직화되고 규칙적으로 상호 작용하는 방법과 절차와 함께 경우에 따라 인간(사용자)도 포함된 구성요소의 집합

(3) 시스템의 특징

   ① 개개요소가 아닌 하나의 전체로 인지되어야 함

   ② 상승효과를 동반함

   ③ 계층적 구조의 성격을 지님

   ④ 통제되어야 함

   ⑤ 투입물을 입력받아서 처리과정을 거친 후에 그로 인한 출력물을 밖으로 내보냄

2 시스템의 구성요소

(1) **입력(Input)** : 기계적 또는 전기적인 에너지를 발생하거나 변환하는 기계에 어떠한 시간 내에 들어온 에너지의 양이나 정보·신호 등

(2) **처리(Process)** : 일정한 결과를 얻기 위해 진행 중인 과정

(3) **출력(Output)** : 일정한 입력이 기계적으로 처리되어 정보로서 나타나는 일, 또는 처리되어 나타난 정보

3 시스템의 종류

(1) **유형에 따른 분류**
① **사람의 개입에 따른 시스템 유형**
㉠ 인위적인 시스템 : 어느 특정한 목적을 이루기 위해 사람들에 의해서 만들어진 시스템
㉡ 자연적인 시스템 : 사람들의 어떠한 개입이 없이 자체적으로 존재하는 시스템
② **상호작용에 따른 시스템 유형**
㉠ 개방적 시스템 : 입력 및 출력을 통해 환경과 서로 상호작용하는 시스템
㉡ 폐쇄적 시스템 : 에너지·정보 또는 물적 자원을 외부 환경과는 상호작용이 없이 스스로 운영하는 시스템
③ **확실성에 따른 시스템 유형**
㉠ 확률적 시스템 : 시스템 구성요소의 상호관계를 파악함에 있어 확률적으로만 알 수가 있는 경우에 일정 정도의 에러 또는 오류 등을 반영해서 이를 확률로 설명하는 시스템
㉡ 확정적 시스템 : 시스템 구성요소의 상호관계의 명확한 예측이 가능한 불확실성이 없는 시스템

(2) **목적에 따른 시스템의 구분**
① **정보시스템(Information System)** : 개인 또는 집단에게 효과적인 정보를 제공하는 시스템으로, 주로 사람·사물·장소에 대한 정보를 지니고 있으며, 자료를 효과적으로 처리해서 의사결정에 유용한 정보를 얻을 수 있음
② **경영시스템(Management System)** : 기업의 경영과정에서 발생하는 상호작용의 관계에 있는 각 기능으로 이루어진 하나의 체계를 말하며, 환경에서 물자·자금·정보·인력을 입력해서 이를 출력으로 전환하는 과정
③ **제조시스템(Manufacturing System)** : 자원을 가지고 제품화되기까지의 과정을 설계 및 관리하는 시스템
④ **서비스시스템(Service System)** : 판매를 목적으로 제공하거나 제품의 판매와 연동해서 제공되는 일련의 활동들을 관리하는 시스템

4 정보시스템

(1) 개인 또는 집단에게 효과적인 정보를 제공하는 시스템으로, 이에는 주로 사람·사물·장소에 대한 정보가 속함

(2) 운영지원시스템

기업의 내·외부적으로 관리를 하기 위해 여러 가지의 정보를 생산하는 시스템(예 처리제어시스템, 기업협력시스템, 거래처리시스템)

(3) 관리지원시스템

기업의 경영자가 효율적인 의사결정이 가능하도록 정보를 제공 및 지원하는 시스템(예 관리정보시스템, 의사결정지원시스템, 중역정보시스템)

(4) 기타의 경영정보시스템

① **전략정보시스템** : 자사의 제품, 서비스 및 비즈니스 처리과정에서 정보기술 등이 타사에 비해 전략적 우위를 취할 수 있도록 도움을 제공하는 시스템
② **지식경영시스템** : 전사적 차원에서 구성원과 관리자에게 사업 지식에 대한 생성, 조직 및 정보의 유포 등을 지원하기 위한 지식 기반의 정보시스템
③ **전문가시스템** : 능력진단과 같은 운영업무를 위해 전문가의 조언을 제공하거나 관리적인 의사결정을 위한 전문가의 조언을 제공하는 시스템

제3절 경영과 정보시스템

1 기업경영을 위한 정보시스템

(1) 기업 경영에서 의사결정의 유효성을 높이기 위하여, 경영 내·외부의 관련된 정보들을 필요에 따라서 적시에 대량으로 수집·전달·처리·저장 및 활용할 수 있도록 구성된 인간(사용자)과 컴퓨터(기계) 간의 결합시스템

(2) 축적된 DB를 기반으로 의사결정모형을 활용해서 조직의 의사결정업무를 수행하고, 경영자에게 의사결정에 도움을 줄 수 있는 대안을 제시

2 경영정보시스템의 종류

(1) 정보보고시스템(IRS ; Information Reporting System)

① 관리활동에 필요한 정보를 제공해주는 시스템

② 기업의 경우 거래자료처리시스템을 통해서 기업 활동에 대한 기초적인 자료를 확보하며, 이러한 자료를 사용하고자 하는 새로운 시도로 정보보고시스템이 등장하게 되었음

③ **일반적인 특성**

　　㉠ 자료의 통합저장

　　㉡ 관리정보의 제공

　　㉢ 사용자의 개발참여

　　㉣ 요약된 정보의 제공

(2) 경영지원시스템(MSS ; Management Support System)

① 관리자에게 보고서를 제공하거나 기업이 보유하고 있는 과거 자료 및 현 상태에 대한 온라인 정보를 제공하는 시스템

② 주로 생산·재무·마케팅 등의 기능적 활동을 수행하는 중간 관리자의 계획·통제활동 및 그와 관련된 의사결정을 도와주는 시스템으로서 공통 DB에 연결됨

(3) 전략정보시스템(SIS ; Strategic Information System)

① 의사결정과정에서 정보기술을 조직의 전략수행이나 경쟁우위 확보를 위해 활용하고자 하는 정보시스템

② 사업차원의 경우에는 가치사슬 분석을 통해 전략적 영향을 가지는 활동에 주목해서 정보시스템에 투자함

③ 기업차원의 경우에는 정보시스템을 보다 고차원의 효율화 및 서비스 향상에 활용함

④ 업계차원의 경우에는 네트워크 경제의 개념을 활용해서 업종 내, 업종 간의 협조를 촉진해서 업계 전체의 유효성을 높임

(4) 거래처리시스템(TPS ; Transaction Processing System / Transaction Processing Reporting System)

① 컴퓨터를 활용해서 업무처리 및 거래 등을 자동화하기 위해 개발된 것으로, 기업의 경영활동에 있어 상당 부분 단순작업을 자동화하여 업무수행에 있어 효율적으로 처리하도록 함

② 기업 조직의 부서에서 서로 다른 시스템이 존재하면서 각 정보시스템 간의 효율적인 정보교환이 어려워짐과 동시에 중복 투자되는 등의 문제가 발생

3 경영활동과 정보시스템

(1) 업무운영에 대한 지원, 의사결정의 지원, 전략적인 경쟁우위 확보에 대한 지원을 통해서 기업에 대한
가치를 창출하기 위해 사용

(2) 정보시스템에 대한 활용을 타사에 비해 전략적 우위를 점하기 위해 사용

(3) 기업의 관리자가 더 나은 의사결정을 하도록 하며, 동시에 전략적인 경쟁우위를 점하기 위한 수단으로
서의 지원을 하는 것이 정보시스템

제2장   경영정보시스템의 구조

제1절 경영계층별 정보시스템의 구조

1 거래처리시스템(TPS ; Transaction Processing System)

(1) 거래처리시스템의 개념
① 기업 조직에서 일상적이면서 반복적으로 수행되는 거래를 쉽게 기록·처리하는 정보시스템으로서
기업 활동의 가장 기본적인 역할을 지원
② 컴퓨터를 활용해서 제품의 판매 및 구매와 예금의 입·출금, 급여계산, 물품선적, 항공예약과 같은
가장 일상적이면서 반복적인 기본적 업무를 처리해서 DB에 필요한 정보를 제공해 주는 역할
③ 온라인 처리방식(On-line Processing) 또는 일괄처리방식(Batch Processing)으로 거래데이터를
처리

(2) 거래처리시스템의 목적
다량의 데이터를 신속하고도 정확하게 처리하는 것

(3) 거래처리시스템의 특징
① 반복되는 일상적인 거래의 처리
② 타 유형의 정보시스템을 위한 데이터 제공
③ 다량의 자세한 데이터를 정형화된 형식에 따라 처리
④ 데이터의 정확성 및 현재성을 유지하기 위해 지속적인 갱신 요구

2 운영통제시스템

(1) 운영통제시스템의 개념

① 기업 조직의 하부에서 이루어지는 각종 거래처리 업무가 효율적으로 운용될 수 있도록 이를 통제하는 활동을 함

② 이루어지는 대부분의 업무가 정형화되어 있음

(2) 운영통제시스템의 특징

① 업무와 관련된 의사결정의 지원을 목적으로 하며, 지원대상은 대부분이 하위관리층임

② 거래 처리에 있어 관련된 데이터의 구성은 데이터베이스임

③ 대부분 기업 내부의 데이터를 사용함

3 관리통제시스템

(1) 관리통제시스템의 개념

① 부서원 업무수행규칙의 결정, 조직 내 각각의 부서 또는 사업부 단위 수준에서의 성과측정 및 통제 등을 지원함

② 자료를 실제적인 성과와 비교해서 나타나는 문제점을 발견하고 분석하여 문제를 해결하는 데 도움이 되어야 함

(2) 관리통제시스템의 특징

주로 중간관리층의 의사결정을 지원하며, 기업의 내·외부 데이터를 사용함

4 전략계획시스템

(1) 전략계획시스템의 개념

기업 조직의 목표수립, 장기적 전략을 수립하는 활동을 전반적으로 지원하는 정보시스템

(2) 전략계획시스템의 특징

① 내부 및 외부 데이터가 다양하게 활용됨

② 의사결정을 지원하는 부문은 최고경영층임

(3) 전략계획시스템의 주요 요소

기업 조직의 내부능력 평가, 경영자들의 기업 경영활동에 대한 조회, 조직이 지니고 있는 자원 요약 및 보고, 환경변화에 대한 예측 모형

제2절 경영기능별 정보시스템의 구조

1 생산정보시스템

(1) 생산기능을 구성하는 생산기획·작업관리·공정의 운영 및 통제·생산실적 관리 등과 연관된 활동을 지원하는 정보시스템

(2) 경영정보시스템의 하위이며, 투입된 자원으로 제품 및 서비스를 생산하는 데 있어 이에 필요한 각종 데이터들을 투입하고 가공해서 생산관리자에게 적절한 정보를 주는 시스템

① CIM(Computer Integrated Manufacturing)
  ㉠ 컴퓨터 통합생산시스템으로서, 제품의 제조, 개발 및 판매로 이루어지는 일련의 정보흐름 과정을 정보시스템으로 통합한 종합적인 생산관리시스템
  ㉡ 제품의 설계로부터 제품이 소비자에게 전달되기까지 제조 기업에서의 모든 기업 활동을 기획 및 관리하고 통제하는 시스템
  ㉢ 구축(절차) : 주요 성공요인에 대한 분석 → 기존의 시스템 현상 및 추후 시스템의 요구사항에 대한 조사·분석 → CIM 아키텍처의 설정 및 범위, 우선순위에 대한 결정 → 프로젝트의 범위, 우선순위, 조직 및 계획의 작성 → 프로젝트의 수행 → 사후 평가 프로젝트의 수행

② CAM(Computer Aided Manufacturing)
  컴퓨터 활용생산시스템으로서, 컴퓨터시스템을 활용해서 제품에 대한 생산의 기획·관리 및 통제를 하는 시스템

③ CAD(Computer Aided Design)
  컴퓨터 지원설계의 약자로서, 컴퓨터에 저장되어 있는 설계정보를 그래픽 디스플레이 장치로 추출해서 화면을 보면서 설계하는 시스템

④ MRP(Material Requirement Planning)
  ㉠ 자재소요계획이라고 하며, 이는 컴퓨터를 활용해서 최종적인 제품의 생산계획에 의해 필요한 부품 소요량의 흐름을 종합적으로 관리하는 생산관리시스템
  ㉡ 주 생산일정계획에 의해 완제품의 조립에 필요한 자재 및 부품의 주문량, 주문시점 등에 관한 정보를 얻기 위해 총 소요량과 실 소요량을 결정하기 위함
  ㉢ 기능 : 우선순위의 관리기능 – 재고관리의 기능 – 생산능력의 관리기능

⑤ CAPP(Computer Aided Processing Planning)
  용량계획 및 자재 소요계획과 같은 공정기획업무 등을 지원하는 정보시스템

2 마케팅 정보시스템

(1) 마케팅 활동을 수행하는 과정에 필요한 정보의 흐름을 통합하는 기능을 가진 시스템

(2) 마케팅 의사결정자에게 필요한 정보를 수집 및 분석해서 이를 적시에 제공하는 시스템

(3) 마케팅의사결정에 있어서 도움을 주는 정보를 용이하게 유통시키기 위하여 설치된 자료·모델·시스템의 복합체

(4) 마케팅 믹스(4P's)와 연관된 의사결정이 효과적으로 이루어질 수 있도록 지원

① **내부정보시스템** : 마케팅·영업·생산·회계 부서로부터 제공하는 보고서들은 마케팅 의사결정자에게 가치 있는 정보가 됨

② **고객정보시스템** : 고객들에 대한 라이프스타일, 고객들에 대한 인구 통계적 특성, 고객들이 추구하는 혜택 및 고객들의 구매행동 등에 대한 정보를 포함함. 고객의 정보를 활용해서 그들의 행동을 파악하고, 고객들이 원하는 혜택을 파악해서 제공하며, 고객과의 관계를 구축하려는 노력을 기울이는데 이를 CRM(Customer Relationship Management, 고객관계관리)이라고 함

③ **마케팅 인텔리전스 시스템** : 기업 조직을 둘러싸고 있는 마케팅 환경 하에서 일어나는 각종 일상적인 정보를 수집하기 위해서 기업이 활용하는 절차 및 정보원의 집합

④ **마케팅 조사시스템** : 기업 조직이 당면한 마케팅 문제의 해결에 있어 직접적으로 연관된 1차 자료를 얻기 위해 도입한 것

⑤ **마케팅 의사결정지원시스템** : 마케팅 환경 하에서 수집된 정보들을 취합하여 해석하고 마케팅 의사결정의 결과를 예측하기 위해서 활용하는 관련자료·분석도구·지원 S/W 및 H/W를 통합한 것

3 인사정보시스템

(1) 기업 조직에서 경영자가 인사관리 및 관련된 업무의 처리 또는 의사결정 시에 유용한 정보를 제공할 수 있도록 설계된 시스템

(2) 인사정보시스템의 활용

① 정보검색시스템(Information Retrieval)

② 인사 시뮬레이션(Simulation)

③ 인사정보 데이터베이스(Data Base)

(3) 인사정보시스템의 구축효과

① 인사업무의 질적인 변화

② 기업문화 및 조직 관리의 변화

③ 인사담당 관리자 역할의 변화

④ 타 업무와 연계 및 경영층의 의사결정에 있어 필요한 정보의 제공

4 재무 및 회계정보시스템

(1) 재무정보시스템(Financial Information System) : 재무 관리자들이 기업 조직의 자금조달과 기업내부에서의 재무자원 할당 및 관리 등과 연관된 의사결정을 행할 시에 활용 가능한 시스템

(2) 재무정보시스템의 하위시스템은 재무계획시스템, 자본예산수립시스템, 현금·유가증권관리시스템으로 구성되어 있음

① **재무계획시스템** : 기업 조직의 현 재무성과와 추후에 기대되는 재무성과 등을 평가하고, 기업 조직의 자금조달 여부를 결정, 평가, 분석하는 시스템

② **자본예산수립시스템** : 재무효과에 대한 평가 및 자본지출의 수익성을 기반으로 예상되는 위험의 확률분석 및 현금흐름의 현재 가치분석

③ **현금·유가증권관리시스템** : 기업 조직 내 현금수령 및 지급 등에 관한 정보 수집

(3) 회계정보시스템(Accounting Information System) : 기업의 재무에 관한 자료를 수집·기록·정리하여 경영자 및 외부의 이용자가 의사결정을 하는 데 유용한 회계정보를 제공하는 시스템

① 외상매입금·외상매출금·임금, 그 외 다른 많은 기능을 가진 종합된 정보를 제공하고 조직 내 자금흐름을 기록하며 대차대조표 및 손익계산서와 같은 주요 재무제표를 작성하여 미래상황을 예측해서 기업의 재무성과를 측정함

② 회계정보시스템은 역사적으로 가장 먼저 기업 경영에 도입된 정보시스템이며, 재무정보시스템과의 연결도 강조됨

ㄱ 급여처리시스템 : 급료계산 및 직원의 은행구좌로의 입금 등과 같은 업무를 처리하는 시스템

ㄴ 외상매출금시스템 : 소비자별 외상매출금 현황 및 신용관리보고서 등과 같은 보고서를 통해서 빠른 대금지급을 촉진하는 시스템

ㄷ 외상매입금시스템 : 결제되지 않은 송장에 대한 지불을 준비하며, 자금관리와 현금운용에 대한 정보를 제공하는 시스템

ㄹ 총 계정원장 시스템 : 데이터를 취합해 매 회기 말에 경영 관리자에게 여러 수익비용에 관련한 보고 자료를 제공하는 시스템

제3장 정보시스템과 컴퓨터 하드웨어 / 소프트웨어

제1절 컴퓨터의 발전과 역사

1 컴퓨터의 유래

(1) 컴퓨터란 "계산하다(Compute)"라는 말에서 유래되어, 전자회로를 이용해서 복잡한 계산 또는 다량의 자료를 자동적으로 신속·정확하게 처리하는 기계를 말함

(2) 베비지(C. Babbage)가 자동으로 계산을 하는 기계를 최초로 고안하였음

2 계산도구의 발달

(1) 기원전 3000년경 고대 메소포타미아인들이 주판을 사용했고, 17세기에 성능이 우수한 기계식 계산도구가 발명되기 시작했음. 1880년대 미국의 통계학자 홀러리스(Herman Hollerith)는 인구 통계국에서 10년마다 실시하는 국세 조사 자료 처리에 천공카드시스템(PCS ; Punched Card System)을 사용했음

(2) 전자식 계산기

① 아타나소프-베리 컴퓨터(ABC ; Atanasoff-Berry Computer)는 1939년 진공관을 활용해 디지털 로직과 메모리를 만들고 천공카드를 활용한 입력을 사용한 전자식 디지털 컴퓨터의 효시임

② ENIAC(Electronic Numerical Integrator and Computer)은 1946년 최초의 대형 전자식 디지털 컴퓨터이며, 18,000여 개의 진공관과 6,000개의 스위치를 조절해서 수행되었고, 프로그램이 바뀔 때마다 전선 연결을 전부 다시 해야 했음

(3) 프로그램 내장 방식

① 존 폰 노이만(John Von Neumann)이 1945년에 발표한 보고서「에드박에 관한 보고서」에는 프로그램을 컴퓨터 내부의 메모리에 저장해 놓고 프로그램 명령어를 순서대로 실행하는 현대의 컴퓨터에서 적용되는 원리가 담겨있음

② 1949년 윌키스(M. Wilkes) 등이 최초의 프로그램 내장 방식 컴퓨터인 에드삭(EDSAC ; Electronic Delay Storage Automatic Calculator), 1950년에는 존 폰 노이만의 개발팀이 에드박(EDVAC ; Electronic Discrete Variable Automatic Computer)을 개발하였음

③ 1951년에는 자기테이프를 보조기억장치로 이용한 상업용 컴퓨터 유니박 – I (UNIVAC – I ; Universal Automatic Computer 1)을 개발하고, 대통령 선거의 결과 예측 등에서 사용되었음

3 컴퓨터 하드웨어의 진화

(1) 컴퓨터 산업의 1세대(1946~1957)

① 본 회로 소자로 진공관(Vacuum Tube)을 사용

② 크기는 매우 크고 많은 열을 발생시켰으며, 진공관은 빈번한 고장을 일으켰음

③ 에니악, 에드삭, 에드박, 유니박 – Ⅰ 등이 과학용 또는 공학적 응용분야에서 활용됨

(2) 컴퓨터 산업의 2세대(1958~1964)

① 기본 회로 소자로 트랜지스터(Transistor)를 사용

② 이전보다 속도가 빠를 뿐만 아니라, 크기도 훨씬 작아졌고 비용도 내려가게 되어 상업용으로 사용하게 되었음

③ 주기억장치로는 페라이트 자기코어 기억소자, 채널 또는 입·출력 프로세서를 사용했으며, 하드웨어도 사용(예 유니박 – Ⅱ, TRADIC 개발, IBM 7090, IBM 7070)

(3) 컴퓨터 산업의 3세대(1964~1971)

① 기본 회로 소자로 실리콘칩 위에 많은 트랜지스터들과 전자회로들을 결합한 집적회로(IC ; Integrated Circuit)를 사용

② 오랜 시간 동안 고장이 없으며, 컴퓨터 내부의 속도를 상당히 높였을 뿐만 아니라 부품을 저가로 대량 생산이 가능하도록 하였음

③ 이 시기부터 코어 메모리 대신 반도체 메모리가 사용되기 시작하였고, 프로세서 설계에 마이크로프로그래밍(Micro Programming) 기법을 사용했으며, 캐시 메모리(Cache Memory), 다중프로그래밍·다중처리·병렬처리 등이 발달하게 되며, 운영체제(OS)가 활용되기 시작하였음

(4) 컴퓨터 산업의 4세대(1972~1989)

① 하나의 칩에 수천 또는 수백만 개의 전자회로 소자를 집적시킨 고밀도 집적회로(LSI ; Large Scale Integrated Circuit)와 초고밀도 집적회로(VLSI ; Very Large Scale Integrated Circuit)를 사용

② 연산처리속도 및 저장 능력의 향상, 입·출력 장치들의 다양화와 고급화 등 컴퓨터의 사용 방법이 크게 변화된 시기

③ 마이크로프로세서의 개발은 개인용 컴퓨터를 대량으로 생산하는 계기가 되었음

④ 개인용 컴퓨터, 지능적 터미널, 데이터통신, 분산 데이터처리 데이터베이스 등의 개념이 확립되며, 운영체제는 가상기억장치를 활용하는 시분할시스템(Time-Sharing System)을 사용하기 시작하였고, 또 다른 특징은 네트워크의 발전임

(5) 컴퓨터 산업의 5세대(1990년대 이후)

사용자 중심의 시대로 자료 처리의 수준을 벗어나 경영정보시스템(MIS ; Management Information System), 의사결정지원시스템(DSS ; Decision Support System), 텔레커뮤니케이션의 활용과 분산처리시스템, 가정정보시스템 그리고 여러 CPU를 결합해 동시에 작업을 실행하는 병렬 컴퓨팅 등의 특징을 지님

제2절 컴퓨터시스템의 구성요소

1 중앙처리장치(CPU ; Central Processing Unit)

(1) 기억장치에서 읽어 온 데이터에 대해서 연산처리 · 비교처리 · 데이터 전송 · 편집 · 변환 · 테스트와 분기 · 연산제어 등의 조작을 수행하고, 데이터 처리 순서를 표시하는 프로그램을 기억장치로부터 인출하여, 여러 가지의 장치를 구동 · 조작함

(2) 중앙처리장치의 구성요소
  ① 연산장치(ALU ; Arithmetic and Logic Unit)
    ㉠ 컴퓨터의 처리가 이루어지는 곳으로 연산에 필요한 데이터를 입력받아 제어장치가 지시하는 순서에 따라 연산을 수행하는 장치
    ㉡ 연산장치는 자료의 비교 · 판단 · 이동 · 숫자를 활용한 산술 · 관계 · 참과 거짓의 논리를 처리하는 논리연산 등을 수행함
  ② 제어장치(CU ; Control Unit)
    데이터 처리시스템에서 하나 이상의 주변장치를 제어하는 기능 단위로서 각 장치에 필요한 지령 신호를 주고, 장치 간의 정보 조작을 제어하는 역할을 수행함

2 보조기억장치

(1) 주기억장치(Main Memory Unit) − 메인메모리
  ① 프로그램이 실행될 시에 보조기억장치로부터 프로그램 및 자료를 이동시켜 실행시킬 수 있는 기억장치
  ② 기억된 내용이 보존되는 롬(ROM)과 전원이 꺼지면 모든 내용이 지워지는 휘발성 메모리 타입의 램(RAM)이 있음

(2) 보조기억장치(Secondary Memory Unit)
  ① 주기억장치에 기억시킬 수 없는 많은 양의 프로그램 및 데이터 등을 필요할 시에 사용하는 장치
  ② 종류
    ㉠ 자기디스크 기억장치(Magnetic Disk Memory) : 디스크의 양면이 자성재료로 피복되어 있는 평탄한 원판으로 되어 있는 기록 장치
    ㉡ 하드 디스크(Hard Disk) : 알루미늄이나 세라믹 등과 같이 강성의 재료로 된 원통에 자기재료를 바른 자기 기억장치
    ㉢ 플로피 디스크(Floppy Disk) : 자성의 물질로 입혀진 얇고 유연한 플로피 디스크 장치에 정보의 저장 수단으로 사용되는 매체로 디스켓 또는 플랙시블 디스크라고도 함
    ㉣ 자기테이프 기억장치 : 정보가 기억 매체상에 순차대로 저장되어, 기억된 정보의 전부를 원하든지 또는 일부를 원하든지 간에 기억된 순서대로 접근이 가능한 보조기억장치를 말하며, 정보를

판독 및 기록하는 데 많은 시간이 소요됨

  ⓐ 광디스크 : 디스크에 반복적으로 쓰고 지우기가 가능한지를 기준으로 RW, ROM, WORM 등으로 나뉨

  ⓑ 플래시 메모리 : USB포트나 자기디스크 인터페이스에 연결하여 자기디스크의 역할을 대신하는 저장 매체

3 입력장치

(1) 컴퓨터시스템에 데이터를 입력하기 위해 사용되는 장치

(2) 마우스, 키보드, 스캐너, 터치스크린, 라이트 펜, PC카메라 등

4 출력장치

(1) 컴퓨터에서 정보를 처리한 후에 해당 결과를 기계로부터 인간이 인지할 수 있는 언어로 변환하는 장치

(2) 모니터, 스피커, 프린터 등

제3절 컴퓨터 소프트웨어

1 소프트웨어의 종류

(1) 소프트웨어는 프로그램과 절차 및 컴퓨터시스템의 운영에 관계하는 루틴(Routine)으로 이루어진 것으로, 컴퓨터 하드웨어에 어떤 과제를 실행하도록 지시하는 일련의 명령을 프로그램 또는 소프트웨어 프로그램이라 부름

(2) 시스템과 관련된 프로그램과 처리 절차에 관련된 문서들을 총칭하고, 일반적으로는 컴파일러·어셈블러·라이브러리·운영체제·응용 소프트웨어 등의 하드웨어 동작을 지시·제어하는 모든 종류의 프로그램을 의미하며, 크게 시스템 소프트웨어와 응용 소프트웨어로 분리됨

(3) 시스템 소프트웨어

 ① **운영체제**(OS ; Operating System)

  컴퓨터를 작동시켜 컴퓨터가 중앙처리장치, 주기억장치, 키보드, 모니터, 입·출력 장치 등 하드웨어 시스템을 인식하고, 응용프로그램을 실행시키며 통신을 할 수 있는 기반을 제공하는 프로그램

② **언어번역기**

   ③ 컴파일러(Compiler) : 고급언어로 쓰인 프로그램을 그와 의미적으로 동등하면서도 컴퓨터에서 즉시 실행이 가능한 형태의 목적 프로그램으로 바꾸어 주는 번역 프로그램

   ⑤ 인터프리터(Interpreter) : 소스 코드를 직접 실행하거나 소스 코드를 효율적인 다른 중간 코드로 변환하고 이를 바로 실행하는 방식

   ⓒ 어셈블러(Assembler) : 어셈블리 언어를 기계어로 번역해주는 시스템 프로그램

   ⓓ 고급언어 : 기계어에 비해서 사람이 일상적으로 쓰는 자연언어에 보다 가까운 컴퓨터 언어

   ⓔ 기계어(Machine Language) : 컴퓨터가 직접 읽어 들일 수 있는 2진 숫자로 이루어진 언어

③ **유틸리티 프로그램**

  업무처리, 과학 계산, 통계 분야의 소프트웨어 등 여러 종류 프로그램을 집합적으로 일컫는 말

(4) 응용 소프트웨어

① 특정 분야의 응용을 목적으로 실제 업무 처리를 위해 제작된 프로그램으로 프로그래머나 회사에서 제품으로 만들어진 프로그램

② 일반 업무지원을 위해 상품화되어 있는 패키지형 소프트웨어와 특정 사용자의 요구에 맞게 주문 제작된 주문형 소프트웨어로 분류할 수 있음

③ 사용자 프로그램은 주문형 소프트웨어라고도 하며, 특정 업무를 수행하는 조직에서 전용으로 사용하기 위해 개발한 소프트웨어로 일반적으로 대형 조직에서 자체적으로 개발하거나 외부에 개발을 의뢰한 프로그램을 의미

④ 응용패키지 프로그램 또는 패키지형 소프트웨어는 여러 사용자 요구에 맞게 개발한 프로그램으로 사용자들이 쉽게 활용하도록 소프트웨어 개발회사에서 제작된 프로그램을 의미

2 프로그래밍 언어의 종류 및 세대별 구분

(1) 프로그래밍 언어는 기계 중심 여부에 따라 저급언어와 고급언어로 구분할 수 있음

① **저급언어**

   ③ 컴퓨터 개발 초기에 사용되었던 프로그래밍 언어로 주로 시스템 프로그래밍에 사용되었으며 기계어, 어셈블리어 등이 해당됨. 어셈블리어와 기계어는 기종마다 표준이 되어 있지 않음

   ⑤ 기계어는 제1세대 언어로 컴퓨터를 효율적으로 활용하는 면에서 상당히 유리하지만, 언어 자체가 복잡하고 어려우며 에러가 많음

   ⓒ 제2세대인 어셈블리어(Assembly Language)는 기계어의 명령들을 알기 쉬운 언어로 표시해서 사용한 것이며, 실행을 하기 위해서는 어셈블러(Assembler)라는 번역 프로그램에 의해서 기계어로 번역되어야 실행이 가능함

   ⓓ 어셈블리어는 프로그램의 수행시간이 빠르며, 주기억장치의 효율적 사용이 가능하지만, 언어의 호환성이 부족하며, 고급언어로 작성하는 경우보다 작성 방법과 읽고, 쓰고, 관리하는 면에서 어려움

② **고급언어**

　㉠ 고급언어로 작성된 프로그램은 컴파일러나 인터프리터에 의해 기계어로 번역되어야 함

　㉡ 일반적으로 고급언어는 절차지향언어(Procedural Language)와 객체지향언어(Object-Oriented Programming Language)로 구분할 수 있으며, 절차지향 여부에 따라 제3세대와 제4세대 언어로 나누기도 함

　㉢ 제3세대 언어
- 일반적으로 절차지향언어를 3세대 언어로 설명하는 경우가 많으며, 프로그래머가 기능 구현을 순서에 맞게 코드화하고 순차적으로 명령이 실행되어 문제를 해결하는 방식
- 순차적으로 실행된다는 점에서 사람의 언어와 유사하다고 할 수 있음
- ⑩ 코볼(Cobol), 포트란(Fortran), 파스칼(Pascal), C, 베이식(Basic) 등
- 일부 3세대 언어는 4세대 언어의 특성을 일부 가지고 있는 경우도 있음

　㉣ 제4세대 언어
- 객체지향언어는 객체·클래스·상속의 개념을 기본으로 가지고 있으며, 절차지향언어와 달리 어떠한 결과를 내기 위해 순서대로 프로그래밍하는 것이 아니라, 데이터와 기능을 포함하는 객체들을 필요한 역할별로 이어가면서 프로그램을 완성함
- 이러한 특성 때문에 일반적으로 객체지향언어를 본격적인 제4세대 언어 또는 비절차형 언어로 설명하며, 대표적인 예로는 C++, Java, C#, Smalltalk, Powerbuilder 등이 있음
- 비절차형 언어 중 하나인 SQL(Structured Query Language)은 프로그래밍 기술을 거의 갖지 못한 경영자와 실무자들이 DB에 저장된 데이터를 액세스할 수 있도록 개발된 언어이며, SQL과 QBE(Query By Example)는 사용자가 질의어를 사용하여 DB에서 정보 검색, 보고서 및 그래픽 생성, 데이터를 처리하기 위한 원시코드를 만들 수 있는 대표적인 DB 관리 언어를 의미

　㉤ 제5세대 언어
- 함수 언어 또는 논리 언어라고 정의하기도 하며, 인공지능 분야에서 다양하게 사용되어 온 LISP는 대표적인 함수 기반의 언어임
- 또 다른 대표적인 논리 언어인 Prolog는 논리적이면서 자연적인 구성으로 이루어진 특성을 가지고 있으며, 다양한 응용 프로그램의 작성이 가능할 수 있는 언어임

(2) 고급언어의 종류별 특성

　① **비주얼 베이직(Visual Basic)** : 마이크로소프트사에서 만든 빠른 프로그래밍을 돕는 RAD(Rapid Application Development) 도구

　② **C언어** : 벨 연구소의 데니스 리치가 1972년에 UNIX 운영체제의 작성을 위한 시스템 프로그래밍 언어로 설계하였으며, 간결하면서도 강력한 프로그램을 작성하기에 적합한 프로그래밍 언어로 구조지향언어라고 할 수 있음

　③ **비주얼 C++(Visual C++)** : C++ 언어를 IDE(Integrated Developed Environment)라고 부르는 통합 개발 환경

　④ **자바(Java)** : 객체지향 프로그래밍 기법을 따르고, 자바의 문법적인 특성은 C언어와 비슷한데 다른 컴파일 언어와 구분되는 가장 큰 특징은 JVM(Java Virtual Machine)을 통해 실행되기 때문에 플랫폼에 독립성을 띠고 있다는 점임

제4장 정보시스템의 계획과 개발

제1절 시스템 개발 수명주기

1 시스템 개발 수명주기(SDLC ; System Development Life Cycle)

(1) 시스템 개발의 방법에는 여러 가지가 있지만 정보시스템의 개발을 위해서 공통적으로 거치는 단계인 SDLC(System Development Life Cycle)를 거침

(2) 보통 시스템 개발 수명주기는 5단계 접근을 활용하고 있으며, 시스템 개발 수명주기에서의 각 단계는 한 개 이상의 전달 가능한 요소를 산출함

(3) 시스템 조사 → 시스템 분석 → 시스템 설계 → 시스템 구현 → 시스템 실행 및 유지보수

2 시스템 개발 수명주기(SDLC)의 특징

(1) 각 단계별로 수행해야 하는 활동들이 존재함

(2) 각 단계별로 필요로 하는 결과물들이 있음

(3) 각 단계별 활동 과정에 참여하는 조직들이 동일함

[SDLC(System Development Life Cycle) 단계]

단계	SDLC 단계	산출물
1단계	시스템 조사(Investigation)	실현가능성 조사(Feasibility Study)
2단계	시스템 분석(Analysis)	기능 요구사항(Functional Requirements)
3단계	시스템 설계(Design)	시스템 명세서(Systems Specifications)
4단계	시스템 구현(Implementation)	작동하는 시스템(Operational System)
5단계	시스템 유지보수(Maintenance)	개선된 시스템(Improved System)

제2절 예비조사

(1) **예비조사** : 잠재적인 사용자 및 최종 사용자의 자원 및 정보의 요구, 비용, 이익, 제안 프로젝트에 있어서의 실현가능성 등을 결정하게 되며, 정보시스템을 개발하는 과정에서 타당성을 검토하는 단계

(2) '데이터 수집 → 정보시스템에 대한 예비명세서 및 개발계획에 따른 보고서 작성 → 승인을 한 경영진에 게로의 제출 → 경영진의 승인 후 시스템 분석의 실행' 단계를 거치며, 관련 법규, 작업의 내용, 기업 구조, 시장과 경쟁력, 업무량 등의 정보를 필요로 함

(3) 기술적・조직적・운영적・경제적 실현가능성의 4가지 영역을 검토함

제3절 요구사항 분석

1 개념

시스템 및 소프트웨어의 요구사항을 정의하기 위해 사용자의 요구사항을 조사하고 이를 확인하는 과정이며, 소프트웨어 개발에 있어 실질적인 첫 단계로서 사용자들의 요구를 정확하게 추출해서 목표를 정하고 어떠한 방식으로 해결할 것인지를 결정하는 과정으로, 소프트웨어 분석가에 의해 요구사항 분석이 수행됨

2 요구사항의 분석작업

(1) **문제에 대한 인식** : 사용자의 요구사항을 찾아내는 과정

(2) **평가 및 종합** : 요구사항에 대한 대안을 종합하는 과정

(3) **모델의 제작** : 자료 및 제어의 흐름, 동작 행위, 기능의 처리, 정보의 내용 등을 이해하기 쉽게 모델의 형태로서 작성하는 과정

(4) **문서화와 검토** : 요구사항 분석에 대한 명세서를 구성하고, S/W의 성능・기능 등에 대해 기술하고 평가 및 검토하는 과정

3 요구사항 분석의 어려움

(1) **요구의 변경** : 수정요구와 상반된 요구들에 대한 수용 기술이 필요

(2) **대화 장벽** : 개발자와 사용자 의사소통을 위해 프로토타입 및 다이어그램 활용

(3) **요구 명세화의 어려움** : 제도적 요구분석 기술이 필요

(4) **시스템의 복잡도** : 시스템의 규모 및 대상으로 난이도 증가할 경우 객체지향 분석 및 구조적 분석 이용

제4절 시스템 설계

1 개요

요구 분석 명세서를 통해 일부 또는 전체를 기존 시스템과 비교되도록 고안해 내는 창조적 활동 단계로, 시스템 설계의 목표는 새로운 형태의 정보시스템을 구성하는 것이라 할 수 있으며, 이 과정의 산출물은 전산화 시스템 명세서와 시스템 개발 지침서임

2 시스템 명세서

(1) 시스템 사용자 인터페이스, DB 구조, 처리 및 통제에 대한 설계를 정형화해 놓은 것

(2) S/W자원, H/W자원, 인적자원, Network 자원을 명세서에 기술

3 사용자 인터페이스 설계

간략하면서도 논리적으로 구성하며, 이 단계에서의 산출물로는 디스플레이 화면, 입력양식, 각종 보고서 등이 있음

4 시스템 설계

(1) 코드 설계

주민등록번호나 학번처럼 어떠한 명칭 또는 개념에 대응되어 사용되는 체계적인 부호 · 약호 · 암호

① 자료를 조합 · 분류하고 집계를 편리하게 할 수 있고, 특정 자료의 선택 및 추출을 쉽게 하기 위해 코드가 필요함

② 어떠한 단위별 수치를 알거나 파일을 체계화하기 위해서도 필요함

③ 표현 방법을 표준화하고 단순화하여 분류 · 조합 및 집계를 용이하게 해주며, 개별적인 정보 구분이 가능해져서 데이터 처리를 코드에 의해서 구분해 줄 수 있음

④ **주의사항** : 컴퓨터 처리에 적합, 쉬운 취급, 공통성, 체계성, 확장성, 간결성 등

⑤ 종류

　　㉠ 순서코드(Sequence Code) : 코드와 대상 항목을 어떤 일정한 배열로 하는 가장 간단한 방법

　　㉡ 블록코드(Block Code) : 코드화의 대상이 되는 것들 중 공통성이 있는 것끼리 임의의 크기를 가지는 블록으로 구분하고 각 블록(구분) 내에서 순서대로 번호를 붙이는 방법

　　㉢ 그룹분류코드(Group Classification Code) : 코드와 대상 항목을 소정의 기준에 따라 대분류, 중분류, 소분류로 구분하고 각 그룹 내에서 순서대로 번호를 붙이는 코드

ⓔ 표의코드(Significant Code) : 코드를 보고 크기나 중량을 가늠할 수 있음

ⓜ 기호코드(Symbol Code) : 명칭과 약호를 조립하여 대상 품목을 연상하기 쉽게 나타내는 코드

(2) 출력 설계

사용자와 경영층에 적합하도록 출력이 설계되어야 함

(3) 입력 설계

데이터의 저장 매체와 입력방법, 데이터의 크기와 입력량, 데이터의 유효성 확인 방법, 거래지향처리 시 필요한 하드웨어 장비 등을 질문해야 함

(4) 파일 및 데이터베이스 설계

보조기억장치에 어떤 데이터(각 항목의 길이, 특성, 사용도, 예상 이용량 등 포함)를 저장할 것인가를 결정해야 함

제5절 시스템 개발

1 개요

(1) 목표는 컴퓨터를 이용한 업무처리 시스템을 완성하는 것

(2) 이 단계는 프로젝트 전체 과정 중 많은 시간이나 인력 등의 비용이 요구되는 단계이며, 세부 프로그램을 작성 및 코딩하고 테스트하여 전산화된 시스템이라는 산출물이 나오게 됨

2 프로그래밍 설명서

시스템 개요, 시스템 흐름도, 데이터 흐름도, 입·출력 및 제작되고 처리되어야 할 파일의 형태, 프로그램에서 사용될 데이터베이스의 형태 및 내용, 자세한 프로그램의 처리과정을 포함함

3 프로그램 개발

(1) 소프트웨어의 유용성 및 프로그래머들의 수준, 데이터의 처리 수행상의 표준화 달성 등을 고려해서 언어를 선택함

(2) 프로그램의 작성은 컴퓨터의 처리를 위한 구체적인 내용의 명시적 표현임

4 프로그램 테스트

(1) 데이터 처리가 정확하게 이루어져서 요구된 출력이 나올 수 있는지 프로그램에 대해 검사하는 작업이 필요함

(2) 이때 프로그래밍 언어 사용에서 오류가 생기면 원시프로그램을 교정해야 함

(3) 교정하고 나면 프로그램을 테스트하며, 테스트는 개별적인 테스트를 하고 이후 전체적인 테스트를 해야 하고, 실행결과뿐 아니라 사용자 편의성 제공도 검사함

5 프로그램의 문서화

새로운 시스템에 대한 내역 및 새로운 시스템에 들인 비용, 새로운 시스템의 장점 등에 대한 최종 보고서를 준비해서 경영자에게 보고함

제6절 시스템 구현

1 직접 교체

기존 시스템의 가동을 지정된 시각에 중지하고, 새로운 시스템을 바로 사용하는 방법으로 많은 위험을 수반하게 됨. 에러가 발생해도 큰 위험이 없는 간단한 시스템에서만 실행하는 것이 좋음

2 병행 교체

새로운 시스템과 예전 시스템을 동시에 활용해서 해당 결과를 서로 비교함

제7절 시스템 유지 및 보수

새로운 시스템이 구축된 후에 해당 시스템을 운영하는 것을 유지·보수라 하며, 현재 운영 중인 시스템의 프로그램을 갱신하거나 확장하는 등의 작업이라 할 수 있음

제5장 | **데이터베이스**

제1절 파일처리의 개념과 문제점

1 자료의 표현

(1) 자료(Data)

사실을 소리·문자·이미지·화상 등의 기호로 표현한 것으로 자료는 가공되지 않은 상태의 것을 의미하며, 정보는 특정 목적을 위해 자료를 가공한 것을 말함

(2) 자료 구성의 단위

① **비트(Bit, Binary Digit)** : 자료표현의 최소 단위
② **니블(Nibble)** : 4개의 비트가 모여서 1개의 니블을 구성
③ **바이트(Byte)** : 문자를 표현하는 최소 단위로, 8비트가 모여 1바이트를 구성
④ **워드(Word)** : 컴퓨터가 한 번에 처리 가능한 명령 단위
　　㉠ 반 워드(Half Word) : 2Byte
　　㉡ 전 워드(Full Word) : 4Byte
　　㉢ 더블워드(Double Word) : 8Byte
⑤ **필드(Field)** : 파일 구성에서의 최소 단위
⑥ **레코드(Record)** : 하나 이상의 관련된 필드가 모여서 구성된 자료의 단위
⑦ **파일(File)** : 프로그램 구성에 있어서의 기본 단위이며, 같은 종류의 여러 레코드가 모여서 구성
⑧ **데이터베이스(Database)** : 여러 개의 관련된 파일의 집합

2 파일처리의 개념

(1) 파일처리(File Processing)

다량의 데이터를 컴퓨터로 기억하고 관리하며, 그중 필요로 하는 데이터를 검색해서 요구하는 방식으로 출력하는 등 다량의 기록을 여러 가지로 처리하는 것

(2) 파일의 분류

① 접근목적에 따라 입력 파일, 출력 파일, 입·출력 파일로 분류
② 수행기능에 따라 작업 파일, 마스터 파일, 보고서 파일, 프로그램 파일, 트랜잭션 파일로 분류

3 파일의 구성

(1) 파일은 데이터 파일과 프로그램 파일로 나뉘며, OS에 따라 카탈로그, 디렉터리 폴더 등에 저장됨

(2) 주기억장치를 더 경제적으로 활용하고 다량의 데이터를 저장할 공간이 필요하기 때문에 파일이 필요함

(3) 조직 방법에 따른 파일의 분류
    ① **파일(File)** : 분류 및 분석, 표준화 과정 등을 거치지 않은 데이터 저장
    ② **직접파일(Direct File)** : 해싱에 의한 주소로 레코드 접근
    ③ **순차파일(Sequential File)** : 레코드 타입의 정의, 같은 구조의 레코드 저장
    ④ **다중 키 파일(Multi-Key File)** : 1개 이상의 인덱스로 구성
    ⑤ **다중 링 파일(Multi-Ring File)** : 관련된 레코드들을 포인터로 연결
    ⑥ **인덱스된 순차파일(Indexed Sequential File)** : 인덱스를 활용해서 레코드 접근

(4) 파일시스템의 기본적 요건
    ① 신뢰성
    ② 보안능력
    ③ 데이터 무결성에 대한 유지능력
    ④ 편리한 자료의 갱신
    ⑤ 빠른 자료의 검색
    ⑥ 저장 공간의 경제성
    ⑦ 현실 세계의 구조표현 능력

4 파일처리방식의 문제점

(1) 자료의 비통합화

(2) 자료 및 프로그램 간의 상호 종속성

(3) 자료에 대한 통제 부족

(4) 자료의 중복성
    ① **일관성** : 데이터 중복의 문제
    ② **보안성** : 중복된 데이터의 보안 유지 문제
    ③ **경제성** : 데이터 중복에 따른 추가 비용
    ④ **무결성** : 데이터의 정확성 유지

제2절 데이터베이스의 개념과 응용

1 데이터베이스의 개념

(1) 데이터베이스는 어느 특정 조직의 응용업무를 처리하는 다수의 응용 시스템들을 사용하기 위해, 서로 관련 있는 데이터들을 효율적으로 관리하기 위해 수집된 데이터들의 집합체

(2) 통합된 데이터(Integrated Data)이자, 저장된 데이터(Stored Data), 운영 데이터(Operational Data) 이면서 공용데이터(Shared Data)

(3) 특징

실시간 접근성, 계속적 변화, 동시 공용, 내용에 의한 참조

2 데이터베이스의 구성요소

(1) 구성요소
① 데이터베이스 관리자(DBA ; Data Base Administrator) : 데이터베이스의 설계 정의, 효과적인 관리 운영 등의 데이터베이스 시스템을 전반적으로 총괄 관리·제어하는 역할
② 응용 프로그래머(Application Programmer) : 데이터베이스 관리자가 정리한 자료들을 토대로 최종사용자들의 요구에 맞는 인터페이스 및 응용 프로그램 등을 개발
③ 최종 사용자(End User) : 관리자 및 프로그래머가 만들어준 것을 기반으로 작업을 사용하는 사람

(2) 데이터 언어
① 데이터 정의어(DDL ; Data Definition Language) : 데이터베이스 관리자 또는 응용 프로그래머가 DB의 논리적 구조를 정의하기 위한 언어
② 데이터 조작어(DML ; Data Manipulation Language) : DB에 저장된 데이터를 조작하기 위해 사용하는 언어
③ 데이터 질의어(DQL ; Data Query Language) : 응용 프로그램의 도움 없이 DB를 빠르고 쉽게 활용이 가능하도록 만든 고급수준의 언어

제3절 데이터베이스의 설계

1 개념

사용자의 요구사항에 대응하는 데이터베이스 논리적·물리적 구조의 개발 과정 단계

2 데이터베이스의 설계

(1) 요구조건 분석

사용자가 원하는 용도를 파악하는 것

(2) 개념적 설계

사용자들의 요구사항을 이해하기 쉽게 개체관계모델을 사용하여 트랜잭션 모델링(처리 중심), 개념 스키마 모델링(데이터 중심)을 병행

(3) 논리적 설계

데이터베이스 관리를 위해 선택한 DBMS의 데이터 모델을 사용하여 논리적 스키마로 변환

(4) 물리적 설계

논리적 DB 구조로부터 효과적이면서 구현이 가능한 물리적 DB 구조를 설계하는 과정

제4절 데이터베이스 관리시스템

1 데이터베이스 관리시스템의 구조

(1) 개념

① 응용 프로그램과 데이터의 중재자로서 모든 응용 프로그램들이 데이터베이스를 공용할 수 있도록 관리해 주는 소프트웨어 시스템
② 데이터베이스 내의 정보를 검색하거나, 데이터베이스에 정보를 저장하기 편리하고 효과적인 환경을 제공하며, 수록한 다량의 자료들을 쉽고 빠르게 추가·수정 및 삭제할 수 있도록 하는 소프트웨어

(2) DBMS의 필수기능

① **정의** : 응용 프로그램과 데이터베이스 간 상호작용의 수단을 제공
② **조작** : 사용자와 데이터베이스 간의 상호작용 수단을 제공
③ **제어** : 데이터베이스의 내용을 항상 정확하게 유지할 수 있도록 관리

(3) DBMS의 장점과 단점

① **장점** : 데이터 중복 최소화, 데이터의 공용성·일관성·무결성의 유지, 데이터 보안의 보장 및 표준화의 유지
② **단점** : 운영비의 과다 발생, 자료처리방법의 복잡화, 예비조치 및 회복기법의 어려움, 공용 사용으로 시스템 취약성 내포

(4) DBMS의 기능

① 빠른 데이터의 검색지원

② 데이터의 독립성 유지

③ 데이터 공유 및 다수 사용자의 동시 실행 제어의 지원

④ 데이터의 빠르고 안전한 저장 및 파손에 따른 회복능력

⑤ 표준적인 질의 언어 사용

⑥ 잘못된 사용자들로부터의 데이터 보안 기능

2 관계형 데이터베이스

(1) 개념

① 정규화를 통한 합리적인 테이블 모델링을 통해 이상(ANOMALY) 현상을 제거하고 데이터 중복을 피할 수 있음

② 동시성 관리, 병행 제어를 통해 많은 사용자들이 동시에 데이터를 공유 및 조작할 수 있는 기능을 제공함

③ 데이터의 성격·속성 또는 표현 방법 등의 체계화가 가능함

④ 관계형 모델은 서로 관련이 있는 개체들을 한 테이블에 저장함

⑤ 대부분의 관계형 DBMS는 구조적 질의 언어인 SQL을 제공함

⑥ 논리적으로 연결된 2차원 관계의 분석형태

(2) 관계형 데이터베이스의 특징

① 각 테이블들은 고유한 이름을 가짐

② 각 행은 일련의 값들 사이의 관계

③ 데이터 조작 언어의 발달 : SQL

④ 중복된 문제에 대한 해결기법의 제공 : 정규형

⑤ 데이터의 독립성 보장 : 개념화 기법의 발달

⑥ 관계형 데이터베이스는 테이블들의 모임으로 구성

3 SQL

① 데이터 정의어 및 데이터 조작어를 포함한 데이터베이스용 질의 언어의 하나

② 단순 질의기능뿐만 아니라 완전한 조작기능 및 데이터 정의기능을 갖추고 있음

③ 장치 독립적이면서 액세스 경로에 대해 어떠한 참조를 하지 않고, 각각의 레코드보다는 레코드의 집합인 테이블을 단위로 연산을 수행함

제6장   의사결정지원시스템

제1절 의사결정지원시스템의 배경

(1) 지식과 정보를 기초로 한 의사결정의 경우에는 그에 따르는 시기적절한 정보를 찾아내는 것이 중요한 일임

(2) 컴퓨터가 기업 등에 도입된 것은 통상적인 데이터의 처리 등을 위해서였지만 시간의 흐름에 따라 데이터 검색 · 요약 · 보고의 기능으로 옮겨지게 되었음

제2절 의사결정지원시스템의 정의

1   의사결정(Decision Making)의 개념

기업의 경영에 있어 기업목적을 효과적으로 달성하기 위해 두 가지 이상의 대체가능한 방법들 중에 한 가지 방향을 조직적 · 과학적 및 효과적으로 결정하는 것

2   의사결정지원시스템

(1) 경영층의 의사결정자의 계산 부담을 덜어주며, 정보를 도식화해서 분석모형 및 그에 따르는 데이터를 제공함으로써 의사결정이 보다 효율적으로 이루어지게 해줌

(2) 기업의 경영에 당면하는 갖가지 문제를 해결하기 위해 여러 개의 대안을 개발하고, 비교 평가함으로써 최적안을 선택하는 의사결정과정을 지원하는 정보시스템

3   의사결정지원시스템의 특성

(1) 대화식의 정보처리

(2) 그래픽 활용 결과 출력

(3) 여러 가지 원천으로부터 데이터를 획득

(4) 환경의 변화를 반영할 수 있도록 유연하게 설계

제3절 의사결정지원시스템의 구성요소

1 의사결정지원시스템의 유형

(1) 의사결정지원시스템의 구성

① **데이터베이스**
  ㉠ 의사결정에 필요한 각종 데이터를 저장 및 관리, 제공
  ㉡ 외부 데이터베이스, 내부 데이터베이스, 경영관리자의 개인 데이터베이스가 있음

② **모델베이스**
  의사결정에 필요한 모델을 개발·수정 및 통제하는 기능을 제공

③ **지식베이스**
  모델과 데이터를 활용하여 사용자의 의사결정을 위한 지식을 생성, 저장, 관리, 제공하는 기능을 담당

④ **사용자 인터페이스**
  그래픽처리 형식 및 메뉴방식을 활용해서 사용자들이 쉽게 이해하고 사용할 수 있는 대화기능을 제공하므로, 대화생성 관리시스템이라고도 함

⑤ **사용자**
  ㉠ 기업 경영의 주된 의사결정을 수행하는 경영관리자들
  ㉡ 가장 적정한 모델을 모델베이스에서 선정하며, 필요로 하는 데이터를 DB로부터 받거나, 또는 직접 입력해서 대안들을 분석하고 평가하며 가장 최적의 대안을 선택

(2) 의사결정지원시스템의 유형

① **모형중심의 의사결정지원시스템** : 결과물을 제시하여 의사결정자에게 대안 제시 또는 계획업무를 돕는 시스템
  ㉠ 모의실험모형 : 시뮬레이션 또는 위험분석모형 등을 통해 현 행동에 대한 미래 결과 예측을 지원하는 시스템
  ㉡ 제안모형 : 내부적으로 결정된 규칙 등에 의해서 필요로 하는 계산을 진행해서 해당 결과를 나타내는 시스템
  ㉢ 통계모형 : 예측목적 및 통계분석에 활용되는 시스템
  ㉣ 최적화모형 : 주어진 제약 하에서 수리모형을 활용해서 특정 문제에 대한 최적의 대안을 산출하는 시스템
  ㉤ 회계모형 : 계획된 수행결과를 회계모델 등을 활용하고 계산함으로써 의사결정자의 의사결정을 지원하는 시스템

② **자료중심의 의사결정지원시스템** : 자료 등의 제공을 통해 사용자들에 대한 의사결정지원을 하는 것으로 이는 DB 및 기업 조직의 외부 및 내부의 파일로부터 필요로 하는 적절한 자료를 찾고 이를 요약해서 지원하는 것
  ㉠ 분석정보시스템 : 의사결정을 하기 위해 계량적인 모형을 통해 DB에서 정보를 얻는 시스템
  ㉡ 자료열람시스템 : 의사결정을 지원하기 위해 DB에 저장되어 있는 자료를 검색하는 시스템

ⓒ 자료분석시스템 : DB에서 검색된 자료를 특정한 업무에 적합한 분석기법을 활용해서 분석하는 시스템

제4절 집단의사결정지원시스템

1 집단의사결정지원시스템(Group Decision Support System)의 개념

(1) 여러 사람들에 의해 결정되는 의사결정을 도와주기 위해 개발된 시스템

(2) 집단의 의사소통 및 의사결정을 보다 효율적으로 지원하기 위해 구축되는 시스템

2 집단의사결정지원시스템의 특징

(1) 간편한 사용

(2) 일반적·특정적 문제 지원

(3) 특수설계

(4) 긍정적인 그룹형태의 지원

(5) 부정적인 그룹형태의 지원

3 집단의사결정지원시스템의 구성요소 및 유형

(1) 집단의사결정지원시스템의 구성요소
   ① 데이터베이스 관리시스템(DBMS)
   ② 사용자 인터페이스
   ③ 모델베이스
   ④ GDSS 소프트웨어(그룹웨어, CSCW)

(2) 집단의사결정지원시스템의 유형

    ① 컴퓨터 회의

    ② 의사결정실

    ③ 원격의사결정실

제5절 중역정보시스템

1 중역정보시스템(Executive Information System)의 배경

(1) 기업 조직에 있어 중요한 의사결정을 하는 최고경영층은 기업 조직의 목표 및 전략, 그에 따르는 계획을 수립하는 등의 조직 활동의 방향을 제시하는 의사결정을 함

(2) 필요로 하는 정보를 적절하게 제공하며 의사결정을 지원하는 시스템의 개념인 중역정보시스템이 나타나게 되었음

2 중역정보시스템의 개념 및 특성

(1) 중역정보시스템의 개념

    ① 기업 조직의 중역들이 조직의 내·외부 정보에 쉽게 접근할 수 있도록 해주는 컴퓨터 기반의 시스템

    ② Frolick은 "최고경영자가 경영의 관리적 계획·감독, 그리고 분석 등을 증진할 수 있도록 정보를 제공하기 위해 설계된 데이터 지향 시스템"이라고 정의

    ③ Turban과 Schaeffer는 "중간매개자의 필요 없이 최고 중역의 필요에 맞도록 구체적으로 설계된 컴퓨터 기반의 시스템"이라고 정의

    ④ Paller와 Laska는 "최고경영자들을 위한 컴퓨터 기반의 정보전달 및 통제시스템"이라고 정의

    ⑤ 기업 조직의 중역 또는 최고경영자들이 조직의 성공적 경영을 위해 필요로 하는 조직 내·외부의 정보를 효율적으로 제공할 수 있는 컴퓨터 기반 정보시스템

    ⑥ 요구되는 사용자 인터페이스, 정보의 질, 정보 기술적 능력 등에서 다른 정보시스템과는 차별화된 특징을 가짐

(2) 중역정보시스템의 특성

    ① 편리한 사용자 인터페이스

    ② 분석적인 모델링의 가능

    ③ 별도의 데이터베이스

    ④ 외부의 데이터베이스와 연결

3 **중역정보시스템의 활용**

경고정보, 상황정보, 요약정보, 주요지표, 외부정보, 가십

제7장 | 인공지능과 전문가시스템

제1절 인공지능의 개념과 응용

1 **인공지능의 개념**

(1) 인간의 추론능력과 학습능력, 지각능력, 자연언어의 이해능력 등을 컴퓨터 프로그램으로 실현한 기술

(2) 컴퓨터가 인간의 지능적인 행동을 모방하고, 인간의 지각 및 뇌의 정보처리 등을 컴퓨터로 응용할 수 있도록 이를 모델화시킨 소프트웨어 시스템

2 **인공지능의 응용분야**

(1) 지식베이스의 구축 및 관리

(2) 지각의 연구(외부환경과 컴퓨터 간의 상호작용을 쉽게 하려는 연구)

(3) 기계학습

(4) 로봇화

(5) 자연어 처리

(6) 논리적 문제 해결과 추론 시스템

제2절 전문가시스템의 개념과 응용

1 전문가시스템(Expert System)의 개념

(1) 전문가의 경험 및 지식을 컴퓨터에 저장시켜 컴퓨터를 통해서 전문가의 능력을 빌릴 수 있도록 만든 시스템

(2) 기존의 컴퓨터시스템이 단순 자료만을 처리하는 데 비해 전문가시스템은 지식을 처리함

(3) 인간이 특정분야에 대해서 가지고 있는 전문적인 지식을 정리하고 표현하여 컴퓨터에 기억시킴으로써 일반인들도 전문지식을 이용할 수 있도록 한 시스템

(4) '지식기반시스템'이라고도 하며, 입력된 지식만큼 더욱 다양한 관점에서 문제에 접근이 가능하고, 또는 불완전한 정보를 가지고도 추론을 통해 의사결정에 있어 필요한 정보를 제공하고, 의사결정을 하기 위한 다양한 논리적 접근 방법 및 가능한 대안을 제시함

(5) 복잡한 현실 또는 해결책에 대한 합의가 이루어지지 못한 분야는 활용이 어렵다는 문제점이 있음

2 전문가시스템의 특성

(1) 전문가시스템의 특성
  ① 연역적인 추론방식
  ② 실용성
  ③ 전문가의 지식으로 이루어진 지식베이스의 사용

(2) 전문가시스템의 장점
  ① 지식을 문서화하기가 쉬움
  ② 인간과는 다르게 영구적인 사용과 일관성의 유지가 가능함
  ③ 일관적 문제풀이의 과정의 유지가 가능함
  ④ 의사결정 및 업무수행의 질을 높임으로써 기업 조직의 경쟁력에 도움을 줄 수 있음
  ⑤ 많은 사용자가 사용할 수 있으며, 대량 복사본을 쉽게 만들 수 있음

(3) 전문가시스템의 단점
  ① 상식적 지식의 활용능력 및 거시적 판단능력이 부족함
  ② 새로운 시스템의 개발 및 사용 시 과다 비용이 소요될 수 있음
  ③ 다양한 형태의 입력을 받아들일 수 없으므로 기호화된 형태로 변환해서 입력해야 함

④ 상황발생 시 경험 및 대처를 기반으로 새로운 지식을 축적할 수 있는 능력이 부족함

⑤ 창조적인 능력의 부족으로 인한 전문적 지식의 습득이 어려움

3 전문가시스템의 주요 구성요소

① **지식베이스** : 추출한 지식을 보관하는 곳

② **추론기관** : 지식베이스에 규칙 및 사실의 형태로 저장되어 있는 지식 및 데이터를 사용해서 추론함으로써 문제의 해결을 위한 결과를 얻어내는 컴퓨터 프로그램

③ **설명기관** : 결과가 어떻게 또는 왜 나타났는지를 설명해 줌

④ **사용자 인터페이스** : 사용자가 시스템과 직접적으로 접하는 부분

⑤ **블랙보드** : 당면한 현재의 문제를 설명하기 위해 따로 분리된 작업메모리 장소

⑥ **하드웨어** : 미니나 대형 등에 연결된 마이크로컴퓨터 및 단말기, 따로 작동하는 마이크로컴퓨터 등이 사용자 워크스테이션으로 활용될 수 있음

⑦ **소프트웨어** : 사용자들과의 인터페이스를 위한 프로그램 및 추론엔진 등 여러 가지가 존재함

⑧ **입력** : 지식 등을 수집해서 주어진 지식표현에 맞게 지식베이스에 입력시키는 활동

4 전문가시스템의 활용

(1) **통상적인 전문가시스템의 활용분야**

① **의사결정의 관리** : 상황의 평가에 대한 대안 찾기 및 추천 등을 행함

② **진단 및 문제점 등의 제거** : 과거 기록 및 보고된 징후로부터 원인을 추측하는 것

③ **유지보수 및 일정의 계획** : 시간이 결정적으로 중요성을 가지는 문제 및 제한된 자원의 할당 문제 등을 지원하는 것

④ **지능 텍스트 및 문서화** : 과거의 정책, 법령, 절차 등에 따른 지식베이스를 구축해서 이를 사용자에게 제공함

⑤ **설계 및 설비 구성** : 주어진 조건하에서 바람직한 설비구성안을 제시함

⑥ **선택 및 분류** : 너무나 많은 대안들이 있을 때, 어떠한 대안을 선택할지 지원함

⑦ **공정감시 및 제어** : 절차 및 공정 제어 및 감시에 관한 것

(2) 전문가시스템은 전통적인 SDLC에 준하여 '문제의 정의 → 시스템의 설계 → 프로토 타입의 개발 → 시스템의 인도 → 구현 및 설치 → 유지·보수'의 과정을 통해 개발됨

제8장   **정보통신**

제1절 컴퓨터통신의 개념

1 컴퓨터통신의 배경

(1) 정보 및 데이터를 통신회선을 사용해서 하나의 컴퓨터에서 다른 컴퓨터로 전송하는 것

(2) 데이터통신이라고도 하며, 전달하고자 하는 내용을 오류가 없이 수신인에게 전달하는 것에서 더 발전하여 내용물의 가공 및 변형도 포함한 유연성 있는 통신

2 컴퓨터통신의 기본개념

(1) 컴퓨터통신의 개념

    ① 컴퓨터에 의한 데이터 전송 기술 및 정보처리 기술이 통합된 형태

    ② 원격지의 컴퓨터 상호 간의 전기 통신 매체를 통해서 데이터를 송·수신함

    ③ 일반인들을 위해 통신 서비스 회사가 통신망을 설치해서 가입한 사람들에게 여러 가지의 정보서비스를 제공하는 형태를 취하는 것이 일반적임

    ④ 인터넷을 통해 정보가 검색 가능하며, 가입자들과의 전자우편을 통해 정보교환도 가능하게 됨

    ⑤ 최근의 통신 서비스는 인터넷망 연결을 함께 제공하는 경향이 있음

(2) 컴퓨터통신망의 유형

    ① 버스(Bus)형

        ㉠ 하나의 통신회선에 여러 대의 단말기를 접속하는 방식

        ㉡ 각 컴퓨터는 동등하며 단방향 통신 가능

        ㉢ 단말기가 타 노드에 영향을 주지 않으므로 단말기의 증설 및 삭제 용이

        ㉣ 회선의 끝에는 종단장치 필요

        ㉤ 거리가 멀어지면 중계기가 필요하며 보안 측면에서 취약하다는 단점이 있음

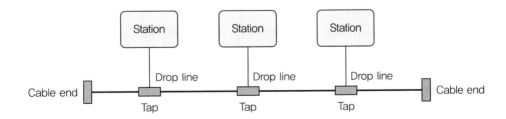

② 트리(Tree)형

ㄱ 중앙에 있는 컴퓨터에 여러 대의 단말기가 연결되고 각각의 단말기들은 일정 지역에 설치된 단말기와 다시 접속하는 방식으로 계층화되어 있음

ㄴ 분산처리시스템에 주로 사용

ㄷ 한 컴퓨터가 고장 나더라도 나머지 컴퓨터의 통신이 가능

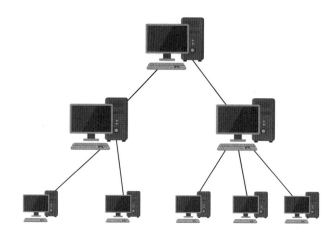

③ 링(Ring)형

ㄱ 이웃한 것들끼리만 연결된 형태로 원 모양을 형성하는 방식으로 근거리 통신망(LAN)에 사용

ㄴ 양방향 통신이 가능

ㄷ 장치가 단순하고, 분산제어 및 검사·회복 등이 가능

ㄹ 같은 링에 있는 컴퓨터에 오류가 생기면 전체 네트워크에 통신을 할 수 없으므로 2중화 대책이 필요

ㅁ 링형의 단점은 단말기의 추가 시 회선을 절단해야 하고, 기밀 보안이 어려우며, 전체적인 통신량이 증가한다는 것

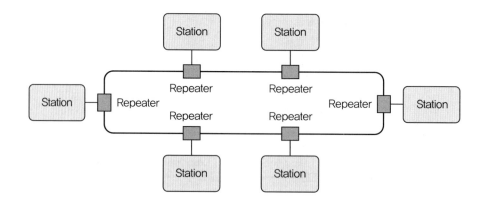

④ 성(Star)형

  ㉠ 중앙에 컴퓨터를 위치시키고 그 주위에 단말기들이 분산되어 중앙컴퓨터와 1:1로 연결된 중앙집
    중식으로, 장애가 발생할 때 장애 발생의 지점을 발견하기 쉬워 보수 및 관리가 용이

  ㉡ 하나의 단말기가 고장 나더라도 타 단말기에 영향을 주지 않음

  ㉢ 회선이 많이 필요하고, 복잡하며, 중앙컴퓨터 고장 시 전체에 문제 발생

  ㉣ 큰 네트워크나 네트워크 확장이 예상될 때, 또는 문제발생 시 해결방법이 쉬워야 할 때, 컴퓨터
    를 추가·제거하는 것이 쉬워야 할 때 구성

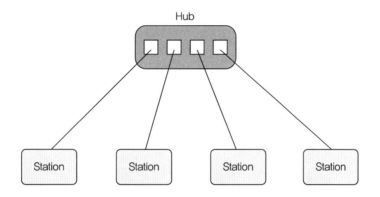

⑤ 망(Mesh)형

  ㉠ 성형과 링형이 결합된 형태로, 모든 단말기들이 각각 연결되어 있어 전체적으로 그물과 같은 형
    태를 이루는 구조

  ㉡ 신뢰성이 있고, 집중 및 분산 제어가 가능

  ㉢ 하나의 컴퓨터가 고장 나더라도 타 시스템에 영향 적음

  ㉣ 많은 회선이 요구되며, 시스템을 구축하기까지 많은 비용이 소요되기 때문에 주로 백본(Backbone)
    망 구성에 사용

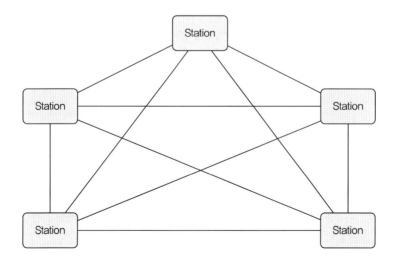

⑥ **혼합형** : Star-Bus, Star-Ring 등 두 개 이상의 Topology가 혼합된 형태

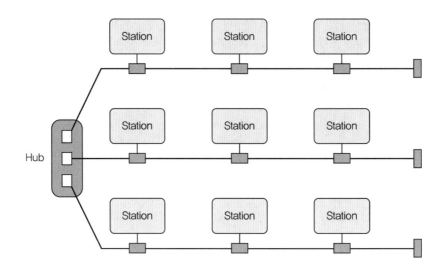

3 데이터의 전송

(1) 개념

한 컴퓨터 내 어떠한 장치에서 또 다른 장치로 데이터를 이동하거나 다른 외부장치로 데이터를 이동하는 것

(2) 전송방식

① 전송방향에 따라 단방향(Simplex)통신, 반이중(Half-duplex)통신, 전이중(Full-duplex)통신이 있음
   ㉠ 단방향통신 : 일정하게 정해진 방향으로만 통신이 가능
   ㉡ 반이중통신 : 시스템 모두 데이터의 양방향 통신이 가능하지만 동시 사용은 불가능
   ㉢ 전이중통신 : 시스템 모두 양방향으로 동시에 통신이 가능
② 전송방식에 따른 직렬전송, 병렬전송이 있음
   ㉠ 직렬전송
     • 하나의 문자를 구성하는 각 비트들이 하나의 전송선을 통해 순서적으로 전송하는 것
     • 전송시간은 느리지만 원거리 전송의 경우에는 전송매체의 비용이 적게 소요
     • 장점 : 전송대역을 유효하게 사용, 대부분의 데이터통신시스템에서 사용
     • 단점 : 전송시간이 많이 소요
   ㉡ 병렬전송
     • 하나의 문자를 구성하는 각 비트들이 여러 개의 전송선을 통해 동시에 전송
     • 직렬전송에 비해 단위 시간당 더욱 많은 데이터의 전송이 가능

- 장점 : 동시 전송이 가능하므로 전송속도가 빠르며, 대량의 정보 전송이 가능
- 단점 : 많은 전송로가 필요하므로 송·수신 간의 거리 증가 시 비용 많이 소요

③ 동기성에 따른 동기식 전송, 비동기식 전송이 있음

    ㉠ 동기식 전송은 여러 문자를 수용하는 데이터 블록 단위로 전송하는데, 반드시 버퍼가 필요하고 전송효율이 높아 고속 전송에 사용

    ㉡ 동기식 전송은 비트동기방식 및 문자동기방식으로 분류

- 비트동기방식 : 데이터 블록의 처음과 끝에 8비트의 플래그 비트를 표시해서 동기를 맞추는 방식으로, HDLC, SDLC 프로토콜에서 사용
- 문자동기방식 : SYN 등의 동기 문자에 의해 동기를 맞추는 방식으로, BSC 프로토콜에서 사용

    ㉢ 비동기식 전송(Asynchronization Transmission)은 보통 한 문자 단위와 같이 매우 작은 비트 블록의 앞과 뒤에 각각 스타트 비트와 스톱비트를 삽입해서 비트 블록의 동기화를 취해 주는 방식

    ㉣ 비동기식 전송은 5비트에서 8비트까지의 한 문자 단위마다 전후에 문자의 시작과 끝을 알리는 스타트 비트와 스톱 비트를 두고 매 문자 단위로 전송

- 문자와 문자 사이의 휴지 시간(Idle Time)이 불규칙
- 단순하고 저렴함
- 오버헤드를 요구하므로 전송효율이 매우 낮아 저속전송에 사용

4 데이터 교환방식(Data Switching System)

(1) 회선교환방식(Circuit Switching System)

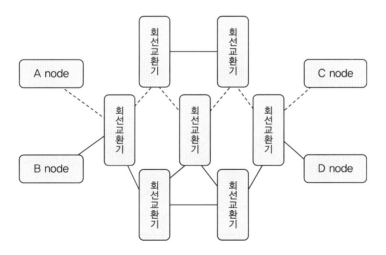

① 통신장치 간 교환기를 통해 송・수신자 사이에 통신이 끝날 때까지 통신회선을 계속 연결된 상태로 유지하는 방식(전화시스템)이며, 송・수신자와의 회선이 독점적으로 설정되고, 접속이 이루어지면 일정한 속도로 데이터가 전송됨

② 특징

ㄱ 전송 중 항상 동일한 경로를 가짐

ㄴ 고정적인 대역폭을 사용함

ㄷ 전송량이 많지 않을 경우에는 경제적 속도이지만 코드의 변환이 불가능함

ㄹ 길이가 긴 연속적 데이터 전송에 적합함

ㅁ 실시간 대화용으로 응용이 가능함

ㅂ 접속시간은 많이 소요되지만, 전송지연은 거의 없음

③ 장점

ㄱ 전송량이 많을 경우에 경제적임

ㄴ 대규모의 트래픽 처리가 가능함

ㄷ 물리적 회선 제공이 가능함

ㄹ 사용자 데이터를 프로토콜 처리 없이 고속전송하는 것이 가능함

④ 단점

ㄱ 과부하 시 접속이 어려움

ㄴ 전송품질이 양호하지 못함

ㄷ 접속시간의 지연으로 인해 즉시성이 결여됨

ㄹ 데이터를 전송하지 않을 시에도 회선이 점유되므로 네트워크 자원이 낭비됨

ㅁ 단시간 전송인 경우 고가임

ㅂ 다수의 상대방과 동시에 통신하고자 하는 경우 필요한 수만큼의 물리적인 회선으로 보유해야 하므로 회선공유가 불가능함

(2) 패킷교환방식

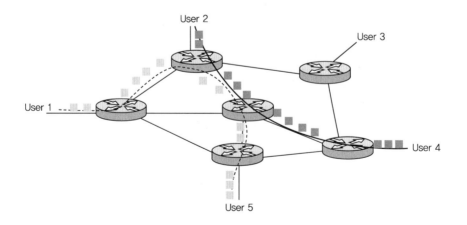

① 전송되는 자료를 일정한 크기 및 형식의 패킷으로 나누어서 각각의 패킷을 독립적으로 전송하는 방식

② **특징**

ㄱ 빠른 응답시간이 요구되는 응용에 활용함

ㄴ 데이터 전송을 하기 위해 추가적인 데이터를 필요로 함

ㄷ 메시지 교환방식과 동일한 축적 후 교환방식의 일종

ㄹ 회선 이용 효율이 극대화됨

ㅁ 트래픽 용량이 큰 경우에 유리함

ㅂ 전송품질 및 신뢰성이 높지만, 데이터 단위(패킷) 길이가 제한됨

(3) 메시지교환방식(Message Switching System)

① 메시지를 받아서 알맞은 송신 회로를 사용할 수 있을 때까지 저장했다가 다시 전송하는 방식

② 교환기로 전송할 때까지 일시적으로 저장되었다가 다시 전송해야 하므로 저장 후 전송이라고도 함

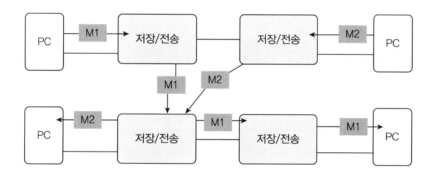

③ **특징**

ㄱ 각 메시지마다 수신 주소를 넣어서 전송

ㄴ 저장 후 전송 방식(Store and Forward)

ㄷ 각 메시지마다 전송경로가 다름

ㄹ 사용자들의 형편에 따라 우선순위 전송이 가능함

ㅁ 코드속도가 서로 다른 터미널끼리도 메시지 교환이 가능함

ㅂ 실시간 처리에 부적합함

제2절 통신망의 구성과 프로토콜

1 컴퓨터통신망의 구성 형태

(1) 구성요소

① 데이터통신시스템의 4요소

㉠ 컴퓨터 : 통신제어 프로그램이 CPU에 내장되어 통신제어장치로부터 데이터를 처리하고, 통신시스템 전체를 제어

㉡ 단말장치 : 데이터처리시스템과 사용자가 서로 교신하기 위해 필요한 장치로서 기억기능, 입·출력기능, 전송제어기능으로 구성

㉢ 데이터 전송회선 : 단말장치로부터 통신제어장치까지의 데이터 전송로

㉣ 통신제어장치 : 단말장치와 통신에 있어서 여러 제어기능을 분담

(2) 통신 소프트웨어

① 조건

㉠ 빠른 응답

㉡ 비동기 처리

㉢ 수시입력

㉣ 자료의 다양성

② 통신 소프트웨어의 기능

㉠ 사용자 접속의 제어

㉡ 데이터의 송·수신

㉢ 통신 하드웨어의 제어

2 프로토콜

(1) 개념

정보기기들 사이 서로 간의 정보교환이 필요한 경우 원활하게 하기 위해 정한 여러 가지 통신규칙 및 방법에 대한 약속, 통신의 규약

(2) 기본 요소

① **구문** : 전송하고자 하는 데이터의 형식

② **의미** : 전송제어와 오류관리를 위한 제어정보

③ **시간** : 두 기기 간의 통신 속도

(3) 기능

① **주소지정** : 한 개체가 다른 개체에 데이터를 전송할 경우에 상대의 이름을 알아야 함
② **순서지정** : 프로토콜 데이터 단위가 전송될 때 보내지는 순서를 명시하는 기능
③ **단편화와 재조합** : 개체 사이의 대용량 데이터를 교환하는 프로토콜의 경우 블록분할 전송
④ **데이터의 흐름제어** : 수신 측 시스템에서 받은 데이터의 양 또는 속도제어
⑤ **연결제어** : 프로토콜의 연결 설정에 있어서의 구문·의미·시간 등을 제어
⑥ **캡슐화** : 송신자의 수신자 주소, 프로토콜 제어정보, 오류검출코드 등을 덧붙임
⑦ **오류제어** : 데이터 교환 시의 오류 발견 기법
⑧ **동기화** : 양쪽 개체 간의 데이터 전송 시의 타이머 값, 윈도 크기 등의 인자 값
⑨ **멀티 플렉싱** : 한 개의 통신 선로에 다중의 시스템이 동시에 통신할 수 있는 기법
⑩ **전송 서비스** : 우선순위의 결정, 보안 요구 및 서비스 등급 등의 제어 서비스

(4) RFID

① **개념**
　㉠ 데이터 입력장치로 개발된 무선(RF ; Radio Frequency)으로 인식하는 기술
　㉡ 태그 안에 물체의 ID를 담아 놓고, 리더와 안테나를 이용해 태그를 판독·관리·추적할 수 있는 기술
② **구성요소** : 태그(Tag), 안테나(Antenna), 리더(Reader), 호스트(Host)
③ **장점**
　㉠ 직접 접촉을 하지 않아도 자료인식이 가능
　㉡ 인식 방향에 관계없이 ID 및 정보 인식이 가능
　㉢ 인식되는 시간이 짧음
　㉣ 유지·보수가 간편하며, 바코드 시스템처럼 유지비가 들지 않음
　㉤ 원하는 시스템이나 환경에 맞게 설계 및 제작이 가능
　㉥ 재사용이 가능
④ **한계점**
　㉠ 정보의 노출 위험성(보안)
　㉡ 금속·액체 등의 전파장애 가능성
　㉢ 인식의 한계(기술적 문제)
　㉣ 전파가 인체에 미치는 영향(안정성)

(5) OSI 계층 모델

① **개요**
　㉠ 시스템 간의 원활한 통신을 위해 ISO(국제표준화기구)에서 개발한 모델로서, 컴퓨터 네트워크 프로토콜 디자인과 통신을 계층으로 나누어 설명한 것을 말하며, 통상적으로 OSI 7계층 모형이라 불림

ⓛ 통신망을 통해 상호접속에 있어 필요한 제반 통신절차를 정의하며, 통신기능을 7개의 수직계층
으로 분할해서 각 계층마다 타 계층과는 관계없이 자신의 독립적인 기능을 지원하도록 구성됨

② OSI 계층모델의 기본 요소

㉠ 개방형 시스템 : 프로토콜에 따라 응용 프로세스 간의 통신을 수행할 수 있도록 하는 시스템

ⓛ 응용 실체/개체 : 응용 프로세스를 개방형 시스템상의 요소로서 모델화한 것

㉢ 접속 : 동일한 계층의 개체 사이에 사용자의 정보를 교환하기 위한 논리적 통신회선

㉣ 물리매체 : 시스템 간의 정보를 교환할 수 있도록 해주는 전기적 통신매체

③ OSI 7계층 모델의 구조

㉠ 물리계층(Physical Layer) : 기계적·전기적·기능적·절차적 특징을 다루어 물리적 매체를 액
세스하는 계층

ⓛ 데이터링크계층(Data Link Layer) : 물리적인 링크를 통해 신뢰성 있는 정보를 전송하는 기능
을 제공하는 계층

㉢ 네트워크계층(Network Layer) : 상위의 계층에게 시스템을 연결하는 데 필요한 데이터 전송 및
교환기능을 제공하는 계층으로서 연결을 설립, 이를 관리하고 종결하는 역할을 수행하는 계층

㉣ 전송계층(Transport Layer) : 종단 간 신뢰성이 있고, 투명한 데이터 전송을 제공하는 계층으로
서, 종단 간 에러복구 및 흐름 제어를 담당하는 계층

㉤ 세션계층(Session Layer) : 각종 응용 간 통신에 대한 제어 구조를 제공하는 계층

㉥ 표현계층(Presentation Layer) : 데이터의 표현, 즉 구문(Syntax)에 차이가 있는 응용프로세스
들에게 그 차이에 관계하지 않도록 하는 계층

㉦ 응용계층(Application Layer) : 사용자가 OSI 환경을 액세스할 수 있도록 해주며, 분산 정보서
비스를 제공하는 계층

(6) TCP/IP(Transmission Control Protocol/Internet Protocol)

① 개념 및 개요

㉠ 네트워크 전송 프로토콜로, 서로 다른 운영체제를 쓰는 컴퓨터 간에도 데이터를 전송할 수 있어
인터넷에서 정보전송을 위한 표준 프로토콜로 쓰이고 있음

ⓛ TCP는 전송 데이터를 일정 단위로 나누고 포장하는 것에 관한 규약이고, IP는 직접 데이터를
주고받는 것에 관한 규약

② TCP/IP 구조의 목표

㉠ 전 네트워크에 대해 보편적인 접속을 보장

ⓛ 응용 프로토콜의 표준화

㉢ 하위 네트워크 기술과 호스트 컴퓨터 구조에 대해 독립적

③ IP는 신뢰성을 제공하지 않는 비연결형 데이터그램 프로토콜로 목적지까지 데이터의 전송이 정확하
게 이루어질 수 있도록 노력하지만, 완벽하게 전송이 이루어진다는 보장은 없음

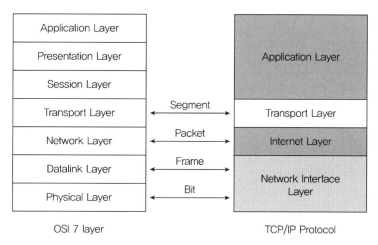

[OSI 7계층과 TCP/IP계층의 비교]

TCP/IP 프로토콜은 물리계층·네트워크계층·인터넷계층·전송계층·응용계층으로 구성되어 있고, 이러한 응용계층은 세션계층·표현계층·응용계층을 합친 것과 같음

제3절 컴퓨터통신망의 종류와 활용

1 근거리 통신망(LAN)

(1) 개념

① 다수의 독립적인 PC와 주변장치가 전용의 통신회선을 통해 연결된 소단위 정보통신망

② 한 사무실, 한 건물, 한 학교 등과 같이 비교적 가까운 지역에 한정되어 설치함

③ 전송매체는 주요 동축케이블이나 광케이블 등이 사용되며, 제한된 지역·건물·학교·연구소·병원 등에서 컴퓨터나 OA 기기 등을 속도가 빠른 통신선로로 연결해서 기기 간에 통신이 가능하도록 한 것

(2) 효과

① 하드웨어 및 주변장치의 공유

② 프로그램 및 파일의 공유

③ 효율적인 정보관리 가능

④ 데이터베이스의 공유 가능

⑤ 통제 및 관리가 용이한 관계로 여러 운영체제 사용

(3) 특징

① 생산성의 향상을 위한 네트워크의 극대화

② 정보통신의 집중성 및 국부성

③ 용이한 자원공유를 위한 사용자의 손쉬운 접근 허용

④ 구성변화에 대한 신뢰성, 확장의 용이성, 높은 호환성, 적응성

2 원거리 통신망(WAN)

(1) 근거리 통신망 또는 중거리 통신망(MAN)을 다시 하나로 묶는 네트워크

(2) 하나의 도시·국가·대륙과 같이 매우 넓은 지역에 설치된 컴퓨터들 간 정보 및 자원을 공유하기에 적합하도록 설계한 컴퓨터통신망

(3) 불특정 다수의 사용자가 이용할 수 있는 관계로 정보의 보안 기술이 중요함

제9장 인터넷과 전자상거래

제1절 인터넷의 개요

1 인터넷의 개념

(1) 인터넷은 많은 컴퓨터 네트워크를 연결시키는 네트워크임

(2) 사용자들은 인터넷 서비스를 제공해주는 업체의 호스트 컴퓨터에 접속해서 인터넷을 사용할 수 있음

2 인터넷의 기능

(1) 신속성 : 사용자들이 필요로 하는 정보를 적은 비용으로도 빠르게 주고받을 수 있음

(2) 개방성 : LAN 및 컴퓨터시스템과 통합이 용이

(3) 무정부성 : 특정한 소유주 및 운영자가 따로 정해지지 않은 무정부 네트워크

(4) 상호작용성 : 컴퓨터 기종 및 지리적 위치 등과 관계없이 쌍방향 데이터의 송·수신이 가능

(5) 활용가능성 : 인터넷은 활용가능성이 무한한 네트워크임

제2절 전자상거래의 개요

1 전자상거래의 개념

(1) 개념
　① 협의의 전자상거래는 인터넷상에 홈페이지로 개설된 상점을 통하여 실시간으로 제품을 거래하는 것을 의미
　② 광의의 전자상거래는 소비자와의 거래뿐만 아니라 거래와 관련되는 공급자·금융기관·운송기관·정부기관 등과 같이 거래에 관련되는 모든 기관과의 관련된 행위를 포함
　③ 전자상거래 시장은 생산자·중개인·소비자가 디지털 통신망을 활용해서 상호 거래하는 시장을 의미

(2) 배경
　① 전자상거래의 등장은 통상적으로 1970년대 미국에서 시작된 EDI(전자문서교환)로부터 시작되었음
　② 기업 사이에 컴퓨터를 통해서 표준화된 양식의 문서를 전자적으로 교환하는 정보전달방식
　③ EDI 이후로는 CALS로 확장되었으며, CALS는 기술적 측면에서 기업의 설계·생산과정·보급·조달 등을 운영하는 운용지원 과정을 연결시키고, 이들 과정에서 사용되는 문자와 그래픽 정보를 표준을 통해 디지털화하여 종이 없이 자료와 정보를 통합하여 자동화시키는 개념
　④ 광속상거래 또는 초고속 경영통합 정보시스템의 개념으로 확대되고 있음

2 전자상거래의 유형

(1) 기업과 소비자 간의 전자상거래(B to C ; Business to Consumer)
　① 상품의 생산자나 판매자들이 소비자들을 상대로 가상의 공간인 인터넷에서 상점을 개설하고 상품을 판매하는 전자 소매에 해당하는 것
　② 인터넷상에서는 역경매가 이루어지는데, 역경매는 일반경매와는 달리 판매자들끼리 가격흥정을 붙여서 소비자가 가장 낮은 가격에 물품을 구입하는 소비자 중심의 전자상거래

(2) 기업과 기업 간의 전자상거래(B to B ; Business to Business)
　① 기업이 기업을 상대로 해서 각종 서비스 및 물품을 판매하는 방식의 전자상거래

② 기업 간의 전자상거래는 네트워크를 통해 연결된 2개 이상의 기업이 원자재, 부품의 조달 및 유통 등의 활동, 신제품의 공동개발, 생산의 전자적 방식으로 인한 효율을 높이고자 하는 것

(3) 기업과 정부 간의 전자상거래(B to G ; Business to Government)

인터넷상에서 이루어지는 기업과 정부 간의 전자상거래

(4) 소비자와 소비자 간의 전자상거래(C to C ; Consumer to Consumer)

소비자와 소비자 간의 전자상거래, 인터넷상에서 소비자들끼리 제품을 사고파는 것을 의미

(5) 정부와 소비자 간의 전자상거래(G to C ; Government to Consumer)

정부와 소비자 간의 전자상거래

3 전자상거래의 활용현황

(1) 전자문서교환(EDI ; Electronic Data Interchange)

① 전자문서교환이라고 하며, 기업 사이에 컴퓨터를 통해 표준화된 양식의 문서를 전자적으로 교환하는 정보전달방식
② 기업 간 거래에 관한 데이터와 문서를 표준화해서 컴퓨터통신망으로 거래 당사자가 직접 전송·수신하는 정보전달 체계
③ 처리시간 단축, 비용절감 등으로 제품의 주문·생산·납품·유통의 모든 단계에서 생산성이 획기적으로 향상됨

(2) 광속상거래(CALS ; Commerce at Light Speed)

컴퓨터에 의한 조달지원으로 각종 서식 및 문서 등을 표준화해서 정보의 통합과 교환을 용이하게 하고자 시작되어, 현재는 전자적인 수단에 의한 신속한 거래행위인 광속상거래의 개념으로 발전하였음

(3) 공급사슬망 관리(SCM ; Supply Chain Management)

① 기업에서 생산 및 유통 등 모든 공급망의 단계를 최적화하여 수요자가 원하는 제품을 원하는 시간과 장소에 제공하는 '공급망 관리'를 의미
② 기존 기업 내 부문별 또는 개별기업 내부에 한정된 혁신 활동의 한계를 극복하기 위해서 원재료 공급업체에서 출발해서 최종 소비자에게로 제품이 전달되는 모든 과정
③ 기업 내의 생산·물류·판매·구매·재고·재무 등의 모든 업무 기능 및 프로세스를 통합적으로 연동하여 관리해주며, 주위에서 발생하는 정보를 서로가 공유하고 새로운 정보의 생성 및 빠른 의사결정을 하기 위한 정보를 제공해주는 통합정보시스템
④ 제품을 생산하는 기업이 부품의 구매·제조·판매까지의 모든 일정을 수립하고 소비자들의 수요계획 및 물류현황을 체계적으로 정리하며, 제품의 흐름을 원활하면서도 효율적으로 수행할 수 있게 함

(4) 고객관계관리(CRM ; Customer Relationship Management)

① 소비자들에게 관련된 기업의 내·외부 자료를 분석하고, 이를 통합해서 소비자 특성에 기초한 마케팅 활동을 계획·지원·평가하는 일련의 과정

② 기업들이 소비자들의 성향 및 욕구를 미리 파악해서 이를 충족시켜 주고 기업들이 목표로 하는 수익 및 광고효과 등의 원하는 바를 얻어내는 기법

③ 신규 소비자들의 창출보다는 기존 고객의 관리에 초점을 맞추고 있음

④ 고객들의 행동패턴, 소비패턴 등을 통해 고객들이 원하는 것을 알아내야 하는 경우가 많으므로 고도의 정보 분석기술을 필요로 함

제10장 | 정보시스템의 보안·통제 및 감사

제1절 정보시스템의 보안

1 정보시스템 보안의 필요성

(1) 자료보안

네트워크를 통해 전송 중인 자료의 보안 및 DB 안에 저장되어 있는 자료의 보안

(2) 시스템보안

컴퓨터시스템의 운영체제·서버·응용 프로그램 등의 약점을 활용해서 해커들이 컴퓨터시스템 내부로 침입해서 이를 임의로 사용 또는 해당 시스템의 기능을 마비 또는 파괴하는 것을 방지하는 것

(3) 정보시스템 보안의 필요성

① **방화벽**

㉠ 기업이나 조직의 모든 정보가 컴퓨터에 저장되면서, 컴퓨터의 정보 보안을 위해 외부에서 내부, 내부에서 외부의 정보통신망에 불법으로 접근하는 것을 차단하는 시스템

㉡ 외부의 인터넷과 조직 내부의 전용통신망 경계에 건물의 방화벽과 같은 기능을 가진 시스템인 라우터 및 응용 게이트웨이 등을 설치해서 모든 정보의 흐름이 이들을 통해서만 이루어지는 방식

㉢ 방화벽의 종류로는 서킷 게이트웨이(Circuit Gateway) 방식, 애플리케이션 게이트웨이(Application Gateway) 방식, 패킷 필터링(Packet Filtering) 방식, 하이브리드(Hybrid) 방식 등이 있음

• 서킷 게이트웨이 방식은 OSI 7계층 구조의 세션계층과 애플리케이션계층 사이에서 접근제어를 실시하는 방화벽을 지칭함

• 애플리케이션 게이트웨이 방식은 OSI 7계층 모델 중 애플리케이션계층까지 동작하며 지나가는 패킷의 헤더 안의 데이터 영역까지도 체크하여 통제함

- 패킷 필터링 방식은 OSI 7계층 구조의 전송계층과 네트워크계층에서 동작하며, 지나가는 패킷의 헤더 안의 IP address 및 Port address만을 단순 검색해서 통제함
- 하이브리드 방식은 패킷 필터링의 단점을 보완하여 대부분의 방화벽이 채택하는 방식으로, 패킷 필터링 방식과 애플리케이션 게이트웨어 방식의 혼합

② **암호화**
  - ㉠ 수학적인 알고리즘을 활용해서 기록을 구성하는 디지털 숫자 열을 변형함으로써 암호를 풀 수 있는 인증키를 지닌 사람만이 해당 기록을 볼 수 있도록 변환하는 과정
  - ㉡ 의미를 알 수 없는 형식으로 정보를 변환
  - ㉢ 암호문의 형태로서 정보를 기억 장치에 저장하거나 통신 회선을 통해 정보를 전송함으로써 정보의 보호가 가능

2 정보시스템 보안의 주요 위험요소

(1) 컴퓨터 범죄(Computer Crime)

① 컴퓨터시스템 또는 망을 활용해서 일으키는 범죄
② **컴퓨터 범죄 유형**
  - ㉠ 절취형 범죄 : 개인 및 집단 등이 자신들의 이익을 위해 불법적으로 하드웨어 및 소프트웨어시스템, 데이터 및 정보 등을 가져가는 형태의 범죄
  - ㉡ 인터넷을 활용한 범죄 : 타 기관이나 타인의 컴퓨터에 몰래 침입해서 해당 시스템의 정보를 꺼내어 이를 손상시키거나 활용하는 형태의 범죄
  - ㉢ 변조형 범죄 : 타인이나 타 기관에 피해를 주기 위해 정보 및 소프트웨어를 변조하는 형태의 범죄

(2) 외부환경의 위험

자연적 원인인 태풍·홍수·지진 등에 의한 손상을 입을 수 있음

(3) 인간에 의한 오류 및 바이러스의 침투

① 바이러스는 다수의 시스템의 데이터를 삭제 또는 시스템의 동작을 중단시키고, 오류를 발생시키는 프로그램으로, 통상적으로 통신망 또는 저장매체 등을 통해 이동하는 형태를 취함
② 인간에 의한 오류를 악용하여 보안을 위협하는 것을 사회공학적 해킹이라고 칭하기도 함

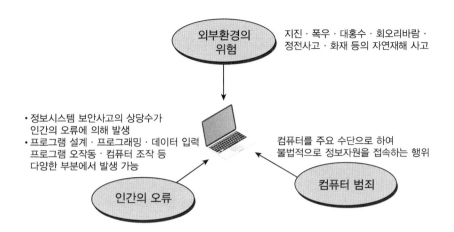

제2절 정보시스템의 통제

1 일반 통제(General Control)

(1) 컴퓨터 프로그램을 포함해서 여러 파일의 설계·보안 및 활용에 대한 사항을 조직의 전체적인 관점에서 통제하는 것

(2) 종류

① **실행 통제**
    ㉠ 보통 시스템 실행 통제에 있어 여러 가지의 활동 등이 포함됨
    ㉡ 시스템 개발수명주기의 여러 시점에서 활동들이 명확하게 관리되었는지를 확인해야 함
    ㉢ 시스템 실행가능성을 확보하기 위해 비용–효과분석 등이 이루어져야 함

② **S/W 통제**
    ㉠ 소프트웨어 개발 과정이 능률적이거나 오류에 대한 수정은 완벽한지, 또는 효율적으로 유지·보수되는지를 확인함으로써 해당 시스템에서 활용되는 소프트웨어의 품질을 확보하기 위한 활동
    ㉡ S/W의 변경 통제는 S/W의 품질을 유지하면서 시스템에 대해 허가되지 않은 자들에 대한 프로그램의 변경을 방지하는 데 그 목적이 있음

③ **물리적 H/W 통제**
    ㉠ 컴퓨터를 포함한 각종 통신장비들은 물리적으로 보호되어야 함
    ㉡ 다수의 컴퓨터 하드웨어는 설비고장 등의 점검을 수행하기 위한 자체적 수단을 지니고 있음

④ **컴퓨터 운영 통제**
    ㉠ 컴퓨터 부서의 작업수행과정에 따른 통제 활동과 연관됨
    ㉡ 작업을 위한 준비, 실제적 운영, 백업 또는 비정상적으로 마무리된 작업에 대한 복구 등이 해당됨

⑤ **자료 보안 통제**
    자료들에 대해 허가받지 않은 접근, 파괴행위 및 변경 등이 발생하는 것을 막는 활동

⑥ 관리적인 통제

통제가 효과적으로 이루어지기 위해서는 공식화된 규칙 · 표준 · 절차 및 통제규율의 확립이 필수적임

2 응용 통제

(1) 급여, 판매 및 재고 등의 여러 개별적인 응용 업무들에 대해서 적용되는 통제

(2) 해당 응용업무가 정확하면서도 완전하게 실행할 수 있도록 하기 위한 수작업 절차 및 자동화된 절차가 포함됨

① 발생하는 모든 거래는 하나도 빠짐없이 입력 및 갱신되어야 함
② 입력 및 갱신은 명확하게 이루어져야 함
③ 해당 자료는 거래의 내용 등에 대비해서 타당성 검토 내지 승인을 받아야 함
④ 파일은 항상 정확한 최신의 상태를 유지해야 함

제3절 정보시스템의 감사

(1) 개념

① 적합한 관리규정 또는 보안대책이 마련되어 있는지, 명확하게 잘 지켜지고 있는지를 평가하는 것
② 주로 활용 중인 S/W, 입 · 출력 데이터의 무결성 및 정확성 등을 검사

(2) 감사의 방법

① 컴퓨터 주변감사

입력을 처리하는 과정에 대한 평가는 포함하지 않고, 입력 및 출력의 정확성, 적절성의 여부만 확인하는 방법

② 컴퓨터를 통한 감사

㉠ 입 · 출력은 물론 프로세싱에 대한 완전성 및 정확성까지 확인
㉡ 입력을 처리하는 S/W까지 조사하게 되므로 더 복잡함
㉢ 정보시스템이 보유하고 있는 자료의 질에 대한 분석 및 평가에 활용되는 방법

제한시간: 50분 | 시작 ___시 ___분 ─ 종료 ___시 ___분

➡ 정답 및 해설 296p

01 다음 중 2차 자료에 대한 설명으로 옳지 <u>않은</u> 것은?

① 현재의 조사목적에 맞게 활용하기 위해 수집한 기존의 모든 자료를 의미한다.

② 통상적으로 자료취득이 용이하다.

③ 조사목적에 적합한 정확도, 신뢰도, 타당성 평가가 가능하다.

④ 1차 자료에 비해 시간, 비용, 인력 등에 있어서 저렴하다.

02 정보는 데이터의 의미를 명확히 하고, 편견의 개입이나 왜곡 없이 정확하게 전달해야 한다는 것은 정보의 특성 중 무엇에 대한 내용인가?

① 입증가능성

② 경제성

③ 정확성

④ 적시성

03 다음 내용이 의미하는 것으로 가장 적절한 것은?

> 컴퓨터에 입력하는 숫자 · 기호 · 문자 등을 말하며, 그 자체로는 단순한 사실에 불과하지만, 컴퓨터에 의해 일정한 순서에 따라 처리되어 설정한 특정 목적에 활용되는 정보를 만든다.

① 데이터

② 지식

③ 정보

④ 자료

04 시스템의 유형을 확실성에 의해 분류했을 때, 그 요소로 바르게 묶인 것은?

① 개방적 시스템, 폐쇄적 시스템
② 확률적 시스템, 확정적 시스템
③ 인위적인 시스템, 자연적인 시스템
④ 정보시스템, 경영시스템

05 다음 중 정보시스템을 경쟁우위의 획득을 위해 전략적으로 활용하고자 하는 시스템은?

① 경영지원시스템(Management Support System)
② 거래처리시스템(Transaction Processing System)
③ 정보보고시스템(Information Reporting System)
④ 전략정보시스템(Strategic Information System)

06 다음 내용을 특징으로 하는 시스템은?

> • 온라인 처리방식 또는 일괄처리방식에 의한 거래데이터의 처리이다.
> • 잘 구축된 경우에는 상위 경영활동에 속하는 관리통제·운영통제 및 전략계획 등을 지원하는 타 시스템도 제대로 구축·운영이 될 수 있다.

① 재무정보시스템(Financial Information System)
② 거래처리시스템(Transaction Processing System)
③ 집단정보시스템(Workgroup or Group Information System)
④ 조직정보시스템(Organizational or Enterprise Information System)

07 다음 중 운영통제시스템에 대한 설명으로 바르지 않은 것은?

① 기업 조직의 하부에서 이루어지는 각종 거래처리 업무가 효율적으로 운용될 수 있도록 통제하는 활동이다.
② 대부분 기업 내부의 데이터를 사용한다.
③ 업무와 관련된 의사결정의 지원에 있어서 대부분이 하위관리층이다.
④ 대부분의 업무가 비정형화되어 있다.

08 다음 중 컴퓨터 산업의 1세대에 대한 설명으로 옳지 <u>않은</u> 것은?

① 이 시대의 대표적 컴퓨터로는 IBM System 360이 있다.
② 과거의 기계식 계산기에 비해 그 속도는 총알에 비교할 정도로 1,000배 이상 빨라졌다.
③ 진공관은 빈번한 고장을 일으켰다.
④ 기본 회로 소자로 진공관(Vacuum Tube)을 사용했다.

09 다음 중 자료의 비교, 판단, 이동, 산술, 관계, 논리연산 등을 수행하는 장치는?

① 입력장치
② 출력장치
③ 연산장치
④ 제어장치

10 다음 내용에 해당하는 것은?

> 컴퓨터를 작동시켜 컴퓨터가 자체적으로 중앙처리장치, 주기억장치, 키보드, 모니터 입·출력 장치 등 하드웨어 시스템을 인식할 수 있게 해주고, 다른 한편으로는 응용 프로그램을 실행시키며 통신을 할 수 있는 기반을 제공하는 프로그램

① 컴파일러
② 운영체제
③ 어셈블러
④ 유틸리티 프로그램

11 시스템 개발 수명주기를 순서대로 바르게 나타낸 것은?

① 시스템 조사 → 시스템 분석 → 시스템 설계 → 시스템 구현 → 시스템 실행 및 유지보수
② 시스템 조사 → 시스템 설계 → 시스템 분석 → 시스템 구현 → 시스템 실행 및 유지보수
③ 시스템 조사 → 시스템 분석 → 시스템 구현 → 시스템 설계 → 시스템 실행 및 유지보수
④ 시스템 조사 → 시스템 설계 → 시스템 구현 → 시스템 분석 → 시스템 실행 및 유지보수

12 4비트로 구성되며, 16진수 1자리를 표현하기에 적합한 것은?

① 필드(Field)

② 바이트(Byte)

③ 니블(Nibble)

④ 워드(Word)

13 각 파일에 대한 설명으로 옳지 <u>않은</u> 것은?

① 트랜잭션 파일 – 관련된 레코드들을 포인터로 연결한 파일

② 프로그램 파일 – 데이터 처리를 위한 명령어 파일

③ 보고서 파일 – 처리된 정보의 결과 파일

④ 마스터 파일 – 데이터 처리 작업에 있어 중심이 되는 데이터 파일

14 다음 내용에 해당하는 것은?

> 데이터베이스 내의 정보를 검색하거나 데이터베이스에 정보를 저장하기 편리하고 효과적인 환경을 제공하며, 수록한 다량의 자료들을 쉽고 빠르게 추가·수정 및 삭제할 수 있도록 하는 소프트웨어

① 데이터베이스 관리시스템

② 데이터 마이닝

③ 데이터 웨어하우스

④ 데이터 마트

15 다음 중 의사결정지원시스템의 문제점으로 옳지 <u>않은</u> 것은?

① 그래픽 또는 인터페이스 등의 기능으로 인해 의사결정지원시스템의 특징을 살리지 못하는 경향이 있다.

② 나타난 결과를 맹신할 경우 의사결정의 질이 떨어질 수 있다.

③ 효율적인 모델구축을 위해서 기술전문 인력이 필요하다.

④ 비구조적인 문제에 대해서 언제나 유용하다.

16 전문가가 가지고 있는 노하우 또는 지식 등을 컴퓨터에 넣어 전문가와 같은 추론 및 판단을 컴퓨터가 행하도록 하는 것을 무엇이라고 하는가?

① 거래처리시스템
② 전문가시스템
③ 중역정보시스템
④ 일괄처리시스템

17 다음 내용에 해당하는 시스템은?

> 인간의 지각 및 뇌의 정보처리 등을 컴퓨터로 응용할 수 있도록 이를 모델화시킨 소프트웨어시스템

① 구조화
② 기계판독 정보
③ 인공지능
④ 인터페이스

18 다음 내용이 설명하는 것으로 옳은 것은?

> • 각 단말기는 동등한 통신서비스를 받고, 양방향 데이터전송이 가능한 장점을 지니며, LAN에서 많이 채택하는 방식이다.
> • 전체적인 통신량이 증가한다.

① 링(Ring)형 통신망
② 망(Mesh)형 통신망
③ 성(Star)형 통신망
④ 트리(Tree)형 통신망

19 병렬전송(Parallel Transmission)에 대한 설명으로 옳지 <u>않은</u> 것은?

① 대량의 정보 전송이 가능하다.

② 송·수신 간의 거리 증가 시 비용이 많이 소요된다.

③ 직렬전송에 비해 단위시간당 더욱 많은 데이터의 전송이 가능하다.

④ 하나의 문자를 구성하는 각 비트들이 하나의 전송선을 통해 동시에 전송되는 방식이다.

20 회선교환의 특징을 설명한 것으로 옳은 것은?

① 가변적인 대역폭을 사용한다.

② 길이가 짧은 연속적인 데이터의 전송에 적합하다.

③ 전송량이 적을 경우 경제적이다.

④ 물리적 회선 제공이 가능하다.

21 다음 내용에 해당하는 것은?

> 하나의 도시·국가·대륙과 같이 매우 넓은 지역에 설치된 컴퓨터들 간 정보 및 자원을 공유하기에 적합하도록 설계한 컴퓨터 통신망이다.

① 원거리 통신망

② 초고속 통신망

③ 근거리 통신망

④ 중거리 통신망

22 다음 중 데이터통신 시스템의 4요소에 해당하지 <u>않는</u> 것은?

① 단말장치

② 데이터 전송회선

③ 전화기

④ 통신제어장치

23 다음 내용에 해당하는 인터넷의 기능은?

> 쌍방향 멀티미디어 네트워크로서 웹 기술의 발전으로 인해 갖가지 멀티미디어 정보 전달이 가능하다.

① 신속성   ② 개방성

③ 무정부성   ④ 상호작용성

24 다음 중 RFID(Radio Frequency Identification)에 대한 내용으로 바르지 <u>않은</u> 것은?

① 자동인식 기술의 하나로 데이터 입력장치로 개발된 무선으로 인식하는 기술이다.
② 정보 보안에 있어 안전하다.
③ 직접 접촉을 하지 않아도 자료인식이 가능하다.
④ 인식방향에 관계없이 ID 및 정보인식이 가능하다.

25 OSI 7계층 모델구조의 원칙에 대한 설명으로 옳지 <u>않은</u> 것은?

① 7개의 계층은 서로 상호연관성 있게 작동한다.
② 적절한 수의 계층을 두어 시스템의 복잡도를 최대화한다.
③ 서비스 접점의 경계를 두어 되도록 적은 상호작용이 되도록 한다.
④ 인접한 상·하위의 계층 간에는 인터페이스를 둔다.

26 다음 내용에 해당하는 것은?

> 기업이나 조직 내부의 네트워크와 인터넷 간 전송되는 정보를 선별해서 이를 수용·거부·수정하는 능력을 지닌 보안 시스템

① DNS
② EDI
③ 방화벽
④ 인터넷

27 다음 내용은 무엇에 대한 설명인가?

> 마케팅 환경하에서 수집된 정보들을 취합하여 해석하고 마케팅 의사결정의 결과를 예측하기 위해서
> 활용하는 관련자료ㆍ분석도구ㆍ지원 S/W 및 H/W를 통합한 것

① 내부정보시스템

② 마케팅 인텔리전스시스템

③ 마케팅 조사시스템

④ 마케팅 의사결정지원시스템

28 다음 내용에서 괄호 안에 들어갈 말로 알맞은 것은?

> (   )은/는 수요자가 원하는 제품을 원하는 시간과 장소에 제공하는 '공급망 관리'로, 기존 기업
> 내 혁신활동의 한계를 극복하기 위해 원재료 공급업체에서 최종소비자에게 제품이 전달되는 모든
> 과정이다.

① EDI   ② CALS

③ SCM   ④ CRM

29 프로그래밍 언어가 <u>잘못</u> 연결된 것은?

① 저급언어 – 어셈블리어

② 고급언어 – 객체지향언어

③ 비절차언어 – SQL

④ 함수ㆍ논리언어 – QBE

30 DBMS의 장점이 <u>아닌</u> 것은?

① 데이터의 중복을 피하고 일관성을 유지할 수 있다.

② 시스템의 복잡화가 가능하다.

③ 무결성ㆍ보안 유지가 가능하다.

④ 데이터의 표준화의 유지가 가능하다.

31 기업과 기업 간의 전자상거래는?

① B to C

② B to B

③ B to G

④ C to C

32 다음 중 표현의 단위를 작은 것에서 큰 것의 순서대로 바르게 배열한 것은?

① 필드 – 레코드 – 파일 – 데이터베이스

② 비트 – 바이트 – 니블 – 워드

③ 니블 – 레코드 – 필드 – 파일

④ 바이트 – 필드 – 워드 – 데이터베이스

33 거래처리시스템에 대한 설명으로 옳지 <u>않은</u> 것은?

① 기업에서 일상적이면서 반복적으로 수행되는 거래를 쉽게 기록 · 처리하는 정보시스템이다.

② 온라인 처리방식 또는 일괄처리방식으로 거래데이터를 처리한다.

③ 다량의 데이터를 신속하고도 정확하게 처리하는 것이 목적이다.

④ 기업 조직의 목표수립, 장기적 전략을 수립하는 활동을 전반적으로 지원한다.

34 컴퓨터에 저장되어 있는 설계정보를 그래픽 디스플레이 장치로 추출해서 화면을 보면서 설계하는 시스템을 무엇이라고 하는가?

① CAM

② CAPP

③ CIM

④ CAD

35 관계형 데이터베이스에 대한 설명으로 옳지 <u>않은</u> 것은?

① 메타 데이터를 총괄 관리할 수 있다.

② 데이터 표준화를 통한 데이터의 품질을 확보할 수 있다는 장점이 있다.

③ 서로 관련 있는 개체들을 한 테이블에 저장한다.

④ 논리적으로 연결된 3차원 관계의 분석형태이다.

36 다음 표에서 <u>틀린</u> 것은?

구분	의사결정지원시스템	중역정보시스템
① 사용자	전문가, 분석가, 관리자	기업 조직의 중역
② 주용도	현황 추적 및 통제	기획, 조직충원, 통제
③ 주목적	분석 및 의사결정지원	현황의 파악
④ 정보의 유형	특정한 상황을 지원하기 위한 정보	뉴스, 내부업무 보고서, 기업 외부 정보

37 다음 내용은 무엇에 대한 설명인가?

- 기본 회로 소자로 LSI 또는 VLSI 사용
- 마이크로프로세서의 출현으로 인한 연산처리속도 및 저장 능력의 향상, 입·출력 장치들의 다양화 와 고급화 등 컴퓨터의 사용 방법이 크게 변화된 시기
- 네트워크의 발전은 이 세대의 또 다른 특징임

① 진공관 시대

② 트랜지스터 시대

③ 집적회로 시대

④ 고밀도 및 초고밀도 집적회로 시대

38 다음 내용에 해당하는 시스템 설계 시 분석자의 기본적 통제 형태는?

> 원시 데이터가 신뢰성이 있고 정확하게 작성되고, 잘 관리되어 입력이 이루어져야만 원하는 정보를 얻을 수 있다.

① 출력통제
② 처리과정 통제
③ 입력통제
④ 원장통제

39 다음 내용은 OSI 계층 모델 중 무엇에 대한 설명인가?

> 종단 간 신뢰성이 있고, 투명한 데이터 전송을 제공하는 계층으로서 종단 간 에러복구 및 흐름제어를 담당하는 계층

① 데이터링크계층(Data Link Layer)
② 네트워크계층(Network Layer)
③ 전송계층(Transport Layer)
④ 세션계층(Session Layer)

40 다음 내용에 해당하는 것은?

> 시스템 개발에 있어서 잠재적인 사용자 및 최종 사용자의 자원 및 정보의 요구, 비용, 이익, 제안 프로젝트에 있어서의 실현가능성 등을 결정하게 되며, 정보시스템을 개발하는 과정에서 타당성을 검토하는 단계

① 예비조사
② 사전조사
③ 1차 조사
④ 2차 조사

01	02	03	04	05	06	07	08	09	10	11	12	13	14	15
③	③	①	②	④	②	④	①	③	②	①	③	①	①	④
16	17	18	19	20	21	22	23	24	25	26	27	28	29	30
②	③	①	④	④	①	③	④	②	②	③	④	③	④	②
31	32	33	34	35	36	37	38	39	40					
②	①	④	④	④	②	④	④	③	①					

01 정답 ③

③ 2차 자료는 조사자가 직접 수집한 자료가 아닌 기존에 나와 있는 모든 자료에서 발췌하므로 1차 자료에 비해 자료수집 목적이 조사목적과 일치하지 않는다. 즉, 자료의 신뢰도가 떨어진다.

02 정답 ③

정확성을 갖춘 정보는 실수 및 오류가 개입되지 않은 정보이다.
① 입증가능성은 정보는 입증이 가능해야 한다는 것이다.
② 경제성은 필요한 정보를 산출하기 위해서는 경제성이 있어야 한다는 것이다.
④ 적시성은 양질의 정보라도 필요한 시간대에 사용자에게 전달되지 않으면 가치를 상실한다는 것이다.

03 정답 ①

데이터는 인간 및 컴퓨터를 비롯한 자동 기계에 의해서 행해지는 통신 또는 해석, 처리로 인한 형식화된 사실과 개념, 명령 등을 표현한 것을 말한다.
② 지식은 데이터 및 정보에 비해 좀 더 상위수준의 개념이다.
③ 정보는 관찰 및 측정을 통해 수집한 자료를 실제적으로 해결하고자 하는 문제에 도움이 될 수 있도록 정리한 지식이다.
④ 자료는 어떠한 현상이 일어난 사건·사실 등을 있는 그대로 기록한 것이다.

04 정답 ②

① 상호작용에 따른 시스템 유형
③ 사람의 개입에 따른 시스템 유형
④ 목적에 따른 시스템의 구분

05 정답 ④

전략정보시스템(Strategic Information System)은 의사결정과정에서 정보기술을 조직의 전략수행이나 경쟁우위 확보를 위해 활용하고자 하는 정보시스템을 말한다.
① 경영지원시스템은 관리자에게 보고서를 제공하거나 기업이 보유하고 있는 과거자료 및 현 상태에 대한 온라인 정보를 제공하는 시스템이다.
② 거래처리시스템은 컴퓨터를 활용해서 업무처리 및 거래 등을 자동화하기 위해 개발된 것이다.
③ 정보보고시스템은 관리활동에 필요한 정보를 제공해주는 시스템이다.

06 **정답** ②

거래처리시스템(Transaction Processing System)은 기업 조직에서 일상적이면서 반복적으로 수행되는 거래를 쉽게 기록·처리하는 정보시스템이다.

① 재무정보시스템은 재무관리자들이 기업 조직의 자금조달과 기업 내부에서의 재무자원 할당 및 관리 등과 연관된 의사결정을 행할 시에 활용가능한 시스템이다.

③ 집단정보시스템은 같은 업무를 수행하는 업무부서 또는 작업집단 등에 영향을 미치는 작업집단을 지원하는 정보시스템이다.

④ 조직정보시스템은 개인이나 집단보다 기업 또는 조직차원의 구성원 모두에게 영향을 미치는 기업정보시스템이다.

07 **정답** ④

④ 운영통제시스템으로 이루어지는 업무는 대부분 정형화되어 있다.

08 **정답** ①

① 진공관 시대의 대표적인 컴퓨터로는 ENIAC, EDSAC, EDVAC, UNIVAC-I 등이 있다.

09 **정답** ③

연산장치는 컴퓨터의 처리가 이루어지는 곳으로 연산에 필요한 데이터를 입력받아 제어장치가 지시하는 순서에 따라 연산을 수행하는 장치이다.

① 입력장치는 컴퓨터시스템에 데이터 입력을 위해 사용되는 장치이다.

② 출력장치는 컴퓨터에서 정보를 처리한 후에 해당 결과를 기계로부터 인간이 인지할 수 있는 언어로 변환하는 장치이다.

④ 제어장치는 기억장치에 저장되어 있는 프로그램 명령을 순차적으로 꺼내어 이를 분석 및 해독해서 각 장치에 필요한 지령신호를 주고, 장치 간의 정보 조작을 제어하는 역할을 수행한다.

10 **정답** ②

운영체제는 사용자가 컴퓨터 자원을 효율적으로 관리할 수 있도록 편의를 제공하는 프로그램으로 사용자와 컴퓨터의 중간자적인 역할을 담당한다.

① 컴파일러는 고급언어로 쓰인 프로그램을 그와 의미적으로 동등하면서도 컴퓨터에서 즉시 실행이 가능한 형태의 목적 프로그램으로 바꾸어 주는 번역 프로그램이다.

③ 어셈블러는 어셈블리 언어를 기계어로 번역해주는 시스템 프로그램을 말한다.

④ 유틸리티 프로그램은 프로그램이나 데이터를 한 매체에서 다른 매체로 옮기거나 데이터의 내용이나 배치순서를 바꾸는 등 여러 종류 프로그램을 집합적으로 일컫는 말이다.

11 **정답** ①

시스템 개발 수명주기

시스템 조사 → 시스템 분석 → 시스템 설계 → 시스템 구현 → 시스템 실행 및 유지보수

12 **정답** ③

4개의 비트가 모여서 1개의 니블을 구성한다.

① 필드는 파일 구성에서의 최소 단위이다.

② 바이트는 문자를 표현하는 최소 단위이며 8비트가 모여 1바이트를 구성한다.

④ 워드는 컴퓨터가 한 번에 처리 가능한 명령단위를 말한다.

13 **정답** ①

① 트랜잭션 파일은 마스터 파일의 내용 갱신을 위한 데이터 파일이다.

14 정답 ①

데이터베이스 관리시스템은 데이터베이스를 관리하는 데 필요한 데이터의 추가, 변경, 삭제, 검색 등의 기능을 집대성한 소프트웨어 패키지이다.

② 데이터 마이닝은 많은 데이터 가운데 숨겨져 있는 유용한 상관관계를 발견하여, 미래에 실행 가능한 정보를 추출해 내고 의사결정에 이용하는 과정이다.

③ 데이터 웨어하우스는 기업의 각 사업부문에서 수집된 모든 자료 또는 중요한 자료에 관한 중앙창고라고 할 수 있다.

④ 데이터 마트는 데이터 웨어하우스와 사용자 사이의 중간층에 위치한 것으로, 하나의 주제 또는 하나의 부서 중심의 데이터 웨어하우스라고 할 수 있다.

15 정답 ④

의사결정지원시스템은 의사결정의 대안을 제시하는 것이다.

④ 비구조적인 문제에 대해서 언제나 유용하지는 않다.

16 정답 ②

전문가시스템은 전문가의 경험 및 지식을 컴퓨터에 저장시켜 컴퓨터를 통해서 전문가의 능력을 빌릴 수 있게 만든 시스템을 말한다.

① 거래처리시스템은 기업 조직에서 일상적이면서 반복적으로 수행되는 거래를 쉽게 기록·처리하는 정보시스템이다.

③ 중역정보시스템은 기업 조직의 중역들이 조직의 내·외부 정보에 쉽게 접근할 수 있도록 해주는 컴퓨터 기반의 시스템이다.

④ 일괄처리시스템은 처리하고자 하는 자료를 모아 두었다가 일괄해서 처리하는 자료처리 방식이다.

17 정답 ③

인공지능은 인간의 추론능력과 학습능력, 지각능력, 자연언어의 이해능력 등을 컴퓨터 프로그램으로 실현한 기술이다.

① 구조화는 정보를 쉽게 인출할 수 있도록 한 편성 방식이다.

② 기계판독 정보는 기계에 의하여 감지되거나 읽힐 수 있는 형태로 매체에 기록되어 있는 정보이다.

④ 인터페이스는 2개의 시스템이나 프로그램 등이 서로 접속되는 접속점이다.

18 정답 ①

링(Ring)형 통신망은 컴퓨터가 이웃한 컴퓨터끼리만 연결된 형태로 원 모양을 형성하는 방식으로 근거리 통신망(LAN)에서 사용하는 통신망이다.

② 망형 통신망은 성형과 링형이 결합된 형태로 모든 단말기들이 각각 연결되어 있어 전체적으로 그물과 같은 형태를 이르는 구조이다.

③ 성형 통신망은 중앙에 컴퓨터를 위치시키고 그 주위에 단말기들이 분산되어 중앙컴퓨터와 1:1로 연결된 중앙집중식이다.

④ 트리형 통신망은 중앙에 있는 컴퓨터에 여러 대의 단말기가 연결되고 각각의 단말기들은 일정 지역에 설치된 단말기와 다시 접속하는 방식이다.

19 정답 ④

④ 병렬전송은 하나의 문자를 구성하는 각 비트들이 여러 개의 전송선을 통해 동시에 전송되는 방식이다.

20 정답 ④

① 고정적인 대역폭을 사용한다.

② 길이가 긴 연속적 데이터 전송에 적합하다.

③ 전송량이 많을 경우에 경제적이다.

21 **정답** ①
② 초고속 통신망은 첨단 광케이블 망을 연결하여 대량의 정보를 주고받을 수 있는 최첨단 통신시스템
③ 근거리 통신망은 다수의 독립적인 PC와 주변장치가 전용의 통신회선을 통해 연결된 소단위 정보통신망
④ 중거리 통신망은 같은 도시나 지역사회와 같이 지리적으로 같은 위치에 있는 여러 개의 랜을 연결하는 네트워크

22 **정답** ③
데이터통신 시스템의 4요소는 컴퓨터, 단말장치, 통신제어장치, 데이터 전송회선이다.

23 **정답** ④
① 신속성은 사용자들이 필요로 하는 정보를 적은 비용으로 빠르고 정확하게 주고받을 수 있는 것이다.
② 개방성은 사내 LAN 및 컴퓨터시스템과 통합이 용이하다는 것이다.
③ 무정부성은 어떤 특정한 소유주 및 운영자가 따로 정해지지 않은 네트워크라는 의미이다.

24 **정답** ②
RFID는 여러 개의 정보를 동시에 판독하거나 수정·갱신할 수 있는 데이터 입력장치로 개발된 자동인식 기술이다.
② 정보 노출의 위험성이 있다는 한계점을 가진다.

25 **정답** ②
② 적절한 수의 계층을 두어 시스템의 복잡도를 최소화한다.

26 **정답** ③
방화벽은 기업이나 조직의 모든 정보가 컴퓨터에 저장되면서, 컴퓨터의 정보 보안을 위해 외부에서 내부, 내부에서 외부의 정보통신망에 불법으로 접근하는 것을 차단하는 시스템을 의미한다.
① DNS는 인터넷의 도메인 체계로 도메인 이름을 IP 주소로 변환하는 역할을 수행한다.
② EDI는 기업 사이에 컴퓨터를 통해서 표준화된 양식의 문서를 전자적으로 교환하는 정보 전달방식이다.
④ 인터넷은 많은 컴퓨터 네트워크를 연결시키는 네트워크이다.

27 **정답** ④
최고 경영자의 의사결정을 도와주는 시스템으로, 정형적인 문제일 때는 준비한 의사결정규칙에 의해 자동으로 해결방법을 제시하고, 비정형적인 문제일 때는 문제를 분석하여 최종결정에 도움이 되는 정보를 제공한다. 각종 요인의 변화에 대해 결과를 즉시 요약·제시하는 정보시스템이며, 의사결정을 대신하지는 않고 지원한다.

28 **정답** ③
SCM은 기업 내 생산·물류·판매·구매 등 모든 프로세스를 통합적으로 관리해주며, 정보의 공유·생성 및 의사결정을 위해 정보를 제공해주는 통합정보시스템이다.

29 **정답** ④
④ QBE(Query By Example)은 비절차언어(제4세대)이다.

30 정답 ②

② 시스템이 복잡한 것은 DBMS의 단점이다. 그 밖의 DBMS의 단점으로는 전산화 비용의 증가, DB 전문가의 부족, 파일의 예비 및 회복의 어려움, 대용량 디스크로의 집중적인 액세스로 인한 과부하 발생이 있다.

31 정답 ②

①은 기업과 소비자 간(Business to Consumer), ③은 기업과 정부 간(Business to Government), ④는 소비자와 소비자 간(Consumer to Consumer)의 전자상거래이다.

32 정답 ①

- 비트(Bit) : 자료표현의 최소 단위
- 니블(Nibble) : 4개의 비트가 모여서 1개의 니블을 구성
- 바이트(Byte) : 문자를 표현하는 최소 단위로 8비트가 모여 1바이트를 구성
- 워드(Word) : 컴퓨터가 한 번에 처리 가능한 명령 단위
- 필드(Field) : 파일 구성에서의 최소 단위
- 레코드(Record) : 하나 이상의 관련된 필드가 모여서 구성
- 파일(File) : 프로그램 구성의 기본 단위로 같은 종류의 여러 레코드가 모여서 구성
- 데이터베이스(Database) : 여러 개의 관련된 파일의 집합

33 정답 ④

④는 전략계획시스템에 대한 설명이다. 전략계획시스템에서 의사결정을 지원하는 부문은 최고경영층이며, 경영자들의 기업 경영활동에 대한 조회의 기능을 수행한다.

34 정답 ④

① 컴퓨터를 활용해서 제품에 대한 생산의 기획·관리 및 통제하는 시스템
② 용량계획 및 자재 소요계획과 같은 공정기획 업무 등을 지원하는 정보시스템
③ 제품의 제조, 개발 및 판매로 이루어지는 일련의 정보흐름 과정을 정보시스템으로 통합한 종합적인 생산관리시스템

35 정답 ④

관계형 데이터베이스는 동시성 관리, 병행 제어를 통해 많은 사용자들이 동시에 데이터를 공유 및 조작할 수 있는 기능을 제공한다.
④ 관계형 데이터베이스는 논리적으로 연결된 2차원 관계의 분석형태이다.

36 정답 ②

② '기획, 조직충원, 통제'는 의사결정지원시스템, '현황 추적 및 통제'는 중역정보시스템에 대한 내용이다.

37 정답 ④

④ 제4세대는 하나의 칩에 수천 또는 수백만 개의 전자회로 소자를 집적시킨 고밀도 집적회로와 초고밀도 집적회로 시대이다.

38 정답 ④

① 처리된 결과를 출력함에 있어 신뢰성이 검증되도록 이루어져야 한다.
② 시스템에서 데이터 처리를 위해 시스템 내의 프로그램과 연관하여 사용되는 절차
③ 원시 문서의 데이터를 기계로 처리 가능한 형태로 변환시키는 과정

39 **정답** ③

① 물리적인 링크를 통해 신뢰성 있는 정보를 전송하는 기능을 제공하는 계층

② 상위의 계층에게 시스템을 연결하는 데 필요한 데이터 전송 및 교환기능을 제공하는 계층으로서 연결을 설립, 이를 관리하고 종결하는 역할을 수행하는 계층

④ 서로 협력하는 응용에 대한 연결을 설립·관리·종결하는 역할을 수행하는 계층

40 **정답** ①

예비조사의 목표는 정보시스템의 대안을 평가해서 그중 실현가능성이 높으면서 가장 바람직한 비즈니스 애플리케이션을 제안하는 것이다.

SD에듀와 함께, 합격을 향해 떠나는 여행

Ⅴ. 마케팅조사

- 빨리보는 간단한 키워드
- 기출동형 최종모의고사
- 최종모의고사 정답 및 해설

지식에 대한 투자가 가장 이윤이 많이 남는 법이다.

– 벤자민 프랭클린 –

빨리보는 간단한 키워드

제1장	마케팅 조사의 이해

제1절 마케팅 조사의 의의

1 마케팅 조사의 개념

(1) 마케팅

조직이나 개인이 자신의 목적을 달성시키는 교환을 창출하고 시장을 정의하고 관리하는 과정

(2) 마케팅 조사

① 마케팅 의사결정에 필요한 정보를 제공하기 위해 수행하는 활동
② 실제 의사결정이 아니며, 마케팅 의사결정을 위한 여러 정보를 제공하기 위해 자료를 수집 · 분석하는 과정

2 마케팅 조사의 목적

마케팅 조사의 목적은 의사결정자가 보다 나은 의사결정을 내릴 수 있도록 지원하는 것임

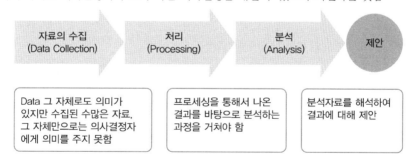

제2절 마케팅 조사와 마케팅 프로그램의 개발

(1) 의사결정(Decision Making)이란 여러 가지의 대안 행동 및 정책들 중 하나를 선택해서 이를 적용하는 결정과정을 의미

(2) 마케팅 프로그램의 개발은 마케팅믹스 4P's(Product, Price, Place, Promotion)에 대한 계획을 의미

제3절 마케팅 조사의 유형

(1) 신디케이트(Syndicate) 조사

시장조사 전문기관 또는 전문회사 등에서 주기적으로 다양한 제품에 대한 동향·정기적인 시장점유율 조사·고객반응·경쟁사에 관한 정보 등의 마케팅 의사결정에 필요한 조사를 해서 해당 정보를 필요로 하는 기업에 판매하기 위한 조사방법

(2) 애드혹(Ad-hoc) 조사

기업 조직이 필요로 하는 시기에 시행하는 조사방법

(3) 옴니버스(Omnibus) 조사

하나의 조사에 여러 기업들이 함께 참여하는 형식의 조사방법

제4절 마케팅 조사의 단계

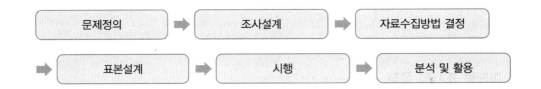

1 문제정의

환경의 변화 또는 마케팅 전략의 변화 단계에서 정의

2 조사설계

어떠한 조사를 시행할 것인지 결정하는 단계

(1) 탐색조사

① 특정 문제가 잘 알려져 있지 않은 경우에 적합한 조사방법으로 문제의 규명이 목적
② 예비조사의 성격을 가짐
③ 사례조사·문헌조사·전문가 의견조사 등이 있음

(2) 기술조사

① 현재 나타나고 있는 마케팅 현상을 보다 정확하게 이해하기 위해서 수행되는 조사
② 기술조사의 목적은 현 상태를 있는 그대로 정확하게 묘사하는 데 있음
③ 어떤 집단의 특성을 기술하려 할 때, 또는 예측하고자 할 때 사용
④ 횡단조사, 종단조사 등이 있음

(3) 인과조사

① 마케팅 현상의 원인이 무엇인지 밝혀내기 위한 조사
② 인과 관련성을 파악하는 데 목적이 있음
③ 실험 등의 방법이 있음

3 자료수집방법의 결정

(1) 1차 자료

조사자가 현재 수행 중인 조사목적을 달성하기 위해 직접 수집한 자료

① 장점
　　㉠ 조사목적에 적합한 정확도・신뢰도・타당성 평가가 가능
　　㉡ 수집된 자료를 의사결정에 필요한 시기에 적절히 활용 가능
② 단점 : 2차 자료에 비해 자료수집의 시간, 비용, 인력이 많이 듦
③ 유형 : 전화서베이, 리포트, 대인면접법, 우편이용법 등

(2) 2차 자료

다른 조사를 하기 위해 이미 수집된 자료이며, 현 조사에 도움이 되는 자료

① 장점
　　㉠ 통상적으로 자료 취득이 쉬움
　　㉡ 시간, 비용, 인력이 적게 듦
② 단점
　　㉠ 자료수집 목적이 조사목적과 일치하지 않음
　　㉡ 자료의 신뢰도가 떨어짐
③ 유형 : 논문, 정기간행물, 각종 통계자료 등

4 표본설계

(1) 표본조사가 전수조사보다 많이 활용되는 이유

① 시간과 비용, 노력을 절감할 수 있음

② 보다 세밀한 조사가 가능

③ 모집단의 수가 너무 많거나 모집단의 정확한 파악이 어려운 경우 전수조사를 사용하기가 어려움

(2) 표본추출법의 종류 : 확률 표본추출법과 비확률 표본추출법

제5절 마케팅 조사의 주요 조사대상

표본이란 전체 모집단의 축도 또는 단면이 된다는 가정 하에 모집단으로부터 선택된 모집단 구성단위의 일부를 의미함

제6절 마케팅 조사의 최근 경향

1 마케팅 애널리틱스

IT 기술로 구축되고 축적된 데이터를 통계학적 혹은 컴퓨터 공학적 분석방법(데이터마이닝, 머신러닝, 딥러닝 등)을 이용하여 분석하는 마케팅 의사결정 시스템

(1) 데이터마이닝(data mining)

대규모로 저장된 데이터 안에서 체계적이고 자동적으로 통계적 규칙이나 짜임을 분석하여, 가치 있는 정보를 빼내는 과정

(2) 기계학습(machine learning)

① 기계에게 알고리즘을 학습시키고 데이터에서 지식과 전략적 시사점을 도출하는 작업

② 회귀분석 계열의 수치예측과 판별분석·군집분석 등의 분류예측 등 다양한 방법이 발달해 옴

(3) 딥러닝(deep learning)

① 기계학습 중 인공신경망(neural network)에 기초한 심층학습 기법

② 최근 비정형 자료의 분석에 탁월한 성능을 보이고 있음

2 빅데이터(big data)

(1) 전통적인 기법으로 분석하기 어려운 매우 큰 데이터

(2) 양(volume), 속도(velocity), 다양성(variety)의 3가지 요소(element)로 정의

(3) 구조화된 정형데이터(전자상거래 데이터)와 비구조화된 비정형데이터(텍스트, 이미지 및 영상, 음성 등)로 구성

제2장 | 마케팅 조사의 예비적 관계

제1절 의사결정단계와 마케팅 조사와의 상호관계

1 포괄적 조사

(1) 개념

의사결정을 하기 위한 대안의 선택, 평가 및 확정 등에 대한 문제 해결을 하기 위한 조사

(2) 목적

① 관련 변수 사이의 상호관계 정도의 파악
② 특정한 상황 발생빈도의 조사 및 상황에 따른 특성 조사
③ 관련된 상황에 대한 예측

2 탐색조사

특정 문제가 잘 알려져 있지 않은 경우에 적합한 조사방법으로 문제의 규명이 목적

3 성과측정조사

의사결정의 목적을 이루기 위해 시행하는 조사

(1) 구매자/고객 수준에서의 정성적 성과지표

① 고객만족도

② 구매의도

③ **브랜드인지도** : 최초 상기도/비보조 인지도/보조 인지도 등

④ 순추천지수(Net Promoter Score)

(2) 제품/기업 수준에서의 정량적 성과지표

① 매출액

② 영업이익

③ 시장점유율

④ 광고수익률(ROAS ; Return On Ad Spend)

제2절 마케팅 문제의 인식

(1) 상황분석(Situational analysis)의 개념

경영자들이 조직의 능력을 이해할 목적으로 조직의 내부 및 외부 환경을 분석하기 위해 사용하는 방식들을 모아둔 것

(2) 상황분석의 목적

① 외부환경과 시장을 이해하는 것

② 기업내부의 기회와 위협을 인식

③ 경쟁자를 분석하고 시장 내 자사 제품/서비스의 경쟁적 위치를 인지

(3) 상황분석의 분석대상

① 시장환경

② 시장과 산업의 특성

③ 소비자 행동패턴

제3절 마케팅 문제의 유형

1 문제의 원천에 대한 유형

(1) 조직의 마케팅 문제를 발생시키는 조직 외적 요소

경제적 상황, 정부정책상의 변화, 기술적 변화, 공급 및 수요 상황

(2) 조직의 마케팅 문제를 발생시키는 조직 내적 요소

조직 내 마케팅 담당부서의 위치, 마케팅 담당 인적자원의 구성, 마케팅 믹스 요소

2 문제 발생 성격에 대한 유형

(1) 현 상황에 관한 문제

(2) 재인지된 문제

(3) 반복되는 문제

(4) 미인지 문제

(5) 재정립 문제

제4절 조사요구서의 작성

1 조사요구서 작성 시의 기본사항

- 진행할 프로젝트의 이름
- 조사 의뢰부서
- 조사 허가일자 및 허가부서
- 날짜
- 진행할 프로젝트의 번호 및 시작일
- 필요로 하는 예산(비용)
- 보고서의 제출날짜
- 조사 실시기관

2 조사요구서와 관련된 각종 개념

(1) 조사의 배경

마케팅 전략의 변화 및 환경의 변화로 인해 마케팅 의사결정이 필요한 문제가 생겼음을 설명

(2) 조사의 목적

조사의 문제 및 목적, 의사결정 문제 등을 서술하여 의사결정자에게 조사의 필요성을 정확하게 전달

(3) 조사의 범위, 조사의 유형 및 수집 자료

조사에 삽입해야 하는 내용을 나열하고 서베이, 관찰, 실험 등 어떠한 방식의 조사를 할 것인지를 설명하며, 수집할 자료를 제시

(4) 자료분석방법

수집된 각종 자료들을 분석할 기법 및 과정을 나타냄

(5) 자료수집방법

누구를 조사의 대상으로 삼아 자료를 수집할지를 나타냄

(6) 조사의 가치

시행한 조사의 결과로 인해 취득할 정보의 가치 및 의사결정문제의 해결에 있어 어떠한 방식으로 활용될 것인가를 제시

(7) 조사의 일정 및 팀의 구성

조사 일정을 제시하며, 조사에 참여할 사람들의 프로파일을 제시

(8) 조사비용(예산)

조사에 소요되는 비용을 산정하고 제시

제3장 | 마케팅 조사모델과 조사정보의 구조

제1절 마케팅 조사모델

1 **탐색조사(Exploratory Research)**

(1) 무엇이 문제인가를 알기 위해서 시행하는 조사

(2) 특정 문제가 잘 알려져 있지 않은 경우에 적합한 조사방법이며, 문제의 규명이 목적

(3) 기술조사 및 인과조사를 수행하기 전 단계의 역할을 수행하는 경우가 많으며, 유연성이 특징

(4) 계량적인 방법보다는 전문가 의견조사, 문헌조사, 표적집단면접법, 심층면접법 등의 질적인 방법을 주로 활용

(5) 자료가 구조화되어 있지 않으며, 엄밀하게 통계분석을 시행하지 않는 경우에는 추출된 연구결과물을 일반적인 상황으로 확장시키기 어려움

(6) 사례조사 · 문헌조사 · 전문가 의견조사 등

2 **기술조사(Descriptive Research)**

(1) 마케팅 현상을 보다 정확하게 이해하기 위해서 수행되는 조사

(2) 확실한 목적과 조사하려는 가설을 염두에 두고 시행하는 엄격한 조사 방법

(3) 현 상태를 있는 그대로 정확하게 묘사하는 것이 목적

(4) 집단의 특성을 기술하려 할 때, 또는 예측하고자 할 때 사용

(5) **횡단조사**
  ① 모집단으로부터 추출된 표본에서 단 1회의 조사로 마케팅 정보를 수집하는 방법
  ② 과거의 기억에서부터 응답된 정보에 대한 신뢰성 확보 어려움

(6) 종단조사

① 일정한 간격으로 반복적 조사를 통해 마케팅 변수의 변화추이를 보는 조사

② 변화에 따른 마케팅 변수에 대한 소비자의 반응측정이 가능

③ 패널조사라고도 함

3 인과조사(Causal Research)

(1) 마케팅 현상의 원인이 무엇인지 밝혀내기 위한 조사

(2) 실험 등을 통한 조사방법에 의해서 가능

(3) 인과 관련성을 파악하는 것이 목적

제2절 조사정보의 구조와 개발과정

1 탐색조사(Exploratory Research)

(1) 문헌조사(Literature Research)

① 조사를 하기 위해 가장 먼저 실행되어야 하는 조사

② 주로 2차 자료 활용

(2) 전문가 의견조사(Key Informant Survey)

① 풍부한 지식 및 경험을 갖춘 전문가를 통해 정보를 찾아내는 조사

② 델파이 조사기법이란 어떤 문제의 해결과 관계된 미래 추이의 예측을 위해 전문가 패널을 구성하여 수회 이상 설문하는 정성적 분석 기법(전문가 합의법)

(3) 심층면접법(Depth Interviews)

① 조사대상자들 중의 한 명을 선택해서 깊이 있는 질문을 통해 조사하는 방법

② 면접진행자의 경우 많은 숙련을 필요

③ 취득한 자료를 해석하기가 용이하지 않음

(4) 표적집단면접법(FGI)

① 응답자를 8~12명 정도의 집단으로 해서 비구조적인 인터뷰를 시행하는 방식
② 장점
  ㉠ 많은 주제의 자료수집이 가능
  ㉡ 획기적인 아이디어 개발이 가능
  ㉢ 행위에 대한 내면의 이유 파악이 가능
  ㉣ 전문적인 정보의 획득이 가능
③ 단점
  ㉠ 주관적인 해석의 우려
  ㉡ 고비용
  ㉢ 도출된 결과의 일반화가 어려움

2 기술조사(Descriptive Research)

(1) 패널조사(Panel Research)

① 패널
  ㉠ 일종의 고정적인 표본
  ㉡ 일정 기간 동안 인원들이 일정하게 유지되는 형태
② 종단조사에 적용하기 용이

(2) 혼합패널(Omnibus Panel)

① 특정 변수에 대해서는 기존 패널표본이 유지
② 다른 변수에 대해서는 다른 집단을 패널표본으로 구성

(3) 순수패널(True Panel)

같은 변수에 대해서 이를 반복적으로 답하는 집단

3 인과조사(Causal Research)

(1) 가설

① **개념** : 가설은 조사자가 자료나 판단에 근거하여 옳다고 믿는 변수들 간의 인과관계 혹은 조사대상의 특성을 나타내는 진술
② **비방향적 가설** : 독립변수와 종속변수 간의 관계에 대해 방향을 제시하지 않는 것
③ **방향적 가설** : 독립변수와 종속변수 간의 관계에 대한 방향을 제시하는 것

(2) 인과관계의 조건

① **동반발생** : 인과관계로 설정된 변수들이 가설이 예측하는 방향으로 함께 흘러가는 것

② **발생의 시간적 순서** : 원인변수로 설정한 변수의 변화가 결과변수로 설정한 변수의 변화보다 먼저 선행해야 한다는 것

③ **외생변수의 통제**

    ㉠ 외생변수란 결과변수에 영향을 미칠 수는 있지만, 연구자가 원인변수로 설정하지 않는 변수

    ㉡ 인과관계 조사에서 외생변수를 통제하는 것은 중요함

④ **외생변수의 통제방법** : 균형화, 제거, 상쇄, 무작위화

(3) 인과관계의 종류

① **단순한 인과관계** : A → B

② **연속적 인과관계** : A → B → C

③ **구조적 인과관계** : A → B, A → C, B → C

제4장 자료의 측정

제1절 1차 자료와 2차 자료

1 1차 자료

현재 당면하고 있는 조사를 위해 수집한 자료

탐색조사의 경우	심층면접법, 표적집단면접법, 전문가 의견조사
기술조사의 경우	서베이법, 관찰법
인과조사의 경우	실험법

2 2차 자료

(1) 다른 조사를 하기 위해 이미 수집된 자료이며, 현 조사에 도움이 되는 자료

(2) 2차 자료원

공공단체 또는 조사 회사의 정기 발행물	무역협회, 통계청, 산업별 협의기구, 상공회의소, 조사회사의 발표 자료
기업 내부자료	판매원 자료, 소비자 자료, 회계자료, 재무자료
신디케이트 조사 자료	점포조사 자료, 소비자 패널조사 자료
인터넷 자료	검색 엔진 등을 통해 수집된 자료

3 관찰법

(1) 행동의 패턴을 기록 및 분석해서 조사대상에 대한 체계적인 지식을 취득하는 방법

(2) 비공개적 관찰인 경우 관찰의 대상이 되는 피관찰자 자신이 관찰되는 사실을 모르게 하는 것이 중요

(3) 장점

① 설문으로 알 수가 없는 피관찰자의 행동까지도 측정이 가능
② 피관찰자가 의사표현이 불가능한 경우에도 조사가 가능

(4) 단점

① 피관찰자의 행동에 대한 동기 및 개념 등의 관찰이 불가능
② 관찰자들에 따라 결과에 대한 기록 및 해석이 다를 수 있음
③ 비용 등의 문제로 인해 적은 수의 사람을 관찰하므로 해당 결과를 일반화하기 어려움

4 서베이법

(1) 설문지를 통해 직접 질문해서 자료를 수집하는 방법

(2) 장점

① 대규모의 조사가 가능
② 직접적으로 관찰이 불가능한 동기 및 개념의 측정 등이 가능
③ 대규모의 표본으로 조사 결과에 대한 일반화가 가능
④ 수치적(계량적) 방법으로 분석해서 객관적인 해석이 가능
⑤ 자료의 코딩 및 분석이 용이

(3) 단점

① 설문지에 대한 개발이 쉽지 않음

② 조사를 진행함에 있어 많은 시간이 소요

③ 부정확하면서도 성의 없는 응답 가능성이 있음

④ 응답률이 저조

⑤ 깊이가 있으면서 복잡한 질문 등을 하기가 어려움

(4) 종류

① **전화인터뷰법**

면접진행자가 응답자들에게 전화를 걸어 설문지의 질문을 하고 기록하는 방식

② **대인인터뷰법**

ㄱ 개념 : 면접진행자가 응답자를 직접적으로 만나서 인터뷰하는 방법

ㄴ 종류 : 몰 인터셉트 인터뷰, 방문 인터뷰, CAPI

ㄷ 장점

- 응답자들에 대한 응답률을 높일 수 있음
- 복잡하거나 긴 질문의 사용이 가능
- 시각적인 자료의 활용이 가능
- 응답자가 질문을 이해하지 못했을 경우에 설명이 가능

ㄹ 단점

- 면접진행자에 의한 오류 발생의 가능성이 있음
- 비용이 많이 들어감
- 접촉범위의 한계가 있음

③ **전자인터뷰법** : 컴퓨터 통신을 활용한 방법

④ **우편조사법** : 우편을 통해서 조사하는 방법

제2절 측정의 의미와 과정

1 변수

통상적으로 구체적 변수 및 구성개념들을 모두 지칭

2 구성개념

(1) 추상적인 성격이 강한 변수

(2) 구성개념의 측정을 위해 측정이 가능하도록 재정의할 필요가 있음

3 개념적 정의(Conceptual Definition)

측정의 대상이 되는 어떠한 개념(Concept, Construct)의 의미를 사전적으로 정의를 내린 것

4 조작적 정의(Operational Definition)

(1) 어떠한 개념에 대해 응답자가 구체적인 수치(Number)를 부여할 수 있는 형태로 상세하게 정의를 내린 것

(2) 추상적인 개념을 측정 가능한 구체적인 현상과 연결시키는 과정(Operationalization)

제3절 척도의 종류

1 척도의 개념

(1) 변수를 수량화하는 것

(2) 수치 및 기호의 연속적 체계, 즉 측정하는 도구

(3) 신뢰도 및 타당성이 필요

2 척도의 종류

(1) **명목척도(Nominal Scale)**
　① 연구하고자 하는 대상을 분류시킬 목적으로 임의로 숫자를 부여하는 척도
　② 상하관계는 없고 일종의 구분만 존재하는 척도
　③ 단순하게 이름만 가지고 구별이 가능한 척도
　④ 명목척도에 있어서 수는 부류(Class) 또는 범주(Category)의 역할을 수행
　⑤ 명목척도는 상호배반적이어야 함
　⑥ **예시**: 성별, 좋아하는 색, 직업, 거주하는 도시 등

(2) **서열척도(Ordinal Scale)**
　① 대상을 어떤 변수에 대해 서열적으로 배열할 경우에 쓰이는 척도
　② 연구 대상의 특성 등에 대해 상대적인 정도를 표현하기 위해 수치를 부여하는 척도
　③ 순서(크기)는 의미가 있는 반면에, 수치 간격이 얼마나 큰지(차이)에 대한 의미는 없음

④ 간격척도와 비율척도처럼 연산수행이 이루어지지 않음

⑤ 측정 대상들의 특성을 서열로 나타낸 것

⑥ 측정 대상이나 분류에 관한 정보를 주는 명목척도의 특성을 가짐과 동시에 측정 대상의 상대적 서열을 표시해 줌

⑦ **예시** : 학생들의 성적 등위, 인기 순서, 키 순서 등

(3) 등간척도(Interval Scale)

① 등간척도는 간격이 일정한 척도

② 크기 등의 차이를 수량적으로 비교할 수 있도록 표지가 수량화된 척도

③ 간격이 일정해서 덧셈과 뺄셈은 가능하지만, '0'이 아무것도 없는 것을 뜻하지 않으므로 몇 배라고 단정할 수 없는 척도

④ '+', '−'는 가능하지만, '×', '÷'는 불가능

⑤ 서열, 범주, 거리에 대한 정보를 지니고 있음

⑥ 측정된 값들은 동일한 간격을 가짐

⑦ 절대 '0'의 개념을 가지지 않으며, 측정 간격이 절대적으로 정해져 있지 않고, 자의적으로 설정

⑧ 자료의 중심경향치를 나타내기 위해서는 평균(mean)이 적절하며, 중앙값과 최빈값도 사용이 가능함

⑨ 등간척도로 측정한 자료는 분산분석, 회귀분석, 상관분석 등의 통계분석을 이용할 수 있으며, 또한 고급통계기법인 요인분석, 판별분석, 군집분석, 다차원척도법도 이용할 수 있음. 다만, 조화평균·기하평균 및 변동계수와 같은 통계량은 계산이 불가능

⑩ 등간척도는 수치 간의 차이가 동일한 척도로 질적인 속성을 계량화할 때 많이 사용

⑪ **예시** : 시간 – 새벽 1시, 새벽 2시, …

(4) 비율척도(Ratio Scale)

① 비율척도는 절대 '0'이 존재하는 척도

② 등간척도에 절대영점(기준점)을 고정시켜서 비율을 알 수 있게 만든 척도

③ 법칙을 수식화하고 완벽한 수학적인 조작을 위해서 비율척도가 바람직

④ 0을 기준으로 하기 때문에 비율이 가능한 척도

⑤ '×', '÷'가 가능한 척도

⑥ 서열, 비율, 범주, 거리 등에 관한 정보를 가지고 있음

⑦ 척도상 위치를 모든 사람이 동일하게 인지하고 해석

⑧ 모든 통계분석 기법의 활용이 가능하다는 특징

⑨ **예시** : 무게, 키, 가격, 나이, 시장점유율 등

[척도의 종류]

척도	기본특성	일상적인 활용사례	허용되는 통계량	
			기술통계	추론통계
명목척도	숫자를 확인하고 대상을 분류	주민등록번호, 선수의 등 번호, 성별, 주거지	퍼센트(%), 빈도	카이스퀘어, 이변량검정
서열척도	대상의 상대적 위치를 지정 (단, 대상들 간의 크기나 차이는 없음)	품질 순위, 석차, 선호도	퍼센트(%), 중앙값	순위상관, ANOVA
등간척도	비교된 대상물의 차이, 영점(Zero)은 임의적으로 정해짐	온도	범위, 평균, 표준편차	가설검정
비율척도	절대영점이 존재하고, 척도값 비율을 계산하여 이용	길이, 무게	기하학적 평균, 조화평균	분산의 개수

3 척도의 개발과 평가

비교 척도법	쌍대비교 척도법, 고정총합 척도법, 순서서열 척도법
메트릭 척도법	연속형 평가척도, 리커트 척도, 의미차별화 척도, 스타펠 척도

(1) 리커트 척도(Lickertis Scale)

① 리커트 척도는 응답자들이 주어진 문장을 보고 동의하는 정도를 답하도록 하는 척도

② 응답자들이 쉽게 이해하고, 척도 설계가 쉬우며 관리하기가 용이

③ 측정값은 등간척도로 간주

④ 응답자들이 스스로가 이해하며 답하는 경우에 널리 활용되는 방식

⑤ 반응자들이 주어진 문장에 얼마나 동의하는지를 척도에 표시하도록 하여 특정 주제에 대한 반응자의 태도를 알아보는 평정척도

⑥ 예시

> C회사의 자동차는 승차감이 아주 좋다.
> 〈전혀 그렇지 않다〉 1   2   3   4   5 〈매우 그렇다〉

(2) 의미차별화 척도

① 서로가 상반되는 형용사적 표현을 양 끝에 표시하고 적절한 위치에 응답자가 응답하게 하는 척도

② 응답자들이 이해하기가 쉬움

③ 대가 되는 형용사적 표현을 설계하기가 상당히 어렵다는 문제점이 있음

④ 서열척도적인 성격이 강하지만, 간격 등이 같다고 가정하여 등간척도로 간주

⑤ 예시

> 대한민국 경제의 앞날에 대해서 여러분의 솔직한 느낌을 표시해주세요.
> 〈밝다〉 : ── : ── : ── : ── : ── : ── : ── : 〈어둡다〉

(3) 스타펠 척도

① 0점 없는 −5에서 +5 사이의 10점 척도로 측정하는 척도

② 의미차별화 척도와 상당히 비슷하지만, 양 끝 쪽에 대가 되는 형용사적 표현을 설계할 필요가 없음

③ 예시

> D백화점에 대한 평가를 다음의 각 속성별로 표기해주세요(동의할수록 높은 점수를 부여)
>
> | −5 −4 −3 −2 −1 | 직원이 친절하다 | +1 +2 +3 +4 +5 |
> | −5 −4 −3 −2 −1 | 제품의 품질이 높다 | +1 +2 +3 +4 +5 |
> | −5 −4 −3 −2 −1 | A/S가 뛰어나다 | +1 +2 +3 +4 +5 |
> | −5 −4 −3 −2 −1 | 첨단제품을 개발한다 | +1 +2 +3 +4 +5 |

제4절 측정의 타당성 및 신뢰성

1 오차(Error)

(1) 이론적으로 구하고자 하는 참값과 실제 계산이나 측량 등으로 구한 값의 차이

(2) 체계적 오차(Systematic Error) : 측정의 과정에 있어서 일정한 패턴을 지니는 오차

(3) 비체계적 오차(Nonsystematic Error) : 일정한 패턴이 없는 오차

2 타당성(Validity)

측정하고자 하는 대상을 척도가 얼마나 정확하게 측정하는지에 관련한 것

(1) 동시 타당성(Concurrent Validity)

① 조사 연구자가 관심 있는 측정 A를 현재 시점에서 관측하고, 기준이 되는 측정 B는 동시에 동일한 시점에서 나타나는 경우에 해당

② 높은 동시 타당성은 측정 A 및 측정 B가 높은 상관관계를 갖는 경우를 의미

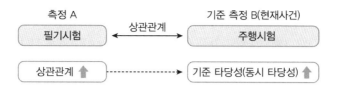

(2) 예측 타당성(Predictive Validity)

① 조사 연구자가 관심 있는 측정 A를 현재 시점에서 관측하고, 기준이 되는 측정 B는 미래시점에서 나타나는 경우에 해당되며, 측정 A를 활용해서 측정 B를 예측하는 의미를 가짐

② 높은 예측 타당성은 측정 A와 측정 B가 높은 상관관계를 가짐

③ 두 개의 개념이 서로 다르지만 연계되는 경우에 두 개념에 대한 조작적 정의 사이에도 상관관계가 있어야 함

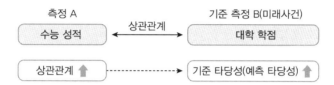

(3) 내용 타당성(Content Validity)

① 연구 설계 또는 실험 등에 있어서, 조사 연구자가 측정하고자 하는 내용이 조사대상의 주요 국면을 대표할 수 있느냐 하는 등의 판단 및 그와 관련된 타당성을 의미

② 시험 등을 통해서 측정하는 행동 또는 질문 주제의 내용이 직무 수행에 있어 중요한 상황을 대표할 수 있느냐 하는 판단과 관련

③ 주관적으로 판단할 수밖에 없기 때문에, 구성개념을 명확하게 이해해야 하며, 정리를 잘 해야 함

(4) 구성 타당성(Construct Validity)

① 조사의 설계에서 처리, 결과, 모집단 및 상황들에 대한 이론적인 구성 요소들이 성공적으로 조작화된 정도를 의미

② 측정도구가 측정하고자 하는 본질을 얼마나 명확하게 측정하고 있는지를 파악하는 방법

③ 추상화의 정도가 높은 개념을 구성개념이라 하는데, 연구자가 측정하고자 하는 추상적 개념이 실제로 측정도구에 의하여 제대로 측정되었는지의 정도를 말함

④ 다른 종류의 타당성들과는 달리 이론과 구성개념 및 가설적인 관계를 검증한다는 점에서 타당성의 핵심적인 요소

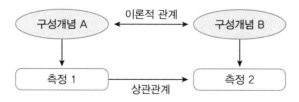

(5) 수렴 타당성(Convergent Validity)

① 동일한 개념에 대해 복수의 조작적 정의(설문항목) 간 상관관계로 타당성을 추정하는 것

② 동일한 구성개념을 측정한 두 측정치는 상관관계가 높아야 함

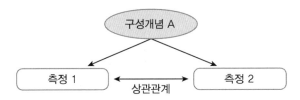

(6) 판별 타당성(Discriminant Validity)

① 서로 다른 개념을 측정했을 때 얻어진 측정값들 간에는 상관관계가 낮아야 한다는 것

② 서로 다른 두 개념을 측정한 측정값들의 상관계수가 낮게 나왔다면 그 측정방법은 판별 타당성이 높다고 할 수 있음

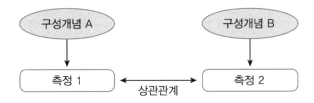

(7) 이해 타당성(Nomological Validity)

① 이론에 근거하여 구성(개념)들 간 관계가 예상한 대로 나타나고 있는지의 여부를 파악하여 구성개념 타당성을 평가하는 방법

② 이론적인 관계가 측정 간의 관계에서 확인되면 높은 이해 타당성이라 할 수 있음

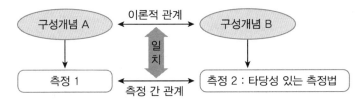

(8) 집중 타당성(Convergent Validity)

동일한 개념을 측정하기 위해 최대한도로 상이한 두 가지의 측정방식을 개발하여, 이로 인해 얻어진 측정값들 간에 높은 상관관계가 존재해야 한다는 것을 의미

(9) 내적 타당성(Internal Validity)

① 실험 또는 연구조사를 통해 찾아낸 효과가 다른 경쟁적 원인들에 의해서라기보다는 조작화된 처리에 기인된 것이라고 할 수 있는 정도

② 측정된 결과가 실험처리(독립변수)의 진정한 변화 때문에 일어난 것인가에 관한 문제

3 신뢰성(Reliablity)

반복적으로 측정했을 시에 일관성 있는 결과를 보여주는 정도

(1) 신뢰성 측정 방법

① 내적 일관성을 활용하는 방법

ㄱ 반분법 : 측정항목을 양분해서 서로 상이한 집단에서 측정

ㄴ 크론바흐의 알파 : 2개의 항목 간 상관관계를 적절하게 변형한 값

② 반복측정방법

일정한 시간 간격을 두고 2번 측정해서 두 측정값의 상관관계의 값으로 평가한 것

(2) 신뢰성 향상방안

① 구성개념을 정확히 이해해야 함

② 신뢰성이 높다고 인정받고 있는 측정법을 사용해야 함

③ 시간과 경제적 여유가 있으면 반복측정법을 사용해야 함

④ 측정항목의 수, 척도점의 수를 늘리게 되면 크론바흐의 알파 값은 커짐

⑤ 타 항목과의 상관관계가 적은 항목을 제거해서 크론바흐의 알파 값을 높임

제5장 질문서의 작성

제1절 질문서 작성의 기본지침

- 질문이 길지 않아야 한다.
- 조사의 목적에 맞게 작성한다.
- 질문의 배열에 일관성이 있어야 한다.
- 타당성 및 신뢰성이 있어야 한다.
- 응답할 응답자들이 해당 질문들을 정확하게 이해할 수 있어야 한다.
- 처음부분과 끝부분의 질문은 응답자가 답하기 쉬운 질문으로 배합한다.
- 질문 내용은 쉽게 표현하도록 한다.
- 응답자로 하여금 유도성 있는 질문은 하지 않도록 한다.
- 응답자가 민감하게 반응할 수 있는 질문 또는 중요한 질문 등은 질문서 중간에 배치한다.
- 한 번에 두 가지 이상의 질문은 하지 말아야 한다.
- 애매모호한 표현에는 상당한 주의를 해야 한다.
- 모든 응답에 표시가 가능하게 해야 하며, 이러한 응답은 중복되지 않도록 해야 한다.

제2절 질문서의 구조와 질문내용의 파악

질문서의 구조는 다음과 같음

- 응답자에 대한 파악자료(Identification Data)
- 응답자에 대한 협조의 요구(Request for Cooperation)
- 필요한 정보의 유형(Information Structure)
- 지시사항(Instruction)
- 응답자의 분류에 대한 자료(Classification Data)

제3절 질문-응답형태의 선택

1 개방형 질문(Open-Ended Questions)

(1) 개념
응답에 대한 선택지를 제시하지 않고 응답자들이 자유롭게 응답할 수 있도록 하는 것

(2) 특징
① 주관식 질문
② 다양하고 창의적인 응답을 얻어낼 수 있음
③ 개방형 질문은 주로 심층적 분석을 수행하기 위한 연구에 적합한 방식
④ 연구조사의 초기 단계 또는 탐색적인 연구에서 많이 활용

(3) 장점
① 직접적인 인용이 가능
② 응답자들에게 충분한 자기표현의 기회를 제공
③ 사실적이면서 생생한 현장감 있는 응답의 취득이 가능
④ 가능한 응답범주를 모두 알 수가 없거나, 상당히 많은 응답범주를 필요로 하는 경우에 유용하게 활용(특히, 사전조사에서 유용)

(4) 단점
① 무응답 또는 응답에 대한 거절의 빈도수가 많음
② 코딩이 어려우며, 분석이 어려움
③ 응답자들의 응답에 있어 일정 수준의 사고가 요구되는 만큼 응답자들이 어느 정도의 교육 수준을 갖추고 있어야 함

2 고정형 질문(Fixed-Alternative Questions)

(1) 개념

응답의 대안을 제시하고, 그중 하나를 선택하게끔 하는 질문방식

(2) 특징

① 응답이 용이하고 분석이 쉬움
② 이분형의 질문과 선다형의 질문이 있음
③ 응답자들의 생각을 모두 반영한다고 할 수 없음
④ 선다형 질문의 경우에는 의미차별화 척도, 리커트 척도, 스타펠 척도 등이 널리 활용
⑤ 개방형 질문에 비해 도표화와 분석이 쉬움
⑥ 조사대상의 응답으로부터 응답자들을 직접적으로 비교할 수 있음

(3) 예시

① 이분형 질문의 예

당신은 학위취득 후에 타 학교로 편입하실 계획이 있으신가요?
예 _____   아니오 _____

② 선다형 질문의 예

당신은 자사의 홈페이지에 일주일에 평균 몇 번이나 방문하시나요?
거의 방문하지 않는다. _____   1~2회 정도 _____
3~5회 정도   _____   6회 이상   _____

제6장 표본조사의 설계

제1절 표본추출의 기본용어

1 표본의 개념 및 표본의 크기

(1) 개념 : 모집단으로부터 선택된 모집단 구성단위의 일부

(2) 표본의 크기

    ① 표본의 크기가 클 경우에는 오차를 줄임

    ② 변수의 수가 많으면 많을수록 측정에 수반되는 오차가 커지게 되므로 표본의 크기가 커야 함

    ③ 조사 연구대상을 소그룹으로 세분화시키는 조사의 경우 표본의 크기는 커야 함

    ④ 중요 조사일수록 더욱 더 많은 정보를 필요로 하며 표본의 수가 커야 함

2 모집단(Population)

(1) 통계적인 관찰의 대상이 되는 집단 전체

(2) 본래의 집단 전체를 모집단이라 하고, 이에서 추출되어진 일부를 표본이라고 함

3 표본추출단위(Sampling Unit)

(1) 표본추출에 있어서 대상이 되는 연구대상의 집합

(2) 표본추출과 관련된 오차

    ① **표본오차**(Sampling Error)

        ㉠ 모집단 전체를 조사하지 않고, 일부 표본만 조사함으로써 발생되는 오차

        ㉡ 표본오차는 표본이 모집단을 확실하게 대표하지 못하기 때문에 발생

    ② **비표본오차**(Nonsampling Error)

        ㉠ 자료수집의 과정에서 발생되는 오차

        ㉡ 조사자의 실수 또는 태만, 잘못된 질문, 자료처리에 있어서의 오류 등으로 발생

4 전수조사(Complete Enumeration)

(1) 통계조사에서 모집단 전체를 조사하는 방법

(2) 시간 및 비용이 많이 듦

제2절 표본추출의 방법 및 표본조사의 설계

1 확률 표본추출법과 비확률 표본추출법

확률 표본추출법	단순무작위 표본추출법[= 단순임의 표본추출법(Simple Random Sampling)]
	계층별무작위 표본추출법[= 층화임의 표본추출법(Stratified Random Sampling)]
	군집 표본추출법[= 집락 표본추출법(Cluster Sampling)]
	체계적 표본추출법[= 계통 표본추출법(Systematic Sampling)]
비확률 표본추출법	편의 표본추출법(Convenience Sampling)
	판단 표본추출법(Judgement Sampling)
	할당 표본추출법(Quota Sampling)
	눈덩이 표본추출법(Snowball Sampling)

2 확률 표본추출법과 비확률 표본추출법 비교

비교기준	확률 표본추출법	비확률 표본추출법
표본의 모집단 대표성	높음	낮음
표본추출오류계산	가능	불가능
추계통계기법적용	가능	불가능
비용	높음	낮음
표본추출기법	높은 수준 요구됨	높은 수준 요구되지 않음

제3절 단순무작위 표본추출법

(1) 단순무작위 표본추출법의 개념

① 모집단의 구성원들이 표본으로서 선정될 확률이 미리 알려져 있고 동일하며, '0'이 아니도록 표본을 추출하는 방법

② 단순임의 표본추출법(Simple Random Sampling)이라고도 함

(2) 단순무작위 표본추출법의 특징

① 이해가 쉬움

② 컴퓨터 프로그램에서 생성된 난수 또는 난수표 등을 활용

③ 모집단의 모든 구성요소들에 대한 목록의 확보가 용이하지 않음

④ 자료에 대한 분석결과가 미리 정해진 허용오차 안에서 모집단에 대한 대표성을 가질 수 있음

⑤ 이질적인 구성요소의 집단들이 많은 관계로 집단 간의 비교분석을 필요로 하는 경우 표본이 상당히 커야 함

제4절 계층별무작위 표본추출법

(1) 계층별무작위 표본추출법의 개념

① 모집단을 구성하고 있는 집단에서 집단의 구성요소의 수에 비례해서 표본의 수를 할당하여 각 집단에서 단순무작위 추출법으로 추출하는 방법

② 층화임의 표본추출법(Stratified Random Sampling)이라고도 함

(2) 계층별무작위 표본추출법의 특징

① 각각의 층은 서로 동질적인 구성요소를 지녀야 하며, 서로 이질적

② 모집단에 대한 표본의 높은 대표성의 확보가 가능

③ 표본을 구성하는 각각의 층들을 서로 비교해서 모집단을 구성하는 각 층의 차이점 추정이 가능

④ 모집단의 높은 대표성을 확보하기 위해서는 기준변수를 적절히 선정해야 하므로 모집단의 특성에 대한 사전 지식이 전혀 없는 상태라면 이러한 방식의 사용이 불가능

⑤ **종류** : 비례적 층화표본추출, 불비례적 층화표본추출

제5절 군집 표본추출법

(1) 군집 표본추출법의 개념

① 모집단을 대표할 수 있을 만큼 다양한 특성을 지닌 집단(군집)들로 구성되어 있을 시에 군집을 무작위로 몇 개 추출해서 선택된 군집 내에서 무작위로 표본을 추출하는 방법

② 집락 표본추출법(Cluster Sampling)이라고도 함

(2) 군집 표본추출법의 특징

① 군집 내 요소들은 서로 이질적으로 다양한 특성을 가지고 있어야 하고 군집들은 서로 동질적이어야 함(즉, 내부적으로는 이질적, 외부적으로는 동질적이라는 조건이 만족되어야 함)

② 비용 및 시간이 절약됨

③ 모집단의 대표성을 확보하기 위해 표적모집단을 구성하는 그룹이 여러 가지 유형인 경우 한 그룹만을 선택해서는 안 됨

(3) 지역 표본추출

표적모집단의 구성원들이 각 지역에 걸쳐서 분포되어 있으며, 각 지역에 속한 구성원들이 조사의 문제에 있어 지역 간에 차이가 없다고 생각되는 경우에 임의로 한 지역을 선택하는 방법

(4) 그 외: 1단계 군집 표본추출, 다단계 군집 표본추출

제6절 체계적 표본추출법

(1) 체계적 표본추출법의 개념

① 모집단 구성원에게 어떠한 순서가 있는 경우에 일정한 간격을 두면서 표본을 추출하는 방법

② 계통 표본추출법(Systematic Sampling)이라고도 함

(2) 체계적 표본추출법의 특징

① 대표성을 지니고 있는 표본을 효율적으로 추출이 가능

② 표본추출프레임이 순서가 있거나 순서에 의해 표본의 추출이 가능한 경우에 사용이 가능

③ 주기성을 가지고 있는 경우에 문제가 발생

④ 비교적 용이하게 무작위성이 확보된 표본의 추출이 가능

⑤ 모집단이 어떠한 패턴을 가질 시에는 표본추출 시에 상당히 주의를 해야 하며, 모집단의 크기가 잘 알려지지 않거나 무한한 경우 표본의 추출간격을 알 수 없음

(3) 예시: 투표 출구조사, 몰 인터셉트 인터뷰 등

제7절 비확률 표본추출법

1 편의 표본추출법(Convenience Sampling)

(1) 연구 조사자가 편리한 시간 및 장소에 접촉하기 쉬운 대상을 표본으로 선정하는 것

(2) 적은 시간 및 비용으로 조사대상을 확보할 수 있음

(3) 표본의 모집단 대표성이 부족

(4) 편의 표본으로부터 엄격한 분석결과를 취득할 수 없지만, 조사 대상들의 특성에 대한 개괄적인 정보의 획득이 가능

2 판단 표본추출법(Judgement Sampling)

(1) 연구 조사자가 조사의 목적에 적합하다고 판단되는 구성원들을 표본으로 추출하는 것

(2) 해당 분야에 있어서의 전문가들의 의견 등이 표적모집단의 대표성을 지닌다고 가정

3 할당 표본추출법(Quota Sampling)

(1) 모집단을 어떠한 특성에 따라 세분집단으로 나누고, 나누어진 세분집단의 크기 등에 비례해서 추출된 표본의 수를 결정하여 각 집단의 표본을 판단 또는 편의에 의해 추출하는 방법

(2) 층화임의 표본추출과 비슷하지만 각각의 집단에서 무작위로 표본을 추출하지 않고, 편의에 의해 추출한다는 점에서 차이가 있음

(3) 시간 및 경제적인 면에서 이점이 있음

(4) 가장 널리 활용되는 표본추출 방식

4 눈덩이 표본추출법(Snowball Sampling)

연구 조사자가 적절하다고 판단되는 조사대상자들을 선정한 후에 그들로 하여금 또 다른 조사대상자들을 추천하게 하는 방식

제8절 표본추출의 단계

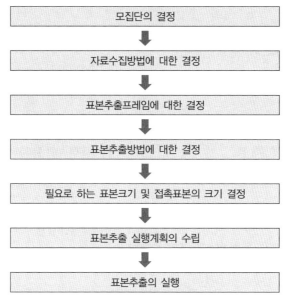

[표본추출단계의 흐름도]

제7장 　자료수집방법

제1절 수집방법과 수집방법의 결정기준

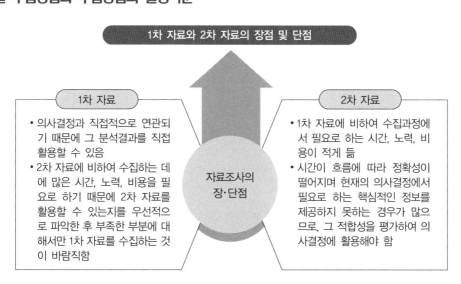

제2절 커뮤니케이션 방법

구분	장점	단점
대인면접법	• 가장 융통성 있는 자료수집방법임 • 응답자의 확인이 가능함 • 응답률이 높음 • 표본분포의 통제가 가능	• 익명성의 부재가 발생(응답 내용에 따라 응답자는 정보제공을 하더라도 익명으로 할 때가 있기 때문) • 조사비용이 많이 소요됨 • 면접자의 감독과 통제가 어려움(응답자가 만나기를 꺼려하거나, 비협조적인 경우 면접자가 응답을 조작할 우려가 있음)
우편질문법	• 표본분포가 폭 넓고, 대표성을 지닐 수 있음 • 면접 오류발생이 없음 • 현장조사자가 필요 없음 • 조사비용이 저렴함 • 특정 이슈에 대한 솔직한 응답이 가능함 • 응답자가 충분한 시간적 여유를 가지고 답변할 수 있음 • 편견적 오류가 감소함(면접자가 없으므로 면접자의 개인적 특성 및 면접자들 사이의 차이에서 나올 수 있는 오류가 나타나지 않게 됨)	• 애매모호한 무응답으로 인해 오류가 발생함 • 질문에 대한 통제가 불가능함 • 무응답된 질문에 대한 처리가 어려움 • 포괄적인 조사와 같은 특정 질문은 할 수 없음 • 주제에 관심이 있는 사람들만이 응답할 우려가 많음 • 모집단의 특정 지역은 접근이 불가능함(문맹자 등) • 회수율이 낮음
전화면접법	• 표본분포가 폭넓고 다양함 • 한 시점에 나타나는 일에 대해 정도가 높은 정보취득이 가능함 • 컴퓨터를 이용한 자동화 조사가 가능함 • 면접이 어려운 사람에게 적용가능한 조사방법임	• 질문의 길이와 내용에 있어 제한적임 • 보조도구를 사용하기 어려움 • 조사 도중에 전화를 끊어 조사가 중단될 수 있음 • 특정 주제에 대해 응답의 회피가 나타날 수 있음
이메일질문법 (인터넷조사)	• 질문의 전달 속도가 빠름 • 응답과 피드백이 돌아오는 시간도 매우 빠름 • 우편질문법에 비해 비용을 절감할 수 있음 • 면접원이 필요 없음(매우 직접적으로 면접법과 같이 면접자의 편견 등이 개입되지 않음) • 즉시 답장이 오지 않을 것이 전제된 상태에서 메시지를 주고받는 커뮤니케이션 방식인 비동기 커뮤니케이션임	• 보안에 취약할 수 있음 • 익명성을 보장할 수 없음

제8장   수집 자료의 처리와 분석

제1절 수집 자료의 정리와 분석 단계

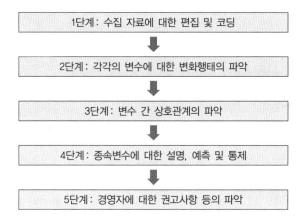

1단계 : 수집 자료에 대한 편집 및 코딩

⬇

2단계 : 각각의 변수에 대한 변화행태의 파악

⬇

3단계 : 변수 간 상호관계의 파악

⬇

4단계 : 종속변수에 대한 설명, 예측 및 통제

⬇

5단계 : 경영자에 대한 권고사항 등의 파악

제2절 자료의 분석

1   통계분석기법(조사목적에 따른 분류)

(1) 관련적인 분석

① 상관관계분석, 교차분석
② 변수 간 관계 분석이 목적

(2) 기술적인 분석

① 기술통계분석, 도수분포분석
② 자료에 대한 특성기술이 목적

(3) 인과관계의 분석

① 회귀분석, 분산분석, 판별분석
② 종속변수가 독립변수에 영향을 받는다는 가정 하에 그 관계의 확인이 목적

(4) 구조추출 분석

① 군집분석, 다차원척도법, 요인분석
② 자료 내 잠재되어 있는 구조의 파악이 목적

2 통계분석기법(변수의 특성에 의한 분류)

(1) 종속변수가 존재하는 통계분석기법

① 회귀분석, 판별분석, 분산분석

② **2개 이상인 종속변수의 분석기법** : 다변량분산분석(MANOVA)

(2) 종속변수에 대한 개념이 없는 통계분석기법

요인분석, 교차분석, 기술통계분석, 상관관계분석, 도수분포분석

제3절 단일변수의 분석

1 자료의 중심화 경향

(1) 최빈값

가장 빈도수가 많은 측정 값

(2) 중앙값

데이터를 크기순으로 나열했을 때, 중앙에 위치하는 값을 말하며, 데이터가 짝수인 경우에는 중앙에 있는 2개의 평균

2 자료의 산포도

(1) 범위

최댓값과 최솟값의 차이

(2) 분산

① 자료의 산포도를 나타내는 대표적인 통계량

② 분포의 평균으로부터 각 관찰치들의 편차제곱들의 평균

③ 해석이 어려운 측정치

(3) 표준편차

① 분산의 제곱근

② 분산에 비해 해석이 비교적 쉬움

③ 산포도의 측정치로 널리 활용

(4) 비대칭도

대칭이 아니라 한쪽으로 기울어진 정도

(5) 백분위수

자료를 오름차순으로 정렬해서 백등분된 값

3 가설

(1) 개념

① 조사자가 자료나 판단에 근거하여 옳다고 믿는 변수들 간의 인과관계 혹은 조사대상의 특성을 나타내는 진술
② 연구자가 어떤 현상에 대해 "…일 것이다"라고 생각하는 것을 나타낸 진술
③ 연구가설(research hypothesis)이라고도 함

(2) 가설의 종류

① **귀무가설**

통계적 검증의 대상이 되는 연구가설이며, 대립가설의 반대에 해당하는 진술

② **대립가설**

귀무가설과 대립되는 가설이며, 보통 마케팅조사에서는 앞에서 언급한 연구가설(연구자가 믿는 그리고 지지하기를 원하는 가설) 설정

(3) 가설의 검증절차

① 통계적 가설검증을 거쳐 귀무가설은 기각되거나(rejected), 기각되지 않음(not rejected)
② 만약 귀무가설이 기각되면 연구가설(즉 대립가설)은 지지되지만(supported), 기각되지 않으면 연구가설은 지지되지 않음(not supported)
③ 귀무가설이 기각되고 연구가설(대립가설)이 지지되는 상황을 통계적으로 유의하다고 말하며, 마케팅조사에서 연구가설이 지지되기 때문에 가장 바람직한 상황임

(4) 가설 설정의 예시

H_0 : 아이스크림의 평균 무게 = 60g
H_1 : 아이스크림의 평균 무게 ≠ 60g

제4절 두 변수의 분석

1 상관관계분석

(1) 개념

한 변수의 변화에 의해 타 변수의 변화 정도 및 방향을 예측하는 분석기법

(2) 성격

① 상관관계는 인과관계가 아닐 수도 있다는 것에 주의

② 특정한 경우를 제외하고, 상관관계는 대체로 음의 방향인지 또는 양의 방향인지, 관계의 방향이 포함

③ 독립변수·종속변수가 없음(독립변수와 종속변수의 관계가 불명확하며, 두 변수 상호관련성만을 파악하고자 할 때 활용)

④ 측정치가 아닌 하나의 지수이므로 변수 간 관계의 비율 및 백분율은 다름

⑤ 상관관계의 계수끼리는 가감승제($\pm$, $\times$, $\div$)가 불가능

⑥ 상관관계의 결정계수는 상관관계의 계수를 제곱해서 나오는 값

(3) 종류

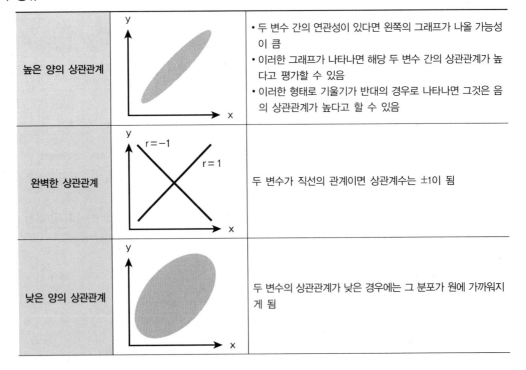

높은 양의 상관관계		• 두 변수 간의 연관성이 있다면 왼쪽의 그래프가 나올 가능성이 큼 • 이러한 그래프가 나타나면 해당 두 변수 간의 상관관계가 높다고 평가할 수 있음 • 이러한 형태로 기울기가 반대의 경우로 나타나면 그것은 음의 상관관계가 높다고 할 수 있음
완벽한 상관관계		두 변수가 직선의 관계이면 상관계수는 ± 1이 됨
낮은 양의 상관관계		두 변수의 상관관계가 낮은 경우에는 그 분포가 원에 가까워지게 됨

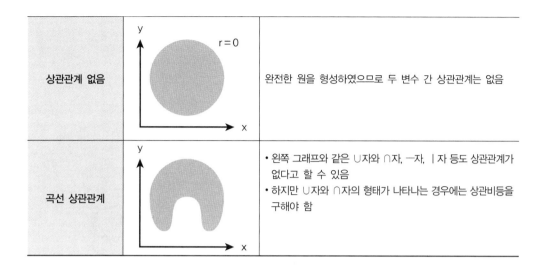

상관관계 없음		완전한 원을 형성하였으므로 두 변수 간 상관관계는 없음
곡선 상관관계		• 왼쪽 그래프와 같은 ∪자와 ∩자, ─자, ｜자 등도 상관관계가 없다고 할 수 있음 • 하지만 ∪자와 ∩자의 형태가 나타나는 경우에는 상관비등을 구해야 함

2 회귀분석과 상관관계의 차이

(1) 회귀분석의 경우 변수 간 인과관계가 성립되어야 함

(2) 회귀분석은 정규성, 등간성, 선형성 등의 조건이 필요하며, 이를 검증해야 함

(3) 상관관계는 등간척도 이상이 아닌 서열척도만으로도 분석이 가능

(4) 상관관계는 두 변수의 관계를 예측할 수 있는 정도일 뿐이고, 정확한 예측치를 제시하지 못함

제5절 다변량 분석

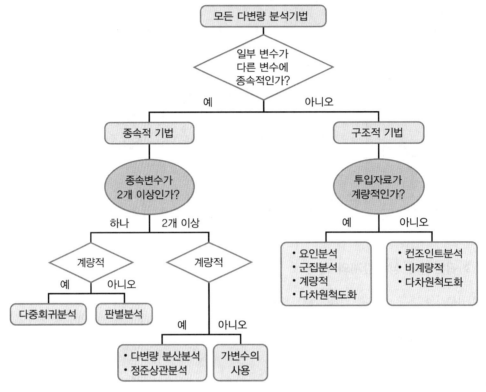

[다변량 통계적 분석기법]

| 제9장 | 단순회귀분석 |

제1절 회귀모델의 기본개념

1 회귀분석의 목적

(1) 독립변수와 종속변수 간의 상관관계, 즉 상호관련성의 여부를 알려줌

(2) 상관관계가 있다면 이러한 관계는 어느 정도나 되는가를 알려줌

(3) 독립변수와 종속변수 간 관계의 성격을 알려줌

2 회귀분석의 기본 가정

(1) 독립변인 및 종속변인 간 관계가 직선적(등간, 비율척도가 적합)

(2) 종속변수 및 오차(예측값과 실제값의 차이)의 분포가 정상분포를 이루어야 함

(3) 오차항이 독립변인들의 값과 독립적이어야 함

(4) 오차들의 분산이 일정해야 함(오차항의 등분산성)

(5) 모든 개체들의 오차가 서로 자기 상관이 없어야 함

3 종속변수와 독립변수 간 성격 및 관계

구분	변수의 성격		변수의 관계
	종속변수	독립변수	
회귀분석	등간, 비율	등간, 비율	종속적 관계 파악
판별분석	명목	등간, 비율	
분산분석	등간, 비율	명목	
요인분석	등간, 비율	등간, 비율	상호 관계 파악
군집분석	명목, 등간, 비율	명목, 등간, 비율	

제2절 회귀분석의 모델

$$Y_i = \beta_0 + \beta_1 X_i + \varepsilon_i$$

- Y_i : 종속변수의 i번째 값
- X_i : 독립변수의 i번째 값(미리 제시된 상수)
- β_0, β_1 : 회귀계수
- ε_i : 우연적 오차로 해당 평균은 0이며, 분산은 '0'으로 가정

제3절 회귀방정식의 추정

(1) **회귀방정식** : 경제행위의 인과관계를 과거의 통계를 기반으로 추정한 방정식

(2) **회귀방정식의 추정** : 회귀분석 모델에서 회귀계수를 추정하는 것을 의미

(3) 최소자승법(Least Square Method)을 이용하여 회귀계수 추정

제4절 회귀분석에 있어서의 통계적 추론

(1) **상관계수(Coefficient of Correlation)**
    ① 두 변수의 상관성을 나타내는 척도
    ② 항상 −1과 1 사이에 존재
    ③ 상관계수 값이 −1 또는 1일 경우에는 두 변수가 완전한 직선 관계임을 의미
    ④ 점들이 직선에 얼마나 모여 있는지를 나타냄
    ⑤ 이상점이 있을 경우에, 이에 대한 영향을 받음

(2) **결정계수(Coefficient of Determination)**
    회귀식의 적합도를 재는 척도

제5절 상관관계

1 회귀방정식 상관계수의 특징

(1) 변수 간 관계의 정도와 방향을 하나의 수치로 요약해 주는 지수

(2) 상관계수는 −1.00에서 +1.00 사이의 값을 가짐

(3) 변수와의 방향은 (−)와 (+)로 표현하며, 양의 상관관계일 경우에는 (+)값이 나타나고, 음의 상관관계일 경우에는 (−)값이 나타남

(4) 양의 상관관계는 한 변수가 증가함에 따라 타 변수도 증가하는 경우를 의미하고, 음의 상관관계는 한 변수가 증가함에 따라 다른 변수는 감소하는 경우를 의미

(5) 상관계수의 절댓값이 높을수록 두 변수 간의 관계가 높다고 할 수 있음

2 Pearson의 상관관계(적률 상관관계)

(1) 두 변수가 등간척도 이상이어야 함

(2) 두 변수가 직선의 관계가 있어야 함

(3) 각 행과 열의 분산이 비슷해야 함

(4) 최소한 하나의 변수가 정상분포를 이루어야 함

(5) 사례수가 적을수록 신뢰도가 떨어짐

(6) 상관계수는 r로 표현

제6절 회귀분석의 활용

회귀분석은 다음과 같이 마케팅 뿐만 아니라 비즈니스 분야에서 다양하게 활용

- 금융 관련 예측(주택 가격 또는 주가)
- 판매 및 프로모션 예측
- 시계열 예측

제10장 분산의 분석

제1절 분산분석의 이해

1 분산분석(ANOVA ; Analysis of Variance)

(1) 두 집단 이상의 평균 간의 차이를 검증하는 것으로 T-검정을 일반화한 분석 방법

(2) 분산분석은 각 집단의 분산을 분석하지만, 실제로는 각 집단의 평균이 동일하다는 가설을 검정하는 것

2 분산분석의 가정

(1) 모집단의 분산은 모두 같음

(2) 모집단은 정규분포를 따름

(3) 표본은 서로 독립적

(4) 표본은 각 모집단에서 무작위로 추출

제2절 분산분석의 이론적 고찰

1 종류

(1) **일원분산분석(One-Way ANOVA)**

종속변인이 1개, 독립변인이 1개일 때, 2개 이상의 독립변인 집단 간 차이가 유의한지를 검증하는 데 활용

(2) **이원분산분석(Two-Way ANOVA)**

① 종속변인은 1개, 독립변인은 2개일 때, 집단 간 차이가 유의한지를 검증하는 데 활용
② 이원분산분석은 주 효과 및 상호작용 효과를 분석할 수 있음

(3) **다원분산분석(MANOVA)**

① 종속변인이 1개인 단순한 분산분석을 확장해서 2개 이상의 종속변인이 서로 관계된 상황에 적용시킨 것
② 둘 이상의 집단 간 차이 검증이 가능

(4) **공분산분석(ANCOVA)**

① 다원분산분석에서 특정한 독립변인에 초점을 맞추고 다른 독립변인은 통제변수로 해서 분석하는 방법
② 특정한 사항을 제한하여 분산분석을 하는 것

2 변수의 종류

매개변수	'A → C'처럼 보이지만 실제로는 'A → B → C'이며, A의 결과이자 C의 원인이 되는 변수
외생변수	독립변수 외 종속변수의 변동을 초래하게 하는 제3의 변수
억제(억압)변수	독립변수의 영향력을 상쇄 및 억제시키는 방향으로 작용하는 제3의 변수
왜곡변수	독립-종속 관계의 방향을 반대로 보이게 하는 변수
조절변수	종속변수에 대한 독립변수의 효과를 중간에서 조절하는 변수

3 분산분석(ANOVA) 설계를 위해 고려해야 할 사항

(1) 각 요인에 얼마나 많은 수준이 있는가?

(2) 얼마나 많은 요인들이 있는가?

(3) 종속변인이 몇 개인가?

(4) 각 요인이 피험자 간 요인인가? 피험자 내 요인인가?

제11장 다변량 분석법

제1절 다변량 분석법의 활용

(1) 다변량 분석법(Multivariate Analysis)의 개념

서로 관련된 다변량의 자료를 요약 또는 분류하는 등의 통계적 기법

(2) 다음 세 가지 기준에 따라 분석하는 방법이 달라짐

① 분석할 변수들을 종속변수와 독립변수로 구분할 수 있는가?
② 종속변수가 있다면 몇 개가 있는가?
③ 변수들의 측정단위는 어떠한가?

제2절 요인분석법

1 요인분석(Factor Analysis)

(1) 요인분석의 개념

알지 못하는 특성을 규명하기 위해 문항 또는 변인들 간 상호관계를 분석해서 상관이 높은 문항 및 변인들을 묶어 몇 개의 요인으로 규명하고 해당 요인의 의미를 부여하는 통계방법

(2) 요인분석의 접근방법

높은 상관관계를 지니는 변수들이 하나의 공통적인 개념에 도달한다는 논리를 기반으로 하며, 이러한 요인분석은 상관관계를 갖는 변수들을 새로운 합성변수(요인)들로 결합

(3) 요인분석의 특징

① 종속변수 및 독립변수의 개념이 없음
② 모집단 특성에 대한 추정을 하지 않음
③ 추출된 요인과 요인 내 변수를 파악해서 추후의 분석에 활용
④ 모수, 통계량, 가설검정 등의 개념이 활용되지 않음

(4) 요인분석의 목적

① 자료에 대한 요약
② 변수의 구조 파악
③ 불필요한 변수의 제거
④ 측정도구에 대한 타당성 검증

(5) 요인분석의 가정

① 각 변수는 정규분포를 이루어야 함
② 각 변수의 관찰치는 상호 독립적이어야 함
③ 각 변수의 분산은 같다는 동분산성의 가정
④ 요인분석의 대상이 되는 모든 변수는 등간척도 이상인 정량적 자료이어야 함
⑤ 변수의 분산은 요인공통분산, 변수고유분산, 잔차분산으로 세분할 수 있어야 함
⑥ 통상적으로 요인분석을 활용하기 위해서는 적어도 각 변수마다 자료의 수는 50개 이상이 되어야 하고, 이러한 자료의 수가 최소한 변수 개수의 두 배는 되어야 함
⑦ 이미 모집단에서 변수들 간에 확정된 관계가 존재한다는 가정

2 요인분석의 종류

(1) 분석목적에 따른 분류

탐색적 요인분석	분석 전에 그 자료의 기본구조가 알려져 있지 않은 경우에 활용
확인적 요인분석	변수들 간 기존관계를 가설로 설정하고 요인분석을 활용해서 그 관계가 성립됨을 실증하는 데 활용

(2) 분석방법에 따른 분류

공통요인분석	분석의 대상이 되는 변수들의 기저를 이루는 구조를 정의하기 위한 분석방법
주성분분석	주어진 자료를 이용하여 다수의 변수들을 소수의 요인으로 축약하기 위한 분석방법

제3절 군집분석법

(1) 군집분석(Cluster Analysis)의 개념

소비자나 상표들을 서로 유사한 것끼리 묶어서 군집화하려는 경우에 활용되는 기법

(2) 군집분석의 활용

① 주로 소비자들을 여러 개의 특징적인 세분시장으로 나누는 데 활용
② 목표변수 및 반응변수를 지니지 않은 데이터에 적용해서 개체를 분류하고자 할 때 활용
③ 많은 수의 관측개체를 몇몇의 그룹(군집)으로 나눔으로써 대상집단을 이해하고 군집을 효율적으로 활용

(3) 군집분석의 종류

① **계층적 방법(Hierarchical Method)** : 조사대상을 하나의 군집으로 간주해서 출발하여 가까운 대상들이 군집으로 묶여 점차 군집이 커지고 군집의 수는 적어짐
② **비계층적 방법(Nonhierarchical Method)** : 사전에 정해진 군집의 수에 따라 대상들이 군집에 할당되는 방법이며, 대표적으로는 k-평균 군집분석이 있음

제4절 판별분석법

(1) 판별분석(Discriminant Analysis)의 개념

미리 정의된 둘 또는 그 이상의 군집이 어떠한 측면에서 서로가 구분되는지 그 이유를 찾기 위해 활용되는 방법

(2) 판별분석의 활용

① 판별분석은 연구 대상이 두 집단 중 어디에 속하는지를 판단하는 분석기법
② 두 집단의 분류에 중요한 역할을 하는 변수를 찾아내는 활용

(3) 판별분석의 특징

① 독립변수 및 종속변수가 존재
② 독립변수는 비율척도 또는 등간척도, 종속변수는 명목척도
③ 판별분석은 독립변수들에 대한 계량적 측정치의 선형결합이 단 하나의 종속변수를 묘사하거나 예측하기 위해 활용된다는 점에서는 (다중)회귀분석과 비슷
④ 단지 회귀분석에서의 종속변수가 계량적인데 반하여 판별분석에서의 종속변수는 범주적(비계량적)이라는 차이가 있음
⑤ 판별분석은 분산분석과도 비교될 수 있는데, 판별분석에서 단 하나의 종속변수가 범주적이고 독립변수들이 계량적인 데 반하여 분산분석에서는 종속변수가 계량적이고 독립변수가 범주적임

(4) 판별분석의 주요 가정

① 독립변수들이 실제로 집단소속을 설명
② 각 모집단에서 독립변수들은 정규분포를 이루며, 독립변수들의 분산이 동일
③ 현재의 분석에서 고려하고 있는 독립변수 이외에는 어느 응답자도 특정한 집단과 연관을 갖지 않음으로써 집단소속의 사전확률이 동등

제5절 다차원 척도법

(1) 다차원 척도법(Multidimensional Scaling)의 개념

유사성·비유사성 값을 활용해서 개체들을 2차원 공간상에 점으로 표현하는 분석방법

(2) 다차원 척도법의 활용분야

시장세분화, 가격 결정, 신제품 개발, 광고 연구 영역 등의 광범위한 마케팅 문제에도 유용하게 활용

(3) 다차원 척도법의 특징

① 개체들을 2차원 공간상에 점으로 표현해서 각 개체들 사이의 집단화를 시각적으로 표현
② 몇 개의 특성변수를 측정한 후에 해당 변수들을 활용해서 각 개체들 사이의 거리 또는 비유사성 등을 측정하고, 이를 활용해서 개체들을 2차원 또는 3차원 공간상의 점으로 표현

(4) 다차원 척도법의 종류

① **비속성자료를 활용한 방식** : 소비자들이 대상의 속성을 총합적으로 인지한다는 가정을 두고, 만들어진 방식

② **속성자료를 활용한 방식** : 대상을 평가하고 인식함에 있어 그에 따르는 속성들을 정의하고 이러한 속성에 근거해서 자료를 분석해서 해당 대상들을 공간에 배열하는 방식

(5) 다차원 척도법의 활용

① 지각도는 여러 대상들(브랜드, 기업 등)에 대한 소비자의 지각을 나타내는 그림으로 포지셔닝 맵이라고도 함

② 지각도에는 대상들의 유사성(similarity) 정도만을 나타내주는 지각도와 유사성과 함께 소비자의 이상점(ideal point)을 나타내주는 지각도가 있음

③ 다차원 척도법으로 지각도를 그릴 수 있음

제6절 컨조인트 분석법

(1) 컨조인트 분석(Conjoint Analysis)의 개념

제품 속성의 중요도를 파악하는 데 있어 유용한 기법으로 제품 속성들의 조합에 의해 만들어진 여러 제품 대안들에 대한 선호도를 분석함으로써 소비자들이 제품 평가 시에 어떠한 제품을 중요하게 여기는지 밝혀내는 기법

(2) 컨조인트 분석의 활용(효과)

① 신제품개발 또는 기존제품의 특정 부위에 대한 개선 등에 유용하게 활용

② 시장세분화

③ 제품의 최적 속성을 결정

④ 매출액 및 시장점유율의 추정

⑤ 광고 및 커뮤니케이션의 효율화

⑥ 연구대상 제품에 대한 수익성 및 사업성의 분석

(3) 컨조인트 분석의 특징

종속변수가 서열척도인 경우에 적합한 분석방법

(4) 컨조인트 분석의 목적

독립변수인 제품이나 조사대상의 속성 등이 종속변수인 제품이나 조사 대상 등에 대한 선호도 및 선택이 있어 각각 어느 정도의 영향을 미치며, 더불어 그러한 속성들 사이에는 어떤 관계인지를 밝혀내는데 있음

제12장 조사결과의 통합 및 조사보고서 작성

제1절 조사보고서 작성

[조사보고서 포함사항]

- 표지의 작성
- 목차
- 요약
- 서론
- 조사디자인 및 자료수집의 방법 결정
- 자료분석방법 및 그로 인한 발견점
- 결론
- 부록

제2절 조사보고서와 자료의 시각화

(1) 자료시각화의 개념

분석결과를 차트(chart), 그래프(graph), 지도(map) 등을 사용하여 시각적으로 표현하고 전달하는 과정

차트	두 가지 이상의 데이터의 분류, 평균, 차이, 관계 등을 시각적으로 분석하기 위하여 사용되는 도형
그래프	시간에 따른 자료의 경향과 변화를 보여주는 것에 초점을 두는 도형
지도	공간의 표상을 일정한 형식을 이용해 기호로 표현한 그림으로, 대부분 2차원의 평면에 표현

(2) 시각적 속성

차트 혹은 그래프를 구성하는 모든 요소

① 위치, 형태, 크기, 색, 명도, 채도, 선 굵기, 선 유형이 주요한 시각적 속성

② **정량적 자료일 때 주로 활용하는 시각적 속성** : 위치

③ **정성적(범주형) 자료일 때 활용하는 시각적 속성** : 형태와 선 유형

(3) 자료특성에 따른 시각화

① **수량의 시각화**

　㉠ 수량과 빈도의 시각화

　㉡ 브랜드별 판매량, 순수익 등과 지표를 활용한 시각화가 가능

　㉢ 막대차트, 버블차트, 히트맵 등이 있음

② **비율의 시각화**

　㉠ 수량, 빈도와 함께 자주 사용되는 자료는 비율

　㉡ 기업의 시장점유율, 점포별 판매비율과 같은 지표를 시각화

　㉢ 파이차트, 도넛형차트, 와플차트, 트리맵 등이 있음

③ **분포의 시각화**

　㉠ 자료가 어떻게 분포되어 있는지를 표현

　㉡ 연령별로 설문조사 응답자 수를 표시할 때 유용

　㉢ 히스토그램(histogram)과 밀도도표(density plot) 등이 있음

④ **지리공간 데이터의 시각화**

　㉠ 위치정보 시스템의 발달과 함께 지리공간 데이터를 이용한 시각화

　㉡ 지도에 데이터를 표시하면 효율적으로 정보전달 가능

　㉢ 지도, 단계구분도, 카토그램 등이 있음

제한시간: 50분 | 시작 ___시 ___분 – 종료 ___시 ___분

정답 및 해설 363p

01 다음 내용에 해당하는 마케팅 조사의 유형은?

> 하나의 조사에 여러 기업들이 함께 참여하는 형식의 조사로 비교적 다량의 정보를 반복적으로 조사하는 등의 단점을 보완하고자 대규모로 표본에 대해서 실시하는 방법을 선택하는 것이 경제적이다.

① 애드혹 조사
② 탐색 조사
③ 옴니버스 조사
④ 기술 조사

02 다음 중 2차 자료에 대한 설명으로 옳지 <u>않은</u> 것은?

① 일반적으로 자료의 취득이 용이하다.
② 시간, 비용, 인력에 있어 저렴하다.
③ 현재 조사하고자 하는 목적에 도움을 줄 수 있는 기존의 모든 자료를 말한다.
④ 대표적인 유형으로는 전화서베이, 리포트, 대인면접법, 우편이용법 등이 있다.

03 다음 중 전수조사에 대한 설명으로 옳지 <u>않은</u> 것은?

① 전체 조사대상을 조사하는 방법이다.
② 모집단의 특성을 그대로 가지는 대표성이 높은 표본선정이 관건이 된다.
③ 조사과정 중에 발생하게 되는 문제들로 인해 정확도가 떨어진다는 문제점이 있다.
④ 전수조사를 수행하기 위해서는 많은 비용 및 시간이 소요된다.

04 마케팅 문제의 원천에 대한 유형 중 조직 내적 요소에 속하지 <u>않는</u> 것은?

① 공급 및 수요 상황
② 마케팅 믹스 요소
③ 마케팅 담당 인적자원의 구성
④ 조직 내 마케팅 담당부서의 위치

05 다음 중 심층면접법에 대한 설명으로 옳지 <u>않은</u> 것은?

① 심층면접법의 경우 취득한 자료를 해석하기가 쉽지 않다.
② 심층면접법에서 면접진행자의 경우에는 상당한 숙련을 필요로 한다.
③ 해당 연구결과에 대한 신뢰성에 있어서 문제가 되지 않는다.
④ 조사대상자들 중의 한 명을 선택해서 깊이 있는 질문을 통해 정보를 얻는 조사방법이다.

06 표적집단면접법(FGI)의 특징으로 옳지 <u>않은</u> 것은?

① 주관적인 해석의 우려가 있다.
② 여러 주제에 대한 자료수집이 불가능하다.
③ 도출된 결과의 일반화가 어렵다.
④ 전문적인 정보의 획득이 가능하다.

07 다음 중 관찰법에 대한 내용으로 가장 옳지 <u>않은</u> 것은?

① 사람들이 제공할 수 없거나 제공하기를 꺼려하는 정보 등을 얻는 데 적합한 방법이다.
② 자료를 수집하는 데 있어 피관찰자의 협조의도 및 응답능력 등이 큰 문제가 된다.
③ 관찰자에게서 발생되는 오류의 제거가 가능하다.
④ 피관찰자에 대한 정보를 수집할 때 피관찰자가 눈치 채지 못하도록 자연스럽게 관찰해야 한다.

08 다음 중 척도에 대한 설명으로 옳지 <u>않은</u> 것은?

① 어떤 가설에 의거해서 본래의 질적인 내용을 지닌 여러 가지 속성을 수량적인 변수로 바꾸어 놓은 것이다.

② 신뢰도 및 타당성을 필요로 하지 않는다.

③ 척도에 있어서 타당성이란 해당 척도가 목적으로 하는 것을 측정하고 있는지를 정하는 기준이다.

④ 수치 및 기호의 연속적 체계, 즉 측정하는 도구이다.

09 다음 중 비율척도에 대한 내용으로 옳지 <u>않은</u> 것은?

① 절대 '0'이 존재하지 않는 척도이다.

② 모든 통계분석 기법의 활용이 가능하다는 특징이 있다.

③ 서열, 비율, 범주, 거리 등에 관한 정보를 지니고 있다.

④ 척도상 위치를 모든 사람이 동일하게 인지하고 해석한다.

10 다음 내용으로 미루어 보아, 이 척도에 대한 설명으로 거리가 <u>먼</u> 것은?

> [질문] 여러분은 흡연에 대해 어떻게 생각하시나요? 흡연에 대한 여러분의 평가를 아래의 선상에 표기해 주시기 바랍니다.
>
> 매우 나쁘다 ---------------------- V ---------------------- 매우 좋다

① 위 척도는 구성하기가 용이하다.

② 위 척도는 대가 되는 개념 사이에 응답자가 느끼는 위치를 표시하게 해서 측정하는 척도이다.

③ 위 척도는 상대적인 비교를 통해 수치가 부여되기 때문에 서열척도의 성격이 상당히 강하다.

④ 위 척도는 표시한 위치의 파악이 어렵다는 문제점이 있다.

11 다음 중 의미차별화 척도에 대한 설명으로 옳지 <u>않은</u> 것은?

① 서열척도적인 성격은 약하지만, 간격 등이 다르다고 가정하며 명목척도로 간주한다.

② 대가 되는 형용사적 표현을 설계하기가 상당히 어렵다는 문제점이 있다.

③ 서로가 상반되는 형용사적 표현을 양 끝에 표시하고 적절한 위치에 응답자가 응답하게 하는 척도이다.

④ 응답자들이 이해하기가 쉽다.

12 다음 내용에 해당하는 측정의 타당성은?

> 동일한 개념에 대해 복수의 조작적 정의 간 상관관계로 타당성을 추정하는 것이고 동일한 구성개념을 측정한 두 측정치는 상관관계가 높아야 한다.

① 집중 타당성(Convergent Validity)
② 내적 타당성(Internal Validity)
③ 판별 타당성(Discriminant Validity)
④ 수렴 타당성(Convergent Validity)

13 다음 수치들 중에서 최빈값은?

> 2, 4, 7, 7, 7, 8, 8, 13, 13, 18

① 2 ② 4
③ 7 ④ 13

14 통계적인 관찰의 대상이 되는 본래의 집단 전체를 무엇이라고 하는가?

① 표본추출단위(Sampling Unit)
② 모집단(Population)
③ 표본추출(Sampling)
④ 표본설계(Sample Design)

15 다음 중 소속이 <u>다른</u> 하나는?

① 편의 표본추출법
② 판단 표본추출법
③ 군집 표본추출법
④ 할당 표본추출법

16 **질문서 작성에서 예비조사에 대한 설명으로 옳지 않은 것은?**

① 실제 조사하고자 하는 연구문제에 대한 정보나 지식이 없을 경우에 활용한다.

② 매우 조직적이고 공식적으로 실시하는 본 조사의 연습이라 할 수 있다.

③ 질문서 및 면접조사 등 실태조사의 도구를 초안하기 위해 실시한다.

④ 공식적인 표본설계 및 표본추출의 과정은 크게 중요하지 않다.

17 **마케팅 커뮤니케이션 과정의 구성요소에 대한 설명으로 옳지 않은 것은?**

① 발신인은 또 다른 개인이나 그룹 등에게 메시지를 보내는 당사자를 의미한다.

② 수신인은 메시지를 받는 당사자를 의미한다.

③ 메시지는 발신인이 전달하고 싶은 내용을 조합한 것을 말한다.

④ 반응은 수신인의 발신인에 대한 반응을 말한다.

18 **다음 내용에 해당하는 것은?**

> 애매모호한 부분이 없도록 각각의 항목의 응답을 일정한 기준에 의해서 체계적으로 분류하는 과정을 지칭한다.

① 코딩

② 기호화

③ 편집

④ 변수

19 **다음 중 구조추출의 분석 목적으로 적절한 것은?**

① 종속변수가 독립변수에 영향을 받는다는 가정하에 그 관계의 확인

② 변수 간 관계의 분석

③ 자료에 대한 특성을 기술

④ 자료 내에 잠재되어 있는 구조의 파악

20 데이터 수치들 중에서 가장 많이 나타나는 값을 무엇이라고 하는가?

① 중앙값(Median)

② 범위(Range)

③ 최빈값(Mode)

④ 분산(Variance)

21 다음 중 회귀분석 및 상관관계에 대한 설명으로 옳지 <u>않은</u> 것은?

① 상관관계는 두 변수가 등간척도 이상이 아닌 명목척도만으로도 분석이 가능하다.

② 회귀분석은 정규성, 등간성, 선형성 등의 조건이 필요하며, 이를 검증해야 한다.

③ 상관관계는 두 변수의 관계를 예측할 수 있는 정도일 뿐이고, 정확한 예측치를 제시하지 못한다.

④ 회귀분석의 경우 변수 간 인과관계가 성립되어야 한다.

22 각 집단의 분산을 분석하지만 실제로는 각 집단의 평균이 동일하다는 가설을 검정하는 것을 무엇이라고 하는가?

① 요인분석

② 군집분석

③ 분산분석

④ 컨조인트분석

23 회귀선의 특성으로 옳지 <u>않은</u> 것은?

① 회귀모델에서 우연적 오차에 대한 추정량은 잔차 $e_i = y_i - \hat{y_i}$가 된다.

② 잔차의 합은 1이다.

③ 정규방정식에 의한 관측치의 합은 회귀방정식에 의해 추정된 값의 합과 동일하다.

④ 회귀선은 언제나 $(\overline{X}, \overline{Y})$를 지난다.

24 다음 중 Pearson의 상관관계에 대한 설명으로 옳지 **않은** 것은?

① 사례 수가 많을수록 신뢰도가 떨어진다.
② 각 행 및 열의 분산이 비슷해야 한다.
③ 두 변수가 등간척도 이상이어야 한다.
④ 두 변수가 직선의 관계에 있어야 한다.

25 다음 중 가설의 구성 시 고려사항으로 적절하지 **않은** 것은?

① 가설은 최대한 복잡하게 구성되어야 한다.
② 가능한 한 광범위한 적용범위를 가지고 있어야 한다.
③ 경험적인 검증이 가능해야 한다.
④ 주어진 연구문제를 해결해 줄 수 있어야 한다.

26 다음 중 요인분석의 목적에 해당하지 **않는** 것은?

① 변수의 구조 파악
② 측정도구에 대한 타당성 검증
③ 자료에 대한 요약
④ 불필요한 가설의 제거

27 탐색조사에 대한 설명으로 옳지 **않은** 것은?

① 문제를 규명하는 것이 목적이다.
② 사례조사 · 문헌조사 · 전문가 의견조사 등이 있다.
③ 어떤 집단의 특성을 기술하려 할 때, 또는 예측하려 할 때 사용한다.
④ 기업의 마케팅 문제와 현재의 상황을 보다 더 잘 이해하기 위해 시행하는 예비조사이다.

28 다음 중 표본조사에 대한 설명으로 옳은 것은?

① 전체 조사대상을 조사한다.

② 많은 비용과 시간이 소요된다.

③ 조사과정 중에 발생하게 되는 문제들로 인해 정확도가 떨어진다.

④ 모집단의 특성을 그대로 가지는 대표성이 높은 표본을 선정해야 한다.

29 다음 내용이 설명하는 표본추출법에 해당하지 <u>않는</u> 것은?

> • 모집단의 표본추출단위가 표본으로서 추출될 확률이 사전에 미리 알려져 있으며, '0'이 아니도록 표본을 추출하는 방식이다.
> • 통계적인 방법을 활용함으로써 우연 또는 편의 등에 의하지 않고 객관적으로 표본을 추출한다.

① 군집 표본추출법

② 층화임의 표본추출법

③ 편의 표본추출법

④ 단순무작위 표본추출법

30 다음 중 1차 자료에 해당하지 <u>않는</u> 것은?

① 리포트

② 대인면접법

③ 우편이용법

④ 정기간행물

31 다음 중 조직의 마케팅 문제를 발생시키는 조직 외적 요소가 <u>아닌</u> 것은?

① 경제적 상황

② 마케팅 믹스요소

③ 공급 및 수요상황

④ 정부정책상의 변화

32 다음 내용이 의미하는 것과 합치되는 것은?

> A → B, A → C, B → C (A, B, C는 각각의 변수를 뜻함)

① 구조적 인과관계
② 연속적 인과관계
③ 단순한 인과관계
④ 복합적 인과관계

33 다음 중 내적 타당도 저해 요인을 모두 고른 것은?

> ㄱ. 역사적 요인
> ㄴ. 선정효과
> ㄷ. 호오돈 효과
> ㄹ. 크리밍 효과
> ㅁ. 측정도구의 변화
> ㅂ. 다수적 처리에 의한 간섭

① ㄱ, ㄴ, ㄹ
② ㄱ, ㄴ, ㅁ
③ ㄴ, ㄷ, ㄹ
④ ㄹ, ㅁ, ㅂ

34 다음 내용에서 괄호 안에 들어갈 알맞은 말은?

> 스튜던트 잔차는 표준화된 잔차를 의미한다. 오차항에 대한 가정이 성립한다고 했을 때, 스튜던트 잔차는 평균이 (㉠), 분산은 근사적으로 (㉡)이 된다.

	㉠	㉡
①	1	10
②	0	10
③	1	0
④	0	1

35 표본추출단계를 순서대로 나열한 것은?

> ㄱ. 표본추출의 실행
> ㄴ. 자료수집방법에 대한 결정
> ㄷ. 표본추출프레임에 대한 결정
> ㄹ. 모집단의 결정
> ㅁ. 표본추출 실행계획의 수립
> ㅂ. 필요로 하는 표본크기 및 접촉표본의 크기 결정
> ㅅ. 표본추출방법에 대한 결정

① ㄹ-ㄱ-ㄷ-ㄴ-ㅁ-ㅂ-ㅅ
② ㄹ-ㄱ-ㅁ-ㄷ-ㅅ-ㅂ-ㄴ
③ ㄹ-ㄴ-ㄷ-ㅅ-ㅂ-ㅁ-ㄱ
④ ㄹ-ㄴ-ㄱ-ㅁ-ㅅ-ㄷ-ㅂ

36 다음 예문이 의미하는 척도는 무엇인가?

> 아래의 색 중에서 여러분이 좋아하는 순서대로 번호를 매기시오(가장 좋아하는 경우 1, 그 다음은 2의 순입니다).

① 명목척도
② 등간척도
③ 서열척도
④ 비율척도

37 다음 내용에 해당하는 것은?

> 하나의 관측 대상에 대해서 수많은 관측값(다변량)이 있으며, 또한 그러한 변수가 비교적 소수의 잠재적 변수에 의해 설명된다는 이론적 근거가 있는 경우에 활용되는 방법

① 인자분석
② 교차분석
③ 판별분석
④ 분산분석

38 다음 내용은 무엇에 대한 목적인가?

> • 독립변수와 종속변수 간 상호관련성의 여부를 알려준다.
> • 상관관계가 있을 경우에 이러한 관계는 어느 정도나 되는가를 알려준다.
> • 독립변수와 종속변수 간 관계의 성격을 알려준다.

① 군집분석
② 요인분석
③ 분산분석
④ 회귀분석

39 다음 내용에서 괄호 안에 들어갈 말은?

> (   )은 많은 수의 관측개체를 몇몇의 그룹으로 나눔으로써 대상 집단을 이해하고 군집을 효율적
> 으로 활용하는 데 그 목적이 있다.

① 판별분석
② 요인분석
③ 군집분석
④ 컨조인트 분석

40 조사보고서의 표지에 포함되는 내용이 <u>아닌</u> 것은?
① 제출일자
② 조사보고서의 제목
③ 조사를 수행한 회사
④ 각 주제별 제목 및 페이지 번호

정답 및 해설 | 마케팅조사

01	02	03	04	05	06	07	08	09	10	11	12	13	14	15
③	④	②	①	③	②	②	②	①	③	①	④	③	②	③
16	17	18	19	20	21	22	23	24	25	26	27	28	29	30
②	④	③	④	③	①	③	②	①	①	④	③	④	③	④
31	32	33	34	35	36	37	38	39	40					
②	①	②	④	③	③	①	④	③	④					

01 정답 ③

옴니버스 조사는 많은 정보를 조사해야 하는 단점을 보완하기 위해 하는 대규모 표본조사 방식이다.
① 애드혹 조사는 기업 조직이 필요로 하는 시기에 시행하는 조사방법이다.
② 탐색 조사는 특정 문제가 잘 알려져 있지 않은 경우에 적합한 조사방법이다.
④ 기술 조사는 현재 나타나고 있는 마케팅 현상을 보다 정확하게 이해하기 위해서 수행되는 조사이다.

02 정답 ④

④ 2차 자료의 대표적인 유형으로는 논문, 정기간행물, 각종 통계자료 등이 있다.

03 정답 ②

② 조사의 대상자 중에서 일부만을 대상으로 하여 조사하는 표본조사에 대한 내용이다.

04 정답 ①

① 조직 외적 요소에 속한다.

05 정답 ③

③ 심층면접법에서는 면접진행자로 인해 조사대상자의 응답에 영향을 끼칠 수 있기 때문에 해당 연구결과에 대한 신뢰성에 있어 문제가 될 수 있다.

06 정답 ②

표적집단면접법은 8~12명 정도의 응답자를 대상으로 비구조적 인터뷰를 시행하는 방식이다.
② 많은 사람들 간의 상호작용으로 인해 여러 주제에 대한 자료수집이 가능하다.

07 정답 ②

관찰법은 조사대상의 행동 및 상황 등을 직접적 또는 기계장치를 통해서 관찰하여 자료를 수집하는 방법이다.
② 자료를 수집하는 데 있어 피관찰자의 협조의도 및 응답능력 등은 문제가 되지 않는다.

08 정답 ②

② 척도는 신뢰도 및 타당성을 필요로 한다.

09 정답 ①

① 비율척도는 절대 '0'이 존재하는 척도이다.

10 정답 ③

제시된 내용은 연속형 평가척도에 대한 것이다.
③ 고정총합 척도법에 대한 내용이다.

11 정답 ①

① 의미차별화 척도는 서열척도적인 성격이 강하지만, 간격 등이 같다고 가정하며 등간척도로 간주한다.

12 정답 ④

① 집중 타당성은 동일한 개념을 측정하기 위해 최대 한도로 상이한 두 가지 측정방식을 개발하여 얻어진 측정값들 간의 높은 상관관계가 있어야 한다.
② 내적 타당성은 실험 또는 연구조사를 통해 찾아낸 효과가 조작화된 처리에 기인된 것이라 할 수 있는 정도이다.
③ 판별 타당성은 서로 다른 개념을 측정했을 때 측정값들 간에는 상관관계가 낮아야 한다.

13 정답 ③

최빈값
통계에서 데이터 수치들 중 가장 많이 나타나는 값이다. 즉, 주어진 값 중에서 가장 자주 나오는 값을 말한다.

14 정답 ②

어떤 집단을 통계적으로 관찰해서 평균 및 분산 등을 조사할 때, 또는 관찰의 대상이 되는 집단 전체를 조사하는 것이 갖가지 이유로 어려울 경우에, 전체 중 일부를 추출해서 이를 조사함으로써 전체의 성질을 추정하는 방법이며, 이런 경우 본래의 집단 전체를 모집단이라 한다.
① 표본추출단위는 정의된 모집단에 대하여 목적표식 또는 속성과 같은 요소로 분해된 단위이다.
③ 표본추출은 조사의 대상인 모집단으로부터 표본을 추출하는 것이다.
④ 표본설계는 조사연구의 목적을 잘 끝내기 위해서 표본을 제대로 샘플링해야 하는 과정이다.

15 정답 ③

①·②·④는 비확률 표본추출법에 속하고, ③은 확률 표본추출법에 속한다.

16 정답 ②

② 예비조사는 조사표 및 설문지의 초안 전에 실시하므로 비조직적이고 기초적인 조사이다.

17 정답 ④

④ 반응은 메시지에 노출이 된 후에 나타나는 수신인의 행동을 의미한다.

18 정답 ③

편집은 수집된 원 자료에 있어서 최소한의 품질 수준을 확보하기 위해 응답의 누락, 애매함, 착오 등을 찾아내는 과정으로 1차적으로 면접자 및 현장감독자가 이를 담당한다.
① 코딩은 자료의 분석을 용이하게 하기 위해 관찰된 내용에 일정한 숫자를 부여하는 과정 및 컴퓨터의 입력과정이다.
② 기호화란 자료의 처리와 분석이 용이하도록 각 응답들에 기호를 할당하는 것이다.
④ 변수는 일반적으로는 미리 정해진 범위 내에서 값이 변할 수 있는 수를 대표하는 문자이다.

19 정답 ④

구조추출의 분석 목적은 자료 내에 잠재되어 있는 구조를 파악함에 있다.

20 정답 ③

최빈값(Mode)은 주어진 값 중에서 가장 자주 나오는 값을 의미한다.
① 중앙값은 데이터를 크기순으로 나열했을 때 중앙에 위치하는 값이다.
② 범위는 최댓값에서 최솟값을 뺀 것이다.
④ 분산은 분포의 평균으로부터 각 관찰치들의 편차제곱들의 평균이다.

21 정답 ①

① 상관관계는 등간척도 이상이 아닌 서열척도만으로도 분석이 가능하다.

22 정답 ③

분산분석은 각각의 모집단은 정규분포를 가정하고 있고, 분산은 모두 동일한 값을 가진다고 가정하며 귀무가설과 대립가설을 비교 검증하는 방법을 말한다.
① 요인분석은 여러 개의 변수들이 서로 어떻게 연결되어 있는가를 분석하여 이들 변수 간의 관계를 공동 요인을 활용해서 설명하는 다변량 분석기법이다.
② 군집분석은 비슷한 특성을 가진 집단을 확인하기 위해 시도하는 통계적 분석방법이다.
④ 컨조인트분석은 어떠한 제품 또는 서비스 등이 지니고 있는 속성 하나하나에 소비자가 부여하는 가치를 추정함으로써 해당 소비자가 어떠한 제품을 선택할지를 예측하는 기법이다.

23 정답 ②

② 잔차의 합은 0이다.

24 정답 ①

① 사례 수가 적을수록 신뢰도가 떨어진다.

25 정답 ①

① 가설은 간단명료해야 한다.

26 정답 ④

요인분석은 알지 못하는 특성을 규명하기 위해 문항 또는 변인들 간 상호관계를 분석해서 상관이 높은 문항 및 변인들을 묶어 몇 개의 요인으로 규명하고 해당 요인의 의미를 부여하는 것이다.
④ 요인분석은 불필요한 변수의 제거의 목적을 갖고 있다.

27 정답 ③

어떤 집단의 특성을 기술하거나 예측하고자 할 때 사용하는 것은 기술조사이다.

28 정답 ④

표본조사
• 조사의 대상자 중에서 일부만을 대상으로 하여 조사하는 방법이다.
• 모집단을 정의하고 표본의 수를 결정한 후에 표본을 추출하는 방식이다.
• 모집단의 특성을 그대로 가지는 대표성이 높은 표본 선정이 관건이 된다.

29 정답 ③

제시된 내용은 확률 표본추출법에 대한 설명이며, ③의 표본추출법은 비확률 표본추출법이다.

30 정답 ④

정기간행물은 2차 자료에 해당한다.

1차 자료의 유형
- 전화서베이
- 리포트
- 대인면접법
- 우편이용법

31 정답 ②

마케팅 믹스요소는 조직의 마케팅 문제를 발생시키는 조직 내적 요소에 해당한다.

조직의 마케팅 문제를 발생시키는 조직 외적 요소
- 경제적 상황
- 정부정책상의 변화
- 기술적 변화
- 공급 및 수요상황

32 정답 ①

구조적 인과관계
어느 한 변수가 제3변수의 매개에 의해서 다른 변수에 영향을 미칠 뿐만 아니라 직접적으로도 그 변수에 영향을 미치는 것을 말한다.
예 $A \rightarrow B$, $A \rightarrow C$, $B \rightarrow C$

33 정답 ②

내적 타당도 저해 요인
- 역사적 요인(사건 효과)
- 선정효과
- 성숙효과
- 상실요소(이탈효과)
- 회귀 – 인공요소
- 측정요소
- 오염 또는 모방효과
- 측정도구의 변화
- 선발과 성숙의 상호작용(선발효과)
- 누출(이전)효과

34 정답 ④

잔차는 측정값과 최확값의 차를 말한다. 그중에서 표준화된 잔차를 스튜던트 잔차라고 하는데 평균은 0이며, 분산은 근사적으로 1이 된다.

35 정답 ③

표본추출단계
모집단의 결정 → 자료수집방법에 대한 결정 → 표본추출프레임에 대한 결정 → 표본추출방법에 대한 결정 → 필요로 하는 표본크기 및 접촉표본의 크기 결정 → 표본추출 실행계획의 수립 → 표본추출의 실행

36 정답 ③

서열척도
대상을 어떤 변수에 대해 서열적으로 배열할 경우에 쓰이는 척도이다.

37 정답 ①

인자분석이란 하나의 관측 대상에 대해서 수많은 관측값(다변량)이 있으며, 또한 그러한 변수가 비교적 소수의 잠재적 변수에 의해 설명된다는 이론적 근거가 있는 경우에 활용되는 방법을 말한다.

38 정답 ④

회귀분석의 목적
- 독립변수와 종속변수 간의 상관관계, 즉 상호 관련성의 여부를 알려준다.
- 상관관계가 있다면 이러한 관계는 어느 정도나 되는가를 알려준다.
- 독립변수와 종속변수 간 관계의 성격을 알려준다.

39 정답 ③

군집분석

소비자나 상표들을 서로 유사한 것끼리 묶어서 군집화하려는 경우에 활용되는 기법

40 정답 ④

각 주제별 제목 및 페이지 번호는 조사보고서의 목차에 포함되는 내용이다.

조사보고서의 표지에 포함되는 내용
- 조사보고서의 제목
- 조사를 수행한 회사
- 조사를 의뢰한 회사
- 제출일자

SD에듀와 함께, 합격을 향해 떠나는 여행

VI. 회계원리

- 빨리보는 간단한 키워드
- 기출동형 최종모의고사
- 최종모의고사 정답 및 해설

행운이란 100%의 노력 뒤에 남는 것이다.

- 랭스턴 콜먼 -

빨리보는 간단한 키워드

| 제1장 | 회계의 기초 |

[Keyword]
- '회계'의 목적
- '회계'와 '부기' 구분
- '재무회계'와 '관리회계'의 구분
- '회계정보의 질적특성' 구분
- '재무제표' 종류
- 각 재무제표 정의

제1절 회계의 의의

1 회계의 의의

(1) **회계** : 기업의 경제적 활동에 대한 정보를 화폐 단위로 인식·측정·기록하여 회계정보이용자에게 전달하는 과정

(2) **목적** : 기업의 재무상태와 경영성과를 파악하여 다양한 회계정보이용자(주주, 채권자 등)가 의사결정을 하는 데 유용한 정보를 제공

2 재무제표 이용자(= 회계정보 이용자)

(1) **외부** : 투자자, 종업원, 금전대여자, 채권자, 고객, 정부와 관련기관, 일반 대중, 과세당국 등

(2) **내부** : 경영자

제2절 재무회계정보 : 재무보고서

1 재무제표의 목적

회계정보 이용자의 경제적 의사결정에 유용한 정보를 제공하는 것으로 대부분 정보이용자들의 공통적인 정보 수요를 충족시켜야 함

2 재무회계 개념체계

재무회계의 개념적 틀을 의미하며, 기업실체의 재무보고 목적을 정확히 하여 재무보고서를 작성·보고하는 데 기초가 됨

3 회계정보의 질적 특성

(1) **이해가능성** : 기업이 제공하는 회계정보는 정보이용자가 이해할 수 있도록 작성하여 제공

(2) **목적적합성** : 정보이용자가 의도하고 있는 의사결정 목적과 관련이 있어야 하며, 회계정보를 이용하여 의사결정을 하는 경우와 이용하지 않고 의사결정을 하는 경우를 비교해서 의사결정에 차이를 발생하게 하는 정보 능력
  ① **예측가치** : 미래에 대한 예측능력을 제고시켜 정보이용자의 의사결정에 영향을 줌
  ② **확인가치(피드백가치)** : 과거의 기대치를 확인 또는 수정함으로써 정보이용자의 의사결정에 영향을 줌
  ③ **중요성** : 회계정보는 중요하고 의미 있는 내용을 표시해야 하며, 중요하지 않은 항목은 간편하게 처리할 수 있음

(3) **신뢰성** : 정보가 유용하기 위해서 신뢰할 수 있어야 함
  ① **충실한 표현** : 정보가 나타내고자 하거나 나타낼 것으로 기대되는 거래나 사건을 충실하게 표현
  ② **형식보다 실질의 우선** : 재무제표 작성 시 거래나 사건을 형식보다는 경제적 실질에 따라 회계처리하고 보고
  ③ **중립성** : 편의가 없이 중립적인 정보의 제공
  ④ **신중성** : 불확실한 상황에서 요구되는 추정에 필요한 판단을 하는 경우 자산과 수익이 과대평가되지 않고, 부채와 비용이 과소평가되지 않도록 상당한 정도의 주의가 필요
  ⑤ **완전성** : 중요성과 원가를 고려한 범위 내에서 완전성을 갖추어야 함

(4) 비교가능성 : 재무제표를 기간별로 비교할 수 있어야 하고, 다른 기업 간 재무제표를 비교할 수 있어야 함

이해가능성	목적적합성	신뢰성	비교가능성
재무제표의 보고방법	• 예측가치 • 확인가치(피드백가치) • 중요성	• 충실한 표현 • 형식 〈 실질(우선) • 중립성 • 신중성 • 완전성	• 기간별 • 기업별

※ 질적 특성의 제약 요인 : 정보제공의 효익 > 정보제공의 비용, 중요성

제3절 재무보고

1 재무보고와 재무제표

(1) 재무보고 : 기업 외부와 기업 내부의 정보이용자에게 회계정보를 공시하는 것

(2) 기업회계기준에 따른 재무제표 : 재무상태표, 손익계산서, 자본변동표, 현금흐름표, 주석

※ **국제회계기준에 따른 재무제표** : 재무상태표, 포괄손익계산서, 자본변동표, 현금흐름표, 주석

종류	요소
재무상태표	자산, 부채, 자본
(포괄)손익계산서	비용, 수익
자본변동표	소유주의 투자, 소유주에 대한 분배
현금흐름표	영업활동, 투자활동, 재무활동으로 인한 현금흐름
주석	정량적 기준에 의해 작성되는 위 재무제표에서 나타낼 수 없는 정성적인 설명과 방향성에 대한 정보

2 재무제표의 연계성과 보완요소

(1) 재무제표의 연계성

(2) 재무제표의 보완요소 : 본문을 통해 양적 정보를 제공하고 본문에 첨부된 별지에 재무제표 이해에 필요한 질적 정보를 주석으로 제공

3 재무상태표

(1) 의의 : 일정시점 현재 기업의 재무상태를 나타내는 보고서

(2) 재무상태표의 기본요소

① 자산
   ㉠ 정의 : 과거 사건의 결과로 기업이 통제하고 있는 미래경제적 효익이 기업에 유입될 것으로 기대되는 자원
   ㉡ 보고기간(재무상태표일) 후부터 12개월 이내에 실현되는 것을 기준으로 유동자산과 비유동자산으로 구분

ⓒ 자산의 구성

유동자산	당좌자산	현금 및 현금성자산, 매출채권, 선급금, 당기손익인식금융자산 등
	재고자산	상품, 제품, 반제품, 재공품, 원재료 등
비유동자산	투자자산	장기금융상품, 기타포괄손익인식금융자산, 장기대여금 등
	유형자산	토지, 건물, 기계장치, 비품, 차량운반구 등
	무형자산	산업재산권, 광업권, 개발비 등
	기타 비유동자산	장기성매출채권, 장기선급금, 보증금 등

② 부채

㉠ 정의 : 과거 사건에 의하여 발생하였으며 경제적 효익이 내재된 자원이 기업으로부터 유출됨으로써 이행될 것으로 예상되는 현재의무

ⓒ 부채의 구성

유동부채	매입채무, 단기차입금, 미지급금, 선수금, 유동성장기부채 등
비유동부채	사채, 장기차입금, 장기충당부채, 퇴직급여충당부채 등

③ 자본

㉠ 정의 : 자산 총액에서 부채 총액을 차감한 잔액인 순자산(= 잔여지분, 소유주지분)

ⓒ 자본의 구성

납입자본	자본금	보통주자본금, 우선주자본금
	자본잉여금	주식발행초과금, 감자차익, 자기주식처분이익 등
	자본조정	주식할인발행차금, 감자차손, 자기주식처분손실, 자기주식 등
이익잉여금		기업이 벌어들인 이익 중 자본조정과 상계되거나 배당금 및 일반적립금으로 처분되지 않고 남아 있는 이익
기타자본요소	기타포괄손익누계액	기타포괄손익인식금융자산평가손익, 해외사업환산손익, 파생상품평가손익, 재평가잉여금 등
	일반적립금	법정적립금, 임의적립금

(3) 자산·부채의 측정

① 역사적 원가

㉠ 자산 : 취득 당시에 지급한 현금 및 현금성자산이나 그 밖의 대가의 공정가치로 기록

ⓒ 부채 : 부담하는 의무의 대가로 수취한 금액으로 기록

② 현행원가

㉠ 자산 : 동일하거나 또는 동등한 자산을 현재시점에서 취득할 경우에 그 대가로 지불하여야 할 금액으로 평가

ⓒ 부채 : 현재시점에서 그 의무를 이행하는 데 필요한 현금 및 현금성자산의 할인하지 아니한 금액으로 평가

③ 실현가능가치

　　㉠ 자산 : 정상적으로 처분하는 경우 수취할 것으로 예상되는 금액으로 평가

　　㉡ 부채 : 정상적인 영업과정에서 부채를 상환하기 위해 지급될 것으로 예상되는 금액으로 현금이나 현금성자산의 할인하지 아니한 금액으로 평가

④ 현재가치

　　㉠ 자산 : 정상적인 영업과정에서 그 자산이 창출한 것으로 기대되는 미래 순현금유입액의 현재할인가치로 평가

　　㉡ 부채 : 정상적인 영업과정에서 그 부채를 상환할 때 필요한 것으로 예상되는 미래 순현금유출액의 현재할인가치로 평가

(4) 재무상태표 양식

※ 재무상태표 등식(회계등식)

$$자산 = 부채 + 자본$$

재무상태표(계정식)

회사명	20×1.12.31.	(단위 : 원)
자산	부채	
유동자산 ×××	유동부채	×××
비유동자산 ×××	비유동부채	×××
	부채총계	×××
	자본	
	납입자본	×××
	이익잉여금	×××
	기타자본요소	×××
	자본총계	×××
자산총계 ×××	부채와 자본총계	×××

재무상태표(보고식)

회사명	20×1.12.31.	(단위 : 원)
자산		
유동자산		×××
비유동자산		×××
자산총계		×××
부채		
유동부채		×××
비유동부채		×××
부채총계		×××
자본		
납입자본		×××
이익잉여금		×××
기타자본요소		×××
자본총계		×××
부채와 자본총계		×××

4 포괄손익계산서

(1) 의의 : 일정기간 기업의 경영상태를 나타내는 보고서

(2) 포괄손익계산서의 기본요소

- 수익(매출액)
- 금융원가(이자비용)
- 법인세비용
- 당기순손익
- 기타포괄손익의 각 구성요소
- 총포괄손익

(3) 수익과 비용의 인식 시점

① 발생주의 기준
② 실현주의 기준
③ 수익·비용 대응의 기준

(4) 수익 : 자산의 증가 또는 부채의 감소에 따라 자본의 증가를 초래하는 특정 회계기간 동안에 발생한 경제적 효익의 증가

매출액	기업의 가장 중요한 영업활동과 관련하여 재화나 용역을 제공함에 따라 발생하는 수익 (예 상품매출, 제품매출, 서비스매출, 임대사업자의 임대료수익 등)
기타수익	기업의 주요 영업활동과는 관련이 없으나 영업활동의 결과 부수적으로 발생하는 수익 [예 이자수익, 수수료수익, 임대료수익(임대사업자 이외의 임대료수익), 유형자산처분이익 등]
당기순손익	수익에서 비용을 차감한 금액(기타포괄손익의 구성요소 제외)
기타포괄손익	한국채택국제회계기준에서 요구하거나 허용하는 당기손익으로 인식하지 않은 수익을 포함

(5) 비용 : 자산의 감소 또는 부채의 증가에 따라 자본의 감소를 초래하는 특정 회계기간 동안에 발생한 경제적 효익의 감소

성격별 분류	비용을 상품의 변동, 상품매입액, 급여, 감가상각비, 이자비용, 기타비용 등 성격별로 구분하여 표시하는 방법이다. 이 방법에 따를 경우에는 당기 상품의 변동액을 당기상품매입액에 가감하는 방법으로 표시한다.
기능별 분류	비용을 매출원가, 물류활동원가(물류비), 관리활동원가(일반관리비), 마케팅비용 등 기능별로 구분하여 표시하는 방법으로 매출원가를 반드시 다른 비용과 분리하여 표시하는 방법이다. 따라서 기능별 표시방법을 매출원가법이라고 하며, 이 방법에 따를 경우에는 매출에서 매출원가를 차감한 금액을 매출총이익으로 구분하여 표시한다.

(6) 포괄손익계산서 양식

기능별 포괄손익계산서(계정식)

회사명　20×1.1.1. ~ 20×1.12.31.　（단위 : 원）

매출원가	×××	매출액	×××
물류비	×××	기타수익	×××
일반관리비	×××		
마케팅비용	×××		
이자비용	×××		
기타비용	×××		
법인세비용	×××		
당기순이익	×××		
	×××		×××

기능별 포괄손익계산서(보고식)

회사명　20×1.1.1. ~ 20×1.12.31.　（단위 : 원）

매출액	×××
매출원가	(×××)
매출총이익	×××
기타수익	×××
물류비	(×××)
일반관리비	(×××)
마케팅비용	(×××)
이자비용	(×××)
기타비용	(×××)
법인세비용차감전순이익	×××
법인세비용	(×××)
당기순이익	×××

두 개의 보고서

손익계산서

회사명 제5기　　20×1.1.1. ~ 20×1.12.31.　（단위 : 천 원）

순매출액(총매출액 - 매출환입 및 에누리 - 매출할인)	100
상품매출	100
(-) 매출원가	10
상품매출원가	10
기초재고	20
(+) 당기순매입(총매입액 + 제비용 - 매입환출 및 에누리 - 매입할인)	30
(-)　기말재고	40
매출총손익	90
(-)　판매비와 관리비	40
영업손익	50
(+)　영업외수익	30
(-)　영업외비용	10
법인세차감전순손익	70
(-)　법인세등	10
당기순손익	60

포괄손익계산서

당기순손익	×××
기타포괄손익	(×××)
총포괄손익	×××

(7) 재무상태표와 손익계산서

구분	재무상태표	손익계산서(발생주의 회계)
의의	일정시점 현재의 기업 재무상태를 나타내는 회계보고서	일정기간의 기업 경영성과를 나타내는 회계보고서
기본요소	자산, 부채, 자본 (회계등식 : 자산 = 부채 + 자본)	수익, 비용, 순이익 (등식 : 비용 + 순이익 = 수익)
기타	자산과 부채의 측정 ⇒ 순실현가능가치, 공정가치, 기업특유가치	수익과 비용의 인식 ⇒ 발생주의, 실현주의, 수익·비용의 대응

※ 보수주의 : 여러 가지 회계처리 방법이 동시에 인정될 경우 순자산 또는 당기순이익을 적게 표시(비용을 크게 표시)

(8) 기초 · 기말재무상태표와 손익계산서 구성

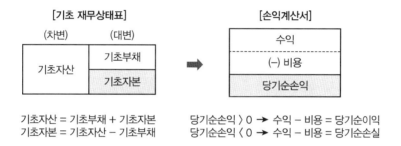

기초자산 = 기초부채 + 기초자본
기초자본 = 기초자산 − 기초부채

당기순손익 〉0 ➡ 수익 − 비용 = 당기순이익
당기순손익 〈 0 ➡ 수익 − 비용 = 당기순손실

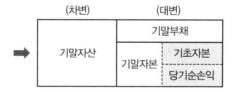

기말자산 = 기말부채 + 기말자본
= 기말부채 + 기초자본 + 당기순이익(− 당기순손실)

5 기타의 재무제표

(1) **자본변동표** : 일정기간 동안 기업실체의 자본 크기와 변동에 관한 정보를 제공

(2) **현금흐름표** : 일정기간 동안의 현금의 유입과 유출을 나타내는 보고서

[현금흐름표의 구분]

구분	유입(+)	유출(−)
영업활동	• 재화의 판매, 용역 제공 • 매출채권 회수 • 선수금, 선수수익 회수	• 재화와 용역 취득 • 매입채무 지급 • 선급금, 선급비용 지급 • 종업원급여 지급, 법인세 납부
투자활동	• 대여금·미수금 회수 • 금융자산·유형자산·무형자산의 처분 • 미수이자, 배당수익 회수*	• 대여금 대여 • 금융자산·유형자산·무형자산 취득
재무활동	• 차입금 차입 • 사채발행 • 주식발행	• 차입금 상환 • 사채 상환 • 유상감자, 주식 취득 • 미지급이자와 배당금 지급*

* 영업활동에 속할 수도 있음

(3) 주석 : 재무제표에 표시된 항목을 구체적으로 설명하거나 세분화하며, 재무제표 인식요건을 충족하지 못하는 항목에 대한 정보 제공

제4절 회계기준과 기본가정

1 회계기준

(1) 일반적으로 인정된 회계원칙(GAAP) : 경제적 사건을 재무제표로 작성하고 배포하는 방법을 기술한 것으로 준수해야 하는 모든 개념과 회계처리를 할 때 따라야 할 지침

(2) 기업회계기준 : 재무제표 등에 보고하는 방법과 회계실무를 지도하는 일반원칙으로 기업회계기준 공표

2 재무제표의 기본가정

(1) 기업실체의 가정 : 회계의 대상인 기업은 소유주와는 별개로 존재하는 하나의 권리의무 주체이므로 기업이 경제활동의 주체가 됨

(2) 계속기업의 가정 : 기업은 반증이 없는 한 경영활동을 영구적으로 수행
※ 계속기업의 가정 하에서 수익·비용대응의 원칙, 감가상각비, 역사적 원가주의의 회계적 이론 성립

(3) **화폐평가의 가정**: 회계는 모든 거래를 화폐단위로 측정할 수 있고, 화폐가치가 안정되어 있음

(4) **기간별 보고의 가정**: 계속기업을 일정한 단위로 분할하여 정보를 제공

제5절 회계의 분야

1 부기와 회계

(1) **부기**: 단순한 장부기입
　① **단식부기**: 일정한 원리 원칙 없이 재산의 변동을 단순히 가감하여 나타내는 방식
　② **복식부기**: 단식부기의 불완전성을 보완할 수 있는 부기로 자산·부채·자본·수익·비용의 변동을 원인과 결과로 구분하여 차변과 대변에 같은 금액으로 기입하는 방식

(2) **회계**: 회계정보의 생산뿐만 아니라 기업의 이해관계자들이 합리적인 의사결정을 할 수 있도록 전달하는 과정까지 포함하는 개념

2 회계의 분류

(1) **재무회계**: 외부정보이용자들의 경제적 의사결정에 유용한 정보를 제공하는 것을 목적으로 하는 회계

(2) **관리회계**: 내부정보이용자의 관리적 의사결정에 유용한 정보를 제공하는 것을 목적으로 하는 회계

(3) **세무회계**: 국세청 등 과세당국에 정보를 제공하는 회계로 세법의 규정에 따라 각종 세무서식 등을 작성

(4) **기타**
　① 회계감사
　② 정부회계
　③ 회계정보시스템

분류	회계정보이용자	적용기준 및 법규	보고서
재무회계	외부정보이용자 (주주, 채권자 등)	기업회계기준 적용	재무제표 (정형화된 양식)
관리회계	내부정보이용자 (경영자)	–	특정보고서 (정형화된 양식 없음)
세무회계	과세관청 (국세청, 세무서)	세법 적용	세무보고서 (세법규정 양식)

※ **경영자**는 내부정보이용자이며, 외부정보이용자에게 재무제표를 작성하여 보고할 **일차적 책임**이 있음

제6절 국제회계기준

[K-IFRS와 K-GAAP 주요 특징 비교]

K-IFRS	K-GAAP
원칙 중심 회계	규칙 중심 회계
연결 재무제표 중심	개별 재무제표 중심
공정가치 회계 확대 적용	제한적인 공정가치 회계 적용
공시 항목의 확대	상대적으로 적은 공시 항목
각국의 협업을 통해 기준 제정	독자적인 기준 제정

제2장 회계순환과정의 원리와 구조

[Keyword]
- '복식부기' 특징
- '회계상 거래' 구분
- '거래의 이중성'과 '대차평균의 원리' 정의
- '거래의 8요소' 정리
- '분개의 법칙' 정리
- '시산표' 정의

제1절 복식부기의 의의와 원리

단식부기	초보적인 기장방식, 소규모 비영리단체에서 주로 사용
복식부기	거래의 이중성과 회계등식을 이용하여 차변과 대변에 동시에 동일한 금액을 이중으로 기입하는 방법

제2절 거래의 인식

1 거래의 개념

(1) **회계상의 거래** : 기업의 자산·부채·자본의 증가 또는 감소, 수익·비용의 발생 또는 소멸을 일으키는 모든 사건으로 화폐단위의 측정이 가능한 것

(2) 회계의 순환과정

거래의 식별 → 거래의 분개 → 전기 → 결산 예비절차 → 결산 본절차

거래의 인식(식별) ➡ 분개(분개장) ➡ 총계정원장 ➡ 수정전시산표
➡ 결산수정분개 ➡ 수정후시산표 ➡ 재무제표작성(장부마감)

[구체적인 회계순환과정]

2 거래의 이중성과 대차평균의 원리

(1) 거래의 이중성 : 회계상의 거래는 반드시 원인과 결과라는 거래의 양면성을 지니고 있어 차변과 대변에 나타나는 현상

(2) 대차평균의 원리 : 일정기간에 기록된 전체 계정의 차변금액의 합계와 대변기록의 합계는 반드시 일치함

3 거래의 요소와 결합형태

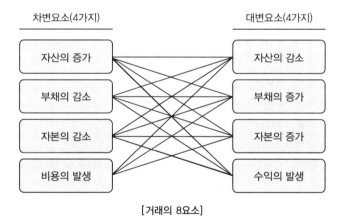

[거래의 8요소]

제3절 분개와 계정

1 계정

(1) 계정 : 각 항목별로 설정된 기록·계산의 단위

(2) 계정의 대차기입원리

자산계정		부채계정		자본계정	
차변	대변	차변	대변	차변	대변
자산의 증가 (+)	자산의 감소 (−)	부채의 감소 (−)	부채의 증가 (+)	자본의 감소 (−)	자본의 증가 (+)

수익계정		비용계정	
차변	대변	차변	대변
수익의 소멸	수익의 발생	비용의 발생	비용의 소멸

2 분개와 분개장

(1) 분개 : 계정기입의 법칙에 따라 계정과목과 금액을 확정한 후 회계장부에 기록하는 행위

(2) 분개의 법칙

① 자산의 증가는 차변, 자산의 감소는 대변
② 부채의 증가는 대변, 부채의 감소는 차변
③ 자본의 증가는 대변, 자본의 감소는 차변
④ 비용의 발생은 차변, 비용의 소멸은 대변
⑤ 수익의 발생은 대변, 수익의 소멸은 차변

(3) 분개장 : 발생한 거래가 최초로 기록되는 장부로 원시기입장이라고도 함

제4절 전기와 장부

1 장부의 의의와 분류

(1) 장부 : 거래를 조직적·계속적으로 기록·계산하기 위한 지편을 모아 철한 것

(2) 장부의 종류 : 주요부, 보조부

2 전기

분개장에 기록된 분개의 내용을 실제로 원장 또는 총계정원장에 옮겨 적는 것

제5절 결산과 마감

1 결산의 의의와 절차

(1) 결산의 의의 : 일정시점에서 장부를 마감하여 자산·부채·자본의 상태를 조사하고, 발생한 수익과 비용을 비교하여 순손익을 정확하게 파악하는 절차

(2) 결산의 절차

> 수정전시산표 → 결산수정분개 → 수정후시산표 → 장부마감 → 재무제표 작성

2 시산표

(1) 의의 : 총계정원장에 설정되어 있는 각 계정과목들을 일목요연하게 하나의 표에 집약시킨 것으로서, 대차평균의 원리를 이용하여 회계기록에 오류가 있는가의 여부를 확인하기 위하여 작성하는 표

(2) 시산표 등식(Trial Balance Equation)

> 자산 + 비용 = 부채 + 자본 + 수익

3 결산수정분개와 수정후시산표

(1) 결산수정분개 : 정확한 결산을 위하여 총계정원장 각 계정의 잔액과 실제 잔액을 일치시키는 분개

(2) 결산수정분개를 한다면 결산수정분개 사항을 분개장에 분개하고, 이를 총계정원장에 전기한 뒤에 기말 수정사항을 반영한 후의 총계정원장 계정잔액을 토대로 수정후시산표를 작성해야 하며, 이를 기초로 하여 재무상태표와 포괄손익계산서를 작성하게 됨

4 장부마감

5 포괄손익계산서 및 재무상태표의 작성

※ 결산수정분개 정리

구분			계정과목
손익의 결산정리	매출원가 계상		재고자산의 기초 재고액, 당기 매입액, 기말 재고액을 이용하여 당기의 매출원가를 계상
	수익의 결산	미수수익	수익이 당기에 발생하였으나 현금을 받지 못한 경우, 당기분 수익을 자산으로 인식 예 이자수익, 임대료 등
		선수수익	현금 수취는 먼저 했으나 수익의 귀속 시기가 당기가 아닌 차기 이후인 경우 차기분 수익을 선수수익(부채)으로 인식
	비용의 결산	미지급비용	비용이 당기에 발생하였으나 현금 지급이 완료되지 않은 경우 당기비용을 부채로 인식 예 이자비용, 임차료 등
		선급비용	용역을 제공받기 이전에 그 대금을 미리 지급한 경우 차기의 비용을 선급비용(자산)으로 인식
자산의 평가	대손 설정		매출채권 및 미수금 등의 채권을 차기 이후에 회수가능한 금액으로 평가 • 매출채권 : '대손상각비' • 기타채권 : '기타의대손상각비' • 대손충당금설정(보충법) • 대손충당금환입 : 당기 설정액 〈 장부상 잔액
	감가상각비 회계처리		건물, 기계장치 등 유·무형자산의 취득원가를 합리적인 기간 동안 나누어 비용으로 인식 • 유형자산 : 간접 상각 • 무형자산 : 직접 상각
	재고자산 평가		• 재고자산 감모손실 : 수량 차이 • 재고자산 평가손실 : 가격 차이(저가법으로 인식)
	유가증권 평가		당기손익인식금융자산, 기타포괄손익인식금융자산 등의 장부금액과 기말공정가치의 차이를 조정하여 결산일의 공정가치로 계상
부채의 평가	부채의 유동성 대체		결산일 현재 비유동부채(예 장기차입금)의 만기가 결산일로부터 1년 이내에 도래하는 경우 유동부채(예 유동성장기부채)로 계정과목을 바꾸어 주는 절차
	퇴직급여충당부채		결산일 현재 퇴직급여충당부채 설정 대상 직원의 퇴직금추계액을 미리 비용처리하고 충당부채로 설정
소모품		구입 시 비용	결산 시 미사용분 : 비용 → 자산
		구입 시 자산	결산 시 사용분 : 자산 → 비용

제3장 | 상품매매거래

[Keyword]
- '매출원가' 계상
- '순매입액'과 '순매출액' 계산

제1절 상품매매거래의 기록

[상품계정의 이중적 성격]

상품 매입	자산(상품)의 증가 및 비용(매출원가)의 발생
상품 매출	자산(상품)의 감소 및 수익(매출)의 발생

제2절 3분법

1 기중 회계처리

[상품계정의 분할]

2분법	매입, 매출
3분법	상품, 매입, 매출
5분법	상품, 매입, 매출, 매입에누리 · 환출 · 할인, 매출에누리 · 환입 · 할인
7분법	상품, 매입, 매출, 매입에누리 · 환출, 매입할인, 매출에누리 · 환입, 매출할인
9분법	상품, 매입, 매출, 매입에누리, 매입환출, 매입할인, 매출에누리, 매출환입, 매출할인

2 수정전시산표

수정전시산표

•			
•			
상품(기초)	×××	•	
•		•	
•			
매입	×××	매출	×××

3 결산수정분개

> 매출원가 = 기초상품재고액 + 당기상품매입액 − 기말상품재고액

(차) 매출원가 ×××   (대) 상품(기초) ×××

※ 기초상품재고액을 매출원가계정으로 대체함

(차) 매출원가 ×××   (대) 매입 ×××

※ 당기상품매입액을 매출원가계정으로 대체함

(차) 상품(기말) ×××   (대) 매출원가 ×××

※ 매출원가계정잔액에서 기말상품재고액만큼 차감한다. 따라서 이 결산수정분개를 하고 난 후의 매출원가계정잔액은 기초상품재고액에 당기상품매입액을 합한 금액에서 기말상품재고액을 차감한 것이므로 당기 매출원가를 나타낸다.

4 수정후시산표

상품			
전기이월 (기초상품)	×××	매출원가 (기초상품)	×××
매출원가 (기말상품)	×××		

매출원가			
상품(기초)	×××	상품(기말)	×××
매입 (당기매입)	×××		

제3절 상품의 매입 · 매출

1 상품의 매입과 매출

순매출액	총매출액 − 매출에누리와 환입 − 매출할인
매출원가	기초상품재고액 + 당기상품순매입액 − 기말상품재고액

2 에누리 · 환입(환출) · 할인

구분	매출자	매입자
상품의 하자	매출에누리 · 매출환입	매입에누리 · 매입환출
대금의 조기결제	매출할인	매입할인

3 상품 매매에 따른 비용

(1) 매입자 부담 : 상품의 취득원가에 가산

(2) 매출자 부담 : 판매시점에 비용(운반비)으로 인식

제4장 현금과 예금

[Keyword]
- '현금 및 현금성자산' 구분
- '현금 및 현금성자산' 계산

제1절 현금 및 현금성자산

1 현금

(1) 현금 : 통화 및 지폐, 타인발행수표, 우편환증서, 배당금지급통지표, 만기가 도래한 국공채의 이자표 등(예외 : 선일자수표, 우표, 수입인지)

(2) 현금과부족 : 실제현금과 장부상현금에 차이가 있을 때(임시계정과목)

구분	실제 > 장부		실제 < 장부	
발생 시	(차) 현금 ×××	(대) 현금과부족 ×××	(차) 현금과부족 ×××	(대) 현금 ×××
원인판명 시	(차) 현금과부족 ×××	(대) 해당 계정과목 ×××	(차) 해당 계정과목 ×××	(대) 현금과부족 ×××
결산 시	(차) 현금과부족 ×××	(대) 잡이익 ×××	(차) 잡손실 ×××	(대) 현금과부족 ×××

2 당좌예금

(1) 당좌차월 : 단기차입금

(2) 당좌거래개설보증금 : 특정현금과예금

거래내용	당좌차월	당좌거래개설보증금	수표발행 시	수표수취 시
계정과목	단기차입금	특정현금과예금	당좌예금	현금

3 기타예금

보통예금, 정기예금, 정기적금 등

정기예금 · 정기적금 등	만기	구분
	3개월 이내	현금성자산(유동자산)
	12개월 이내	단기금융자산(유동자산)
	12개월 이후	장기금융자산(비유동자산)

4 현금성자산

큰 거래비용 없이 통화 등으로 전환이 쉽고, 이자율 변동에 따른 가치변동의 위험이 중요하지 않은 단기금융상품으로, 취득당시 만기가 3개월(90일) 이내에 도래하는 것

제5장 채권과 채무

[Keyword]
- '매출채권'과 '매출채권 이외의 채권' 구분
- '매입채무'와 '매입채무 이외의 채무' 구분
- '수취채권'의 대손회계

제1절 수취채권과 지급채무

1 수취채권과 지급채무의 분류

수취채권	매출채권	외상매출금, 받을어음 등 일반적 상거래에서 발생한 채권
	기타채권	미수금, 대여금, 임차보증금 등 기타영업활동에서 발생한 채권
지급채무	매입채무	외상매입금, 지급어음 등 일반적 상거래에서 발생한 채무
	기타채무	미지급금, 차입금, 사채, 임대보증금 등 기타영업활동에서 발생한 채무

2 매출채권(자산)

(1) **외상매출금** : 일반적인 상거래(주된 영업활동)에서 발생한 외상대금으로 추후 대금 회수

(2) **받을어음** : 일반적인 상거래(주된 영업활동)에서 발생한 외상으로 어음수취

3 매입채무(부채)

(1) 외상매입금 : 일반적인 상거래(주된 영업활동)에서 발생한 외상대금으로 추후 대금 지급

(2) 지급어음 : 일반적인 상거래(주된 영업활동)에서 발생한 외상으로 어음발행

제2절 기타의 채권·채무

1 미수금과 미지급금

(1) 미수금 : 일반적 상거래 이외의 거래에서 발생하는 채권(자산)

(2) 미지급금 : 일반적 상거래 이외의 거래에서 발생하는 채무(부채)

구분	일반적인 상거래	일반적인 상거래 이외
외상대금	외상매출금(외상매입금)	미수금(미지급금)
어음수취	받을어음(지급어음)	미수금(미지급금)

2 선급금과 선수금

(1) 선급금 : 상품 매매과정에서 미리 지급하는 계약금(자산)

(2) 선수금 : 상품 매매과정에서 미리 수취한 계약금(부채)

3 가지급금과 가수금

(1) 가지급금 : 계정과목이나 금액이 확정되지 아니한 임시 계정(자산)

(2) 가수금 : 계정과목이나 금액이 확정되지 아니한 임시 계정(부채)

4 대여금과 차입금

(1) **대여금** : 타인에게 현금을 빌려준 경우(자산)

(2) **차입금** : 타인에게 현금을 빌려오는 경우(부채)

(3) 1년 기준으로 단기대여금(단기차입금)과 장기대여금(장기차입금)의 구분 필수

5 예수금

일반적 상거래 이외에서 발생한 일시적 제예수액(예 근로소득세 원천징수금액 등)
※ 사업자의 원천징수의무와 납세의무를 위한 계정과목

제3절 수취채권의 대손회계

1 손상발생의 객관적인 증거

- 채무자의 유의적인 재무적 어려움(예 부도발생)
- 이자지급이나 원금상환의 불이행이나 지연과 같은 계약위반
- 채무자의 재무적 어려움에 관련된 경제적 또는 법률적 이유로 인한 당초 상환조건의 불가피한 완화
- 채무자의 파산이나 기타 재무구조조정의 가능성이 높은 상태

2 손상 시 회계처리

[대손회계처리]

구분	매출채권(외상매출금 + 받을어음)	기타채권(미수금, 단기대여금 등)
결산 시	대손상각비 ×××　/　대손충당금 ××× (판관비)　　　　　　(차감적 평가계정)	기타의대손상각비 ×××　/　대손충당금 ××× (영업외비용)　　　　　　　(차감적 평가계정)
대손 발생 시	대손충당금 ×××　/　매출채권 ××× (대손상각비) ① 대손충당금 잔액 존재 : 대손충당금 ② 잔액부족 : 대손충당금 → 대손상각비	대손충당금 ×××　　/　기타채권 ××× (기타의대손상각비) ① 대손충당금 잔액 존재 : 대손충당금 ② 잔액부족 : 대손충당금 → 기타의대손상각비
대손추산액의 계산	보충법 : (기말 채권잔액 × 대손추정률) − 대손충당금 잔액	

제6장 금융자산

[Keyword]
- '금융자산' 구분
- '금융자산'의 후속 측정방법

※ **유가증권** : 재산권을 나타내는 증권으로 지분증권(주식)과 채무증권(채권 등)으로 구분

구분	내용		
분류	계정과목	지분(주식)	채무(사채 등)
	당기손익인식금융자산	○	○
	상각후원가측정금융자산	×	○
	기타포괄손익인식금융자산	○	○

구분	계정과목	매입가액	매입부대비용의 처리	취득원가
취득 시 (취득원가)	당기손익인식금융자산	취득원가	'수수료비용'으로 비용처리	매입금액
	상각후원가측정금융자산	취득원가	취득원가	매입금액 + 매입부대비용
	기타포괄손익인식금융자산			

보유 시

- 기말평가(유가증권평가손익 = 기말 결산 공정가액 − 장부가액)

계정과목	공정가액 > 장부가액	공정가액 < 장부가액	관련 재무제표
당기손익인식 금융자산	당기손익인식금융자산 평가이익	당기손익인식금융자산 평가손실	손익계산서 (영업외손익)
상각후원가측정 금융자산	기말평가하지 않음 (유효이자율법 적용 상각후 원가 측정)		−
기타포괄손익 인식금융자산	기타포괄손익인식 금융자산 평가이익	기타포괄손익인식 금융자산 평가손실	재무상태표 (기타포괄손익누계액)

- 배당금 및 이자 수취 시

구분	이자 수취 시	배당금 수취 시	
		현금배당금	주식배당금
회계처리	현금 ××× / 이자수익 ×××	현금 ××× / 배당금수익 ×××	회계처리 없음

구분	계정과목	처분가액 > 장부가액	처분가액 < 장부가액	관련 재무제표
처분 시	당기손익인식 금융자산	당기손익인식금융자산 처분이익	당기손익인식금융자산 처분손실	손익계산서 (영업외손익)
	기타포괄손익인식 금융자산	기타포괄손익인식금융자산 처분이익	기타포괄손익인식금융자산 처분손실	

※ 기타포괄손익인식금융자산 처분 시 기타포괄손익인식금융자산평가손익이 장부에 존재하는 경우 해당 평가이익이나 평가손실을 반영한 후 처분손익을 인식하여야 함

제7장   재고자산

[Keyword]
- '재고자산' 의의
- '취득원가' 및 '원가배분'
- '재고자산감모손실' 의의 및 회계처리
- '재고자산평가손실' 의의 및 회계처리

제1절 재고자산의 의의

1   재고자산의 정의

(1) 판매 또는 제조를 목적으로 보유하는 자산

(2) 목적에 따라 유형·무형자산이나 투자자산과 구분해야 함

2   재고자산의 종류

(1) **상품** : 일반적인 상기업의 재고자산

(2) **원재료, 재공품, 제품, 반제품 등** : 제조기업의 재고자산

3   기말재고자산에 포함될 항목의 결정

구분	내용
운송중인 재고자산	• 선적지인도기준 : 선적이 완료되는 때 • 도착지인도기준 : 도착지에 인수되는 때
할부판매상품	판매시점(일반적인 경우)
위탁상품(적송품)	기말 현재 수탁자의 창고에 있는 재고자산은 위탁자의 재고자산
시송품	매입자가 구매의사를 밝히지 않은 것은 판매자의 재고자산

제2절 재고자산의 취득원가 및 원가배분

1 재고자산의 취득원가

> 취득원가 : 매입가액 + 매입부대비용(운임 등) − 매입에누리와 환출 − 매입할인

2 재고자산의 원가배분

※ **기말재고자산의 평가** : 수량 × 단가

구분	결정방법
수량	• 계속기록법 • 실지재고조사법
단가	• 개별법 • 선입선출법 • 평균법(이동평균법, 총평균법) • 후입선출법(K−IFRS에서 인정 안함)
	물가상승 시 각 방법의 비교 ① 기말재고자산 평가액 : 선입선출법 > 이동평균법 ≥ 총평균법 > 후입선출법 ② 매출원가 : 후입선출법 > 총평균법 ≥ 이동평균법 > 선입선출법 ③ 순이익 : 선입선출법 > 이동평균법 ≥ 총평균법 > 후입선출법 ※ 선입선출법 옆에는 무조건 이동평균법이 위치

제3절 재고자산감모손실과 평가손실

1 재고자산의 기말평가

저가법 적용(총계기준 적용 불가)

2 재고자산의 감모손실과 평가손실

구분	내용
재고자산감모손실	기말 수량차이 • 정상적인 경우 → 매출원가 가산 • 비정상적인 경우 → 영업외비용
재고자산평가손실	취득원가와 기말시가와의 차이 (시가 회복 시 취득원가 한도로 환입)

제8장 | 유형자산

[Keyword]
- '유형자산' 의의
- '취득원가' 계산
- '자본적 지출'과 '수익적 지출'의 구분
- '감가상각'
- '유형자산 재평가' 및 '제거' 시 회계처리방법

제1절 유형자산의 의의

1 유형자산의 의의

(1) 재화의 생산이나 판매, 용역의 제공, 타인에 대한 임대 또는 영업활동에 장기간 사용할 목적으로 보유하는 물리적 실체가 있는 자산

(2) 목적에 따라 재고자산이나 투자자산과 구분해야 함

판매목적	→	재고자산(상품, 원재료 등)		
투자목적	→	투자자산(투자부동산 등)	**구분**	**투자목적**	**영업활동 사용목적**
영업활동 사용목적	→	유형자산 (토지, 건물, 비품 등)	토지 구입	투자부동산	토지
			건물 구입	투자부동산	건물

2 유형자산의 종류

토지, 건물, 구축물, 기계장치, 차량운반구, 건설중인자산 등

제2절 유형자산의 취득원가

취득원가 = 매입가격 + 직접부대비용* − 매입할인

* 직접부대비용 : 매입 시 운송비, 하역비, 설치비, 창고비, 등기비용, 보험료, 세금 등

구분	취득원가	
현물출자 시	• 원칙: 취득한 유형자산의 공정가치 + 부대비용 • 예외: 취득한 유형자산의 공정가치를 모를 경우 발행한 주식의 공정가치로 계산	
토지와 건물 일괄취득 시	상대적 공정가치 비율에 따라 안분	
건물의 철거 시 철거비용	토지만 사용 목적인 경우	토지 원가에 가산
	기존 건물을 철거한 후 신건물을 건축하는 경우	당기비용 처리
이종자산간 교환 시	제공한 자산의 공정가치(손익을 인식)	
동종자산간 교환 시	제공한 자산의 장부가액(손익을 인식하지 않음)	
무상취득 시	증여받은 유형자산의 공정가치 예 건물 ××× / 자산수증이익 ××× ※ 채무면제 시 대변 계정과목: 채무면제이익	

제3절 유형자산 취득 이후의 지출(= 보유 중 발생하는 지출)

구분	자본적 지출	수익적 지출
개념	지출의 경제적 효익이 미래까지 미치는 지출로, 관련 유형자산의 가액(취득원가)을 증가	지출의 경제적 효익이 당기에 끝나는 지출로, 당기비용 처리
구분기준	• 내용연수 연장 • 새로운 생산공정의 채택 • 생산능력의 증대 • 원가절감과 품질향상	• 원상회복 • 기존의 조업능률유지
회계처리	(차) 유형자산　×××　(대) 현금　×××	(차) 수선비　×××　(대) 현금　××× ※ 차량운반구에 대한 지출은 '차량유지비'로 처리

제4절 감가상각

1 감가상각의 의의

당해 자산의 경제적 효익이 발생하는 기간 동안 합리적이고 체계적인 방법으로 당해 수익에 대응시킬 비용을 인식하는 과정
※ 토지와 건설중인자산은 감가상각하지 않음

2 감가상각 계산의 3요소

구분	내용
취득원가	취득에 소요되는 부대비용을 포함한 자산의 매입대가
잔존가치	내용연수 종료시점의 추정 가치
내용연수	• 자산을 사용할 수 있는 예상 기간 • 자산으로 얻을 수 있는 생산량 또는 비슷한 수량

3 유형자산의 회계처리

감가상각비 설정	(차) 감가상각비 ×××	(대) (○○)감가상각누계액 ×××

4 감가상각방법의 종류

구분	계산방법
정액법	$\dfrac{\text{취득원가 − 잔존가치}}{\text{내용연수}}$
정률법	(취득원가 − 감가상각누계액) × 상각률(정률)
연수합계법	(취득원가 − 잔존가치) × $\dfrac{\text{내용연수의 역순}}{\text{내용연수의 합}}$
생산량비례법	(취득원가 − 잔존가치) × $\dfrac{\text{당기생산량}}{\text{추정생산량}}$

제5절 유형자산의 재평가 및 제거

1 유형자산의 재평가

(1) 원가모형 또는 재평가모형 중 선택

① **원가모형** : 신뢰성 추구

② **재평가모형** : 목적적합성 추구

(2) 유형자산의 분류별로 동일하게 적용해야 함

2 유형자산의 제거

유형자산의 처분	• 장부가액 > 처분가액				
	(차) 감가상각누계액	×××	(대) 유형자산	×××	
	현금	×××		×××	
	유형자산처분손실	×××		×××	
	• 장부가액 < 처분가액				
	(차) 감가상각누계액	×××	(대) 유형자산	×××	
	현금	×××	유형자산처분이익	×××	

제9장 무형자산

[Keyword]
• '무형자산' 의의 및 종류 구분
• '취득원가' 계산
• '무형자산의 상각'

1 무형자산

(1) **의의** : 물리적 형체가 없는 자산으로서 재화의 생산, 용역의 제공, 타인에 대한 임대 또는 자체적으로 사용할 목적으로 보유하고, 1년을 초과하여 사용할 것이 예상되는 자산

(2) **요건** : 식별 가능하고, 기업이 통제하고 있으며, 미래경제적 효익이 있는 비화폐성 자산

2 무형자산의 취득원가

취득원가 = 매입가액 + 부대비용

3 무형자산의 종류

구분	내용
영업권	기업간의 매수합병에서만 인식 ※ 자가창설영업권은 회계상 인정되지 않음
산업재산권	독점적·배타적 권리(특허권, 실용신안권, 지적재산권, 상표권)
개발비	신제품 등의 개발 비용으로 미래 이익창출에 기여하는 것
컴퓨터소프트웨어	중요한 소프트웨어만 무형자산(중요하지 않으면 비용으로 처리)
임차권리금	건물 등을 임대할 경우 보증금 이외의 금액을 지불한 것

4 무형자산의 상각

구분	내용
상각대상금액	• 무형자산의 취득원가에서 잔존가액을 차감한 잔액을 의미 • 무형자산의 잔존가액은 없는 것으로 함
상각기간	법령이나 계약에 정해진 경우를 제외하고는 20년을 초과할 수 없음
상각방법	정액법, 체감잔액법(정률법, 이중체감법), 연수합계법, 생산량비례법 등 (단, 합리적인 상각방법을 정할 수 없는 경우에는 정액법을 사용)

제10장 부채

[Keyword]
- '유동부채'와 '비유동부채'의 구분
- '매입채무' 구분
- '사채' 회계처리
- '유동성장기부채' 구분
- '충당부채' 이해

1 유동부채와 비유동부채

구분		계정과목
유동부채	매입채무	① 외상매입금 : 일반적인 상거래(주된 영업활동)에서 발생한 외상대금 ② 지급어음 : 일반적인 상거래(주된 영업활동)에서 발생한 외상으로 어음발행
	미지급금	일반적인 상거래(주된 영업활동) 이외에서 발생한 외상대금, 어음발행 표참조
	기타	① 선수금 : 계약금 등 미리 수령 시 ② 가수금 : 현금의 유입이 있었으나 원인을 알 수 없을 때(임시계정과목) ③ 예수금 : 일반적 상거래 이외에서 발생한 일시적 예수액(직원급여 등 지급 시 원천징수한 금액) ④ 유동성장기부채 : 비유동부채 중 결산시점으로부터 1년 이내에 만기가 도래하는 것에 대해 유동부채로 유동성 대체를 하는 경우 사용하는 계정과목
비유동부채	사채	① 사채발행 : 기업이 회사의 의무를 나타내는 증서를 발행해 주고 일반투자자들로부터 거액의 자금을 비교적 장기간 조달하는 방법 ② 사채의 발행가액과 이자율 표참조 ③ 사채할인발행차금과 사채할증발행차금 표참조 ※ 사채발행차금의 상각액은 할인/할증발행의 구분과 관계없이 매년 증가함 ④ 사채발행비 : 사채발행가액에서 차감
	퇴직급여 충당부채	① 충당부채 : 지출시기와 금액이 불확실한 부채로 재무제표에 인식 ② 퇴직급여충당부채 : 종업원 퇴직 시 지급해야 할 퇴직금의 지급을 위한 충당부채 표참조

미지급금 세부표:

구분	일반적인 상거래	일반적인 상거래 이외
외상대금	외상매입금	미지급금
어음발행	지급어음	미지급금

사채의 발행가액과 이자율:

액면발행	액면가액 = 발행가액	액면이자율 = 시장이자율
할인발행	액면가액 > 발행가액	액면이자율 < 시장이자율
할증발행	액면가액 < 발행가액	액면이자율 > 시장이자율

사채할인발행차금과 사채할증발행차금:

할인발행	사채할인발행차금(사채 차감계정)	유효이자율법을 통해 상각
할증발행	사채할증발행차금(사채 가산계정)	

퇴직급여충당부채 회계처리:

구분	회계처리
결산 시	퇴직급여(비용) ××× / 퇴직급여충당부채(부채) ×××
퇴직금 지급 시	퇴직급여충당부채(부채) ××× / 현금 등 ××× (퇴직급여) ① 퇴직급여충당부채 잔액 존재 : 퇴직급여충당부채 ② 잔액부족 : 퇴직급여충당부채 → 퇴직급여

2 퇴직연금제도

구분	내용
확정급여형 (DB)	• 근로자가 지급받을 퇴직급여 수준이 사전에 결정되어져 있는 경우이며, 운영책임은 회사(사업주)가 지기에 안전성이 높음 • 회계처리 (차) 퇴직연금운용자산 ××× (대) 현금 ×××
확정기여형 (DC)	• 사용자가 납부할 부담금을 확정하고 그 금액을 근로자가 금융기관과 협의하여 정할 수 있는 경우이며, 퇴직급여는 고정되어 있지 않음 • 회계처리 (차) 퇴직급여 ××× (대) 현금 ×××

제11장 자본

[Keyword]
• '자본'의 구분
• 주식발행 시 회계처리
• '자본의 증감' 구분
• '자본잉여금'과 '이익잉여금' 구분
• '자본조정', '기타포괄손익누계액' 항목 구분

1 자본

자산총액에서 부채총액을 차감한 잔액(순자산), 주주지분 또는 소유주지분

구분		계정과목		
자본거래	자본금	자본금 = 액면금액 × 발행주식총수	액면발행	액면가액 = 발행가액
			할인발행	액면가액 > 발행가액
			할증발행	액면가액 < 발행가액
		• 보통주자본금 : 여러 종류의 주식 중 상대적인 의미에서 표준이 되는 주식을 발행한 금액 • 우선주자본금 : 보통주에 비해 특정 사항에 대해서 우선적 지위를 갖는 주식을 발행한 금액 ※ 신주발행비 : 발행가액에서 차감		
	자본잉여금	• 주식발행초과금 • 감자차익 • 기타자본잉여금(자기주식처분이익 등)		

손익거래	자본조정	• 주식할인발행차금 • 감자차손 • 자기주식 • 자기주식처분손실 • 배당건설이자
	기타포괄 손익누계액	• 기타포괄손익인식금융자산평가손익 • 해외사업환산손익 • 현금흐름위험회피 파생상품 평가손익
	이익잉여금	• 이익준비금 • 기타법정적립금 • 임의적립금 • 차기이월미처분이익잉여금

2 주식발행 시 회계처리

구분	분개			
액면발행	(차) 현금 등	×××	(대) 자본금	×××
할증발행	(차) 현금 등	×××	(대) 자본금	×××
			주식발행초과금 (자본잉여금)	×××
할인발행	(차) 현금 등 주식할인발행차금 (자본조정)	××× ×××	(대) 자본금 주식발행초과금 (자본잉여금)	××× ×××

※ 자본잉여금과 자본조정 항목은 발행일 회계처리 시 잔액을 먼저 상계해야 함

3 이익준비금

상법 규정에 의해 매 결산기의 금전에 의한 이익배당액의 10% 이상의 금액을 적립하는 금액(자본금의 1/2에 달할 때까지 적립해야 함)

4 배당 시 회계처리

구분	현금 배당	주식 배당
배당선언일	이월이익잉여금 ××× / 미지급배당금(부채) ×××	이월이익잉여금 ××× / 미교부주식배당금(자본조정) ×××
배당금지급 시	미지급배당금 ××× / 현금 등 ×××	미교부주식배당금 ××× / 자본금 ×××

제12장	회계변경 및 오류수정

[Keyword]
- '회계변경'과 '오류수정' 구분
- '회계정책의 변경'과 '회계추정의 변경' 구분
- '회계오류의 수정' 방법

제1절 회계변경

구분		계정과목
회 계 변 경	회계정책의 변경	• 재무제표의 작성과 보고에 적용하던 회계정책을 다른 회계정책으로 바꾸는 것 • 회계처리 : 소급법. 다만 회계정책의 변경에 따른 누적효과를 합리적으로 결정하기 어려운 경우에는 전진법 선택 가능 예 재고자산의 가격결정방법을 선입선출법에서 후입선출법으로 변경, 유가증권의 취득단가산정방법의 변경
	회계추정의 변경	• 재무제표 작성 시 미래의 사건과 상황에 대한 추정치의 변경 • 회계처리 : 전진법 예 대손추산액, 재고자산의 순실현가능가액, 유형자산의 추정내용연수와 추정잔존가치, 유형자산의 감가상각방법의 변경

	회계변경의 사유	① 정당한 사유
		  • 합병, 사업부신설, 대규모 투자, 사업의 양수도 등 기업환경의 중대한 변화에 의하여 총자산이나 매출액, 제품의 구성 등이 현저히 변동됨으로써 종전의 회계정책을 적용할 경우 재무제표가 왜곡되는 경우
		  • 동종산업에 속한 대부분의 기업이 채택한 회계정책 또는 추정방법으로 변경함에 있어서 새로운 회계정책 또는 추정방법이 종전보다 더 합리적이라고 판단되는 경우
		  • 일반기업회계기준의 제정, 개정 또는 기존의 일반기업회계기준에 대한 새로운 해석에 따라 회계변경을 하는 경우
		
		② 회계변경으로 인정되지 않는 경우
		  • 단순히 세법의 규정을 따르기 위한 경우
		  • 이익조정을 주된 목적으로 한 경우
		  • 중요성의 판단에 따라 일반기업회계기준과 다르게 처리하던 항목들의 중요성이 커지게 되어 일반기업회계기준을 적용하는 경우
		  • 과거에는 발생한 경우가 없는 새로운 사건이나 거래에 대하여 회계정책을 선택하거나 회계추정을 하는 경우

제2절 오류수정

구분		계정과목

오류수정	회계오류의 유형	• 회계원칙 적용의 오류 : 일반적으로 인정되지 않는 회계원칙을 적용
		• 추정의 오류 : 추정이 잘못된 경우
		• 계정분류의 오류 : 고의 또는 과실로 적절한 계정과목을 사용하지 않은 경우
		• 계산상의 오류
		• 사실의 누락 및 오용
		  − 회계기말에 미수수익, 미지급비용, 선수수익, 선급비용 등을 계상하지 않은 경우
		  − 정액법으로 감가상각할 때 잔존가치를 고려하지 않은 경우
		  − 자본적 지출을 수익적 지출로 비용처리한 경우 등

	회계오류의 수정	• 중대하지 않은 오류 : 전기오류수정손익(영업외손익)으로 반영(손익계산서에 표시) • 중대한 오류 : 전기이월미처분이익잉여금에 반영(이익잉여금처분계산서에 표시)

제한시간: 50분 | 시작 ___시 ___분 - 종료 ___시 ___분

⊡ 정답 및 해설 417p

01 다음 중 재무제표 정보의 특성과 한계에 대한 설명으로 옳지 <u>않은</u> 것은?

① 재무제표는 대부분 과거에 발생한 거래나 사건에 대한 정보를 나타낸다.

② 재무제표는 화폐단위로 측정된 정보를 주로 제공한다.

③ 재무제표는 추정에 의한 측정치는 포함되지 않는다.

④ 재무제표는 특정 기업실체에 관한 정보를 제공하지만 경제전반에 관한 정보를 제공하지는 않는다.

02 다음 중 하나의 거래에서 동시에 나타날 수 <u>없는</u> 것은?

① 자산의 증가와 비용의 발생

② 자산의 증가와 자산의 감소

③ 자산의 증가와 수익의 발생

④ 자산의 감소와 부채의 감소

03 다음 내용에 해당하는 재무제표는 무엇인가?

- 일정기간 동안의 경영성과를 나타내는 표
- 발생주의 원칙
- 당기순손익 산출의 근거자료

① 재무상태표

② 포괄손익계산서

③ 자본변동표

④ 현금흐름표

04 다음 중 회계정보의 질적 특성에 대한 설명으로 옳지 <u>않은</u> 것은?

① 회계정보의 질적 특성이란 회계정보가 유용하기 위해 갖추어야 할 주요 속성을 말한다.

② 회계정보가 갖추어야 할 가장 중요한 질적 특성은 신뢰성과 효율성이다.

③ 회계정보의 질적 특성은 비용과 효익 및 중요성의 제약요인 하에서 고려되어야 한다.

④ 목적적합성 있는 정보는 정보이용자의 의사결정에 차이를 가져올 수 있는 정보를 말한다.

05 유가증권과 관련하여 발생한 다음 항목 중 포괄손익계산서에 당기손익으로 반영할 수 <u>없는</u> 것은?

① 당기손익인식금융자산의 평가손익

② 기타포괄손익인식금융자산의 처분손익

③ 상각후원가측정금융자산 취득 시 발생한 수수료비용

④ 회수가능액을 추정하여 발생한 손상차손

06 다음 중 재무상태표상 자산·부채 계정에 대한 분류가 옳지 <u>않은</u> 것은?

① 매출채권 : 유동자산

② 매입채무 : 유동부채

③ 재고자산 : 유동자산

④ 장기차입금 : 유동부채

07 다음 거래를 분개할 때 차변에 기록하는 거래요소는?

> 상품 1,000,000원을 매입하고, 대금 중 50%는 현금으로 지급하고 나머지는 외상으로 하였다. 또한, 당사 부담 운반비 50,000원은 현금으로 지급하였다.

① 자산의 증가

② 비용의 발생

③ 자산의 감소

④ 부채의 증가

08 다음 중 당기순이익을 감소시키는 결산정리사항으로 옳은 것은?

> 가. 급여 미지급분 계상
> 나. 비용으로 계상한 보험료 지급액 중 차기분 계상
> 다. 구입 시 자산으로 처리한 미사용 소모품에 대한 소모품비 계상
> 라. 선수수익으로 인식한 단기대여금 이자 수취액 중 당기분 계상

① 가, 나
② 나, 다
③ 가, 다
④ 다, 라

09 다음 중 무형자산에 대한 설명으로 옳은 것은?

① 무형자산은 미래경제적효익이 기업에 유입될 가능성이 매우 높고, 자산의 원가를 신뢰성 있게 측정할 수 있는 경우에만 인식한다.
② 무형자산의 상각방법은 정액법만 인정된다.
③ 무형자산의 상각기간은 어떠한 경우라도 20년을 초과할 수 없다.
④ 사용을 중지하고 처분을 위해 보유하는 무형자산도 상각대상이다.

10 다음 중 회계 관련 등식으로 옳지 <u>않은</u> 것은?

① 자산 = 부채 + 자본
② 자본 = 자산 - 부채
③ 자산 - 비용 = 부채 + 자본 + 수익
④ 순이익 = 수익 - 비용

11 다음 중 수정전 시산표상 차변합계액과 대변합계액의 불일치 원인이 <u>아닌</u> 것은?

① 시산표의 차변합계를 계산하는데 특정계정의 금액을 누락하였다.
② 시산표의 대변합계를 계산하는데 오류가 있었다.
③ 어느 거래의 분개가 모두 누락되었다.
④ 특정계정의 잔액을 시산표에 옮겨 적는데 오류가 있었다.

12 다음 중 비용과 수익의 이연에 관련된 계정과목으로만 이루어진 것은?

① 미수이자, 선수임대료
② 선급보험료, 선수임대료
③ 선급임차료, 미수이자
④ 미지급급여, 선수이자

13 다음 중 당기순손익에 영향을 미치는 거래가 <u>아닌</u> 것은?

① 직원에게 일시적으로 현금을 대여하다.
② 상품을 외상으로 판매하다.
③ 직원 급여를 현금으로 지급하다.
④ 화재로 창고에 보관 중인 상품이 소실되다.

14 다음 중 재무상태표의 유동부채와 비유동부채의 분류기준으로 옳지 <u>않은</u> 것은?

① 일반적으로 보고기간종료일로부터 1년 이내에 상환해야 하는 부채는 유동부채로 분류한다.
② 정상적인 영업주기 내에 소멸할 것으로 예상되는 매입채무는 보고기간종료일로부터 1년 이내에 결제되지 않더라도 유동부채로 분류한다.
③ 단기차입금 및 유동성장기부채 등은 보고기간종료일로부터 1년 이내에 결제되어야 하므로 영업주기와 관계없이 유동부채로 분류한다.
④ 비유동부채 중에서 보고기간종료일로부터 1년 이내에 자원의 유출이 예상되는 부분은 비유동부채로 분류한다.

15 다음 ㈜시대의 상품매입과 관련된 자료를 통해 순매입액을 계산하면 얼마인가?

- 상품 500개를 개당 10,000원에 외상으로 매입하다.
- 매입운반비 70,000원은 현금으로 별도 지급하였다.
- 외상매입 대금의 조기 지급으로 20,000원을 할인받았다.
- 매입된 상품에 하자가 있어 30,000원을 매입처에 반품하였다.

① 5,000,000원 　　　　　　　② 5,020,000원
③ 5,050,000원 　　　　　　　④ 5,070,000원

16 다음 자료에 의해 영업이익을 계산하면 얼마인가?

> • 매출액   2,000,000원
> • 매출원가   1,300,000원
> • 접대비   100,000원
> • 기부금   100,000원

① 500,000원

② 600,000원

③ 700,000원

④ 1,800,000원

17 다음 자료에 나타낸 항목을 재무상태표에 통합해서 기입할 때 올바른 계정과목은?

> • 타인발행수표
> • 배당금통지표
> • 우편환증서
> • 취득당시 3개월 만기 양도성예금증서

① 현금 및 현금성자산

② 보통예금

③ 단기금융상품

④ 특정현금과 예금

18 다음 중 기말 재고자산에 포함되지 <u>않는</u> 항목은?

① 기계장치

② 상품

③ 원재료

④ 제품

19 다음 자료에 의한 외상매출금 계정에 대한 설명으로 옳지 <u>않은</u> 것은?

외상매출금					
(주)시대					
1/1	전기이월	300,000원	1/20	매출	200,000원
1/25	매출	5,000,000원	1/31	현금	3,500,000원

① 전기이월된 외상매출금 미회수액은 300,000원이다.
② 1월 20일 상품 200,000원을 외상으로 매출하다.
③ 1월 25일 상품 5,000,000원을 외상으로 매출하다.
④ 1월 말 외상매출금 미회수액은 1,600,000원이다.

20 결산 시 미지급임차료의 계상이 누락되었을 경우 당기 재무제표에 어떤 영향을 주는가?

① 부채가 과소계상된다.
② 자산이 과소계상된다.
③ 부채가 과대계상된다.
④ 이익이 과소계상된다.

21 다음 자료에 의하여 20x1년 결산 시 감가상각비를 계상하면 얼마인가?

- 20x1년 4월 1일 건물을 2,000,000원에 구입하였다.
- 건물의 내용연수는 5년이며, 잔존가치는 없다.
- 감가상각방법은 정액법이며 월할상각한다.
- 20x1년 12월 31일 결산을 수행하였다.

① 300,000원
② 400,000원
③ 500,000원
④ 600,000원

22 다음 중 재고자산의 단가결정방법에 해당하지 <u>않는</u> 것은?

① 선입선출법

② 계속기록법

③ 이동평균법

④ 총평균법

23 다음 중 유형자산에 대한 설명으로 옳지 <u>않은</u> 것은?

① 유형자산의 취득원가는 자산의 구입가격뿐만 아니라 취득 시 부대비용을 포함한다.

② 유형자산의 취득 후 생산능력 증대를 위한 지출은 자본적 지출로 처리한다.

③ 유형자산에서 발생한 자본적 지출을 수선비로 잘못 처리한 경우 당기순이익이 과소계상된다.

④ 정률법에 의한 감가상각액은 매기간 증가한다.

24 ㈜시대는 다음과 같이 업무용차량 관련 지출이 발생하였다. 차량운반구의 취득원가는 얼마인가?

• 차량가액	35,000,000원
• 취득세	1,000,000원
• 유류대	500,000원
• 자동차보험료	800,000원

① 35,500,000원

② 35,800,000원

③ 36,000,000원

④ 37,300,000원

25 ㈜시대는 유형자산으로 분류된 토지에 대하여 재평가모형을 적용하고 있다. 토지 재평가가 재무제표에 미치는 영향으로 옳지 <u>않은</u> 것은?(단, 재평가시점의 토지의 장부금액은 100,000,000원이고 공정가치는 130,000,000원이다.)

① 자본이 증가한다.

② 자산이 증가한다.

③ 당기순이익이 증가한다.

④ 부채는 변동이 없다.

26 다음 중 유형자산의 취득 후 발생한 지출에서 당기비용으로 인식하는 것은?

① 수선유지를 위한 지출
② 품질향상을 가져오는 지출
③ 생산능력의 증대를 위한 지출
④ 내용연수의 연장을 위한 지출

27 다음 자료에 의하여 매출원가를 계산하면 얼마인가?

• 기초상품재고액	50,000원
• 기말상품재고액	70,000원
• 당기총매입액	300,000원
• 당기총매출액	500,000원
• 매입에누리액	10,000원
• 매출환입액	30,000원

① 240,000원   ② 270,000원
③ 440,000원   ④ 470,000원

28 다음 중 사채할인발행 시 나타나는 현상으로 옳은 것은?

① 사채할인발행차금의 잔액은 만기가 가까워질수록 감소한다.
② 사채를 할인발행하는 경우 사채의 발행금액이 액면금액보다 크다.
③ 사채할인발행차금은 사채 액면금액에 가산하는 형식으로 표시한다.
④ 사채를 할인발행하는 경우 발행시점에 사채할증발행차금이 발생한다.

29 다음 중 퇴직급여충당부채에 대한 설명으로 옳지 않은 것은?

① 퇴직급여충당부채는 보고기간 말 현재 전종업원이 일시에 퇴직할 경우 지급하여야 할 퇴직금에 상당하는 금액으로 한다.
② 확정급여형 퇴직연금제도에서 퇴직급여는 인식하나 퇴직급여충당부채를 인식하지 않는다.
③ 확정기여형 퇴직연금제도에서 퇴직연금운용자산을 인식하지 않는다.
④ 퇴직연금제도는 확정기여형과 확정급여형이 있다.

30 ㈜시대는 20x1년 1월 1일 법인을 설립하고 액면가액 5,000원의 신주 10,000주를 주당 7,000원에 현금 발행하였다. 이 거래가 재무제표에 미치는 영향으로 옳은 것은?

> 가. 자산의 증가   나. 자본잉여금의 증가
> 다. 자본조정의 증가   라. 수익의 발생
> 마. 부채의 감소

① 가, 나
② 가, 다
③ 나, 마
④ 다, 라

31 다음 설명에 해당하는 자본항목은 무엇인가?

> • 상법에서 규정된 법정적립금으로 분류된다.
> • 결손금을 보전하거나 자본금의 전입으로 사용할 수 있다.
> • 상법에 따라 자본금의 2분의 1에 도달할 때까지 결산 시 이익배당액의 10분의 1 이상을 적립하여야 한다.

① 배당평균적립금
② 결손보전적립금
③ 이익준비금
④ 감채적립금

32 다음 중 주식배당에 대한 설명으로 옳지 않은 것은?

① 주식배당은 배당을 현금으로 지급하지 않고, 주식을 새로 발행하여 무상으로 배부하는 것을 말한다.
② 주식배당을 받은 주주입장에서는 자산의 증가로 보지 않고 주식수를 조정한다.
③ 주주입장에서 주식배당은 주식의 액면가액보다 주식의 시가가 높을 경우에 선호하는 제도이다.
④ 주식배당액은 주주총회에서 결정될 때 부채인 미교부주식배당금으로 계상한다.

33 다음 중 정당한 회계정책 및 회계추정의 변경이 <u>아닌</u> 것은?

① 합병으로 기업 환경의 중대한 변화가 생겨서 총자산이나 매출액, 제품 구성 등이 현저히 변동됨에 따라 종전의 회계정책을 적용하면 재무제표가 왜곡되는 경우

② 동종 산업에 속한 대부분의 기업이 채택한 회계정책 또는 추정방법으로 변경함에 있어 새로운 회계정책 또는 추정방법이 종전보다 더 합리적이라고 판단되는 경우

③ 세법이 변경됨에 따라 세법의 규정을 따르기 위해 회계변경을 하는 경우

④ 일반기업회계기준의 제정·개정 및 해석에 따라 회계변경을 하는 경우

34 다음 중 재무제표의 작성과 표시에 대한 설명으로 옳지 <u>않은</u> 것은?

① 재무제표는 재무상태표, 포괄손익계산서, 현금흐름표, 자본변동표로 구성되며, 주석을 포함한다.

② 일반적으로 인정되는 회계원칙 등에 따라 재무제표를 작성하면 회계정보의 기간별·기업간 비교가능성이 높아진다.

③ 자산과 부채는 원칙적으로 1년을 기준으로 유동과 비유동으로 분류한다.

④ 현금흐름표는 일정 기간 동안 기업의 경영성과에 대한 정보를 제공하는 재무보고서로서 미래현금흐름과 수익창출능력의 예측에도 유용한 정보를 제공한다.

35 ㈜시대는 주당 10,000원에 취득한 자기주식 2,000주 중 50%를 주당 20,000원에 현금으로 매각하였다. 이 거래가 ㈜시대의 재무제표에 미치는 영향으로 옳은 것은?

① 자본금이 10,000,000원 감소한다.

② 자본조정이 10,000,000원 증가한다.

③ 자산총계는 변하지 않는다.

④ 자본잉여금은 변하지 않는다.

36 다음 중 한국채택국제회계기준(K-IFRS)에서 현금흐름표의 작성과 표시에 대한 설명으로 옳지 <u>않은</u> 것은?

① 영업활동 현금흐름은 반드시 직접법으로 보고한다.

② 법인세로 인한 현금흐름은 영업활동 현금흐름으로 분류하여 보고한다.

③ 금융회사가 아닌 다른 업종의 경우 이자수입 및 배당금 수입은 투자활동 또는 영업활동으로 분류할 수 있다.

④ 금융회사가 아닌 다른 업종의 경우 배당금의 지급은 영업활동 또는 재무활동으로 분류할 수 있다.

37 다음 자료에 의하여 ㈜시대가 만기까지 인식해야 할 이자비용 총액을 계산하면 얼마인가?

> • 액면금액 : 100,000원   • 발행금액 : 95,200원
> • 표시이자율 : 10%   • 발행일 : 20×1년 1월 1일(만기 3년)

① 4,800원
② 30,000원
③ 34,800원
④ 45,000원

38 다음 중 자본조정 감소과정에서 이익잉여금의 변동이 없는 것은?

① 자기주식처분손실
② 출자전환채무
③ 배당건설이자
④ 감자차손

39 다음 중 기타포괄손익-공정가치 측정 금융자산의 기말평가 시 평가손익 보고방법으로 옳은 것은?

① 재무상태표의 기타포괄손익누계액으로 보고한다.
② 재무상태표의 기타포괄손익-공정가치 측정 금융자산에 차가감형식으로 보고한다.
③ 포괄손익계산서의 기타비용으로 보고한다.
④ 기타포괄손익-공정가치 측정 금융자산 평가손익은 인식하지 않는다.

40 다음 중 현금흐름의 분류가 다른 것은?

① 단기매매목적으로 보유하는 계약에서 발생한 현금의 유입
② 판매목적으로 보유하는 재고자산을 취득하거나 제조하기 위한 현금의 유출
③ 보험회사의 경우 보험금과 관련된 현금의 유출
④ 리스이용자의 금융리스부채 상환에 따른 현금의 유출

정답 및 해설 | 회계원리

01	02	03	04	05	06	07	08	09	10	11	12	13	14	15
③	①	②	②	③	④	①	③	①	③	③	②	①	④	②
16	17	18	19	20	21	22	23	24	25	26	27	28	29	30
②	①	①	②	①	①	②	④	③	③	①	②	①	②	①
31	32	33	34	35	36	37	38	39	40					
③	④	③	④	②	①	③	②	①	④					

01 정답 ③

재무제표는 추정에 의한 측정치를 포함하고 있다.

02 정답 ①

자산의 증가와 비용의 발생은 둘 다 차변거래이므로 동시에 나타날 수 없다.

03 정답 ②

포괄손익계산서는 발생주의 원칙에 의해 작성되는 재무제표로 일정기간 동안의 경영성과를 나타내는 표이다.

04 정답 ②

회계정보가 갖추어야 할 가장 중요한 질적 특성은 신뢰성과 목적적합성이다.

05 정답 ③

상각후원가측정금융자산 취득 시 발생한 수수료비용은 취득원가에 가산한다.

06 정답 ④

장기차입금은 비유동부채에 해당한다.

07 정답 ①

재고자산을 구입할 때 추가로 지급되는 운반비 등 부대비용은 취득원가에 가산하게 된다.

(차) 상품　　　　1,050,000원 (자산의 증가)
(대) 현금　　　　　550,000원 (자산의 감소)
　　외상매입금　　500,000원 (부채의 증가)

08 정답 ③

가. (차) 급여　　　××× – 이익 감소
　　(대) 미지급비용 ×××
나. (차) 선급비용　××× – 이익 증가
　　(대) 보험료　　×××
다. (차) 소모품비　××× – 이익 감소
　　(대) 소모품　　×××
라. (차) 선수수익　××× – 이익 증가
　　(대) 이자수익　×××

09 정답 ①

② 무형자산의 상각방법에는 정액법, 정률법, 연수합계법, 생산량비례법 등이 있다. 다만, 합리적인 상각방법을 정할 수 없는 경우에는 정액법을 사용한다.

③ 무형자산의 상각기간은 독점적·배타적인 권리를 부여하고 있는 관계법령이나 계약에 정해진 경우를 제외하고는 20년을 초과할 수 없다.

④ 사용을 중지하고 처분을 위해 보유하고 있는 무형자산은 상각대상에서 제외된다.

10 정답 ③

시산표등식 : 자산 + 비용 = 부채 + 자본 + 수익 이다.

11 정답 ③

분개 자체가 누락된 경우에는 수정전 시산표상에서 오류를 발견할 수 없다.

12 정답 ②

비용과 수익의 이연에 관련된 계정과목은 선급비용과 선수수익이므로 선급보험료와 선수임대료가 이연항목에 해당된다.

13 정답 ①

차변에 단기대여금이라는 자산이 증가하고 대변에 현금이라는 자산이 감소하므로 당기순손익에는 영향이 없다.

14 정답 ④

비유동부채 중에서 보고기간종료일로부터 1년 이내에 자원의 유출이 예상되는 부분은 유동부채로 분류한다.

15 정답 ②

상품 순매입액

= 총매입액 + 매입부대비용 − 매입할인 − 매입에 누리 및 환출

= 5,000,000원 + 70,000원 − 20,000원 − 30,000원

= 5,020,000원

16 정답 ②

• 매출총이익

= 매출액 2,000,000원 − 매출원가 1,300,000원

= 700,000원

• 영업이익

= 매출총이익 700,000원 − 영업비용(접대비) 100,000원

= 600,000원

17 정답 ①

현금 및 현금성자산에는 통화 및 통화대용증권, 요구불예금, 취득당시 만기가 3개월 이내의 단기금융상품 등이 포함된다.

18 정답 ①

기계장치는 유형자산에 해당한다.

19 정답 ②

1월 20일 거래는 반품 등으로 인해 외상매출금이 감소하는 경우이다.

20 정답 ①

임차료(비용)와 미지급임차료(부채)가 과소계상된다. 비용이 과소계상되므로 이익은 과대계상된다.

21 정답 ①

감가상각비 = 2,000,000원 ÷ 5년 × 9개월 ÷ 12
개월 = 300,000원

22 정답 ②

계속기록법과 실지재고조사법은 재고자산의 수
량을 결정하는 방법이며, 가격을 결정하는 방법
으로는 평균법(총평균법, 이동평균법)과 선입선
출법 등이 있다.

23 정답 ④

정률법에 의한 감가상각액은 매기간 감소한다.

24 정답 ③

취득세는 차량운반구의 취득원가에 가산하고, 유
류대와 자동차보험료는 당기 비용으로 처리한다.

25 정답 ③

재평가시점에 토지(자산)와 재평가잉여금(자본
- 기타포괄손익누계액)이 30,000,000원 증가
하며 당기순손익에는 영향이 없다.

26 정답 ①

수선유지를 위한 지출은 기간 비용으로 인식하
며, 취득 또는 완성 후의 지출이 생산능력 증대,
내용연수 연장, 상당한 원가절감 또는 품질향상
을 가져오는 경우에는 자본적 지출로 인식한다.

27 정답 ②

매출원가
= 기초상품재고액 + 당기순매입액 − 기말상품
  재고액
= 50,000원 + (300,000원 − 10,000원) −
  70,000원
= 270,000원

28 정답 ①

② 사채를 할인발행하는 경우 사채의 발행금액
   이 액면금액보다 작다.
③ 사채할인발행차금은 사채 액면금액에서 차
   감하는 형식으로 표시한다.
④ 사채를 할인발행하는 경우 발행시점에서 사
   채할인발행차금이 발생한다.

29 정답 ②

확정급여형 퇴직연금제도에서는 퇴직급여와 퇴
직급여충당부채를 인식한다.

30 정답 ①

(차변) 현금	70,000,000원
(자산의 증가)	

(대변) 자본금	50,000,000원
주식발행초과금	20,000,000원
(자본금의 증가, 자본잉여금의 증가)	

31 정답 ③

이익잉여금 중 이익준비금에 대한 설명이다.

32 정답 ④

주식배당액은 주주총회에서 결정될 때 자본조정
인 미교부주식배당금으로 계상한다.

33 정답 ③

단순히 세법의 규정을 따르기 위한 회계변경은 정당한 회계변경으로 보지 아니한다.

34 정답 ④

일정 기간 동안 기업의 경영성과에 대한 정보를 제공하는 재무보고서로 미래현금흐름과 수익창출능력의 예측에도 유용한 정보를 제공하는 재무제표는 포괄손익계산서이다.

35 정답 ②

(차) 현금	20,000,000원
(대) 자기주식(자본조정)	10,000,000원
자기주식처분이익 (자본잉여금)	10,000,000원

36 정답 ①

영업활동 현금흐름은 직접법과 간접법 중 하나의 방법으로 보고한다.

37 정답 ③

이자비용
= 사채할인발행차금 상각액 + 액면이자
= (100,000원 − 95,200원) + 100,000원 × 10% × 3년
= 34,800원

38 정답 ②

출자전환 시 자본금 및 주식발행초과금(주식할인발행차금)이 증가한다.

39 정답 ①

기타포괄손익 – 공정가치 측정 금융자산평가누계액은 기말에 재무상태표의 자본(기타포괄손익누계액)에 순액으로 표시한다.

40 정답 ④

리스이용자의 금융리스부채 상환에 따른 현금의 유출은 재무활동에 속하며, 나머지는 영업활동에 해당한다.

독학학위제 2단계 전공기초과정인정시험 답안지(객관식)

★ 수험생은 수험번호와 응시과목 코드번호를 표기(마킹)한 후 일치여부를 반드시 확인할 것.

전공분야

성명

수	험	번	호

(1)

| 2 | ㅡ | ㅡ | ㅡ |

(2)

●①
③
④

과목코드	응시과목

교시코드
① ② ③ ④

1	① ② ③ ④
2	① ② ③ ④
3	① ② ③ ④
4	① ② ③ ④
5	① ② ③ ④
6	① ② ③ ④
7	① ② ③ ④
8	① ② ③ ④
9	① ② ③ ④
10	① ② ③ ④
11	① ② ③ ④
12	① ② ③ ④
13	① ② ③ ④
14	① ② ③ ④
15	① ② ③ ④
16	① ② ③ ④
17	① ② ③ ④
18	① ② ③ ④
19	① ② ③ ④
20	① ② ③ ④
21	① ② ③ ④
22	① ② ③ ④
23	① ② ③ ④
24	① ② ③ ④
25	① ② ③ ④
26	① ② ③ ④
27	① ② ③ ④
28	① ② ③ ④
29	① ② ③ ④
30	① ② ③ ④
31	① ② ③ ④
32	① ② ③ ④
33	① ② ③ ④
34	① ② ③ ④
35	① ② ③ ④
36	① ② ③ ④
37	① ② ③ ④
38	① ② ③ ④
39	① ② ③ ④
40	① ② ③ ④

답안지 작성시 유의사항

1. 답안지는 반드시 컴퓨터용 사인펜을 사용하여 다음 보기와 같이 표기할 것.
   보기 잘된표기: ● 잘못된표기: ⊗ ⊗ ◑ ◐ ⊖
2. 수험번호 (1)에는 아라비아 숫자로 쓰고, (2)에는 "●"와 같이 표기할 것.
3. 과목코드는 뒷면 "과목코드번호"를 보고 해당과목의 코드번호를 찾아 표기하고,
   응시과목란에는 응시과목명을 한글로 기재할 것.
4. 교시코드는 문제지 전면 의 교시를 해당란에 "●"와 같이 표기할 것.
5. 한번 표기한 답은 긁거나 수정액 및 스티커 등 어떠한 방법으로도 고쳐서는
   아니되고, 고친 문항은 "0"점 처리함.

※ 감독관 확인란

(인)

관리번호
(연번)
(응시자수)

독학학위제 2단계 전공기초과정인정시험 답안지(객관식)

컴퓨터용 사인펜만 사용

★ 수험생은 수험번호와 응시과목 코드번호를 표기(마킹)한 후 일치여부를 반드시 확인할 것.

전공분야

성명

수험번호					
(1)	2		1		1
(2)	①●③④	①②③④⑤⑥⑦⑧⑨⑩	—	①②③④⑤⑥⑦⑧⑨⑩	①②③④⑤⑥⑦⑧⑨⑩

※ 감독관 확인란

(인)

관 리 란 (연번) (응시자수)

응시과목 (왼쪽 표)

과목코드					
	①②③④⑤⑥⑦⑧⑨⑩				
	①②③④⑤⑥⑦⑧⑨⑩				
	①②③④⑤⑥⑦⑧⑨⑩				
	①②③④⑤⑥⑦⑧⑨⑩				

응시과목					
1 ①②③④	21 ①②③④
2 ①②③④	22 ①②③④
3 ①②③④	23 ①②③④
4 ①②③④	24 ①②③④
5 ①②③④	25 ①②③④
6 ①②③④	26 ①②③④
7 ①②③④	27 ①②③④
8 ①②③④	28 ①②③④
9 ①②③④	29 ①②③④
10 ①②③④	30 ①②③④
11 ①②③④	31 ①②③④
12 ①②③④	32 ①②③④
13 ①②③④	33 ①②③④
14 ①②③④	34 ①②③④
15 ①②③④	35 ①②③④
16 ①②③④	36 ①②③④
17 ①②③④	37 ①②③④
18 ①②③④	38 ①②③④
19 ①②③④	39 ①②③④
20 ①②③④	40 ①②③④

교시코드 ①②③④

응시과목 (오른쪽 표)

과목코드					
	①②③④⑤⑥⑦⑧⑨⑩				
	①②③④⑤⑥⑦⑧⑨⑩				
	①②③④⑤⑥⑦⑧⑨⑩				
	①②③④⑤⑥⑦⑧⑨⑩				

응시과목					
1 ①②③④	21 ①②③④
2 ①②③④	22 ①②③④
3 ①②③④	23 ①②③④
4 ①②③④	24 ①②③④
5 ①②③④	25 ①②③④
6 ①②③④	26 ①②③④
7 ①②③④	27 ①②③④
8 ①②③④	28 ①②③④
9 ①②③④	29 ①②③④
10 ①②③④	30 ①②③④
11 ①②③④	31 ①②③④
12 ①②③④	32 ①②③④
13 ①②③④	33 ①②③④
14 ①②③④	34 ①②③④
15 ①②③④	35 ①②③④
16 ①②③④	36 ①②③④
17 ①②③④	37 ①②③④
18 ①②③④	38 ①②③④
19 ①②③④	39 ①②③④
20 ①②③④	40 ①②③④

교시코드 ①②③④

답안지 작성시 유의사항

1. 답안지는 반드시 컴퓨터용 사인펜을 사용하여 다음 보기와 같이 표기할 것.
   보기 잘된표기: ● 잘못된표기: ⊘ ⊗ ① ◑ ○ ◐ ●

2. 수험번호 (1)에는 아라비아 숫자로 쓰고, (2)에는 "●"와 같이 표기할 것.

3. 과목코드는 뒷면 "과목코드번호"를 보고 해당과목의 코드번호를 찾아 표기하고, 응시과목란에는 응시과목명을 한글로 기재할 것.

4. 교시코드는 문제지 전면 의 교시를 해당란에 "●"와 같이 표기할 것.

5. 한번 표기한 답은 긁거나 수정액 및 스티커 등 어떠한 방법으로도 고쳐서는 아니되고, 고친 문항은 "0"점 처리함.

[이 답안지는 마킹연습용 모의답안지입니다.]

독학학위제 2단계 전공기초과정인정시험 답안지(객관식)

★ 수험생은 수험번호와 응시과목 코드번호를 표기(마킹)한 후 일치여부를 반드시 확인할 것.

전공분야

성 명

수 험 번 호							

(1)

2	―	―	―	―

(2)
● ①
③
④

	①	①		①	①		①	①
	②	②		②	②		②	②
	③	③		③	③		③	③
	④	④		④	④		④	④
	⑤	⑤		⑤	⑤		⑤	⑤
	⑥	⑥		⑥	⑥		⑥	⑥
	⑦	⑦		⑦	⑦		⑦	⑦
	⑧	⑧		⑧	⑧		⑧	⑧
	⑨	⑨		⑨	⑨		⑨	⑨
	⑩	⑩		⑩	⑩		⑩	⑩

과목코드

응시과목

1	① ② ③ ④	21	① ② ③ ④
2	① ② ③ ④	22	① ② ③ ④
3	① ② ③ ④	23	① ② ③ ④
4	① ② ③ ④	24	① ② ③ ④
5	① ② ③ ④	25	① ② ③ ④
6	① ② ③ ④	26	① ② ③ ④
7	① ② ③ ④	27	① ② ③ ④
8	① ② ③ ④	28	① ② ③ ④
9	① ② ③ ④	29	① ② ③ ④
10	① ② ③ ④	30	① ② ③ ④
11	① ② ③ ④	31	① ② ③ ④
12	① ② ③ ④	32	① ② ③ ④
13	① ② ③ ④	33	① ② ③ ④
14	① ② ③ ④	34	① ② ③ ④
15	① ② ③ ④	35	① ② ③ ④
16	① ② ③ ④	36	① ② ③ ④
17	① ② ③ ④	37	① ② ③ ④
18	① ② ③ ④	38	① ② ③ ④
19	① ② ③ ④	39	① ② ③ ④
20	① ② ③ ④	40	① ② ③ ④

교시코드
① ② ③ ④

과목코드

응시과목

1	① ② ③ ④	21	① ② ③ ④
2	① ② ③ ④	22	① ② ③ ④
3	① ② ③ ④	23	① ② ③ ④
4	① ② ③ ④	24	① ② ③ ④
5	① ② ③ ④	25	① ② ③ ④
6	① ② ③ ④	26	① ② ③ ④
7	① ② ③ ④	27	① ② ③ ④
8	① ② ③ ④	28	① ② ③ ④
9	① ② ③ ④	29	① ② ③ ④
10	① ② ③ ④	30	① ② ③ ④
11	① ② ③ ④	31	① ② ③ ④
12	① ② ③ ④	32	① ② ③ ④
13	① ② ③ ④	33	① ② ③ ④
14	① ② ③ ④	34	① ② ③ ④
15	① ② ③ ④	35	① ② ③ ④
16	① ② ③ ④	36	① ② ③ ④
17	① ② ③ ④	37	① ② ③ ④
18	① ② ③ ④	38	① ② ③ ④
19	① ② ③ ④	39	① ② ③ ④
20	① ② ③ ④	40	① ② ③ ④

교시코드
① ② ③ ④

답안지 작성시 유의사항

1. 답안지는 반드시 컴퓨터용 사인펜을 사용하여 다음 [보기]와 같이 표기할 것.
   [보기] 잘된표기: ● 잘못된 표기: ⊗ ◑ ◐ ○● ◒
2. 수험번호 (1)에는 아라비아 숫자로 쓰고, (2)에는 "●"와 같이 표기할 것.
3. 과목코드는 뒷면 "과목코드번호"를 보고 해당과목의 코드번호를 찾아 표기하고,
   응시과목란에는 응시과목명을 한글로 기재할 것.
4. 교시코드는 문제지 전면의 교시를 해당란에 "●"와 같이 표기할 것.
5. 한번 표기한 답은 긁거나 수정액 및 스티커 등 어떠한 방법으로도 고쳐서
   아니되고, 고친 문항은 "0"점 처리함.

[이 답안지는 마킹연습용 모의답안지입니다.]

감독관 확인란

※ 감독관 확인란

(인)

관리번호	
(연번)	
(응시자수)	

독학학위제 2단계 전공기초과정인정시험 답안지(객관식)

★ 수험생은 수험번호와 응시과목 코드번호를 표기(마킹)한 후 일치여부를 반드시 확인할 것.

컴퓨터용 사인펜만 사용

전공분야

성명

수 험 번 호

| (1) | 2 | - | | | - | | | - | | |
| (2) | | | | | | | | | | |

응시과목

과목코드	응시과목

1	① ② ③ ④	21	① ② ③ ④
2	① ② ③ ④	22	① ② ③ ④
3	① ② ③ ④	23	① ② ③ ④
4	① ② ③ ④	24	① ② ③ ④
5	① ② ③ ④	25	① ② ③ ④
6	① ② ③ ④	26	① ② ③ ④
7	① ② ③ ④	27	① ② ③ ④
8	① ② ③ ④	28	① ② ③ ④
9	① ② ③ ④	29	① ② ③ ④
10	① ② ③ ④	30	① ② ③ ④
11	① ② ③ ④	31	① ② ③ ④
12	① ② ③ ④	32	① ② ③ ④
13	① ② ③ ④	33	① ② ③ ④
14	① ② ③ ④	34	① ② ③ ④
15	① ② ③ ④	35	① ② ③ ④
16	① ② ③ ④	36	① ② ③ ④
17	① ② ③ ④	37	① ② ③ ④
18	① ② ③ ④	38	① ② ③ ④
19	① ② ③ ④	39	① ② ③ ④
20	① ② ③ ④	40	① ② ③ ④

교시코드 ① ② ③ ④

응시과목

과목코드	응시과목

1	① ② ③ ④	21	① ② ③ ④
2	① ② ③ ④	22	① ② ③ ④
3	① ② ③ ④	23	① ② ③ ④
4	① ② ③ ④	24	① ② ③ ④
5	① ② ③ ④	25	① ② ③ ④
6	① ② ③ ④	26	① ② ③ ④
7	① ② ③ ④	27	① ② ③ ④
8	① ② ③ ④	28	① ② ③ ④
9	① ② ③ ④	29	① ② ③ ④
10	① ② ③ ④	30	① ② ③ ④
11	① ② ③ ④	31	① ② ③ ④
12	① ② ③ ④	32	① ② ③ ④
13	① ② ③ ④	33	① ② ③ ④
14	① ② ③ ④	34	① ② ③ ④
15	① ② ③ ④	35	① ② ③ ④
16	① ② ③ ④	36	① ② ③ ④
17	① ② ③ ④	37	① ② ③ ④
18	① ② ③ ④	38	① ② ③ ④
19	① ② ③ ④	39	① ② ③ ④
20	① ② ③ ④	40	① ② ③ ④

교시코드 ① ② ③ ④

답안지 작성시 유의사항

1. 답안지는 반드시 컴퓨터용 사인펜을 사용하여 다음 囲와 같이 표기할 것.
   囲 잘 된 표기: ●
   잘못된 표기: ⓥ ⊗ ◐ ◑ ◓

2. 수험번호 (1)에는 아라비아 숫자로 쓰고, (2)에는 "●"와 같이 표기할 것.
3. 과목코드는 뒷면 "과목코드번호"를 보고 해당과목의 코드번호를 찾아 표기하고,
   응시과목란에는 응시과목명을 한글로 기재할 것.
4. 교시코드는 문제지 전면 의 교시를 해당란에 "●"와 같이 표기할 것.
5. 한번 표기한 답은 긁거나 수정액 및 스티커 등 어떠한 방법으로도 고쳐서는
   아니되고, 고친 문항은 "0"점 처리함.

※ 감독관 확인란

(인)

관 리 번 호

(연번) (응시자수)

[이 답안지는 마킹연습용 모의답안지입니다.]

독학학위제 2단계 전공기초과정인정시험 답안지(객관식)

★ 수험생은 수험번호와 응시과목 코드번호를 표기(마킹)한 후 일치여부를 반드시 확인할 것.

전공분야

성명

수험번호

2							
—			—			—	

(1)

(2) ④③●①

- ① ② ③ ④ ⑤ ⑥ ⑦ ⑧ ⑨ ⓪

※ 감독관 확인란

(응시자수)

관 리 번 호
(연번)

답안지 작성시 유의사항

1. 답안지는 반드시 컴퓨터용 사인펜을 사용하여 다음 [보기]와 같이 표기할 것.
   [보기] 잘된표기: ●
   잘못된 표기: ⊙ ⊗ ● ◐ ○ ◑
2. 수험번호 (1)에는 아라비아 숫자로 쓰고, (2)에는 " ● "와 같이 표기할 것.
3. 과목코드는 뒷면 "과목코드번호"를 보고 해당과목의 코드번호를 찾아 표기하고,
   응시과목란에는 응시과목명을 한글로 기재할 것.
4. 교시코드는 문제지 전면의 교시를 해당란에 " ● "와 같이 표기할 것.
5. 한번 표기한 답은 긁거나 수정액 및 스티커 등 어떠한 방법으로도 고쳐서는
   아니되고, 고친 문항은 "0"점 처리됨.

과목코드

교시코드 ① ② ③ ④

응시과목

1	① ② ③ ④	21	① ② ③ ④
2	① ② ③ ④	22	① ② ③ ④
3	① ② ③ ④	23	① ② ③ ④
4	① ② ③ ④	24	① ② ③ ④
5	① ② ③ ④	25	① ② ③ ④
6	① ② ③ ④	26	① ② ③ ④
7	① ② ③ ④	27	① ② ③ ④
8	① ② ③ ④	28	① ② ③ ④
9	① ② ③ ④	29	① ② ③ ④
10	① ② ③ ④	30	① ② ③ ④
11	① ② ③ ④	31	① ② ③ ④
12	① ② ③ ④	32	① ② ③ ④
13	① ② ③ ④	33	① ② ③ ④
14	① ② ③ ④	34	① ② ③ ④
15	① ② ③ ④	35	① ② ③ ④
16	① ② ③ ④	36	① ② ③ ④
17	① ② ③ ④	37	① ② ③ ④
18	① ② ③ ④	38	① ② ③ ④
19	① ② ③ ④	39	① ② ③ ④
20	① ② ③ ④	40	① ② ③ ④

과목코드

교시코드 ① ② ③ ④

응시과목

1	① ② ③ ④	21	① ② ③ ④
2	① ② ③ ④	22	① ② ③ ④
3	① ② ③ ④	23	① ② ③ ④
4	① ② ③ ④	24	① ② ③ ④
5	① ② ③ ④	25	① ② ③ ④
6	① ② ③ ④	26	① ② ③ ④
7	① ② ③ ④	27	① ② ③ ④
8	① ② ③ ④	28	① ② ③ ④
9	① ② ③ ④	29	① ② ③ ④
10	① ② ③ ④	30	① ② ③ ④
11	① ② ③ ④	31	① ② ③ ④
12	① ② ③ ④	32	① ② ③ ④
13	① ② ③ ④	33	① ② ③ ④
14	① ② ③ ④	34	① ② ③ ④
15	① ② ③ ④	35	① ② ③ ④
16	① ② ③ ④	36	① ② ③ ④
17	① ② ③ ④	37	① ② ③ ④
18	① ② ③ ④	38	① ② ③ ④
19	① ② ③ ④	39	① ② ③ ④
20	① ② ③ ④	40	① ② ③ ④

[이 답안지는 마킹연습용 모의답안지입니다.]

절취선

독학학위제 2단계 전공기초과정인정시험 답안지(객관식)

컴퓨터용 사인펜만 사용

★ 수험생은 수험번호와 응시과목 코드번호를 표기(마킹)한 후 일치여부를 반드시 확인할 것.

전공분야

성명

수험번호

응시과목

과목코드

교시코드

답안지 작성시 유의사항

1. 답안지는 반드시 컴퓨터용 사인펜을 사용하여 다음 **보기**와 같이 표기할 것.
   보기 잘 된 표기: ●
   잘못된 표기: ⊙ ⊗ ◐ ⊙ ○ ○

2. 수험번호 (1)에는 아라비아 숫자로 쓰고, (2)에는 "●"와 같이 표기할 것.

3. 과목코드는 "과목코드번호"를 보고 해당과목의 코드번호를 찾아 표기하고,
   응시과목란에는 응시과목명을 한글로 기재할 것.

4. 교시코드는 문제지 전면 의 교시를 해당란에 "●"와 같이 표기할 것.

5. 한번 표기한 답은 긁거나 수정액 및 스티커 등 어떠한 방법으로도 고쳐서는
   아니되고, 고친 문항은 "0"점 처리함.

※ 감독관 확인란

(인)

관 리 번 호

(연번)

(응시자수)

[이 답안지는 마킹연습용 모의답안지입니다.]

SD에듀 독학사 경영학과 2단계 6과목 벼락치기

[인적자원관리 · 마케팅원론 · 조직행동론 · 경영정보론 · 마케팅조사 · 회계원리]

개정8판2쇄 발행	2024년 05월 08일 (인쇄 2024년 04월 03일)
초 판 발 행	2013년 05월 10일 (인쇄 2013년 04월 10일)
발 행 인	박영일
책 임 편 집	이해욱
편 저	독학학위연구소
편 집 진 행	송영진 · 김다련
표지디자인	박종우
편집디자인	차성미 · 남수영
발 행 처	(주)시대고시기획
출 판 등 록	제10-1521호
주 소	서울시 마포구 큰우물로 75 [도화동 538 성지 B/D] 9F
전 화	1600-3600
팩 스	02-701-8823
홈 페 이 지	www.sdedu.co.kr

I S B N	979-11-383-4136-3 (13320)
정 가	25,000원

SD에듀 독학사

경영학과

why

— 왜? 독학사 경영학과인가? —

4년제 경영학 학위를 최소 시간과 비용으로 단 1년 만에 초고속 취득 가능!

1 조직, 인사, 재무, 마케팅 등 기업 경영과 관련되어 기업체 취직에 가장 무난한 학과

2 감정평가사, 경영지도사, 공인노무사, 공인회계사, 관세사, 물류관리사 등 자격증과 연관

3 노무사, 무역 · 통상전문가, 증권분석가, 회계사 등 다양한 분야로 진출 가능

— 경영학과 과정별 시험과목(2~4과정) —

1~2과정 교양 및 전공기초과정은 객관식 40문제 구성

3~4과정 전공심화 및 학위취득과정은 객관식 24문제+주관식 4문제 구성

※ SD에듀에서 개설된 과목은 굵은 글씨로 표시하였습니다.

2과정(전공기초)	3과정(전공심화)	4과정(학위취득)
회계원리	**재무관리론**	**재무관리**
인적자원관리	**경영전략**	**마케팅관리**
마케팅원론	**노사관계론**	**회계학**
조직행동론	**소비자행동론**	**인사조직론**
경영정보론	**재무회계**	
마케팅조사	**경영분석**	
원가관리회계	투자론	
생산운영관리	경영과학	

— SD에듀 경영학과 학습 커리큘럼 —

기본이론부터 실전문제풀이 훈련까지!

SD에듀가 제시하는 각 과정별 최적화된 커리큘럼에 따라 학습해보세요.

STEP 01
기본이론
핵심이론 분석으로
확실한 개념 이해

STEP 02
문제풀이
OX문제+실전예상문제를
통해 실전문제에 적용

STEP 03
모의고사
최종모의고사로
실전 감각 키우기

STEP 04
핵심요약
빨리보는 간단한 키워드로
중요 포인트 체크

독학사 경영학과 2~4과정 교재 시리즈

독학학위제 공식 평가영역을 100% 반영한 이론과 문제로 구성된 완벽한 최신 기본서 라인업!

START

2과정

▶ **전공 기본서** [전 7종]
경영정보론 / 마케팅원론 /
조직행동론 / 원가관리회계 /
인적자원관리 / 회계원리 / 마케팅조사

▶ **경영학 벼락치기** [통합본 전 1종]
인적자원관리+마케팅원론+
조직행동론+경영정보론+
마케팅조사+회계원리

3과정

▶ **전공 기본서** [전 6종]
재무회계 / 경영분석 / 소비자행동론 /
경영전략 / 노사관계론 / 재무관리론

4과정

▶ **전공 기본서** [통합본 전 2종]
재무관리+마케팅관리 /
회계학+인사조직론

GOAL!

※ 표지 이미지 및 구성은 변경될 수 있습니다.

➕ **독학사 전문컨설턴트가 개인별 맞춤형 학습플랜을 제공해 드립니다.**

SD에듀 홈페이지 **www.sdedu.co.kr**   상담문의 **1600-3600** 평일 9~18시 / 토요일·공휴일 휴무

나는 이렇게 합격했다

당신의 합격 스토리를 들려주세요
추첨을 통해 선물을 드립니다

베스트 리뷰
갤럭시탭/ 버즈 2

상/하반기 추천 리뷰
상품권/ 스벅커피

인터뷰 참여
백화점 상품권

이벤트 참여방법

합격수기

SD에듀와 함께한
도서 or 강의 **선택** › 나만의 합격 노하우
정성껏 **작성** › 상반기/하반기
추첨을 통해 **선물 증정**

인터뷰

SD에듀와 함께한
강의 **선택** › 합격증명서 or
자격증 사본 **첨부**,
간단한 **소개 작성** › 인터뷰 완료 후
백화점 상품권 증정

이벤트 참여방법

다음합격의 주인공은 바로 여러분입니다!

QR코드 스캔하고 ▷ ▷ ▷ ▶
이벤트 참여하여 푸짐한 경품받자!

합격의 공식
SD에듀